U0452203

别 梦 依 稀
——我的评弹生涯

唐耿良 著　唐力行 整理

商务印书馆
2009年·北京

图书在版编目(CIP)数据

别梦依稀:我的评弹生涯/唐耿良著. —北京:商务印书馆,2008
ISBN 978-7-100-05806-3

Ⅰ.别… Ⅱ.唐… Ⅲ.唐耿良-自传 Ⅳ.K825.76

中国版本图书馆 CIP 数据核字(2008)第 033939 号

所有权利保留。
未经许可,不得以任何方式使用。

别 梦 依 稀
——我的评弹生涯
唐耿良 著　唐力行 整理

商 务 印 书 馆 出 版
(北京王府井大街36号　邮政编码 100710)
商 务 印 书 馆 发 行
北京瑞古冠中印刷厂印刷
ISBN 978-7-100-05806-3

2008 年 10 月第 1 版　　　开本 880×1230　1/32
2009 年 11 月北京第 2 次印刷　印张 14¾　插页 1

定价:30.00 元

本书为教育部人文社会科学重点
研究基地重大项目(07JJD770115)
上海市普通高校人文社会科学
重点研究基地项目(SJ0703)
上海市哲学社会科学项目(BW0609)

作者近照

目 次

一、引子：多伦多大学讲课引起了我的回忆　　1
二、穷而求达：我的家庭让我学说书　　4
三、仰之弥高：老师手把手教我学说书　　11
四、初涉书坛：从小码头走向大码头　　17
五、饥寒交迫：逃难山村，说书求生　　24
六、艺无止境：村野寻师，补习书艺　　29
七、忍辱求生：铁蹄下说书的磨难　　32
八、喜结良缘：江南古镇黎里的牵手之行　　35
九、我的奋斗：从码头响档到上海响档　　38
十、挺进上海：初做上海先生的甘苦　　42
十一、"描王"之死：毒品对说书人的戕害　　46
十二、生于乱世：我所经历的三次改朝换代　　51
十三、跟上时代：解放说新书　　55
十四、香港淘金：留下挨整的无穷隐患　　60
十五、适者生存：说新书得奖后的苦恼　　65
十六、诚惶诚恐：自斩传统书尾巴　　70
十七、追求进步：为捐献飞机大炮义演　　74
十八、参加革命：十八艺人组建人民评弹工作团　　78
十九、建团伊始：难忘的治淮生活　　81

别梦依稀——我的评弹生涯

二十、走出国门：在朝鲜战地说书	92
二十一、贴近时代：《黄继光》、《王崇伦》的轰动效应	98
二十二、奉命创作：《钢水沸腾》、《破天荒》的夭折	102
二十三、推陈出新：整旧中的几件往事	107
二十四、传统菁华：从挖折子书到半部《三国》的命运	112
二十五、艺术盛会：1962年香港演出琐记	115
二十六、"左"风盛起：大写十三年与第二次"斩尾巴"	127
二十七、北上大庆：创作《王铁人的故事》	130
二十八、山雨欲来："文革"的前奏	135
二十九、西去大寨：编写《大寨人的故事》	139
三十、与时俱进：我成了写作现代评话的专业户	145
三十一、黑云压城：走下书坛，押上批斗台	151
三十二、家破人亡：爱妻饮恨而去	156
三十三、忍辱负重：郭彬卿给我的教训	164
三十四、逐步升级：从关牛棚到隔离审查	168
三十五、请君入瓮：莫须有的香港特务案	173
三十六、还我清白：从被逼认罪到决心翻案	179
三十七、艰难度日：到奉贤干校去劳动	184
三十八、劫后余生：撤销审查,宣告解放	191
三十九、战战兢兢：评法批儒与魏蜀吴三家斗法	195
四十、痴心不改：要想说书，难！难！难！	197
四十一、一吐块垒：书坛怒斥江青	202
四十二、解除困惑：关于曹操艺术真实与历史真实的辨正	207
四十三、存亡继绝：一百回《三国》的电台录音	212
四十四、故国神游：折戟沉沙认先朝	219

四十五、薪火相传：六老艺人苏州评校授艺　　229

四十六、厚积薄发：《三国群英会》的出版　　253

四十七、古为今用：三国用人之道　　268

四十八、炉火纯青：陈云老首长对我的鼓励　　276

四十九、《星期书会》：天波巧载吴侬语，送入千家万户中　　281

五十、积劳成疾：染上了说书人的职业病　　286

五十一、退隐桃源：找到了理想的退休居所　　290

五十二、旅加掇趣：问路、购物、学语言和旅游　　294

五十三、桑梓情深：初次探亲访友之旅　　298

五十四、教堂说书：给加拿大人讲苏州评话　　305

五十五、多大讲学：在海外弘扬评弹艺术　　311

五十六、再展雄风：获得了重登书台的信心　　315

五十七、服务侨胞：实现了在定居地说书的愿望　　319

五十八、寻梦苏州：剪不断理还乱的家乡情　　324

五十九、病中录像：为伊消得人憔悴　　331

六十、再结良缘：萧萧两鬓入洞房　　335

六十一、情重如山：我的朋友情、兄弟情　　340

六十二、名家展演：去中南海说书　　345

六十三、夫唱妻随：到美国纽约开码头　　349

六十四、逃过一劫：逢凶化吉，后福无穷　　353

六十五、海外知音：记白素贞教授　　357

六十六、美国录像：评弹就是我的生命　　361

后记　　367

附录　　373

　　故旧八忆　　374

一忆潘伯英:忘年之交,亦师亦友	375
二忆蒋月泉:月泉吾兄,弹词之冠	379
三忆杨仁麟:绝艺传杨调,成名著蛇王	390
四忆朱慧珍:德艺双馨,可敬可亲	393
五忆杨振雄:一身书卷气的弹词艺术家	398
六忆吴子安:《隋唐》泰斗,活程咬金	405
七忆徐丽仙:用生命歌唱的弹词音乐家	409
八忆王伯伯:评弹团的一位编外老艺人	414

演出作品之一:三国用人之道 417

作者年谱 435

整理者的话:逝者如斯 441

一、引子：多伦多大学讲课引起了我的回忆

Peter(彼得)的中文名字叫罗爱儒,是我新认识的加拿大朋友,他在多伦多大学东亚学系任教,主讲中国戏剧史,讲得一口流利的普通话。一次我们在宴会上相聚,他问我:能否请你到我们学校来,给我的学生讲讲评弹艺术的特点。我想,我在上海时曾到华东师范大学、上海师范大学等学校讲授过评弹艺术,现在能够在加拿大的高等学府弘扬国粹,这个机会是不应该放弃的,便欣然接受了邀请。

回家后我跟罗教授通电话,了解我讲课对象的情况。罗说学生中有加拿大人、美国人、英国人、荷兰人、日本人、韩国人,还有中国香港和台湾人。我一听有这么多国家和地区的学生,他们的文化背景不同,而且都没有接触过评弹,不禁担心他们是否有兴趣听课。如果他们听得索然无味,给我一个"礼貌的冷漠",这尴尬的场面让我怎么下得了台?!我反复苦思这课该如何讲。此刻,我想起了老朋友、评话大响档张鸿声曾经讲过的话:"上台先放一只噱头,听众笑了,他们对你的感情距离拉近了,你下面说的书就容易被他们接受了。"对呀,我在讲课之前何不先给学生放一只噱头,引得他们发笑,讲课的内容就容易被他们接受了。放什么噱头呢? 噱头要贴近时代,容易引起学生的共鸣。当时正值伊拉克侵吞科威特,联合国授权美国发兵进攻,海湾战争正酣,大家都在关注着战争的状况。我想,我的

噱头应该往这方面去引。于是,讲课一开始,我先介绍说:苏州评弹是苏州地方的一种民间艺术,它的表演是用苏州方言来表达的。苏州话的特点是柔软、糯,甚至有点"嗲",听起来很舒服。中国有句俗语:宁可同苏州人相骂(吵架),也不跟宁波人答话。因为宁波人讲话直声直气太生硬了!苏州人即使是骂人,它的语调语气语音还是柔软动听的。正因为苏州话软糯悦耳,在文化大革命中竟成了一条罪状,"四人帮"中的江青说:"苏州评弹是靡靡之音,听了要死人的。"如果听了评弹要死人,那打仗就不用派军队,只要派苏州评弹去就好了。海湾战争不必调那么多军队,耗费那么多金钱,去找个苏州评弹艺人就足够了。你有飞毛腿导弹,我有苏州评弹,靡靡之音听死你。这怎么可能呢?江青完全是胡说八道。

我接着说,其实听了评弹不但不会死人,相反有益于身体健康。我有一个日本曲艺界的朋友叫冈本文弥,活到104岁的高龄。他生前十几次组团到中国旅游,每次到上海、苏州都要听评弹。有一年他到上海访问,已是96岁了。我接待他时悄悄问他:您年事已高,身体却如此健康,请教您有什么养生的秘诀?他回答说:秘诀是爱听评弹,多听评弹能延年益寿。所以,今天同学们听我介绍评弹,就能有病治病,无病强身,止咳化痰,安心养神,长命百岁,永葆青春。

由于罗教授英语水平高超,把我的噱头意趣翻译得恰到好处。学生们听得哄堂大笑,课堂里的气氛活跃了,我和同学们的距离缩短了。进入正题后,我尽量挑轻松的、生动有趣的例子加以说明,同学们不时相顾而笑。讲课结束时响起持久而热烈的掌声,获得了超过预料的效果。我如释重负,长长地舒了一口气。

不料罗教授说:讲课还没有结束,留二十分钟让同学们提问题,请你即席回答。我放松的神经骤然又紧张起来,我怕他们提一些敏

一、引子：多伦多大学讲课引起了我的回忆

感的问题不容易答复。这时学生们纷纷举手,有的问:你几岁接触评弹的？我说:6岁。他们又问6岁怎么听得懂历史故事？我说:我到书场去听书,因为书场有好吃的零食,先是为了嘴馋到书场里去,后来听懂了就慢慢发生兴趣,走上了学说书的道路。有人问:你是怎样学说书的,从学会说书到成名成家是一个怎样的过程？这一连串的问题讲三日三夜也讲不完,短短二十分钟哪里讲得完。我只能用最简单的语言,扼要回答他们。讲课结束,罗教授请我到餐馆吃夜饭,祝贺我讲课成功。当晚,睡到床上,精神特别亢奋,思潮滚滚,夜不能寐。回想起我的说书生涯,感慨万千,往事历历,涌上心头。我个人在那特殊时空的经历,或许就是我们这一代评弹艺人的缩影。把记忆变成文字,留给那些热爱评弹艺术的听众,留给我的亲人、朋友和后代,这是我的责任,也是退休后寓居海外的我力所能及的。

二、穷而求达:我的家庭让我学说书

我为什么会走上说书人的道路?这与我的家庭环境是分不开的。

我的父亲唐阿泉是苏州河沿街小石灰桥旁一家茶馆"同安居"的小开。祖父母晚年得子,因此对我父亲十分溺爱,把他养得娇惯任性。有一天早晨,祖母叫茶馆堂倌去买一碗焖肉面给他吃,他见堂倌端面碗时一只大拇指浸在汤里,便嫌脏不肯吃,要另外再买点心。父亲长大了到了应该找工作去当学徒的年龄,祖父母担心他吃不了当学徒的苦,看到学说书比较自由,不用起早摸黑受老板和师父的欺侮,学成后当上响档,收入高,生活富裕,就决定让他去学说书。家里凑了一笔钱托人介绍拜弹词名家赵筱卿为师,赵给父亲起了个艺名唐月奎。奎字辈的同门师兄弟有杨斌奎、朱耀奎(后改名为朱耀祥)、杜文奎、程鸿奎等等。学说书伙食自理,一切零用开支都由自家承担,你只是跟着老师在书场听书。学会了,上台说书收入全归自己;学不会改行,拜师金不退回。我父亲由于经济上没有压力,学艺并不刻苦用功。学了三年满师上台,他在苏州一家小书场破口说书。他是"酒壶里的肉圆",肚里明白,口子太斟不出来。说了半个钟头碰巧有一句唱词忘记了,如果是有经验的说书人,可以临时编一句糊弄过去,我父亲因为第一次上台,没有经验,只是在三弦上连续弹

二、穷而求达：我的家庭让我学说书

奏过门，尴尬着面孔挺僵在台上。下面有个听客就骂开了："牙钳也没有撬开，活现世，就想上台骗铜钿，下来吧！"我父亲受不了这个当众羞辱，就把手中的三弦掷向那个听众，跳下书台把那听众一把揪住，动手要打人。书场老板急忙过来劝架拉开。我父亲拎着这把掷坏了的三弦，悻悻然离开书场回家。他初次登台便受到挫折，从此再也没有勇气上台说书。这件事传到茶会上，被同道众引为笑柄，从此没有人叫他唐月奎，都称他"说书阿泉"，成了一位名为说书却不敢上台的艺人了。虽然他不能上台却仍眷恋着说书的行当，一有空就到茶会上吃茶，与很多说书艺人交了朋友。他没事时就到书场去听书，并且还把我带去，让我从小就受到说书艺术的熏陶。

不久，祖父母先后逝世，我父亲结束了饭来张口、衣来伸手的生活。"同安居"茶馆因不善经营，盘卖给别人。他面对着家里的三个嗷嗷待哺的孩子，不得不挑起家庭生活的重担，打零工，做手艺，什么能赚钱就干什么。他把希望寄托在三个孩子身上，把我们拉扯大，希望我们将来谋一个好的职业来重振家业。

我的母亲杨菊英，是一家染布作坊的三小姐，凭着媒妁之言，嫁给茶馆店小开，也算是门当户对了。我母亲没有读过书，大字不识，但她既勤劳又贤惠。嫁到唐家后不久，祖父母去世，父亲没有固定的职业和收入，家里常有断炊之忧，我母亲除操持家务之外，还要揽一点手工活挣一点钱补贴家用。她做的手工活叫做调丝，即把三根竹竿插在三块方砖中的洞眼里固定，把一绞丝套在竹竿上，另外一头是一个木框架中间穿一根细木棍，一只轴头套在木棍上，一头用绳子一拉，轴头转动，一绞丝上的一根丝通过钩子，三个指头捏住，拉动绳子转动轴头，把粘在丝线上的丝毛剥除，丝就绕在轴头上。母亲清晨起来、晚饭过后，一有空就坐下调丝。一个月下来可以挣两三块银元。

5

母亲虽然过着穷困的日子,但还是省吃俭用把我们三兄弟送进学校读书,她知道没有文化,孩子们不会有前途。不过,母亲为了我们也真是费尽了苦心。一天,父亲一清早就出门找活去了,没有一文钱留下来,母亲怎么料理这一日三餐呢?三个孩子中午放学回家吃什么呢?她拎着一只菜篮子,篮里放一只大碗,到桃花坞大街菜市里,见到卖青菜的摊子边上有切下的不少菜根丢在地上,作为垃圾处理掉。我母亲把这些菜根拣在篮里说是回家"喂鸡"。又到卖咸菜的摊子向菜贩讨了一碗雪里红咸菜卤。回家把菜根洗净后放些盐、滴几滴菜油,放在饭锅里蒸一蒸,咸菜卤里放一些面粉,调成糨糊蒸熟。我们中午回家吃饭,感觉这菜根的芯子甜津津酥漫漫很好吃,咸菜卤调的面粉糊也很鲜。我们哪里知道这是母亲熬尽心血不花一个铜板为我们准备的可口饭菜。

有时我夜里放学回家,母亲给我一只篮子和一把旧剪刀,让我到平门城脚下草地里去挑野菜,草地里有金花菜、马兰头、荠菜、野苋菜等,可以挑回家煮着吃。有时在野地里我还拔到一些毛茅榛,剥掉了外壳吃里面的茅榛;有时卷起裤管到荷花池里去,在石驳岸上摸螺蛳,这些都是有趣的童年往事。螺蛳摸回家养一天,母亲就用酱油炒螺蛳,全家算是开了荤。有时母亲买一块猪油回家熬了油,油渣蘸盐当菜吃,还舀一调羹猪油给我们拌饭吃,算是加了油水。我们吃得嘴唇油光光,心里挺高兴。我们虽然过着贫穷的日子,但是在母亲的精心呵护下,日子过得却还算安定,家里洋溢着温馨的气氛。

我在小学里读书很用功,初级小学四年级毕业时还考了第三名。初小升高小,我报考谢衙前的善耕高级小学。五年级只招六个名额,我考得了第二名。我父亲得知后十分高兴,哼起了《珍珠塔》里一句唱词:"你小小的功名我大大的喜。"母亲也特意为我做了一双新的布鞋,让我穿了到学堂去。

母亲希望我读书用功,将来谋一个好的职业,可以有稳定的生活。她不赞成我去学说书,因为父亲学说书学得一场无结果,还浪费一笔拜师金和三年时间,没有学得一技之长,也没有固定的职业。而我呢,却喜欢听书,每次从善耕小学放学回家路过都亭桥德仙楼书场,总要溜进去听半个钟头白书,然后再回家。

母亲因为操劳过度,营养不良,缺乏休息,突然脑溢血倒下,父亲心急如焚,跑去请著名中医李畴人出诊,他开了名贵中药羚羊角粉等,可是药石无效。父亲又去请来一个巫婆,点了香烛。巫婆说是母亲在西北方撞上野鬼,于是我去买了猪头肉、大饼放在藤扁里,跑到西北边荒凉的坟堆里送羹饭,我拔高了喉咙喊着:"姆——妈——转来吧",我大哥遥遥答应:"嗳——转来。"岂知神鬼无灵,一切方法无效,母亲已处于弥留状态,眼睛赤红,面孔升火,嘴唇焦裂。父亲带着我们三兄弟立在床前,问她可有什么话交代?母亲那时已不能说话了,她神智仍清醒,看着我们四个人,眼角流出了眼泪,我们也泪流满面。泪水就是她无言的遗嘱,似乎在嘱咐父亲,要带好这三个没娘的孩子。泪水流干,母亲咽气撒手西归。当时,我哭得喉咙都哑了。我经受了人生最大的不幸——幼年丧母,再也得不到母爱的呵护了,而那时我才10岁!

母亲去世后,因为家里穷,我们没钱买棺材殓,还是靠外婆死后,分给母亲的位于双荷花池一号的一所70平方的房子。前些年祖母死时押了50元料理丧事,这一次再去要求押主增加50元押款料理后事。

不久,善耕小学通知学生家长,要交6元给学生做一套校服,父亲哪里拿得出6元钱呢?在课堂里,同学们都是一色新校服,只有我穿着破旧的衣服,像"鸡立鹤群"那样寒酸,这使我在精神上深感压抑和难堪。不久我就病倒了,就此辍学在家。所以我的学历就是高小五年级肄业。

一个偶然的机会,我发现家里抽屉下面有一个小布包,解开来一看是雪白铮亮的三块银洋钿,原来这是母亲调丝挣下来的私房钱,是她预留为我学生意时添置东西的备用款。我看到银元就想起半夜醒来还听见母亲"角落落……"的调丝声。想到这三元钱中所蕴涵着的深沉的母爱,我不禁潸然泪下。

十几年后,我说书成名,可以过上小康生活了,不禁时时想起母亲逝世时才42岁。如果母亲还在,我可以让她过上宽裕的生活,然而,"子欲养而亲不在",这是我最大的遗憾!

10岁那年,我先是丧母,后是失学,前途一片迷茫,我该怎么办呢?我下定决心,听书去。不过,听白书要被堂倌驱赶,正巧北新苑开书场,北新苑的王老板是父亲的朋友,他开书场要请说书先生,但又不熟悉人头,于是托父亲代为邀请艺人,有了这层交情我就可以进书场听书了。我听了不少评话长篇,等于先熟悉一下评话的形式。有时我看说书先生说完书先吃一客生煎馒头,然后揩一把面,拎了签子(说书和场方拆账所得的铜板称为签子)踱着方步走出书场。我看得非常眼红:说书人是多么惬意呀!我对父亲说:"让我去学说书吧。"父亲说:"我学说书连台都上不了,你去学能行吗?当初你母亲反对你去学说书,就是怕你和我一样学不出山。"我说:"你从前学说书因为家庭条件好,没有负担,所以学不好。我现在知道家里的困境,会用心去学的,学会了就可以赚钱养你呀。"父亲觉得很有道理,就下决心让我去学说书了。

但是要学说书不是一件容易的事。拜先生要付一笔拜师金,当

二、穷而求达：我的家庭让我学说书

时的行情是100块银元，打八折也要80元。请一席酒6元，师母的盘礼3元，介绍人荐送费2元。跟先生出码头的川资、饭金、早晨点心零用都得花钱。我家穷得连6元钱的校服费也出不起，哪里来那么大一笔钱呢？后来还是在房子上动脑筋，要求押主再增加100元。每月利息就要付4元，押主不相信父亲能按时付息，还请酒店老板担保了才同意。

拜师金有了眉目，去拜谁呢？学什么书？这又是个大问题。因为说书的响档，有的吸鸦片，有的爱赌博，有的生活放荡，如果拜了一个有坏习惯的老师，那么，近墨者黑，沾染了恶习可不是一件小事情。父亲去和老朋友潘莲艇商量，潘说："学评话，学《三国》。这部书有骨子。《三国》的响档有两个，一是黄兆麟，角色好，气魄大；一是唐再良，说功好，娓娓动听。黄兆麟在上海说书，你儿子到上海去学说书，开销大，你也负担不起。唐再良正好最近在码头上说书，出码头，开销省，正合适。唐再良的儿子唐竹坪和我拼双档，有这层关系我去做荐送，他会给我面子的。"潘问我父亲手里有多少钱，父亲说："押房子有100元，赎了十几元当头，给他兄弟俩（指大哥与我）学生意做些替换衣服及被头铺盖用掉40多元，现在还剩50多元。"潘莲艇一听眉头紧皱，拜先生就要100元，至少80元，还要给师母送礼吃拜师酒，荐送费用，出码头的盘缠，吃饭、零用这都不能少，这些钱怎么够？我父亲对潘连声说道："老弟托你帮帮忙吧，我实在没有钱了。"潘勉强答应："去试试看吧，下午给你回音。"当时我非常担忧，不知道老师肯不肯收我这个穷学生？下午潘莲艇到我家来了，说唐再良答应收我这个徒弟，拜师金只收40元而且先付20元，还有20元等我学会说书赚了钱再补交，这叫树上开花。师母的一笔盘礼免了，拜师酒也取消，荐送费两元也免了。这样，多下的钱可以用做跟师出门盘缠及饭钱零用。听到这个消息,我非常感动,先生师母体谅我家庭的贫寒,减免了许多费用,让我得到了学艺的机会。真是难得的好老师啊!

次日上午,潘莲艇引领我们父子俩到梵门桥弄老师的寓所,点了香烛,我在红毡毯上叩了四个头呈上帖子,腼腆地叫了"先生,师母"。老师把我扶起后,叫我去买一部《三国演义》小说,9月13日上午9点半在火车站碰头,一道到昆山去跟师听书。师母又叮嘱我,她要回上海家里去,要我好好服侍老师。我连连点头答应。接着我和父亲到旧书店里花7角钱买了一部《三国演义》,又到旧货摊上花8个铜板买了一块红木的醒木。9月13日上午,父亲扛着铺盖卷,我提着藤皮手提箱,步行到火车站和老师碰头,跟着老师登车去昆山,开始了我的学徒生活。

三、仰之弥高:老师手把手教我学说书

　　1933年农历九月初九是我拜师的日子,九月十三日是我跟老师到昆山去学艺的日子,这是我至今不忘的两个日子。我登上火车,脸贴在窗口上,望着站在月台上对我挥手的父亲。火车渐行渐远,父亲的身影越来越模糊以至遥不可见。我从未离开过父母,也从未离开过苏州,母亲去世两年后,更是与父亲相依为命。为了让我拜师学艺,父亲可以说是倾家荡产,欠了一屁股债。如今我背井离乡去听书、学艺,是父亲给了我搏一搏的机会,我不能辜负父亲的厚望。

　　上车后,我在老师对面坐下。老师短平头,脸庞丰满,胖墩墩的身材,戴一副玳瑁边眼镜,形象很端庄,不像一般说书艺人那样有一种跑码头的江湖气。老师今年54岁了,比我大42岁,几乎可以做我的祖父,我不知他的脾气如何?师母叫我要服侍好师父,不知能否讨得老师的欢喜?

　　我在揣摩的时候,火车已抵昆山。我跟着老师下火车,拎了行李出站。昆山老同春书场老板张阿荣带着堂倌在车站门口迎接,他们叫我"小先生",我第一次听到这个称谓,有点不好意思。老板叫了黄包车直奔西街的书场。我们就住在书场里书台右侧的一间房间里。屋里一张大床一张小床,靠窗有一张方台和两只凳子。老师睡大床,他打开铺盖,取出帐子挂好,又把被褥整理好,十分麻利。我没

有帐子,只有一床被褥,动作却没有老师迅速。老板娘在外面叫我们吃饭。我们洗好手在书场里一张方台边坐下。今天是第一天,接风的菜肴特别丰盛:油爆虾、红烧鲫鱼、一只白燉蹄膀,这是讨口彩"掘藏",祝愿这档生意能红红火火。还有一盘时鲜蔬菜。我看了这些菜肴,马上联想到苏州家里寒碜的伙食,那时我三月不知肉味是常事。如今我跟着响档老师吃接风酒,沾着老师的光,不知苏州父亲和三弟在吃些什么?我想我只有用功学艺,早一点学会了,好上台说书供养父亲。除此是没有出路的。

午饭后,老师午休片刻,即起来洗脸,用自备的剃刀修面刮胡子,换好袍子坐在床沿,闭目养神,酝酿书情,作上台的准备。外面听客陆续进场,日场客满,有两百客左右。这实在是不容易呀,同码头畅乐园是谢乐天、陈筱天的《玉蜻蜓》,息园是醉霓裳、醉疑仙的《双珠凤》。谢乐天是女档中颇有声望的演员,醉疑仙又是女档中最漂亮的女青年。我老师和她们敌档能日场客满,可见老师的号召力不小。那时光裕社很封建,和女档不相往来,排斥她们,同码头也不去拜客,不和她们接触。

这一天,日场客满,书场里没有空的座位,我只能坐在房门口听书。那时没有扩音设备,全靠艺人的丹田劲,坐在最后一排的听众都能听得见。老师在书台上台风严谨,说表清晰,他从《相堂发令》开书,把曹操老奸巨猾的心态刻画得栩栩如生;他演徐庶机智聪敏巧妙周旋应对曹操的奸计;演夏侯淳恃宠骄横被徐庶玩弄于股掌之间,语言简洁而又妙趣横生,一个半小时后,一回书很快就结束了。我在北新苑听过的一般评话演员的表演和我的老师相比简直不可同日而语。我很高兴能拜到这样一位好老师。

日场结束,老师差我到大街上南货店买两包花生、两包麻糕。夜

三、仰之弥高：老师手把手教我学说书

场是《智激周瑜》开书，只有几十个听客，我可坐到场子里去听书。我发现一个现象，书场里有人拿一只长柄的水烟筒供听众吸烟，一个铜板可以吸三口。那时香烟没有普及，后来这个装水烟的行当就消失了。此人还有一个差使，散场前把挂在场门口天井里铁丝上的灯笼点燃，让听众可以提着灯笼回家。

夜场散后，堂倌拎一吊子开水到房里，供老师洗脚。洗好，我把水倒掉，自己也洗了脚。老师丢给我一包花生一包麻糕，让我当夜宵吃。我不好意思吃老师的东西，老师笑着对我说："吃吧，将来你赚了钱可以还我的。"我接受了老师的馈赠。花生花了三个铜板，麻糕花了六个铜板，老师并非只请我吃一次，此后老师每夜吃点心，我也总是同样有一份。在吃长生果的时候，老师对我说："第一遍你先听一条书路，听第二遍我就叫你排书（回课）了。你上床睡觉先想一遍听过的书路，明日早晨醒来，晚一点儿起床先默想一遍书路，这样就容易记牢。"这的确是一个好方法，以后我就照此办理。老师又对我说："明天早上我起床后要出去吃早茶，你不必跟去，你起床后到野地里去喊喉咙。"怎样喊？老师又作了交代。10点钟，我们熄灯睡眠。次日早晨我醒来一看，老师已经出去了。他早晨起来动作很轻，没有惊醒我。我起床后清扫房间，倒痰盂，擦洗老师用的皮丝烟筒。然后从后门出去，那是一片荒地，蓝天白云，秋风拂面。我按照老师的交代，用尽丹田喊"呣——伊——喔——"。喊了嗓子后，肚子饿了，便买了大饼油条充饥。九时半老师回来，叫我去买一本一百页的账簿回来，老师用毛笔在簿面上写了"赋赞"两个字，又从箱子里取出一个本子叫我抄写脚本。嘱咐我："这是前辈传下来的脚本，不要轻易给别人看。以后把它背熟，要背到滚瓜烂熟脱口而出，这样在台上就不会打疙愣了。"我坐端正，用毛笔字工工整整抄录。跟师第二

天就让我抄脚本,当时我并没有体会到这件事的意义。后来与一位同行聊天,他告诉我当年花了一百银元拜师,半年之后他怯生生地问:"老师,阿好让我抄抄脚本?"老师反问他一句:"你阿会说书了?""不会。"老师面孔一板:"书也勿会说,抄啥个脚本?"把他顶了回去。两年之后他鼓足勇气再问:"老师,我想抄脚本。"老师反问他:"你阿会说书了?"他吸取上次教训:"会说哉。"老师又面孔一板:"书呀会得说了,何必再抄脚本。"又把他顶了回去。老师为什么刁难他?因为"教会徒弟,饿煞师父","江湖一点诀,莫对妻儿说,若对妻儿说,饭饭没得吃"。旧社会老师怕徒弟抢生意,所以一般都特意留一手。老师在我跟师的第二天就让我抄脚本,这在同行中是少见的。后来"文革"中我被抄家,脚本也被抄去烧毁了,老师留给我"赋赞"两字的手迹也荡然无存,实在是莫大的遗憾。

老师在昆山演出了50天,下脚到常熟湖园书场。剪书次日凌晨要乘早班轮船赶往常熟开日场,因此剪书当夜散场后只睡了两三个小时,夜半就起床打铺盖赶往码头,非常辛苦。中午到达常熟,湖园书场老板在码头迎接,到书场安顿好房间吃过午饭便开日书,仍是《相堂发令》开书,这是我第二遍听了。次日上午老师叫我在房中排书,老师说这回书要一个半小时,而我却只说了半个钟头就没有了,遗漏了三分之二。老师非但没有责怪我,而是在房间里又说了一遍《相堂发令》,给我示范,我当时感动得热泪盈眶。老师已经是54岁的老人了,前天在昆山剪书,只睡了半夜,昨天又日夜两场,今晨又为我再说一遍,老师这样辛苦教我,我怎么做才能对得起他呢?此后我听书更加留心,记牢背熟,一天到晚,连走路都在背书,尽可能记得牢一点,背得熟一点。

常熟说书结束,我们回苏州过年。春节又跟老师到无锡迎园,无

三、仰之弥高：老师手把手教我学说书

锡共做了三面场子。夜场在北门悦新书场。迎园和悦新都是《相堂发令》开书，我连听两遍。先生在台上说书，我跟着在台下默书。年二档到常熟南门外长兴书场听第五遍，隔日上午我在书台上模仿说一遍。到四月下旬的一天，老师叫我到房间里，说："常熟四月底剪书，五月初一我回上海去，端午在上海开书。上海开销大，你家里负担不起，你回苏州叫你父亲接只小码头，可以上台去说书。将来你如果再要听书，等我出码头时你再来听。我为你起个名字叫唐耿良。你要规规矩矩做人，认认真真说书，希望你将来能成为响档。"我点头牢牢记住了老师的谆谆教导。

五月初一我乘轮船返回苏州。我寻思，别人学说书学三年，至少也要学一年，我才学了七个半月，因为家里穷，只能中途辍学，提前上台。一个13岁的少年，从此要开码头闯江湖去做说书艺人，前途茫茫，难以预料。

少年时期的作者

不过，老师的正派、厚道对我影响极为深刻，这对我一生的为人

处世也是影响深远的。特别是老师体谅我家庭贫穷,抓紧对我的培养,使我在七个半月的时间里学会了六十回书,此恩此德我是没齿难忘的。《论语·子罕》载有孔门弟子对乃师的赞语:"仰之弥高。"我虽非圣人弟子,但这一赞语用之吾师,也甚贴切。

  23年后,1957年的夏天,我得悉老师逝世了。我放下电话马上赶到老师家里,见老师躺在床上,面容安详,像睡熟了一样,我长跪床前哭喊老师。回忆当年跟老师学艺的情景,如果没有老师的授艺,哪有我今天的地位。我知道老师的子女经济状况欠佳,便对师母说:"老师的丧葬费用,除收下的奠仪外,不足部分全由我承担。"师母对我说:"你老师生前为我预制一口寿材,质量甚好,如果现在给他用了,将来我千年了,儿子不可能给我做这么好的寿材。"我对师母说:"寿材你留下,日后千年时用它,现在再做一口和这口规格质量一样的寿材供老师用,费用也由我承担。"师母握着我的手流泪说:"你这个学生有良心,不枉你老师当年疼你一场。"我想恩师待我恩比天高,我这样做,只是略报师恩于万一而已。

四、初涉书坛：从小码头走向大码头

1934年农历五月初一，我从常熟乘轮船回苏州，一到家便把老师的话告诉了父亲，要他设法帮我去接一只小码头，一方面练练书，同时也可以赚钱养家。父亲连连摇头对我说："现在正是五荒六月，会说书的人还接不到码头，何况你是刚出道的道童，行话说'菜花黄，说书像蚂蟥；菊花黄，说书变大王。'现在是农忙季节，乡村书场都歇业了，要到秋天才会重新开张，等到秋凉再说吧。"我一听，心凉了半截，要熬到九月里才能接到书场，这4个月停下来，背熟的书岂不要荒疏忘记。说书全靠不停地说，才能说熟，熟了才能生巧。接不到书场，到哪里去说呢？我想只能一个人躲在房间里对着墙头说了，而且要像在书台上说书一样地说。于是，早上父亲出去打工，三弟到学校读书，我便一个人自说自话地背书。可是说书是要同听众双向交流的，没有人听，没有眼神交流，没有听众的笑声，说书人会觉得这个书很难说——没劲儿。

这时隔壁一个邻居过来对我说："阿二（我的小名），现在天热了，邻居们都要到园里乘凉，你吃过夜饭到园里来为大家说说书好吗？"我家邻舍有的是织机工人，有的是染坊师父，他们都是看我长大的。他们喜欢听书，因为收入低，到书场买票听书有困难。我正愁一个人对着墙头说书没有劲，现在有人愿意来当听客，对我来说就好像是接到一个小场子去练练书,这事来得正好,我便答应了。当晚,露天书场就开出了。一只方凳当书台上的半桌,我坐在小矮凳上说书,醒木、扇子齐备。我从《相堂发令》开书,我说得卖力,他们听得有劲。他们称赞我:"到底名师传授,说得蛮好,将来会冒(红)格。"就这样,我把学会的六十回书,从头到尾说了一遍,这次演练对我以后上台说书起了很大的作用。

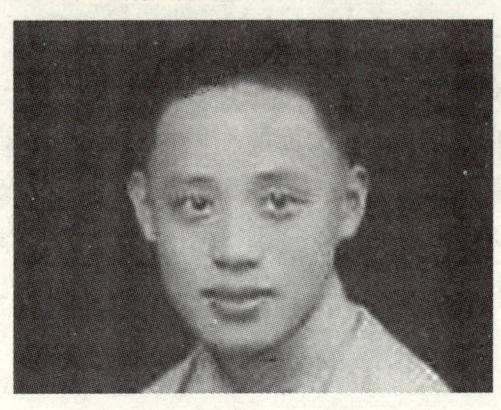

初涉书台时的作者

  1934年的夏天,苏州大旱,农村灾情严重,县政府下令断屠求雨,各庙宇都要出会祈神。父亲住的地方属于朱老爷堂的图份,他要去庙里报到,胳膊上穿十只钩子,下面挂一面大的铜锣,边走边敲锣,据说有神保佑,胳膊是不会疼的。父亲出门后,我和三弟吃过午饭一道去观前街看会,然后再到西中市街看小摆设和翡翠的青蛙大将军,这是难得一见的珍品。看会的百姓人山人海,迎神赛会并没有让天老爷有所触动,落下一滴雨,火辣辣的太阳把我的面孔和头颈都晒红了。回家路上,看到父亲也回来了,他左臂上有十个红点点。走近家门,不料看到大门被拆下来了,原来贼骨头利用大家到市中心去看出会时,破门而入把我们家盗窃一空,床上的被头夹里都被拆走,我跟

四、初涉书坛：从小码头走向大码头

老师出门时携带的一只藤皮手提箱，包括秋冬穿的长袍子也被偷去。当时我急得目瞪口呆，我想我家里算得上够穷了，贼伯伯还要来枯树上剥皮。我连长袍子也没有了，秋凉即使接到码头书场，穿了短档怎么上得了台？这正是屋漏偏逢连夜雨，船破却遇顶头风。为什么倒霉的事都要轮到我的头上呢？真是欲哭无泪，无语问苍天！

父亲去报了警，警察来看了一下说："不单你们一家被偷，还有好多家碰到同样的窃案。"结果不了了之，我们只有自认晦气。

正在走投无路时，上海有个表叔凌阿甫来到苏州，他得知我家的不幸遭遇后，慷慨解囊，周济了我家十元钱，帮我家渡过了难关，父亲还给我买了被头铺盖，新做了一件长袍，为上台说书准备了起码的条件。

秋天到了，父亲到茶会托人帮忙，总算接到了一付书场，是苏州郊区外跨塘的一家茶馆。老板原来请的艺人叫屠再高，屠这时又接到了一家更好的码头，他便放弃外跨塘。父亲和他商量请他出一封信，推荐我去说书。行话称为"委"。9月13日，父亲送我到外跨塘去，我们到娄门外轮船码头乘船。去年的今天是我跟师父到昆山去当学徒，今年此日却是我自己去上台"破口"了。但是我心里有点不踏实，因为这不是老板请我去的，而是屠再高失约之后"委"我去的。老板完全有理由拒绝接受我，让我打回票。轮船到码头，我们上岸进了茶馆，父亲把屠的信递给老板。老板看完信，眉头紧皱，显得很不愉快，我在旁边担心起来。这时老板看我的行李也带来了，就勉强松口答应。开出报单，他去写海报挂书牌准备开书。吃过午饭，父亲要乘船回去，因为家里三弟要他烧饭照顾。他向老板辞行，老板呆住了，老板本以为说书的人是父亲，而我是跟去听书的，想不到留下说书的却是一个13岁的大男孩。他怀疑地问："你阿曾说过书？"我想我不能说老实话,只能说谎:"我说过两只码头。""在啥地方说过?"他接着问。我想我跟老师去过常熟,就脱口而出:"在常熟乡下。"幸而老板没有再追问常熟乡下哪两只码头?如果那样我就难办了,所谓"若要盘驳,性命交托"了。幸亏老板没再追问,这一难关总算混过去了。父亲走了。我到书场对门一爿小酒店的楼上房间里,把铺盖摊好,穿好袍子坐在床沿上闭目默书,准备着第一次上台说第一回书。1点半时突然听到下面一声吆喝:开——书——哉——。我马上下楼跑到对面书场里,只见老板一个人坐在炉子边上,书场里空无一人。我这一吓,面容也失了色,想不到第一次"破口"说第一回书却一个听客也没有,这叫我今后怎么办呢?那时老板安慰我:"这里地方小,开书前半个钟头,从东往西喊一遍开书哉,听客才会陆续到来,要再过半个小时开书。你回房间休息一下再过来。"我这才放心地回到房间里去。二时整开书,日场有14个听客,我从《相堂发令》开书,这回书我说得非常卖力,散场时有听客在称赞我:人虽小,口子倒蛮老格。夜场有32个听客,我从《智激周瑜》开书。散场后老板到我房间里来交"签子"。他满面笑容,听了我日夜两回书似乎对我有了信心。我看着账单日夜46客。书筹每位12个铜板,五五分成,分给我九角二分。其中有银角子,一角的角票,还有铜板,我横数竖数了两遍,用手帕包好放在枕头底下,心情非常激动,我赚钱了!从此我可以负担家庭的生活,父亲不用过着吃了今朝愁明朝的紧张生活了。我兴奋得半夜没有入睡。第二天有50多个听客,分得一元多些。第三天有60多个听客,得了一元二角多。我再也按捺不住,要向在苏州的父亲去报喜了。第五天我托鱼行里的听客买了一块钱的大闸蟹,那是阳澄湖青背白肚金爪红毛的,每只半斤多,一共有七只,我用蒲包捆好。散了夜书场老板拎着灯笼送我到火车站,叮嘱我别

四、初涉书坛：从小码头走向大码头

耽误了明天开日场的时间。外跨塘到苏州只有十几里路，我下火车坐黄包车回家，敲门时父亲已经睡了，听到我的叫门声他吓了一跳，以为我生意不好被"漂"回来了。他开门问我：你怎么回来了？我把蒲包放在台上："我送大闸蟹来了。"随后我把身边四元几角钱掏出来交给父亲。他转忧为喜，笑得嘴都合不拢了。第二天，他为我买了一件卫生绒短衫，送我乘轮船回去开日书。就这样，我在外跨塘说了1个月书，这个第一炮总算打响了。我以为从此以后可以像在外跨塘一样顺利，其实不然，从1935年春节起，我竟连漂了三只码头，都是脚头没有立稳就剪书回转。这连漂三档对我的打击很大。为什么我的书听众不欢迎呢？漂回苏州后我就去书场听别人说书，研究他们的书艺，思考怎样才能使听众喜欢听我的书？

接着，五荒六月菜花黄的淡季到了，我在茶会上待业的时候，有人问我，有只泅泾的码头你愿意去吗？泅泾是只比外跨塘还要小的码头，那里交通闭塞，只通客货两用的航船，听客很少，是一般演员都不肯去的农村小书场。我已经荡空（失业）多时，有生意我都愿意去做，一是有机会练练书，二是多少有点收入。谈妥之后，父亲就送我到娄门外航船码头，乘手摇的船去了泅泾。船到泅泾，我就到茶馆与姚老板碰头，这是一个50多岁、高个长条子削骨脸、瘪嘴、留八字胡须的人。他正在糊纸弓纸箭这些供农民庙里烧香用的迷信物品。见我来了就先安顿我住的地方，再叫他当小学教员的儿子写书牌和海报，然后领我到茶馆吃午饭。泅泾是阳澄湖畔的一个农村集市，只有肉店、豆腐店、南货店、馄饨店、铁匠铺、茶馆等几家小店，比外跨塘小多了，日场开书只有9个听客，我还是从《相堂发令》开书，照样说得很卖力，中间老板拿着一只藤扁向听客收铜钱，这个摆摆手，那个摇摇头，一个铜板都没有收到，全是欠账。一个听客揶揄姚老板：收了一扁格铜板。姚老板对他一个苦笑,我在台上听见了,差一点笑出来,想不到竟有这样的书场。晚上有20多个听客,散场后姚老板送我回宿舍,交给我一张账单:日夜三十四客共六角八分整。可是只有一张账单,一个铜板也没有。我向他要钱,他说这里听书都是欠账,到剪书时再算给你。我说明天早晨吃点心的钱怎么付?他说你也叫他们上账,剪书时一道算。就这样我欠馄饨店,馄饨店欠书场,书场欠我。想不到"白条子"、"三角债"这样的事情在1935年的油泾已经有了前例。吃过馄饨后我到阳澄湖畔散步,只见阳澄湖碧水粼粼,水清见底,连水中的游鱼也清晰可见。散步时见一老渔民手提一只甲鱼走来,他是昨天听书的听客,热情地招呼我:今朝有甲鱼吃哉。原来他听书不付钱,以水产品抵账的。我知道"菜花甲鱼"是时鲜货,今日可以品尝美味了。中午我到茶馆吃饭,只见姚老板满面红光,显然已经吃好了,端过来的甲鱼已是狼藉凌乱,甲鱼的四条腿和裙边都被他吃光,只剩下甲鱼的甲壳和一个头颈了。我想老板为人好辣手,只留点甲鱼汤给我喝。老板待我不好,我为什么还要演下去呢?一是因可以熟练一遍书情,二是多少可以赚两钿回去开销。熬到剪书结账,我把欠馄饨店的点心钱付清。可是姚老板还欠我两元五角没有付我。他说:欠账收勿齐,你先回去,等收齐了再寄给你。我愣住了,这分明是他耍赖皮,我一离开油泾,他是肯定不会寄给我的,他显然是在欺负我这个刚出道的14岁的道童儿。我和他论理时,对面南货店鲍老板进来,批评姚老板怎么可以这样对待出门人。鲍安慰我:两块五角钱我垫付给你,将来我可以在听书时扣除的。我收齐了欠账便乘便船到唯亭,再乘轮船返回了苏州。这风景秀丽的渔村书场和欺负说书人的姚老板都给我留下了深刻的印象。

　　在乡镇书场说了两年多书的我,很向往能去城市里的大书场演

四、初涉书坛:从小码头走向大码头

出。但那时的书场老板信息很灵通,对说书人的水平很挑剔,他绝不会轻易聘请你前去说书的。1937年春节刚过,我在茶会上吃茶,昆山畅乐园书场老板钱老三邀请我去唱年二档。我知道畅乐园是昆山的显面大书场,钱老三又是个出了名的精明人,他请的都是响档,怎么会来请我这个出道不久才16岁的小年轻呢?钱老板从我的眼神中看出我的疑问,他打开天窗说亮话。"老同春年二档是李伯康,是润余社第一号响档,一般响档不肯和他敌档,怕丢面子,你敢去吗?"我想这是刀头子上舔血吃的事情。我怕什么?反正我又没有名气,敌不过也没啥损失,守住了我就有了面子。去。我答应了钱老三的邀请,开了报单,二月十一日开书。老同春年档是朱伯雄,也是响档,我开书日夜场共一百多来客,一百多来客对畅乐园来说是不稀奇的,但对我来说,出百的生意是难得做着的,所以很卖力。朱伯雄做到二月二十剪书,李伯康到杭州旅游十天要到三月初一才能来开书,老同春空场十天,昆山只有畅乐园一家书场,于是,我日夜场便有了两百多客。我从来没有做过双出百生意,这十天我的收获非常大,钱老三笑着对我说:"额角头碰着天花板。"三月初一李伯康开书,他日夜客满,远道而来听书的因为买不到票,只好到畅乐园来听,我仍然维持日夜一百多客。这一个月我赚了100元左右回家,添了演出的袍子还存了银行,初次尝到了做大码头大书场的甜头。

五、饥寒交迫:逃难山村,说书求生

1937年,正当我在昆山、湖州说书比较顺当的时候,祸从天降,"七七"卢沟桥事变爆发,日寇侵华,时局越来越紧张。8月初我到南翔南苑书场说书,赶上"八·一三"上海抗战爆发,南翔地处沪郊,居民纷纷逃难,书场开不下去了,我和父亲只得仓皇逃离南翔,回苏州去。火车上挤满了人,我们的行李过了三天才领到。苏州也是人心浮动,书场多歇业休息,我接不到场子,没有收入。说书这个行当,俗称"空心饭","一日勿做,一日勿活"。幸亏我昆山这档生意有些存款在银行,还可以维持一段时间。但苏州并不太平,日本飞机要来轰炸。有一次冯玉祥将军到苏州开会,汉奸送了情报,日机炸了开会的地方。苏州火车站也是日机轰炸的目标,车站在平门城外,我家在平门城里,空袭警报一响,我钻到方台底下算是防空。炸弹响时,门窗轧轧震动。在家里不安全,就到外面桑园地里伏在地上看天空。日军开的是意大利轰炸机,机翼一侧,炸弹黑魆魆地丢下来。我担心投弹失准,炸弹飘过来会落到我家,不免心惊胆战。父亲带着我和三弟跟着父亲外婆家的亲戚,一起逃到三乡庙去。三乡庙在苏州东北郊,出齐门过陆墓朝东,庙里有个老和尚是父亲的娘舅,我们管他叫"和尚阿爹"。就在庙旁边一家农户租房子住下,那里听不见空袭警报,也听不到炸弹声音,似乎安全些。因为没有报纸,更没有收音机,不知外面的时局怎么样?那时有一种幻想,万一上海守不住,青阳港可

五、饥寒交迫:逃难山村,说书求生

以据河而守,也许能挡住日军进犯。其实一条河港根本起不了作用,我们在农村住了两个月,坐吃山空,银行的存款用光了,再不说书要"饿死首阳山"了。父亲决定把三弟留在这里托亲戚照顾,带着我一道到城里去看看市面,探探风声。我们步行走到城里,一打听,大吃一惊,日军从金山卫登陆,上海失守,昆山沦陷,他们正在向苏州进逼,苏州县政府的人员逃避一空,城里处于无政府状态,老百姓都向西南的木渎东山逃难去了。我们在城里住了一夜,天亮背了一个小包裹逃出胥门向木渎走去。木渎梅苑书场的老板是父亲的好朋友,我们想逃到那里,就在木渎说书,一说书就有收入可以填饱肚皮了。走出胥门时,我们看到街上没有行人,家家户户都闭门上锁。平时喧闹的街道,变成寂无一人的死市。白天大街上空无一人是很令人恐惧的,这是沦陷前的恐怖景象。我思念着三弟,但又不能去接他,因为东北方向是日军的来路,我们只有向西南方逃去。沿途难民成群,背负行李,扶老携幼,一幅凄惨的流民图,苏州到木渎有27里地,我和父亲走到木渎,来到梅苑茶馆,堂倌说:"老板一家昨日逃难到乡下去了,茶馆叫我们维持着。老板不在,我们不好做主开书场。"这样我们的满腔希望化为乌有。父亲身上已经没有钱了,这日子可怎么过下去啊?我们陷入了无法解脱的困境。

我们失望地走出茶馆,在人头攒动的大街上,父亲忽然看到了开酒店的好朋友丁老板,父亲向他诉说困境,那老朋友掏出了3元钱塞给父亲,可以解一解燃眉之急。当时我们都饿了,就到摊头上买了两碗阳春面充饥,本来12个铜板一碗,现在涨价为14个铜板,本来一碗面可以吃饱,现在克扣斤两,吃了一碗只有半饱。再添吧,又舍不得花钱,我心里在骂这个摊主没有良心,趁火打劫,竟然克剥逃难人,简直是罪过。

木渎留不下去,到哪里去呢?木渎有个同行叫许伯英,是周玉泉的徒弟。我们寻到许家,向许的父母说明来意,要求借宿一夜。许父一口答应,他说木渎到苏州有公路,日军汽车可以开到木渎来,他们明天也要逃难了。又说木渎到香山没有公路,汽车开不进去,让我们到香山去躲一躲。我们谢了他的指点。出门走在大街上,突然看见了大哥唐惠民,他正跟着老板逃难到东山去,路过木渎待一夜,次日早晨再走。漂泊异乡遇见亲人,该是何等高兴啊!他得知我们要逃难到香山时,叫我们在小桥旁等一下,说去去就来。过一会儿他穿了一件崭新的马裤呢夹大衣来了。大哥去年学徒满师有工资赚了,今年他已21岁正在交女朋友,做了一件夹大衣。他说没有钱给我们,只有一件大衣值钱,让我们拿去,困难时就卖掉它换几个钱用。他把大衣脱下交给父亲,嘱咐我们多保重身体就回去了。他哽咽的声音、悲戚的面容就这样在夜色中慢慢消失了。此时,月光照在小桥下粼粼的河水上,我听着父亲轻微的叹息声,遥念着身在三乡庙的弟弟,我们一家四口,分散在三地,不知什么时候才能团圆。

在许家宿了一夜,清晨起床,把夹大衣打入包裹,辞别许家向胥口进发。过了胥口直奔香山,天上阴云密布,朔风凛冽,路上成群的难民都朝香山走去。走了十几里进入一个很大的村子,叫姚社。我们先到一家茶馆泡了一壶茶歇歇脚,茶馆里还有不少逃难的人,大家都在商量去租房子的事。父亲向茶馆老板敬了一根香烟,对他说:"我的儿子叫唐耿良,说《三国》的,能不能在茶馆里说书?"我那时是个16岁的少年,说书又没有名气。那老板瞄了我一眼,婉转地回绝道:"现在逃难人刚来,还没有心思听书,过一日再说吧。"我听后心情沮丧,送上门来说书也不受欢迎,怎么办呢?别的难民纷纷走出茶馆去租房子,我们身边只有两块几角钱,租不起房子也没有熟人可以

五、饥寒交迫：逃难山村，说书求生

借住，今夜到哪里去呢？

父亲又去跟老板商量："能不能让我们在茶馆的店堂里打地铺借住过夜，明天一早我们把地铺收掉，不影响你卖茶。好不？"老板看我们困难就点头答应了。父亲马上出去花十个铜板买了一大捆稻柴，茶馆打烊后，我们把台子移开，打开稻柴摊地铺，四周稻柴堆高些，像一口没有盖的稻柴棺材，把打包裹的被单铺在下面，胡乱吃过夜饭后就睡下了，把棉袍脱下来盖在身上，再把大哥的一件夹大衣盖上。晚上天气很冷，外面寒风呼啸，茶馆的牌门板缝隙很大，寒风从门缝里袭来，脸上感到阵阵凉意，两只脚冰凉，盖在身上的衣服不足御寒，只好像虾米一般蜷缩起来，父子俩相互依偎以自身的热量温暖对方。长夜漫漫，寒风袭袭，虽然困倦但不能入眠，想着日军占领苏州，国亡家破，河山变色，往后怎么过？胡思乱想，不到天亮就起床了，收拾好地铺，把稻柴捆好堆在墙角里，台子在原位置上摆好，然后出门。在街上看见一个同行，他叫屠再高，三年前介绍我到外跨塘去"破口"的人就是他，我对他一直很有好感，他也逃难到姚社，已经有几个月没说书了，经济状况很窘迫。他建议说："三里路外有一个大村子叫蒋墩，我们一道去那里，那里有大茶馆，我们就在茶馆里说唱，你说我用帽子收钱，我唱你收钱，然后我们再分账。"这是变相的卖艺乞讨，是很丢人的事。但穷途末路，为了求生存只能去试试了。我们走到蒋墩茶馆里，只见人头攒动，行李铺盖堆满一地，都在准备去租房子谋一个落脚的地方，他们脸上都很焦虑，充满着烦愁的神色。在这样的氛围里怎么能说书乞讨呢？我们三人不得不知难而退，垂头丧气地走回姚社。那时天上正下着蒙蒙细雨，我们没有雨具，衣服淋湿了，我茫然地走着，心里愁绪万千：只剩两元几角钱，就是每顿吃阳春面又能有几天好维持呢？

回到茶馆里听见老板说,城里又逃难来了一位说书响档叫尤少卿,不久前在苏州最大的一家茶馆吴苑书场说书。老板仰慕尤少卿的大名,准备请他说书。父亲和屠再高听到这个消息,马上去拜望尤少卿,央求他拖我们一把,三档书一道唱,卖十八个铜板,尤和老板各拿六个铜板,屠和我各得三个。尤少卿看在道众份上,同意了这个安排。屠唱头档,我做二档,尤少卿送客。海报一贴,当日开书,逃难人也需要文娱生活排遣寂寞,书场客满有一百多客,我可以分得一元多钱。演出时我特别卖力,很受听众欢迎,老板看到听众的反应,对我态度热络,晚上拿出一条被头借给我们。有了被头,上面再压上脱下的袍子,裹得住热气,两只脚伸得直了,只觉得温暖适意,我这辈子盖过不少被子,棉花的、化纤的、丝绸的、野鸭绒的,都不如香山姚社老板借给我的旧被头来得印象深刻。只有经历过三九寒天没有被头盖的寒冷之夜,才能体会到盖被头的温暖。

有了书说,可以解决温饱,再租了房子,生活比较安逸。我们父子就是靠着说书在香山度过了免于饥寒的流浪生活。

六、艺无止境：村野寻师，补习书艺

在香山演出了两个多月。苏州的秩序已稳定下来,逃难的人逐渐返城。我也回到了城里。我们一家团聚了。那件大衣也还给了大哥。我在九如书场演出了三个月,端午节出码头到浒墅关荷园书场演出。老板告诉我离镇三里有一个村子,住着一位说《三国》的老艺人叫周镛江,他娶了位农村姑娘为妻,以说书收入在农村买了几亩地盖了一栋房子,年纪老了说不动书了就在乡村过着隐居的生活。三年前他的老伴去世,没有子女,有个螟蛉子,娶了媳妇养了小孙子。老人患睫毛倒刺的毛病,双目失明。小辈既要种田,又要带小孩,对老人照顾不周到,老人难得在邻人的搀扶下到镇上来听一回书,生活不尽如人意云云。我听了介绍后,便和父亲商量到村上去拜访老人。

次日早晨我们一路问信摸到周家。他的子媳都下田去了,老人躺在床上,睡在一条棉花毯中,状甚凄惨。我自报家门,尊称他为老师伯。老人连忙起来坐好,他告诉我,他有两个徒弟,一个已经病逝,一个已经转业,他的《三国》没有人继承。我便请他到镇上来住在书场里,生活由我们照顾,白天晚上听听书提提意见,早上在房间里把他的前《三国》教给我。老人非常高兴地接受了我的邀请。等到他儿子从田里休息回家,我征求了他的意见,他一口答应,因为一来可以减轻他们的负担,二来免去了照料老人的麻烦。我搀扶老人到书场里,就在我的房间里搁了张单人床,租了被头,再请一位理发师为他剃了个头,把倒刺的睫毛拔干净。老人感到舒服极了,认为我比他的儿子还想得周到。他非常认真地听我说书,散场后给我指出缺点。每天上午在房间里说书给我听,从曹操赠赤兔马给关羽起,一直说到三顾茅庐,与《相堂发令》相衔接,共有十六回书。我本来只有六十回书,码头上日夜两场只能说一个月,有了前段书,我可以说40多天了。他还教我说初出祁山、失街亭、空城计、斩马谡等十来回书,这后段书因为距离我说的六十回结束的刘备进川还很远,说的机会较少。而千里走单骑一段书,我第二只码头就说开了,因为我那时已经说了四五年书,听一遍我就能上台了。这一段书集中描写关云长义重如山的性格,故事生动感人,很受听众欢迎,我很感谢老师伯毫无保留地传授我这一段书,对我在书目上是一个重要的拓展。我和老师伯相处一个月后,送他回到村上家中。依依惜别后,我继续在各地说书,三年后我再到浒墅关演出之时,老师伯已经故世。我只能到坟前凭吊默祷。这样,我便把老师伯失传的前段书传承下去了,我永远都忘不了老师伯对我传授的恩情。

由于前段书情的净角角色较多,而我老师在起角色方面又是个弱项,因此我觉得有提高的必要。当时角色起得好的演员是黄兆麟,黄先生长期居住在上海,要是专门到上海去学习开销太大,而且也不知他愿不愿意教我。他有一张评话的唱片叫《古城相会》,张飞的一声怒吼,用鼻腔共鸣发音,声音非常好听,但我不懂发音的诀窍,因此不能掌握运用。有一回我正好在苏州荡空,去书场听书。在临顿路群贤居书场听杨莲青的《狸猫换太子》,说到"狄青刀劈黄天禄"时,黄天禄起了一个"爆头"。杨的拖音和黄兆麟的"张飞"拖音一样,极富爆发力,非常吸引人。我想向他学习,等他一回书结束,坐在书台边上喝茶休息时,我毕恭毕敬地走到杨的面前叫应他:"阿叔,你辛

六、艺无止境：村野寻师，补习书艺

苦啦！"他对我瞄了一眼，不跟我讲话自顾自地喝茶，我便站着不走，他休息一下要去吸鸦片了。我跟在他后边，帮他拎着签子，有五六百个铜板，手巾包蛮重的。他到了隔壁的戒烟所（名为戒烟所其实是售吸所），向烟铺上一横，叫我去买包香烟，我买了给他，然后在旁边看着。等他吞云吐雾过足了瘾后，他问我跟在他后面想做啥？我说："想请阿叔指点学本事。""你要学什么？"我说："黄天禄的那一声爆头是怎么发音的？"杨莲青看我态度诚恳就对我说："你要先吸一口气，用丹田劲再结合鼻腔共鸣就可以了，只要多练练便能掌握。"他毫无保留地把诀窍教给了我。说得起劲，他又把烟枪当做扇子，表演回马刀的圈腿动作，从单圈腿到双圈腿都向我作了演示。他的教导使我获益匪浅。后来我在说书的过程中，运用了学来的一些技巧，增强了起角色的力度和爆发力，使书艺渐臻成熟。我从17岁到22岁期间，由乡村集市、中等集镇逐渐向大中城市的书场发展，在听众中也有了一定的影响，这一切都与老前辈对我的教导和无私地传授技艺是密不可分的。当时我也读了一些书，像《三国志》、《列国演义》、《水浒》、《红楼梦》、《镜花缘》、《三言二拍》、《荡寇志》等等。为解读深奥难解的句读和典故，我又买了《康熙字典》、《辞源》、《辞海》、《成语词典》等工具书，以丰富自己的文学、历史知识的修养。夜书场下来，秉烛夜读至深夜已是我多年养成的习惯和乐趣。我还经常去观摩京剧、昆曲以及其他地方戏曲，从兄弟剧种的表演艺术中汲取营养，增强自己的表演能力。此外，我还从电影、话剧这些现代表演艺术中学习借鉴，提高自己说书的艺术素养。听书更是必修的功课，对别人的长处要学习，即使发现对方有不足之处，也可作为自己借鉴。总之要多方吸收，这些都是我长期坚持的方法。

七、忍辱求生：铁蹄下说书的磨难

抗战八年，我在沦陷区做了八年的亡国奴，在日军的统治下，进出城门或乘火车经过日军哨岗都要鞠躬行礼，呈交良民证查验，稍有差池，便被掴重重的耳光。"在他门前过，怎敢不低头。"心里虽然不服，但亦敢怒不敢言。我把良民证放在一只塑料袋内用棉纱线缝牢，一头挂在长袍右襟第二颗纽扣上，平时藏在袍子内，要用时掏出挂在胸口待查。

40年代初，我在盛泽东方书场说书，生意很好。盛泽是丝绸产地，那时储备券贬值，我说了20天赚得的钱便买了三匹电力纺，既可保值，以后也可做衣服，准备再做20天买些碧绉回去。一天日场，听众来了两百客左右，刚说到火烧连环船，不料日军闯进书场，他们手执三八步枪，枪头上亮闪闪的刺刀寒气逼人，脚上皮靴鞋跟上有铁钉，走路轧轧作响。那个翻译一声吆喝："查良民证！"我顿时惊呆了，停口不说。那个翻译又对我吼道："你只管说书，不要停！"我那时脸容失色，嗓音也喑了，一面把藏在袍子里的良民证掏出来挂在胸口，一面结结巴巴继续说书，只见场中一个听众动作慢了一点，未及时把良民证掏出来，被翻译狠狠地抽了一记耳光，"啪！"一见此状我心里吃惊，哪有情绪投入角色，说得不知所云。场中听众有点啰唣了。而日本兵的铁蹄声又震住了全场听众，待搜查完毕，日寇走了，听众也听不下去了，轰然散场。次日进书场的听众寥寥可数，谁愿意

七、忍辱求生：铁蹄下说书的磨难

再买票听书来挨耳光呢？我也只得提前剪书逃回苏州。原先购买碧绉的计划也因日本兵的骚扰而付诸东流了。

另一次我在太仓沙头镇第一楼书场说书，生意很好，已经说了40天，再有5天便要剪书回苏州了。不料日军用竹篱笆封锁镇子，要清乡了，一律禁止进入。这个消息出人意料，下档接手的说书人进不来，我也出不去了，只能继续留下说书，一面是炒冷饭，一面是看了小说说"簧书"（没有师承自己编说），这样听众的人数减少了。同时我还担心清乡会不会给自己带来生命危险，因为听说在浙江清乡时一个说《岳传》的评话艺人王瑞良和唱弹词的朱咏春、朱熹孙父子俩都被日军杀害。如今我被困沙头，瞻前顾后，不禁不寒而栗。一天早上，镇上突然鸣锣通知，全镇男女老幼都要离开居所到镇北面公路上集合，日军要逐个检查，抓捕抗日分子。镇上的居家，家家必须门户敞开，若有人躲在家里，被查到后按私通游击队论处。听到这个通知，我只能服从，跟着老板到公路集中。全镇居民排着队在公路上由西向东走去。东面扎着几座草绿色的帐篷，靠公路的帐篷上有个窗帘，上面挖着两个洞眼，里面有被抓获的游击队俘虏，在洞眼中观看经过的人们，若发现有曾和游击队联系过的人或是隐匿在居民中的游击队员，俘虏就一拉绳子通知帐篷外的日军，就将那人抓起来。全镇人就像被人用筛子筛了一遍。当时正是夏天，赤日炎炎，公路上又无树木遮阴，我被酷日晒得脸发红，心乱跳，紧张万状，就怕那俘虏看得眼花缭乱，瞎认一气把我抓起来怎么办？想起浙江三位评弹艺人被日军杀死的惨状，在这个年头死了也白死，有谁来替你申冤?！在走近帐篷时，看见日寇枪上插着阴森森明晃晃的刺刀，鬼子面目狰狞，眼含杀气，我不禁两腿发抖，步子也难以挪动，幸得父亲在我背上一推，方能移动脚步，走过这关乎生死的帐篷。等到走回书场，已经汗湿衣襟,口枯舌干,饥肠辘辘,狼狈不堪了。沙头清乡的经历,虽然已过去了半个多世纪,但仍然历历在目,记忆犹新,心灵的折磨,精神的压抑,这阴影是刻骨铭心,永远也抹不掉的。

八、喜结良缘:江南古镇黎里的牵手之行

1944年初夏5月,我在苏州结婚了。那年我23岁,我的对象叫李志芳,我们是1943年春节认识而订婚的。那年年档我在吴江县黎里镇蒯厅书场说书。李志芳是老板的堂妹,她原在上海纺织厂做挡车工,每天在车间巡回要走几十里路,劳累过度,患了小腿静脉曲张之病,退下来到堂兄家休养,兼做书场售票员。她烧得一手好菜,我的伙食就是她做的。她形象端庄美丽,身材匀称,朴实大方,深明事理,是典型的苏州姑娘。相处了一段时间,我对她产生了好感,由此而萌生了和她结为伴侣的想法。

我当时的择偶标准是:一、不想娶有钱人家的千金小姐,怕娇生惯养脾气任性,我受不了。二、不要求形象娇艳,怕会不安于室。这跟我说书有关,书中诸葛亮娶的妻子是黄承彦的女儿,长得很丑,但是有学问,书中说"莫学孔明择妇,止得阿承丑女"。但我却愿效学孔明,并不片面追求外表的娇媚,而把心灵美放在第一位。我想我是一个穷说书的,她是一个穷工人,我们正好白手起家,勤俭创业。我们有着共同的境遇,因此共同语言比较多。我认为自己找到了合乎理想的对象。

我们正在筹备喝一次订婚的喜酒时,忽然发生了一件堵心的事情。志芳有个胞兄在上海教书,寒假中也来黎里度假,他听说胞妹要

作者与李志芳的结婚照

和我订婚,勃然大怒坚决反对,他认为说书人是跑码头、吃开口饭的江湖人,嫁给这样的人是辱没了门庭。而志芳倾心于我,不同意胞兄的观点。她向堂兄、书场老板求助。老板对我很尊重,支持志芳的亲事。她胞兄一怒而去,到苏州登报声明与胞妹脱离兄妹关系。消息

八、喜结良缘：江南古镇黎里的牵手之行

传至黎里，我心里十分郁闷，想不到说书这行业被人如此歧视，然而这也激发了我奋发图强的决心。

经过这段曲折，志芳特地赶做了一双拖鞋、一双布鞋送给我，我当时也没有什么纪念品还赠，离开黎里后我去朱家角演出，生意特好，买了金戒指、金手镯还赠给她。后来我在西善长巷租了房子作为新房，家具则买了一套八成新的二手货，这些完全是靠的我说书所得。1944年我们在苏州成婚，我老师唐再良从上海赶来证婚，而女方家庭无一人出席婚礼。我们本来依习俗要三朝还娘家，但最后只好取消了。

志芳和我结婚之后，对我温柔体贴，克勤克俭，三年后我就在苏州买了房子。

九、我的奋斗：从码头响档到上海响档

成家立业，是我年轻时追求的两个目标。

1944年我结婚，成家的目标实现了。

而立业的标准是什么呢——对我来说，当然是成为说书的响档。

响档又分两个层次：一是码头响档，另外一个是上海响档。

我说书十年，在苏州以及江浙码头也有了名气，可以称为码头响档，但这只是低层次的响档。我的奋斗目标是争取成为上海响档。因为上海是中国南方的经济文化中心，戏曲的名角、说书的响档都云集上海。一个说书人只有在上海的书场受到听众欢迎，走红了，才能称为上海响档，他到码头上去，人家会说他是"上海先生"，从而号召力倍增。争取成为上海响档是我梦寐以求的愿望，但这美梦能成真吗？我并没有把握。

为什么进上海那么难呢？因为上海和内地的书场要求不同。内地书场以单档演出为主，是单干户。上海是花式书场，四档或五档一起合作演出，是一个群体，首先要有大响档担任送客，其次要有艺术相当的艺人同场，这就要有融洽的人际关系。因此往往有艺人拜十兄弟或者九兄弟的形式，但是这种结拜和桃园结义不同，他们往往是有利则聚，利尽则散。而我缺乏这种关系，对于进上海说书，只是一个梦想而已，何时能圆这个梦，只好靠运气和机会了。

九、我的奋斗：从码头响档到上海响档

家庭合影：中坐者为父亲唐月奎，旁边为作者本人、
夫人李志芳及四个孩子

　　1944年的农历七月我在章练塘长春园说书，忽然接到上海寄来的一封信，拆开一看，原来是光裕社第一号大响档夏荷生写来的，信上说上海沧州书场老板邀请他中秋节去演出，阵容委托他安排，他邀请我参加演出，夏自己担任送客，叫我说他前面的一档（第三档），二档是魏含英，头档是韩士良，如果我有意进上海的话，其他的东方和

39

大陆等书场都由他去协调和安排,希望我尽快回音。

　　我读信之后喜出望外,激动万分。沧州书场是上海最高级的新型书场,做在送客前的第三档是最好的档子,既没有抽签的压力,又是容易出彩讨好的位置。另外东方和大陆也都是显面的书场,由夏先生为我联系安排,这正是我求之不得的天赐良机。我梦寐以求进上海的奋斗目标,不久就可以实现了。我马上回信给夏先生,衷心感谢他对我的提携之恩。同时又陈述了自己的困难,因为上海书场不提供膳宿,吃、住都要自理,我从未到过上海,人生地不熟,要先去租房子添家具,这些我一下子还难以解决。夏先生又给我来了信,他理解我的具体困难,建议我可以先借住在他家,吃饭也搭伙在他家,等熟悉了环境再去租房子。如此关怀可以说是无微不至了。妻子知道我渴望进上海的梦想,我借住夏家她不便陪同前往,为了支持我进上海,她表示先一个人回苏州独守空房,等我借得房子后再来沪陪伴。

　　中秋节的前两天我到达上海,住在夏家。夏先生住在法租界贝勒路望志路(今兴业路)的一所石库门西式房子三层楼里,家里雇有娘姨、大姐、包车夫,排场极大,伙食精美,我吃在他家也算是很好的享受。我和夏先生素昧平生,受到如此款待、照顾,使我从心底感激之至。

　　夏先生为什么厚爱于我这个书坛后生呢? 有两个原因:近因是夏先生的好友陈雪芳先生和我相识,陈向夏介绍我少年老成、勤奋好学、烟酒不沾的品行,赢得夏先生的好感。远因是夏先生在青年时曾受到光裕社的压制与欺负。事情是这样的:夏先生师从钱幼卿说《描金凤》、《三笑》,先生天生一副好嗓子,加上他刻苦钻研,说噱弹唱均有杰出成就,出道后走红各处,有一次在浙江双林码头上与前辈艺人谢品泉同码头敌档,谢被夏敌漂,谢坍台后怀恨在心,抓住夏未

九、我的奋斗：从码头响档到上海响档

出大道就先收徒弟的事件去整治他。按照说书的道规，说了一两年先要在茶会上给同道们付一次茶资，名为出茶道。再说了几年，书艺有长进后由老师带领请几桌酒，名为出大道。出大道后才取得收徒弟的资格。夏荷生在平湖说书，未出大道就收了施天铃为徒，违背了道规。其实一般来说可以补请几桌酒，补办一个出大道的手续就可以了结此事。不料谢品泉挟嫌报复，煽惑钱幼卿及光裕社部分领导，作出了开除夏荷生出光裕社，从此不准进苏州书场说书的决定。这个处分过重，对夏先生十分不公平。后来夏先生的好友陈瑞麟为夏不平，回到苏州恳请他父亲陈士林，劝说钱幼卿及光裕社领导重新审理此事，改为夏荷生罚款银元一百元，为三皇祖师制作锦袍一领，罚五桌酒水，补出大道。然后恢复光裕社社籍。这样的处分显然也是过重的，但在浓厚的封建意识的道规压制下，夏荷生只能全部接受。

就在那时，夏荷生参加了吴苑书场的年终会书，在多年未到苏州说书的情况下，夏荷生精湛的说表技能和弹唱功力一鸣惊人，震撼了全场听众，一回《俊巧调戏徐惠兰》赢得满场掌声，"再来一个"的呼声持续了数次。口碑传出，苏州听众为之轰动。春节年档在苏州汤家巷茂苑书场演出，书场容纳不下蜂拥而来的听客，老板只好把书场移到方厅演出，创造了听众达七百多人的奇迹，打破了苏州书场上座率的历史纪录，更为不易的是，当时没有扩音设备，夏的丹田劲力充沛，使最后一排的听众都能听得清楚。"描（金凤）王"的声誉传遍苏州、上海，夏荷生由此成为光裕社突出的大响档。

夏荷生因亲身经历过长辈对他的压制，所以他对青年说书者充满了关爱而给予提携，受他提携的人也不止我一个。我对夏先生的厚爱，至今仍是铭记在心，感恩不已的。他的提携，圆了我进上海说书的梦。

十、挺进上海：初做上海先生的甘苦

八月中秋我在上海沧州书场登台说书。沧州书场位于南京西路与成都路交汇处，底层是 ADK 雨衣店，书场在二楼，三楼是中国画院，四楼是吴淞福致饭店，还有亚美麟记电台。书场呈扇形，正面只有十排座位，其余朝两面展开，正面座位都是藤靠椅，很舒服，两边是帆布坐椅，客满连加座有五百客左右。书场装修新颖，墙壁粉红色，顶部天蓝色，灯光柔和，扩音设备一流，文化氛围很好。说书人在台上与听众挨得很近，能用目光交流，是非常理想的书场，也可以说是江浙上海一带最好的一家书场。我的上一档魏含英倜傥潇洒，唱腔优美；下一档是夏荷生"描王风采，不同凡响"，我夹在中间感到很有压力，因此说书特别用功，琢磨着怎样适应上海听众。我知道过去上海有位评话名家许继详，他说法新颖，语汇切合时代潮流，每天读报，选择报端新闻穿插书中，很受听众欢迎。说书前辈有一条经验："说书说势"，势就是时势，也就是要结合形势。我平时喜欢看报纸，于是学习许先生的优点，穿插一些切合时势的话题，以适应上海听众的口味。那时正是抗战的第七年，美国的远程轰炸机轰炸上海杨树浦发电厂，发电机炸毁了，上海南京路电车停驶，抛锚在马路上，电灯也灭了，电梯停止运行，总之，凡是用电的工具都不能使用，我便利用这一新闻在说书时放了一个噱头：

十、挺进上海：初做上海先生的甘苦

作者三个儿女力行、力敏、力平在沧州书场

苏州说书老前辈朱耀庭，今年81岁了，到上海来探望他的儿子朱介生，刚走到国际饭店门口，电厂被炸毁，马路上一片漆黑，他住在西区，电车停驶回不了家。他想反正身边有钱，开开洋荤，住一夜国际饭店吧。于是推门进去，只见柜台上点着洋蜡烛，他问职员："有房间吗？"回答说："电话不通了，你自己到楼上去问吧。"朱耀庭要乘电梯上楼，被告知："停电，电梯不能开，你走上去吧。"老人无奈只好从楼梯走上去，到二楼一问房间客满。走到三楼还是没有，他一层一层走上去，直问到24楼，房间仍是没有。他朝窗外一望，东方发白天亮哉。房间不要借了，下楼吧，电梯仍旧停驶，他一层一层走下来，等到走到国际饭店门口，天倒又夜哉……

这个噱头结合了当时的形势，听众听后哄堂大笑。

还有一次,汪精卫死了,南京伪政府下令,所有电影院、戏院、书场一律停止文娱活动七天。我们说书艺人一天不说书,一天就没有收入,心里恨得不得了,汪精卫活着害人,死了也害人,没有办法,我们只能躲在家里孵豆芽,熬过七天,第八天到沧州书场上台说书,我又放了一个噱头:

我说:"刚才有一位听众问我,'这七天你在做何消遣?'我说我在家里哭了七天。"(这时听众都愣住了,你怎么会为大汉奸之死而伤心痛苦?)我接着说:"我们说书人一日不说书,一日不活,我一天赶四付书场,七日不说,一个铜钿都没有进账,我越想越伤心,眼泪哭了两面盆。"听众领悟到我是在发泄对伪政府的不满,顿时哄堂大笑。

当时战局日紧,物资供应匮乏,老百姓不留钞票,抢购日用品囤积,我在书里紧扣百姓的不满情绪,说刘备去江东招亲向乔国老送礼,礼单上开出:"无锡白粳两千斤,义泰兴煤球十担,青岛生油五箱,白礼氏洋烛五箱,祥茂肥皂十箱,龙头细布二十匹……"这些都是人们日常生活中议论最多的热门囤积货物,我穿插应用在书里,收到了较好的效果。

沧州书场的听众对我的说法和穿插,给予了认可,说我对传统书有新颖的表述。听众的欢迎,是我最大的安慰。

在沧州说了一个月左右,韩士良把他的空屋借给了我。地址是大世界附近保安坊的一个四层阁楼,这里本来堆放一些照相馆的器具,床铺桌椅都是现成的。我把妻子接来,我们分别了一个月,重新团圆。以后的日子里,她为我准备一日三餐,非常辛苦。当时因战局紧张,运输困难,北方的煤供应不足,居民做饭的煤球断了档,烧饭只能用柴禾燃烧,而柴禾又是潮湿的,点燃时浓烟滚滚,上海的厨房又

十、挺进上海：初做上海先生的甘苦

是几户人家共用的，几只炉子同时引火，房间烟雾腾腾，我妻子被烟熏得咳嗽不止，咳得连怀孕两个月的婴儿都流产了。我妻子伤心痛苦，我也十分难受和内疚，一切皆是因我追逐名利进上海说书而引起的，如果不进上海在内地书场演出，伙食由场子供应，她就不会因做饭受烟熏而流产。说到底是我连累了她。春节我本来可以留在上海演出，但用柴禾烧饭的情况一时难以改变，我不能让妻子再受这个罪了，决定春节回到码头上去说书。我请人服侍妻子，让她留在上海养息一段时间。农历年底前我告别了卧床的妻子，独自拎着一只箱子离开了上海。那时火车站人山人海，黑帽子刁难凶狠，根本无法乘车，只能坐轮船到苏州再赴码头。轮船上冷得出奇，要坐一夜。长夜漫漫，我怀念着病床上的妻子，正是所谓"欣然而来，黯然而去"。虽然圆了进上海说书的梦，然而这梦的结局却又是苦涩的。

十一、"描王"之死：毒品对
说书人的戕害

1945年是抗战的第八年,物资供应匮乏,通货膨胀,民生维艰。8月,日本无条件投降,我总算熬过在沦陷区的黑暗岁月,重见天日,如获再生。

那一年我在太仓、常熟的乡镇码头上说书。数月前妻子流产,春末她又怀孕了,为了避免长途跋涉,我就在附近码头流动,以保护妻子的健康。1946年春,她产下一男婴。初为人父,心情兴奋,我给孩子起了个名字叫平平①,寄托着对胜利后和平的向往。

1946年年档我在苏州演出,跟张鉴庭、张鉴国、蒋月泉等合作,场场客满,收入颇佳。

忽然得到一个讯息,夏荷生生病了,春节没有上台说书在家养病。我很是震惊和关心,因为旧社会的单干艺人,既没有固定工资,更没有公费医疗。一日勿说,一日勿活。医药费昂贵,他还要吸鸦片,家里开支浩大,他的经济肯定陷于窘迫。回想起1944年中秋他提携我进沧州书场演出的恩情,滴水之恩,当涌泉相报。我想我应该去探望他,表一表我的心意。

---

① 唐平平这个名字一直沿用到他小学毕业。入中学后,我将儿子更名为力行,他的几个弟、妹分别为力敏、力平、力先、力工。

十一、"描王"之死：毒品对说书人的戕害

正月二十四日是评弹界祖师诞辰，循例全苏州书场停业一天，在光裕公所聚餐，庆祝三皇老爷生日。我放弃聚餐，借此机会乘火车到上海去探望夏先生。中午抵达夏寓，登楼进入卧室。见夏坐在床上，背后垫着几个高枕头，身上盖着被子，面容消瘦，神情憔悴，颧骨升火发红，看得出病情不轻。床的右侧墙上挂着一块硬纸板，上有夏先生亲笔写的毛笔字"制怒"！

"制怒"是一百年前清朝两广总督林则徐所写的座右铭。当年林则徐奉旨禁烟，在虎门烧了英国人的鸦片。英帝国凭借船坚炮利，发动鸦片战争，清朝皇帝吃了败仗，林则徐被革职发配新疆，他怒火中烧又无可奈何，书写了"制怒"的条幅。清朝跟英国签订了《南京条约》，从此鸦片像洪水泛滥，流毒全国，夏先生便是受害者之一。夏先生为什么要写"制怒"的条幅呢？我猜想是：当年"描王"风靡书坛时，场东蜂拥而至，宾客盈门，如今病魔缠身，门前冷落车马稀。他肺病容易动肝火生怒，因此书写"制怒"两字以调节情绪。

房中生着炉火，我脱去大衣，坐到床沿上对他说："阿叔，今天三皇会，我特地从苏州赶来看你，你要多保重呀。"然后我从口袋里掏出十万元法币（当时黄金价格十六万一两）放在他枕边，说："这区区十万元不成敬意，只是聊表心意而已。"他见我态度恳切，就含笑点头纳下。他又嘱咐我到他朋友家里要求支援他一些块煤，因为市面上买不到，他家里的块煤快断档了。我遵命把夏的口信捎到，然后赶往火车站乘车返回苏州。

坐在车窗旁，遥望冬日翻卷的乌云，我的心情颇为沉重，寻思这十万元钱只是杯水车薪，无济于事，不过是给夏先生一点精神慰藉而已。夏先生一代大响档，怎么会落得如此惨状呢？说到底是鸦片害了他。我听说30年代上海有一位老听客，十分赞赏夏先生的艺术，

又为他沾染鸦片嗜好惋惜。他是一位富翁,在江西庐山有一所别墅,曾盛情邀请夏先生上庐山避暑,住在他别墅里唱长堂会,管吃管住管接送,还有一笔丰厚的包银。如果精神不好堂会可停唱,包银照付。老听客其实是为夏先生创造条件戒烟,夏先生很感动,在庐山上果然戒掉了鸦片。饮食条件也好,人发福了。说书先生上庐山在当时是一大盛事,报上一发新闻,夏先生的知名度更是提高,可谓红得发紫。秋凉回到上海,场东都来邀请,堂会应接不暇,唱得太多,精神搭不够了,于是又吸鸦片吊精神,从此一发不可收拾,再也离不开鸦片了。这是多么令人惋惜的事呀!不久,夏先生病逝,终年48岁。身后事宜由评弹界朋友解囊相助,我又送去了十万元奠仪,但币值就没有上次送去时那么高了。一代"描王"身后萧条,岂不可悲!夏先生之死,令我欷歔不已、沉思良久。我想,为什么评弹界吸鸦片者会有这么多,原因何在呢?

鸦片别名"福寿膏",诱骗吸食者可添福添寿。评弹界当时流行一种歪理,要成响档,就该吸上鸦片。所谓"饭后一筒烟,赛过活神仙"。吸了烟,躺在烟榻上吞云吐雾,可以静下心来,研究说好书的窍门。吸了烟吊起精神,说书效果更好,可以接更多的场子。这些歪理不知害惨了多少说书同行。评话界有两个说《济公》的响档,他们的悲惨遭遇至今令我不忘。一位叫虞文伯,天生一副好喉咙,放的噱头也符合潮流,到处受听众欢迎,生意很好。吸食鸦片后身体日见羸弱,有一年春夏之交在常熟南门长兴演出,其间染上痢疾不能上台说书。吸烟患痢疾名为"烟漏",是没法治的。老板另请了一位艺人演出。书场只有一间客房,只能供一个演员居住,于是扶虞文伯到附近一所庙里暂住。在一个风雨之夜,虞文伯孑然一身,在凄风苦雨中咽气。老板去讨了一口薄皮棺材,草草成殓,埋葬在异乡客地的义冢

十一、"描王"之死：毒品对说书人的戕害

地里。

另一位说《济公》的响档叫陈浩然，他说书风格独特，动作漂亮，有爆发力。在上海东方书场做年档时，他头档，二档庞学庭、谢汉庭，三档张鸿声，送客夏荷生。一般来说，头档是听客入座时间，声音嘈杂，不容易说好。陈浩然做头档，特别受欢迎，开书前就客满拉起了铁门，他一下台，居然有几十个听客抽签，原来他们是附近写字间的职员，下了班吃过夜饭再来听书，头档就听不到了，所以一下班就到东方来，听完陈浩然的《济公》就离场去吃夜饭了。他们一走，外面等退票的就补票坐他们的空位子，场方多一笔收入。这种现象过去从来没有出现过，陈浩然成为红得发紫的响档，各个书场竞相请他，他也来者不拒，连星期天加早场都演。超负荷劳动，体力不济，于是吸鸦片提神，直至肺病吐血，只能停演休息。歇下来没有收入，借债应付，讨债人上门索钱，语言尖刻，陈浩然受不了这个气，决定到无锡说书，赚钱还债。在迎园书场演出，日夜客满，说书一卖力又吐血了。请医生来诊治，一检查肺病晚期，没法治，叫家属准备后事。当夜，陈还在弥留时，场方怕肺病病菌从其鼻孔中飞出传染人，就用一只丝绵兜套在他的头上，以致活生生窒息而死。年仅39岁的响档就这样抛下寡妻孤女客死异乡。

染上鸦片烟瘾而客死他乡的惨剧，足以警示评弹界的艺人。我也曾接触过抽烟的同行，闻到过诱人的香味，也有人叫我"香一筒试试"，我却似面对吃人的猛兽，敬而远之。连香烟也不抽。我有一种危机感，说书是吃一碗空心饭，年轻力壮时赚得动，一过中年就走下坡路，进入老年期场东就会过门不入，视你为陌路人了，到那时满腹牢骚、郁郁寡欢也只能在茶会上坐冷板凳了。只有头脑清醒，积蓄一点钱，老来夫妻俩开一爿烟纸店，赚一点蝇头微利度其余生。评弹界

有一句警语"响不如省"。响档赚得动时挥霍滥用,还不如一个稳档说书,省吃俭用,努力积蓄,老来有个好的结果。所以我在 1947 年(26 岁)在苏州豆粉园买了一所房子,那是一幢民国时代的中西结合的寓所,楼下有天井、客堂、厢房、储藏室、厨房、柴房,楼上有正房、前后厢房、阳台,前门是幽深的豆粉园,后门是一条小河,也就是今天干将路街心的观景河。我买这处房产就是想老有所归,有个遮风避雨的地方,避免"描王"及两个"济公"的悲剧重演。

十二、生于乱世：我所经历的三次改朝换代

　　说书离不开时代，时代的动荡与变迁，势必会影响说书人的思想感情。我生于1921年，到1949年短短的28年中经历了三次改朝换代。每次的朝代更迭都带来暴风骤雨般的冲击，我像黄浦江里的一只小舢板船，在惊涛骇浪中浮沉漂泊。

　　第一次改朝换代是1937年的上海抗战，冬天政府西撤，江南沦陷，天空有敌机盘旋，地上有日军追杀。那是一场处处充满生命危险的劫难，我仓皇弃家逃往香山，靠着说书薄技，苟安偷生于乱世，苦熬着八年的漫长岁月。直到1945年8月日军投降，我才终于度过了这黑暗恐怖的敌伪统治时代。

　　第二次改朝换代是1945年日军投降，我国军队光复失地。当时，举国欢腾，我也额手称庆，梦想从此可以和平建国，进入美好生活的时代。当时我年轻力壮，说书已薄有名声，业务收入日渐上升，1947年在苏州买了一所两上两下、二百多平方米的寓所。当年，父亲曾押掉房子让我去学说书，13年后我却以说书所得买了一所房子，不必再为生计犯愁。这样一个对比让人感慨万千啊。本以为从今以后可以太太平平说书，顺顺当当过日子。哪知好景不长，事与愿违。国民党贪污腐败，失尽民心，发动内战又连遭失败。到1949年年初，三大战役已使其元气尽丧，解放军渡江迫在眉睫。国统区通货

膨胀,物价飞涨。那时我在上海维纳斯书场说日场,一下台拿了钱,马上到书场门口马路边买银元,为的是保持币值。此时,我听说上海郊区又在构筑碉堡,汤恩伯提出"保卫大上海"准备巷战。我住在沧州书场底层,怕开战时供应断档,便抢购了大米、食盐、咸鱼、咸肉,以防万一。那时夜里戒严,书场夜里停歇,只开日场。父亲从苏州来信称,我家所住的豆粉园楼上厢房被国民党军队一个连长的太太所占用。他问我怎么办?我有什么办法呢,秀才碰到兵,有理说不清。宪法规定保护私有财产,现在是无法无天的年代,你跟谁去讲理呢?只能逆来顺受、听天由命而已。这时,上海评弹界协会通知:协会的著名艺人都要到上海电台义务播唱,募捐慰劳"国军"。我被指定散了日场上电台去说书募捐。苏州的房子被国民党军强占,在上海却要为国民党军去募捐,虽是心不甘情不愿,但却又不能不去应付这个差事。那时郊县都进入备战状况,书场基本停歇,市内则是夜场停止、日场减少,在上海的评弹艺人不能出码头说书,很多艺人失业,生活困难。评弹协会组织一场特别会书在沧州书场演出,阵容特强,书票高达一块银元,书场爆满,一票难求。我和杨振雄、顾宏伯合作三个档,演唱《长生殿·絮阁争宠》这回书。杨振雄起唐明皇,自是他的拿手戏,顾宏伯擅演郭槐、陈琳的角色,由他起高力士的角色,也是活灵活现,我这个说《三国》的评话演员反串杨贵妃,拿起琵琶,模仿杨腔杨调,唱起贵妃争风吃醋的唱词,引得听众哄堂大笑。这一场会书的收入,协会里全数购买大米给失业的会员,每人发放数十斤,暂时解决了他们的苦难。

  时局越来越紧张,蒋月泉本来有一辆小奥斯汀轿车,赶场子时自己驾车,兵荒马乱,他把汽车卖掉,赶场子叫三轮车代步,以免招摇惹祸。有人听到谣言,共产党来了要共产共妻,于是就想逃难去台湾,

十二、生于乱世：我所经历的三次改朝换代

但台湾没有书场怎么维持生活？他准备自己买了帐篷、凳子开露天书场。也有人担心共产党来了大家要做工，没有空闲听书，说书人要失业了，怎么办？我和蒋月泉商量，到苏州去，买一辆二手汽车，经营往返常熟到苏州的客车，我在苏州阊门外石路上吆喝："要去常熟的，请来上车。蒋月泉开汽车，还可以奉送听蒋调开篇一只！"以此招徕生意。这是解放前形形色色的景象，记下聊付一笑。

解放军渡过长江，南京、镇江、常州、苏州都解放了。铁路已经中断，苏州父亲处也没有信息了。战火逼近上海，晚上戒严，人心惶惶。5月24日上午我看报载郊区战况激烈，不由忐忑不安，又看到四岁的儿子、三岁的女儿在沧州书场的园子里奔走嬉戏，心想幼儿不识愁滋味，假如这里发生巷战，子弹不生眼睛，我和妻子儿女的命运又将如何？下午照常到维纳斯说书，散场回宿舍，吃过夜饭后，让妻子儿女们先行安睡，我和相邻而居的刘天韵深夜到沧州书场二楼的阳台上，遥望南京路上的夜景，店家早已关门休息，马路上闪烁着昏黄的路灯，只见从东向西的军用卡车，一辆接一辆隆隆驶过，车上站满着荷枪实弹的国民党士兵，不需要打听都知是往西郊增援的守军，我不禁想起曹植的诗句："煮豆燃豆萁，豆在釜中泣。本是同根生，相煎何太急。"互相厮杀的都是中国人哪！夜深露凉，回归宿舍，见到一对儿女睡得很甜，我心情沉重，唯有祈求上苍能保佑他们平安无恙。

25日早晨六时我起床后，从沧州书场底层烟纸店旁的侧门跑到街上了解局势。只见成都路两旁的水泥人行道上，躺卧着熟睡的士兵，他们是凌晨进入市区的解放军战士，因日夜奋战，疲惫不堪，冲进市区后就地躺下酣睡，旁边墙上贴着解放军的告示，上书"三大纪律和八项注意"。我看到居民老太拎着吊子茶杯在慰问醒着的士兵，他们婉言谢绝，实践着不擅入民房、不拿老百姓一针一线的条例。我

马上联想到苏州家中我的房间被国民党军一个连长太太破门而入强行占住的情景。不用宣传,双方作风孰优孰劣,昭然若揭!

昨夜我还担心逐街逐户巷战的惨烈,如今苏州河以南已经全部解放,我不由额手称庆,随即打电话到维纳斯书场,问今天日场是否还开书?场方说戏院影院都照常演出,我们也照常开书。午后我到书场一看,听众还是坐的满满的,他们都被解放军的秋毫无犯所感动,放下心来按照原来的消遣习惯,仍旧到书场来欣赏评弹艺术。

这一次的改朝换代,比起1937年的逃难香山,个人的处境判若天地,我庆幸着和平的新时代骤然降临。并开始思考怎样去适应这个新时代。

十三、跟上时代：解放说新书

上海解放了。苏州河以北还是国民党据守。战争仍在进行，苏州河以南地区，戏院书场照常演出，电台里的评弹节目也一天未停地播放。这真是奇迹。不久上海全部解放。军管会文艺处的干部与各剧种艺人联络，他们穿着军装，态度和蔼。我们向他们敬烟敬茶，他们婉言致谢，这又使我们从心里感到钦佩。以前国民党官僚歧视艺人，令艺人登记时，竟将其和妓女同放在一个行列，两相对比，解放之感油然而生。当时，评弹界协会决定组织一个乐队，参加庆祝上海解放的大游行。协会把囤积的大米售出，购置了大小铜鼓，由周云瑞担任指挥，在协会弄堂里操练。大游行那天书场全部停歇，艺人们凌晨便到文化广场集合，没有一个人迟到。我冒着大雨赶去，雨衣都湿透了。游行开始后，顷刻间雨过天晴，我们随着游行队伍浩浩荡荡进入人民广场，接受陈毅等领导的检阅。

为了跟上新的时代，评弹界协会组织了一场说新书的会书，在维纳斯书场演出。评话艺人潘伯英、张鸿声、顾宏伯和我四个档共说一回歌颂红军长征的《飞夺泸定桥》，由潘伯英改编。当时我们的胆子也真大，不熟悉红军生活，凭着一些简单的书面资料，尽情发挥。我演一个苏州籍的红军，凭小时候在玄妙观用藤圈圈套泥菩萨练出的眼功，在铁索上攀过去，用手榴弹炸毁一挺机关枪。这是我第一次说新书。张鉴庭、张鉴国说《阿Q正传》中的阿Q调戏吴妈这一段，张鉴庭擅长绍兴方言,演起阿Q极为神似,很有效果。刘天韵、谢毓菁编说《小二黑结婚》,其中有三仙姑装神作怪逼女儿嫁给军阀的情节,刘天韵起的巫婆角色活灵活现。此外蒋月泉、王伯荫档,周云瑞、陈希安档也都参加了演出。

解放初期,上海的跳舞场业务大受影响,日场的茶客、舞客寥寥无几,很难维持。西藏路米高梅舞场老板孙洪元灵活经营,将日场茶舞改为书场,委托刘天韵邀请艺人开青龙(首场)演出。那次的阵容特强,头档张鸿声,二档蒋月泉、王伯荫和我三档,张鉴庭、张鉴国四档,送客刘天韵、谢毓菁。书场冷气开放,八百多座位天天客满。我因为档子最好,演出又卖力,效果特好,是我做上海以来最好的一次演出。后来上海的舞场纷纷仿效米高梅舞场改作书场,使上海书场的设备提高了一个档次。

7月1日,协会组织了一场募捐义演的书戏,慰劳解放军。由潘伯英执笔,将赵树理的《小二黑结婚》改编为书戏,在南京大戏院演出。蒋月泉饰小二黑,范雪君饰小芹,刘天韵反串三仙姑,张鉴庭饰二孔明,张鸿声演反面人物金旺。书戏较短,因此在书戏前面加演了我和顾宏伯的双档评话《李闯王》。戏院客满,听众反映强烈,评弹协会因此受到了表扬。

蒋月泉对新形势很是敏感,觉得我们上台说书,都穿着呢料子长袍,跟共产党艰苦朴素的精神不和谐,建议去做一批布料子长袍,表示我们紧跟时代。他还与杨振言拼双档,每天上人民广播电台播唱陈灵犀写作的《白毛女》连续开篇,而且不取报酬,积极表示靠拢共产党。我则是响应号召,开会必到,积极发言,并且勤跑书店,买了不少苏联小说及解放区出版的书,想从中学到政策精神,以求跟上时代。当时戏曲界竞演新戏,周信芳唱《闯王进京》,沪剧界几个团都演《白毛女》。评弹界最敏感的问题是长篇书目的内容问题,帝王将相、才子佳人能允许长期存在吗？有一次文艺处开会,一个干部带头喊口号:"把唐伯虎送进坟墓去!"我闻"虎"色变,心情紧张,极担心自己的《三国》也被送进坟墓去。因为《杨家将》、《英烈》都有反对异族入侵的爱国主义思想,《三国》只是军阀混战,刘、曹、孙争当皇帝的内容,很难找到什么符合时代要求的积极意义,日后会不会被批判或禁演？因此编说新书是保住饭碗的必由之路。编什么书？按当时的思路,皇帝是地主头子,要打倒,能歌颂的只有农民起义,从秦末陈胜、吴广起义开始,汉朝有赤眉、铜马、黄巾,唐朝有黄巢,宋有《水浒》,元末有朱元璋,明末有李闯王、张献忠,清有太平天国,农民起义大都以失败告终。刘邦、朱元璋最后都做皇帝,农民起义变了质。这些内容都不熟悉,要编演一部像传统书一样的作品将是一个长期的艰巨过程。因为《三国》是经过一百多年几代人的反复锤炼,才达到今天这个水平,匆忙间要编出一部受听众欢迎的新书,恐怕是力所难及。对前途的担忧,使我感到沉重的压力。

从1947年到1949年,我每年春节至端午都在上海演出,其余8个月则到苏州、无锡、常熟及浙江各地演出,这样在上海的听众中可以保持一个新鲜感,这也是一般评弹艺人演出的规律。1949年端午节后因时局的变化,我未离开上海,起先上座率还是很好。到8月中旬以后,因为听众没有新鲜感了,上座率就有所下降。看来1950年的春节不能再留在上海演出了,多留要自己砸自己的饭碗了。

我正在考虑来年春节后的去向时,有一个新的机会来了。一天,蒋月泉约我散了夜场后到他家里,有要事商谈。我如约前去,他告诉我,西藏书场的老板孙洪元中秋之后离开上海,在香港六国饭店屋顶阳台用帆布搭建了一个书场,派谈和尚到上海来请艺人,要蒋帮忙组织四档书去演出。包银是每档一个月十两金子,包三个月,管吃管住管接管送。如有堂会演出,收入全归演员。三档弹词是张鉴庭、张鉴国、蒋月泉、王伯荫、周云瑞、陈希安,还有一档评话请我加入,他问我是否一起去。我一听喜出望外,香港是一个令人向往的地方,以前王畹香、徐剑衡、范玉山、范雪君等去演出过,近期李冠卿、顾玉笙等也去演唱过。那里包银优厚,收入不菲,演出三个月可以积蓄一笔钱,将来编说新书,演出收入减少,可用于贴补生活。加上我本来就想出码头演出,于是一口答应参加香港演出。过了几天谈和尚在蒋月泉家中向我们预支了一个月的包银。当时我们也敏感地考虑到香港是英属殖民地,去那里演出在政治上不光彩,因此相约要保密,到年底悄悄地动身。

不料,事情还是走漏了风声。一天,评弹协会在沧州书场召开会员大会,文艺处剧艺室一位联络评弹艺人的干部上台发言,动员评弹界参加上海市戏曲春节竞赛,说唱七天新书,接着话锋一转,说上海有四档书,不参加为上海人民说新书而要到香港去为那里的白华说书!他问艺人们:你们同意不同意?台下有同行高喊:"不同意。"那个干部就要我们当场表态。当时书场里气氛很紧张,有一位晚报的记者拉拉我的袖子悄悄说:"你赶快表态说不去了。"我们七个人迫于形势,表示我们去和接头人联系,退回包银,不去香港了。散会后,住在沧州书场楼下宿舍的妻子知道了开会的情况,非常紧张地对我说:"快回绝香港吧,不要去了。"我们七个人一起商量怎么办?心情很复杂,已经到手的包银要吐出来实在是舍不得的,而且个别人已经用掉了一部分,要退包银还得去借债。张鉴庭对政治一向不关心,但是,这次他却说:"英国已经承认了中国,是邦交国,我们到朋友的属地去演出,为什么不可以呢?"问题是文艺处的干部插手,我们如果

十三、跟上时代：解放说新书

对抗着一定要去，干部不高兴了，可以让评弹协会开除我们的会籍，我们今后就不能在上海说书了，上海是最重要的说书码头，绝不能放弃，香港的演出只是一时的，只能忍痛割爱。于是蒋月泉就去找谈和尚谈判，说明情况特殊，要求退回包银取消合约。谈和尚急得直跳脚，一是因为他经手请人，开书场他有利可图，二是孙洪元投资开办书场，屋顶阳台、帆布装置，还有几百把藤靠椅都已付款，书场开不成投资泡汤，他要寻死路的。蒋月泉告诉他，不是我们不想去，文艺处不让去，我们也没办法。谈和尚说文艺处他去通路子，过两天听回音。数日后，谈和尚约蒋和我到谈家吃夜饭，在座有一位市级干部，他对我们说："去香港的政策是来去自由。我去问过文艺处的领导有没有不让艺人赴港的事情，领导说：'没有呀！是艺人自愿留下来参加说新书的竞赛呀！'因此文艺处并没有不让你们去的说法。当然，我不是鼓励你们到香港去，也不是不让你们去。去与不去由你们自己决定，自己拿主意。"

听了这番话，我们心里有了底，既然不会受处分，我们就放心前去。我和蒋通知了其他五个人，大家分头去公安局领路单，并且相约保密，对外只说我们香港不去了，准备到内地书场做年档，以免多生枝节，谈和尚则买好了去广州的火车票。农历十二月二十四日，我们一行七人跟着谈和尚到香港去做淘金梦了。

十四、香港淘金：留下挨整的无穷隐患

我们一行七人在经纪人谈和尚的带领下，乘火车离开上海，抵达广州后先宿一夜，次日到深圳，走过罗湖桥换乘去九龙的火车。孙洪元在九龙车站迎候，并在家为我们摆接风酒，他对我们期望值很高，想把六国饭店的书场办得像上海米高梅书场那样红火，这样他的日子就好过了。经历了香港办书场几乎夭折的波折，更觉得我们的到来是来之不易的，孙将我们安排在半山的麦当奴道一幢新盖好的住宅，有自动电梯、大小卫生设备、冷热水龙头，比起我在上海住过的阁楼亭子间，似乎换了人间。孙洪元还雇了一个广东保姆，为我们料理伙食。如果香港书场生意好，堂会多，我们真会有"此间乐，不思蜀"的想法了。

次日，杜公馆向我们发出邀请，约我们下午三时去公馆。杜月笙是蜚声中外的上海滩三大亨之一，拜客时该怎么应对？离开上海时有朋友提醒我们，到香港后对外讲话要谨慎，不能口没遮拦，如果讲了不利于新中国的话，那里的小报记者写了文章登出来，将来回到上海就会吃不了兜着走的。我们七个人先开会商量。蒋月泉是四档书的头头，他认为我脑子拎得清，到了杜家让我作为发言人。我只能勉为其难地接受。下午我们一起到比坚尼道的杜公馆拜访。杜先生在客厅接见我们，他年过六旬，剃一个平头，身穿长袍，面色苍白，似有

十四、香港淘金：留下挨整的无穷隐患

病态。我们向他问好，他也很客气地回礼。此时，旁边有个陪客叫吴季玉，据说此人从前是北方军阀圈中的人，是人民政府登报通缉的对象，又是赌场中的老千。他开口就问："上海的共产党不让你们到香港来，是吗？"我一听这话题很敏感，回答说："没有呀，上海文艺处不过是希望我们留下来说新书，参加春节竞赛。"吴季玉加重了语气说："上海打电话来说共产党不许你们来嘛。"咄咄逼人的语气，显然不满意我的答复。我马上说："没有，没有。我们现在不是都到香港来了嘛。"吴季玉还要追问时，杜月笙在旁冷冷地插了一句："伊拉要回去格末。"打断了吴季玉的追问。我心想杜月笙真是个厉害的角色，看透我们的心思，不会也不敢讲不满意的话语，怕将来回上海惹麻烦。

当夜我们四档演员都在杜家各说一回书，最后决定我和张双档两档书从年初三夜开书，在杜家唱长堂会。因为杜先生喜欢听评话，所以我也被选上了。

大年夜我们被邀到杜家吃年夜饭，那夜宾客盈门，十分热闹，马连良、张君秋也在座，马连良还即兴清唱了《王佐断臂》的选段。蒋月泉、张鉴庭和我都被灌醉，回旅舍睡觉，周云瑞、陈希安、王柏荫、张鉴国出去逛街游览，一睹香港春节的夜景。

年初一起开书，在百乐门舞场开日场书，六国饭店夜场因为申请执照还未批下来不能开书。我们是预支包银没有损失，孙洪元就损失惨重了。但在港英统治下，他也无可奈何！

年初三我和张双档晚上到杜家唱长堂会，听书的不但有杜先生一家人，还有不少旧上海的头面人物，其中有陆京士、吴开先、赵班斧等，他们以前在上海拥有社会局局长等头衔。上海解放后，他们不去台湾做官，留在香港当寓公。看得出，这些人都有失落感，神色落寞。

61

他们不是每天来听书,而是难得来听听。我与他们只是点头一笑而已,从未交谈一言。谁知十六年后,在"文革"中我被打成潜伏大陆接应他们复国的派遣特务。这是当时做梦也没有想到过的。

　　孙洪元因为六国饭店夜书场不能开张,想尽办法到九龙金殿舞厅增辟一家日场,在报纸上大登广告:"绍兴师爷到九龙!""评弹四响档,个个梅兰芳!"我们四档书两面轮着做。不料九龙书场听客寥寥无几,唱了几场就剪书结束。蒋月泉自我调侃:七个梅兰芳,弄得像时小芳。时小芳是上海唱滑稽的艺人,到香港来淘金,没有场子可唱,他又有吸白粉的嗜好,只能做"港瘪"(香港瘪三)在马路上告地状求乞。这说明在香港如听众不多,我们也有做港瘪的可能。不久,六国饭店书场的营业许可证发下,夜场正式开张,上座也并不如想象中的火暴,仅八成座左右。至此,孙洪元在香港振兴评弹并借评弹发财的梦想幻灭。日场百乐门也只有六七成座。究其原因是上海人到香港还没有立住脚,上海帮气候还没有形成,不如广东帮、潮州帮那么财力雄厚,书场生意一时难以红火。山上的公寓付不起房租,我们迁到六国饭店住下,有时甚至睡地铺将就一下,吃饭则包在一家饭店里混混。第二个月的包银付不出了,包账改为拆账,比起原先约定的包银少多了,仅零零碎碎发一些钱给我们作为家用开销。其他六个人的妻子都到香港来探班,场方不负责家属的开支,食宿都要自理,这样就弄得相当拮据。我因为妻子在苏州分娩坐月子来不了香港,所以比他们六个人要稍微活络些。

　　长堂会唱了两个月后结束了。而此时,解放战争的形势一天比一天明朗,云南、新疆都和平起义,全国统一大局已定。我们冷静思考,评弹的听众在江南,只有上海、苏南、浙东、太湖流域才是我们的基地,才有我们响档的地位。离开了那块土地,我们的艺术生命就会

十四、香港淘金：留下挨整的无穷隐患

枯萎。我们统一了思想，合同结束后回上海去。

1950年，王柏荫、张鉴国、陈希安和我赴港淘金归来

一天，六国饭店夜书散场，有一个人走过来和我们打招呼，此人是上海金都电台的老板，跟蒋月泉熟悉，他问我们香港演出结束后，是否愿意去台湾？如果想去，他可以与台湾"国防部"联系办入台证，希望我们考虑考虑。当时我心里吓了一跳，到香港演出已经有风险，如果去了台湾，今后肯定就不能回上海了。我瞅着蒋月泉，听他怎么回答。蒋说："谢谢你的介绍，让我们商量商量再和你联系。"我们回到房间，蒋月泉对大家说，香港的台湾势力很大，我们如撇口回绝，他们要弄些人来欺侮我们，我们是招架不住的，只好软调婉言回过去。我们头脑要清醒，否则真要弄得有家难归了。

我们在上海时曾向文艺处保证，我们到香港赚了钱一定购买"胜利折实公债"，当时我拿到长堂会的包银，他们六个人也把钱交给我，由我到中国银行去买了400份公债。我再向上海评弹协会发

了个电报,报告我们买公债的事,上海不少会员总共才买了300多份,我们七人却买了400份,上海的小报发了个四响档在香港买公债的消息。一天,我在六国饭店乘电梯登楼时碰见一个听客,他怒气冲冲地对我说:"哼,你们赚了香港人的铜钿,去买共产党的公债,思想倒前进格。"我只好闷声不响。这些人背井离乡出走香港,对共产党有抵触情绪,看到我们买公债就当面指责讽刺。我深悔不该打电报到上海去,要想表现进步却得罪了香港人,感觉到做人真难呀。

香港三个月说书的两难经历,促使我们作了选择:回上海!我们没有参加上海说新书春节竞赛,总觉得有所亏欠。为了回去后给人一种进步的表现,我劝说张鉴国、王柏荫、陈希安,一道到剃头店去理一个平头,以示革命的开始。这在当时是一种"革命"的时尚。蒋月泉、张鉴庭、周云瑞三人没有听我的话,依然保持原状。其实想想,我这个想法实在是幼稚可笑,进步与头发的式样有什么关系?所以回上海以后,我又把头发养起来,恢复了原来的样子。

我们在收拾行李的时候,把"胜利折实公债"放在上面,路上一旦碰到检查,开箱子就看见公债,表示我们是爱国的,以免有麻烦。当时,我们更担忧的是评弹界里圈子多,有些人和我们有矛盾,如果他们在协会里撺掇文艺处,要我们检讨赴香港淘金的错误,那将是很难堪的局面。就这样,背着准备挨整的思想包袱,我们返回了上海。

十五、适者生存：说新书
得奖后的苦恼

从香港回到上海，一下火车我就赶往蒋月泉家里去了解情况。因为蒋月泉家有要事，提前一周离港返沪，香港最后的七天演出都是王柏荫单档演出的。一到蒋家，蒋就告诉我："评弹协会打电话告诉他，文艺处联络评弹的干部打电话给协会会长说，四响档从香港回上海了，协会不要去批判他们，而要团结他们……"这是多么宽大的胸襟呀！我听后松了一口气，决心积极响应号召，带头编说新书，以挽回赴港淘金的影响。

接着，我们到苏州去演出。当时，苏州北局静园书场门口贴着一张大海报，写着四响档由香港返苏！我见了马上去通知场方把"由港返苏"四个字撤下，因为我们对赴港演出十分敏感，尽量想淡化赴港的影响，而场方是无法理解我们心情的。

苏州演出结束之后，我和蒋、王、周、陈去无锡演出，张双档去常熟演出。我们在无锡认识了苏南行署文化科代科长陈允豪，他给我们做过报告，我们当时听得津津有味，这时上海的评弹界都在上午参加学习班，我们决定无锡剪书后就留下来，自己租房子雇一个炊事员为我们做饭，办一个自发的学习班，上午去文联参加政治学习，下午自学社会发展史和中国历史，请陈允豪来做辅导报告。晚上排练新书，准备中秋节回上海演出。蒋月泉请陈灵犀编写长篇《林冲》，张双档请上海人民广播电台戏曲组编辑周行编写《红娘子》,周陈档请平襟亚编写《陈圆圆》,我请苏州一位作家编写评话《太平天国》。他们三档拿到本子,只要略加调整便可背熟了上台。我拿到的本子不符合评话要求,只能白扔一笔稿费,自己动手改编。我不懂得创作规律,买了不少有关太平天国的资料,根据说书的经验,构思一条书路,到台上去发挥,这也是逼上梁山的做法。

1950 年夏天在无锡

　　星期天我们回上海到东方电台去做一整天的特别节目,赚下的钱作为无锡的房租伙食开销。最后三天我们在花园书场连演三场,将新书先练一遍,心里有个底,这样到上海就不会太紧张了。虽然我们都是书台上有些名气的响档,但对于说新书是否能为听众所接受还是没有底的。

十五、适者生存：说新书得奖后的苦恼

中秋节我们到上海演出，接四家书场，日场是上海最显面的场子仙乐、米高梅，夜场是沧州、大陆，前三家书场都是说传统书，大陆书场则开新书，除我们四档外，头档是徐雪月等三个档的新书《九件衣》，送客是黄异庵的《李闯王》。因为全是新书，报纸广为宣传报道，听众也有好奇心，蜂拥而来，客满还加座。当时，文艺处并没有号召说新书，我们是自发说新书，结果领导表扬，舆论叫好。我们四档书都成了说新书的积极分子。但是一些同行在背后议论：他们是到香港去说书，犯了错误，现在是将功赎罪说新书，为了扎面子。他们的门槛真精呀！这些话说得虽然刻薄，但也不无道理。但是受表扬毕竟让我们感到很是欣慰。

中秋节的演出，说新书得到了名，说传统得到了利，正在我们兴奋不已时，传来朝鲜战场形势吃紧的消息，美国军队反攻过来，平壤失守，战火逼近鸭绿江边。中国人民志愿军抗美援朝，跨过鸭绿江。我不由担忧，全国刚解放，就跟美国开战，能顶得住吗？如果挡不住，台湾的蒋介石反攻过来，我们带头说新书，倾向共产党，那时要跟我们算起账来，这日子能过得下去吗？好在不久朝鲜前线大捷，美军退到了三八线，我们心里很高兴。为了配合形势，我和蒋月泉在东方电台编了一个段子：《我伲一定赢》，我们还出钱购买子弹支援前方。之后评弹协会又编演了两出书戏，一个叫《群魔末路》，是个活报剧，宣传敌人被我方打得一败涂地。另一个叫《三雄惩美记》，写的是一对情侣在逛马路时，女青年被两个美国烂水手调戏，这时三个三轮车工友挺身而出将美军打走。蒋月泉、杨振言饰美军水手，刘天韵、张鉴庭、姚荫梅饰三轮车工友，这出戏很受欢迎。为了扩大影响，我们还组织了一个抗美援朝巡回演出队到苏州、无锡和北京去演出。在北京我们与侯宝林等举行南北曲艺交流演出，扩大了评弹的影响。

中央文化部戏改局局长田汉在政协礼堂宴请了我们，还向我们赠送锦旗，以资鼓励。在北京我们还自掏腰包游览了故宫等名胜古迹。缺口的钱，回上海演了一场书戏，收支相抵。就这样，评弹协会和当时的政治运动密切地配合起来，我别无选择地卷入了这场时代大潮中。春节，文化局举办第二届上海戏剧界春节竞赛。我以《太平天国》参赛。当时正是太平天国起义一百周年，人民广场举行大型展览会，太平天国成了热门话题。我去电影处借了有关鸦片战争的电影本子做参考，把大陆书场演出一个月的本子浓缩成十三回，从林则徐禁烟开书到李秀成大败洋枪队结束，突出了反帝反封建的主题，被评为评话的荣誉奖。刘天韵则获得弹词荣誉奖。文化部戏改局、华东文化部、上海市文化局都向我们赠送了锦旗，文化局还发给100元奖金（在1951年，100元是很高的）以及奖状。去年赴港的不光彩阴影一扫而空，我成了上海说新书的有影响的艺人。别人说新书是7天结束，我因为新书受欢迎，说了13天才收场。

正在我庆幸自己获得荣誉奖的时候，听到一个消息，去年春节竞赛获得荣誉奖的杨震新，今年仍以《李闯王》参赛，评委认为他的节目了无新意，结果他什么奖也没有拿到。去年是"状元"，今年变"白衣人"。我想倘若明年再要竞赛，我若仍以《太平天国》参赛，岂不重蹈了杨震新的覆辙。如果再另编一部吧，这又谈何容易。因为工程太大了。何况，如果每年都要换书，那又如何能说得好，这一压力使我转喜为忧（其实春节竞赛以后就停办了，这个担忧是多余的）。不久以后，评弹协会改选，我因为说新书获奖的影响，被选为副主任委员兼秘书长。

当时正在搞镇压反革命运动，评弹界揪出了书霸钱景章，被政府镇压！同时报纸上又在批判电影《武训传》。我去看过这部影片，觉

十五、适者生存：说新书得奖后的苦恼

得电影拍得很好，因此对于为什么要进行全国批判，感到很不理解。其实我们新编的书目，无论内容或表演，都不及《武训传》的水平。《武训传》尚且要批判停演，我们的新书也是难说了。今后该怎么办？我和蒋月泉暗中商量，是否应该到苏州革命大学去读点书，学些新思想再来说书。但读书要脱产数年，不说书没有收入，家里的开销从哪里来？读书这条路看来是走不通了。当时报载京剧名角李少春、叶盛兰，参加中国京剧院，放弃单干高额收入，赚固定工资。上海的雪声越剧团参加华东越剧团，袁雪芬带头入团参加革命。看来单干艺人的出路在于参加国家剧团。蒋月泉也有同感。表面看单干很赚钱，实际上是不稳定的，而且请作家编书所付稿费也很高，夏天要脱产学习就没有收入。参加了国家剧团，将来老了有退休工资，请作家编书稿费由单位付钱，夏天脱产学习照样有工资拿。我们两人商量后分头串联，四响档都赞成入团。再动员刘天韵，他也赞同。以这五档书为核心，由我到文化局戏改处找刘厚生处长，申请组建评弹团。刘处长肯定我们的进步要求，说要向局长请示汇报后再给我回音。端午节我们上海剪书，到苏州去演出，刘天韵也和我们同去。刘处长在南京路新雅酒楼为我们饯行。政府宴请艺人，这是从未有过的。席间我问刘处长，建团的事有回音吗？刘说他请示过于伶局长，于局长很感兴趣，要我们扩大人员，创造条件组团。建团是有希望的。我们听后大喜过望。几百年来一向是单干的说书艺人，有希望组织起来走集体的道路，我们是真正地革命了！

十六、诚惶诚恐：自斩传统书尾巴

我们四响档连同刘天韵、谢毓菁九人一起到苏州，在静园书场开书，不说拿手的传统书目，全部说唱新书。这五档书中两档获春节竞赛的荣誉奖，三档获二等奖，全是上海评弹界说新书的佼佼者。可是听众并不买获奖新书的账，上座情况不理想。道理其实很简单，听客是来欣赏艺术的，新书的结构、情节、人物、故事都不成熟，艺术的吸引力就大打折扣，当然吸引不了听众天天自掏腰包来听书了。苏州有同行说我们干的是吃力不讨好的傻事，是戆大。我们为什么这样做呢，目的是为组建上海评弹团创造条件，是带有表现进步的动机，经济收入差一点也就不在乎了。

我们在苏州过的是集体生活，借了调丰巷吴剑秋伯父吴玉荪家的大厅，放了九张单人铺，雇了一个炊事员为我们烧饭，晚上睡觉前还有文娱活动，刘天韵唱宁波滩簧，周云瑞洞箫独奏《彩云追月》、《春江花月夜》。我们闭目静听古乐，倒也颇有乐趣。蒋月泉和我在苏州都有房子，但我们都不回家居住，以为建团后住集体宿舍作先期的适应。我们热心地向往着过文工团式的集体生活。

一天，蒋月泉收到上海杨振言的一封信，说著名评话艺术家沈笑梅在上海东方电台播讲评话《乾隆下江南》，把乾隆作为正面人物来描写。当时社会上有一股极"左"思潮，只有农民革命运动的领袖是正面的英雄人物，皇帝是地主阶级的头子。而乾隆是异族入侵的皇

十六、诚惶诚恐：自斩传统书尾巴

与朱慧珍、张鉴庭、徐丽仙一起下厂演出刘胡兰就义的段子

帝，是双重的反动头子，怎么可以肯定他。当时有70多名工人联名写信给东方电台提出批评，东方电台是民营电台，老板接到信就害怕了，马上把沈笑梅的《乾隆下江南》撤了下来。蒋月泉把信给大家传阅，当晚我们就议论开了。东方电台撤节目，这是一个信号，虽然文化局没有下行政命令禁这部书，可今后电台肯定不敢播这部书了。群众来信是挡不住的，以后会轮到谁呢？我们决定应当分析一下各自长篇书目的内容。先议到刘天韵的《三笑》，唐伯虎有了8个老婆，还要去追求秋香，这是严重违犯婚姻法，文艺处开会时有个干部曾高呼"把唐伯虎送进坟墓去"！看来这部书没救了。刘还有一部《落金扇》，正德皇帝是主角，皇帝是站不住的。张鉴庭的《十美图》，顾名思义宣传的是一夫多妻，也是被否定的；还有一部《顾鼎臣》，顾鼎臣是阁老，也是大地主，怎么可以歌颂？蒋月泉的《玉蜻蜓》前段书金贵升在庵中与尼姑淫乱，是黄色书，后面的金大娘娘是苏城首富地主婆，也是站不住的。周云瑞的《珍珠塔》，方卿一夫三妻也违犯

婚姻法,宣扬封建,同样有问题。我说的《三国》呢,刘备、曹操、孙权他们相互之间的战争,都是为了自己做皇帝,是军阀混战,还有一个正统思想问题不易解决,最严重的问题是刘备、曹操、孙坚(孙权的父亲)都剿灭过黄巾,是双手沾满农民起义军鲜血的刽子手,属于历史反革命,一个都不能肯定。《三国》不像《水浒》有反抗压迫的意义,也不似《岳传》和《杨家将》有反抗异族入侵的爱国主义思想。因此,这部书也经不起批判。如此说来,哪一部传统书会合格呢?我们想,这样下去,我们安身立命的传统书目在这样的革命形势下迟早要被禁演的,我们将来都难逃脱沈笑梅的命运。与其将来被别人批判而停演,还不如自己宣布"斩尾巴",同这些老书决裂,还能获得个自我革命的好名声。当时正在进行土地改革、镇压反革命和抗美援朝的运动,这是个天翻地覆、变幻莫测的时代。大环境的氛围支配了我们的行动,我们九个人共同商量后,推我执笔起草了一份名为《为搞好新评弹而坚决斗争》的"斩尾巴"宣言,并誊写了6份送苏州文联、上海文化局、《解放日报》、《文汇报》、《新民晚报》和《大众戏剧》。宣言发表后,在评弹界引起了强烈的反响。不久,苏州评弹协会决议停演《三笑》、《珍珠塔》等8部传统书目。到1952年春季,上海新评弹作者联合推动上海评弹界签名不说传统书运动,造成了"斩尾巴"扩大化现象。现在看来,把传统书目一锅端,统统扔掉,这是民族虚无主义的表现,殊不知《珍珠塔》是弹词的经典之作,是文学性极高的作品;《三笑》是长篇喜剧,被弹词界誉为"小王"[小书(弹词)之王];《玉蜻蜓》语言精练,有丰富的人情味;《十美图》、《顾鼎臣》故事紧凑,矛盾尖锐,人物性格鲜明;《三国》是中国古典小说四大名著之首,影响亚洲乃至欧美。这些书目诞生于封建社会,虽含有封建性糟粕,但仍有其菁华之处,应该深入细致研究分析,剔除糟粕,保存菁

十六、诚惶诚恐:自斩传统书尾巴

华,逐步整理提高。而我们倒脏水,连婴儿也倒掉了,正如陈虞荪后来所说:"斩尾巴"连屁股也一道斩掉了。

后来,在1952年全国第一届戏曲汇演期间,《人民日报》发表社论,批判粗暴地对待民族文化遗产,评弹界才开始恢复"斩尾巴"以前的状态。"斩尾巴"的影响得以消除。

再后来,1964年,革命样板戏上演,张春桥下令有关才子佳人、帝王将相的传统戏曲包括曲艺在内一律禁演,我们称之为第二次"斩尾巴",那时,甚至连解放前的题材,也不许写作,要写只能大写十三年,那场浩劫一直到"四人帮"倒台,十一届三中全会后才结束。此后,传统戏曲和曲艺解禁恢复上演,但由于中间中断了十几年,有些评弹书目已经人亡艺绝,再也传不下去了。

初次"斩尾巴",影响了一年多。

二次"斩尾巴",影响了十几年,造成书目流失,人才断层,元气大伤,后果严重。痛定思痛,极"左"思潮的危害实在是太大了!

十七、追求进步：为捐献飞机大炮义演

抗美援朝战争打响后，全国掀起一个捐献飞机大炮的运动，戏曲界纷纷义演筹款，最突出的代表人物是豫剧的常香玉，她个人捐献出一架飞机"香玉"号。我们在苏州演出时，有志愿军代表到苏州宣传他们在朝鲜抗击美军的英勇故事，苏州市民纷纷解囊捐献，我们九艺人不能没有动作，决定在江浙大码头上作一次巡回义演。在苏州文联支持下，我们成立了评弹义演小分队，刘天韵为队长，我担任会计，去杭州、硖石、嘉兴、昆山、沙头、常熟、无锡等地，每天一只码头，请吴剑秋打前站，同行笑称他为"五香豆"——"五响（档）头"的谐音，即跑在五响档前头联系场子的人。我们已经斩了"尾巴"，一律都说新书。9个人一式灰布人民装，白球鞋，自背乐器，拎一只旅行袋，而且模仿文工团，不坐公共汽车，从杭州出了火车站排队走到大华书场，刘天韵手中执一面三角红布队旗，走在前头，八个人跟在后头，走近书场时，认识我们的听客都来围观，蒋月泉怕难为情，从队伍中溜出来独走人行道，我那时一本正经地批评蒋月泉："无组织，无纪律，自由散漫，脱离集体"，一把拉他下人行道，排在队伍里走，听客在旁边讪笑，蒋月泉被我的革命语汇气得一脸无奈，只好排队步行。他恼羞在心，我却一点不觉得。我们生活俭朴，除车费报销外，每人每天伙食标准是五角钱，各人家庭开支自掏腰包，住就住在书场里，房间不

十七、追求进步：为捐献飞机大炮义演

够就把书场的长凳拼起来睡觉，好在是大热天，夜里点一根蚊香就马马虎虎过去了。这些都不是领导规定，而是我们自觉地进行。好在大家都年轻力壮，能顶得住。从昆山到沙头没有直达的长途汽车，只有坐昆山到常熟的长途汽车，在直塘下车转往沙头。直塘到沙头有六里路，没有汽车，只有黄包车可坐。时间已经中午11点多了，到了沙头还要吃中饭，接着做两个日场，时间很紧张。我刚坐上黄包车，不料蒋月泉把我一把拉下车子，我愣住了，问他作啥？他虎着脸说："你在杭州要学文工团，不坐车子排队走，我不排队，你批我自由散漫，非让我排队不行。现在为啥不学文工团，要坐黄包车啦，我不同意！你跟我排着队走到沙头去。"我恍然大悟，原来他在报复我。我只能央求他，现在已近中午，走六里地一小时左右，还要吃饭，两个日场要来不及了，你就帮帮忙坐车子吧。他看我着急的样子，狡黠地笑了，跳上黄包车走了。50年后我们同住华东医院养病，我跟他讲起在沙头公路上把我一把拉下黄包车的旧事，他开怀大笑。回忆当年我们就是在这样磕磕碰碰中一同前进的。

七天七只码头的义演结束，除去必要开支，结余两千多元悉数上交苏州文联，受到文联表扬。我们在义演中分文不取，不仅个人没有收入，九艺人中刘天韵的太太还兑去一对金耳环做家庭开支。

我们回到上海后，上海评弹协会的同行也纷纷义演捐献，老艺人朱耀庭、朱耀笙、杨月槎、杨星槎、吴小松、吴小石、唐再良等也热心参加会书义演，他们都是70多岁的老人，尚且这样热忱，我们年轻后辈更不能落后。为了募集更多的款项，我们决定演一场书戏——《野猪林》，基础是蒋月泉的长篇《林冲》，由原作者陈灵犀执笔编剧，全剧分为五幕：林冲鲁智深菜园结拜，高衙内调戏张贞娘被鲁斥打，白虎堂陷害林冲，长亭夫妻泣别，鲁智深野猪林救林冲。导演是上影厂

的应云卫。应热爱评弹,是评弹的老听客。演员则是在评弹协会全体演员中挑选,由杨振言饰前林冲,张鉴庭饰高俅,顾宏伯饰鲁智深,刘天韵、俞筱云饰陆谦、富安,徐云志饰张勇,徐琴韵饰前贞娘,朱慧珍饰后贞娘,高美玲饰丫环,王柏荫、谢毓菁、张鉴国、陈希安饰四泼皮,杨仁麟、朱耀祥、沈笑梅、杨震新饰四旗牌,姚荫梅饰高衙内,张鸿声和我饰董超、薛霸,魏含英、徐丽仙、朱雪琴、祁莲芳、杜剑鸣饰众邻居。音乐伴奏冯小庆、吕逸安、杨德麟等,由周云瑞指挥,服装由上海京剧团提供,排练在沧州书场,演出在黄金大戏院。票价二元五角,当时梅兰芳到上海才售二元六角,我们仅比梅先生低一角,两场戏票销售一空,可谓盛况空前。演出日其他书场日场全部停演。开演的第一场,我们很早就到后台化妆。文化局戏改处周信芳、刘厚生都来看戏,他们说这是"苏州京戏"。演员们都很卖力,《长亭》这一场戏,众邻居包括岳丈张勇的饰演者,都是流派创始人,每人唱几句成了流派展演,蒋月泉唱林冲别妻的蒋调更是动人。最突出的是朱慧珍演林娘子的一段俞调唱词,由朱介生辅导谱曲,一句"良人发配沧州道"之"道"字的甩腔,九转三环调谱出了新腔,朱慧珍的嗓音又好,赢得满堂彩声。

《野猪林》一场,我和张鸿声扮演两个解差薛霸、董超。杨振言扮林冲,穿了囚服出场,他有几句唱词:"可恨高俅用毒谋,害得我披枷戴锁走沧州。一路上受尽欺凌遭毒打",这个"打"字高音甩腔未落,我就举起水火棍往地毯上狠打一下,杨振言票过京戏,有两下三脚猫,他跃起一个"吊毛"摔倒在地,台下一片叫好声。不料杨振言头上戴的一个发髻网巾扎得太松(因为扎得太紧了头要痛的),这一个吊毛掼下去,把发髻摔下来了,里面露出了西式小分头,台下又一片哄笑。我那时慌了手脚,放下棍子,捡起发髻,急忙把网巾往杨振

十七、追求进步：为捐献飞机大炮义演

言头上套上去，不料这网巾套是套不上去的，必须解开来重扎。这时台下笑声不断。导演应云卫跳上台来，关照放下大幕，叫杨振言进后台，由化妆师重扎网巾，叫我跟张鸿声在幕外放两个噱头过渡。张鸿声是噱头大王，他马上插科打诨引得听众大笑。五分钟后大幕拉开，董超、薛霸押解林冲重新出场，再把野猪林演下去。演出结束，观众散场时议论纷纷，说"看说书先生唱戏，顶好看就是他们出洋相……"把演出事故看成了亮点。

我们连演两场，顺利完成了捐献的任务。我至今不忘的就是把网巾拾起来往杨振言头上套上去，套来套去套不上的窘相，以至暗自失笑。

十八、参加革命:十八艺人组建人民评弹工作团

"斩尾巴"之后我们巡回义演7天,又去无锡演出新书20天。此时,新书的上座率已有所下降,从前说传统书我们五档书都能满座,说新书只有八成座了。中秋到上海说新书上座率也是七八成座。蒋月泉说只要五档书能团结,二等头的生意还是有保证的。上海演出不久,文化局通知我们建团的申请已经被批准,要我们再扩大些成员,工资待遇自报公议,领导批准。我与蒋月泉分工,他去动员张鸿声入团。张是评话界泰斗式人物,他的大儿子刚刚批准参军(现在已是将军了),他思想也进步,一口答应,自报工资比他单干收入低三倍多,这是很不容易的事。蒋又去动员姚荫梅,姚是说唱《啼笑因缘》的大响档。该书由他改编,编得有传统书的水准,他本来工资自报180元,后来听说我自报150元,他又自动降低到150元,也是极为难得的事。

我去动员女说书徐雪月,徐身材矮小但说表老练,绰号"小老太婆",解放后带头说新书,表现积极,在协会担任妇女组长,她和徒弟程红叶、陈红霞拼三个档,三个人一起入团。再就是朱慧珍,她擅唱俞调,在书戏《野猪林·长亭》一场中的表现出色,赢得满堂喝彩,又为人正派,跟丈夫吴剑秋双档一道入团。还有两位评话演员姚声江、韩士良,他们自己跑文艺处积极申请入团。至此共有18位艺人首批

十八、参加革命:十八艺人组建人民评弹工作团

入团,人数虽不多,但大多是评弹界精英人物,影响是很大的。他们的工资都比单干收入低两至三倍,没有长远的考虑,是不可能入团的。具体来说,一是考虑到将来迟早都是要走这条路的,晚入团不如早入团。二是蒋月泉绰号"人精",他都带头入团,准保没有错。三是我们说的书,都是才子佳人、帝王将相的内容,这些书将来会不会不许说,心里没有底,现在可以说,能赚钱的时候入团,有参加革命的光荣感,将来不许说了赚不到钱了再要求入团就没有那么容易了。四是现在虽然钱赚得少一些,但有一个稳定的生活也就可以了。虽然各种各样的动机都有,但是,有一点是共同的,我们都是怀着对新政权的崇敬和希冀,渴望顺应新时代的潮流,从而走到一起来了。

组建上海评弹团的十八艺人,第1排右起第2人为作者

1951年11月20日上午,在人民大舞台举行建团大会,戏改处刘厚生处长宣布成立三个国家剧团:人民京剧团(后改为上海京剧院)、人民杂技团和人民评弹工作团,评弹团前为什么要加"工作"两个字呢?因为评弹演员都是单干的,将来我们要到评弹界去做示范

工作,所以加了"工作"两个字①,当时任命刘天韵为团长,我、蒋月泉为副团长,张鸿声任秘书兼演出股长,陈灵犀为业务指导员负责文学创作,何慢为政治教导员。我当时正是30岁,从一个历来是江湖卖艺的说书人变成为国营评弹团的干部之一,这个变化让我感奋不已。我的爱妻李志芳也来参加大会,她对我放弃单干争取入团是全力支持的。

当时上海市文联组织了一个"上海文艺界参加治淮工作队",评弹团18位艺人和话剧界剧工团20余人全部参加,此外还有文化局文联的干部,沪剧、淮剧、越剧、滑稽、话剧界的编导演等,一共80余人。队长是名导演杨村彬,副队长为音乐指挥司徒汉、文化局干部吴宗锡。在夏衍动员之后,我们在文联学习了几天,同时要准备行装。淮北的天气很冷,行李要自己背,带多了怕背不动,带少了又怕耐不住寒冷,我在地摊上采购了美军遗留下来的剩余物资——野鸭绒睡袋、毛毯和一只旅行包。文化局先发给我们三个月工资,后又追加了每人20元一月的伙食费。我把工资全部交给了妻子,自己只带伙食费及零用。建团后的第三天我们就奔赴治淮工地,以实际行动庆祝自己剧团的建立。

---

① 该团于60年代改称人民评弹团,后来又改名为上海评弹团。

十九、建团伊始：难忘的治淮生活

淮河是灾区，毛主席号召"一定要把淮河修好"，又号召知识分子要思想改造。我们是旧社会过来的旧艺人，过去说书先生的生活很窄，从书场、电台、堂会到家庭，如今我们从单干艺人到参加集体，还要到广阔天地去深入生活，真是破天荒的第一次。安徽是灾区，民工是灾民，到灾区与灾民同吃同住同劳动的艰苦是可以想象的，但这又是光荣的。我们就是冲着这份光荣去治淮工地的。

23日下午，我们冒着大雨在文联登上帆布篷卡车直奔北站。家属们抱着小孩在车站大厅等候，像送别远征的军人一样。我与妻子洒泪告别，嘱咐她多多珍重。我走后，她要顶掉上海的房子，寄存家具，携带孩子回苏州去，赡养老父，抚育六岁到一岁的四个儿女，她的担子不轻呀！我之所以能一心扑在工作上没有后顾之忧，和妻子的支持是分不开的。5时整，火车离开了上海。虽然车程要整整一夜，但为了节约，我们都坐在硬座车厢。团长刘天韵祖籍山东，他带了岳母做的烙饼，夹着咸菜肉丝当晚餐。我也吃起了装在搪瓷杯里的夜饭。车过苏州，窗外已漆黑一片，大家相依着打起了瞌睡。抵达蚌埠时天已大亮，窗外是皑皑白雪。大家打起背包提着行李鱼贯出站，剧工团的话剧演员擎着"上海文艺界参加治淮工作队"的红旗。副队长、音协的合唱指挥司徒汉吹着哨子，队长、话剧导演杨村彬领着大伙,排着整齐的队伍,踩白雪迎朔风向宿营地"蚌埠大旅社"进发。大旅社虽说是蚌埠的"国际饭店",其实设备简陋,还不如上海的三等客栈。打前站的人已把房间分配好,我们进房放下行李,盥洗休息。中午去饭店吃饭,队长宣布今天是第一天,请大家吃中灶(每人每日八角钱),明后天就吃大灶了(四角一天),到了工地和民工同吃,条件比大灶要差得多,希望大家有个思想准备。中灶吃的是粗糙的籼米饭,菜也很差劲,其实对于我们这批旧艺人来说,锻炼从这顿饭就开始了。饭后到治淮委员会指挥部去听报告,领导介绍,淮河源自河南桐柏山,流经安徽、江苏再入海,这条河大雨大灾,小雨小灾,没有雨旱灾。凤阳花鼓就唱道:说凤阳,道凤阳,凤阳本是好地方,自从出了个朱皇帝,十年倒有九年荒。大户人家卖田地,小户人家卖儿郎。奴家没有儿郎卖,身背花鼓走四方……国民党统治时期也成立过导淮委员会。可是导淮的经费都被侵吞贪污。淮河的治理徒有空名,现在刚刚解放,就遇上了灾荒,虽然国家财经底子很薄,但还是下大力气兴修水利。过去,灾民们本来只有逃荒流浪一条路,现在组织他们以工代赈,让他们既治理了淮河又能领到粮食度过荒年。民工们热情响应,有个民工叫张定发,为了参加治淮,把胡子剃掉,表示自己年轻能够劳动。还有个青年叫葛爱山,推迟了婚期,报名上淮堤。这样的先进事例是很多的。你们上海文艺界人士能够到艰苦的地方去,对民工的鼓励是很大的。报告鼓舞了我们的士气,使我们进一步认识了参加治淮的意义。

当时十八艺人编成两个小组,刘天韵和我担任小组长,做好组员们的思想工作也就成了我们的分内事。我们知道张鸿声有饮酒的嗜好,这次参加治淮,他带来了十瓶"五茄皮",每夜临睡前喝上一瓶过过瘾。在火车上和旅馆里每晚饮酒没有什么问题,但是到了工地,与

十九、建团伊始：难忘的治淮生活

民工同住在一个窝棚里，如果喝酒，影响会不好。我和蒋月泉商量去说服他把这些酒上交，不要带下去。蒋月泉觉得很为难，他了解张鸿声散了夜书场之后必到东方书场去喝酒，这是人生一乐，也无可厚非。可我和蒋月泉都是副团长，这事又不能不管，我和蒋再约了张鉴庭一道去张鸿声房间里做工作。我先说："鸿老，您真不容易，这里的大灶那么差劲，您也能和大家一样坚持下来，明天就要乘船到工地去了，到了工地要和民工住在一起，您带来的'五茄皮'怎么喝呢？况且您只带十瓶来，喝光了在工地上又没法再买的，与其喝光再戒酒，何不现在就戒，您把酒交给我，我交到队部去，队长开大会时一定会表扬您，您看怎么样？"张鸿声听后，表情很是尴尬，嘴唇紧抿，一言不发。蒋月泉这时又说："鸿老，您饮酒已经几十年了，这本来无可厚非，现在思想改造，只能顾全大局，您上交了酒，一人得表扬，全团都光荣，为了集体的荣誉，您就做一点贡献吧。"张鉴庭也说："您让我在您身上也沾一点光。"张鸿声听罢，就从旅行包里拿出来七瓶"五茄皮"排成一列，他两只眼睛扫瞄着酒瓶，像大元帅检阅列队的士兵一样。突然，他拿起一瓶酒，拧开盖子咕嘟咕嘟把一瓶酒一口气喝光，然后把六瓶酒推到我面前："你去上交吧。"我大喜过望，拿了六瓶酒到队长杨村彬房间里上交。次日出发前，大队集合。队长宣布："评弹团张鸿声，饮酒几十年，为了表示与民工打成一片，把带来的酒上交队部，他的决心应予表扬。"全队响起热烈的掌声，所有的目光都投向了张鸿声，我一面拍手，一面用胳膊肘碰碰张鸿声，以示祝贺，张鸿声反而腼腆地低下了头，其实他心里的高兴是不言而喻的。

大队到码头下船，这是一只运粮的米包子船，没有机器，靠着人力摇船，速度很慢。80多人挤坐在舱内，舱底是冰凉的河水，两脚冻得僵冷。有人要求上岸去背纤,使劲走路两只脚会暖和一些,由于要求背纤的人太多,最后还得队长点名分批轮流去背。船上的人则聊起了天,蒋月泉谈吐幽默,引人发笑,最受人欢迎,艄公笑称蒋是"滑稽老油条"。我们也跟着艄公来调侃他。

船上要自己起伙,于是,女同志当起了炊事员,沪剧团的女编剧宗华(《罗汉钱》的编剧)掌勺,晚上改善伙食,给大家做了一道土豆烧咖喱鸡。80多人排队去盛饭菜,由于冬季日短,此时已是夜色朦胧,四周已看不大清楚,前面的人在嘀咕:"灯也没有,看也看不清了。"张鸿声后面接上去盛菜,嘴里也在嘀咕:"还要说看勿清,看勿清已经一块鸡也没有了,看得清是连土豆也捞勿着哉。"引得后面一阵哄笑。

晚上船舱睡不下这么多人,分一半人睡到岸上小学里,拼起课桌当床。次日船到五河,大伙背好背包分作三队,一队由司徒汉领队到最西面的朱龙大队。评弹团的姚荫梅、王柏荫、张鉴国、吴剑秋等人跟去。中间的沙城大队是由杨村彬带队,评弹团刘天韵、张鸿声等人随往,东面双平大队是吴宗锡副队长领队,我和蒋月泉、周云瑞、陈希安、徐雪月、朱慧珍等前去。我和剧工团演员郑公辅、越剧青年编剧傅骏(后来成为戚雅仙的丈夫)三个人一小组住到民工的窝棚去。这窝棚是用高粱秆子搭建的,在平地挖一个一尺深的坑,宽约两米,长约六米多,坑底铺着几层高粱秆当褥子,里边要睡十几个人,一头一个倒插着睡,才勉强挤下,连翻身也很难。棚口挂一块油布当门,我是小组长就睡在门口,晚上风直灌进来难以入睡。我们三个人放下行李就到溧潼河疏浚工程的工地集合。这里的河道原来弯曲狭窄,发洪水时水流不畅,漫溢上岸,田地受淹。现在新开一条河,河道笔直,河面开阔,水流顺畅,可以减轻灾害。放眼望去,工地上热气腾

十九、建团伊始:难忘的治淮生活

腾,民工们来回穿梭于河底岸上。他们四人一组,一人用铁铲挖泥,三个人挑泥上岸,把泥倒掉再返回来挑,一担泥要一百多斤。晚上收工时丈量,人均要挖三方泥,待遇是挑一方泥(两千斤)一斤米,挑三方土合四角钱,这样强力的劳动一个月才12元,而我的工资却有150元,原本以为参加革命少赚了两倍的收入,还自认为很了不起,看了民工的收入那真是自觉汗颜。休息时,民工问我一个月工资多少,我支支吾吾,只能含糊其辞,搪塞过去。而且民工在冰水中挖泥挑泥,脚跟裂开口子,他们没有百雀羚,连蛤蜊油也买不起,只能买块猪油抹一抹,猪油抹得沾满泥巴。我们工作队参加劳动不可能,民工一担泥一百多斤,我挑上去站都站不起来,况且民工的扁担箩筐都是自备的,一人一副,没有多余的可借给你,因此同劳动一条我们没有做到。我们就利用休息时间为他们唱歌服务。天气晴朗时,我们到窝棚里去把民工的被头拿出来晒一晒,让他们晚上睡得可以暖热些,结果一个窝棚十几个人只有两三条被头,有的只有几块破棉絮块,他们把被子留在家里让老婆孩子盖,自己光身上工地,晚上就把棉袄脱下来当被子盖,靠着左右人挤人彼此取暖。

  开饭时,我们在窝棚旁边与民工同吃,吃什么呢?红高粱粉烙的饼,他们叫秫秫饼,热的时候还可以,冷了就硬得嚼不动,吃的菜是胡萝卜丝放上一把盐再浇上红辣火酱一搅拌,又咸又辣就着饼吃,民工们吃得很香甜,我们就很不适应。想想灾区人民的生活实际,看着劳动的强度和微薄的报酬,觉得他们很伟大,自己拿着比他们高十几倍的工资,却不能和他们一样的劳动,实在是很惭愧。治淮民工对我们的教育太深刻了。两年后我们团里搞评级评薪,有个别人退出评弹团去单干,当时人心浮动,情绪不稳定,团长吴宗锡对大家说:"大家想一想淮河民工的待遇吧。"触动了这个回忆,思想就稳定下来了。

张鸿声也说:"一到农村或部队里,就像照了镜子,脑子里就清爽哉,一回上海一比单干艺人的收入,脑子就会发浑,下生活就是有好处。"评弹团建团伊始就去治淮,产生了久远的影响,淮河民工给我们上了一堂生动而又深刻的思想教育课。

接着下了一场大雪,民工不能出工,路上又泥泞不堪,只能蛰居在窝棚里。民工的酬劳是挖多少土发多少粮,不开工就没有收入,他们就躺着不动,伙房也不开伙,硬是绝食一天,省下开支,收工回乡时可多带些米粮回家过年。民工们忍得住一天不吃,我们可饥饿难忍呀。有人从旅行包里悄悄地掏出一点从上海带来的饼干充饥。下午司徒汉和吕君樵从朱龙大队踏雪来探望我们,他们带着两瓶高粱酒,让每个队员喝一口,既能御寒,又能有点液体粮食充饥。他们冒着雨雪,踏着泥泞不堪的道路往返20余里,使我们感受到领导的关怀。

工地艰苦的生活对每一个人都是严峻的考验,文艺工作队的个别人经不起考验,偷偷地开小差溜回了上海,而且还造谣说张鸿声已经死在工地上了,害得张的家属写信来探询情形。其实张鸿声身体很好,而且表现也很好。张在沙城大队和民工一起吃中饭时,将上海带来的一瓶肉丁开洋豆干花生米炒酱,拿出来放在台上,旁边文化局干部王勤仆招呼旁边周围十几位民工,"来来来,捣捣捣"。大家一哄而上你一筷我一筷把一瓶炒酱吃得瓶底朝天。吃完后,张鸿声一声不响地把空瓶扔掉了。还有一晚,正是他44岁生日,当晚他登上屋边的土垛上,遥望一轮明月,一边怀念着去年上海生日宴席的盛况,思念着家中的妻儿,一边暗下决心要过好艰苦生活的一关。

民工中各队也有开小差溜号的人,对民工的士气有所影响。指挥部号召文艺工作队晚上到各工棚去做思想工作,巩固治淮的信心。这思想工作怎么做呢?县团委副书记给我们做示范,说下工棚去后

十九、建团伊始：难忘的治淮生活

先问今年的收成好不好？他们回答说好。你们就可以说这是毛主席土改的政策好,你们修好淮河,功在当代,利在后世。这样就可以巩固思想,振奋士气。当夜,我到隔壁窝棚里去做群众的思想工作,我背熟了领导的指示。工棚里没有灯,只有民工吸旱烟的红光一闪一闪,我开腔问道:"老大爷,你们今年庄稼收成好不好？"一个老民工用沙哑的喉咙回答:"不好。"我一听就愣住了,原来准备的词儿接不下去了,怎么办？幸亏没有灯,在黑暗里,人们看不见我一脸的尴尬。平时能说会道的说书艺人,如今做群众的思想工作竟笨嘴拙舌地说不下去了。实在没办法说我只好来了一句:"我来唱几个歌给你们听听吧。"我就把司徒汉教给我们的歌唱一唱,然后狼狈地溜回自己的窝棚里去了。向领导汇报以后,队长和工地领导商量后,晚上在工地上开了一个文艺联欢晚会,文艺队带来的手摇发电机派上了用场,用来给全场照明,剧工团演了一出话剧,民工们演起了安徽地方戏花鼓灯,那是很受民工欢迎的节目,苏州评弹因语言不通没有演出。一场表演,丰富了工地生活,也提高了民工的士气。

由于我们不适应跟民工同吃高粱饼,队领导根据实际情况,决定自办伙食,我们双平大队找了一位当地的老乡当炊事员,按大灶费用包给他,早上可以吃山芋煮粥,中午有蔬菜,难得还有一点猪肉煞煞馋,比起和民工同吃胡萝卜丝要好得多了。本来早晨洗脸没有热水,只有民工打来的冷水。现在到桥头茅屋里去洗脸刷牙也有了温水供应。一天早上起来,我拿了面盆、牙具走半里地到桥头去洗脸,路上泥泞难走,每走一步都会陷在泥里,我穿着半统胶鞋走到离桥头还有十几步的地方,只见前面徐雪月脚陷在泥浆里动弹不得,拔起脚来胶鞋却又陷在了泥浆里,她手里端着脸盆,又不能弯下腰去拔出胶鞋。正在为难时,我走到她面前,叫她趴在我背上,她一只手勾住我脖颈,一只手端着脸盆,我把她背到茅屋里,让她坐好,再到泥潭里拔出她的两只胶鞋让她穿好。她千恩万谢,对我咬一句耳朵:"你猫耳朵萝卜干阿要吃?"这是苏州酱园里最便宜的咸菜,可是在淮堤上却比鸭肫肝还要金贵。我连忙说"要的",她从身边摸出一个手帕包解开来,给了我一块。一旁蒋月泉也要吃,徐雪月笑着也给了他一块。蒋月泉以前有个绰号叫"天吃星",他是专吃好菜,胃口特大。现在居然对猫耳朵萝卜干也感兴趣,正是此一时彼一时也。

漴潼河越开越阔,越挖越深,这是靠民工们一锹锹一筐筐不怕艰苦创造出来的奇迹。时间到了农历十二月二十日左右,领导决定放假,让农民们回到自己家里去过年,春节后再来工地收尾。我们怎么办?定期要三个月,现在刚刚一个多月,民工走了,我们敲锣打鼓送别了他们,我们会不会留在工地上等民工回来?这时,忽然传来一个小道消息:领导让我们回上海过了年再来,这消息使大家心里乐开了花,王柏荫兴奋得拍了张鉴国一记耳光表示庆祝。我们大队人马回到五河县做总结,谈漴潼河工地的收获与体会。五河县是一个荒僻小县,还不及江南一个乡镇来得富庶,但我们的生活条件大有改善,住在民房里,地上有稻草摊地铺,吃饭上饭店,还可以到浴室里去洗澡,我们已经一个多月没有洗澡了,能够洗澡都十分开心。评弹团总结分两个组进行,刘天韵和我分任小组长。总结要求我们和民工比思想比贡献比待遇,这一比差距立显,纷纷检查今是而昨非。发言气氛非常热烈。下午3时休息20分钟可以上街去溜达。张鸿声走过一家菜馆,只见架子上挂着肥嫩的白斩鸡,他环顾前后没有熟人,迅速溜入店内,点了一盘白斩鸡、一盘炒肉丝,再来二两白干。因为时间只有20分钟,性急慌忙。白斩鸡要倒酱油蘸着吃,他拿起一把装醋的小茶壶浇上去,白鸡变成酸溜溜的醋鸡。店伙送上炒肉丝,他端

十九、建团伊始:难忘的治淮生活

起盘子一撸头,把肥肉丝拨进嘴里,来不及嚼烂就囫囵吞咽下去。三下五除二把白斩鸡扫光,付了账出店家回小组。他怕到会场上要露马脚,在地摊上买了一只青萝卜吃下去解酒气。到会场坐下,我知道张鸿声发言生动,就点名动员他发言,他摇摇头抿紧嘴唇不响。他旁边坐的陈希安嗅觉特别灵敏,"啊?啥人吃格酒呀?"张鸿声仍然一言不发。不料他刚才吃下去一只青萝卜,萝卜吃了要嗝气,张鸿声控制不住嗝气,"呕"的一声,嗝出了浓烈的酒气。他知道无法隐瞒,索性老实交代,"走过菜馆,经不起白斩鸡的诱惑,溜进去喝了二两白干煞煞馋,怕露馅吃一只青萝卜,不料打嗝露出了马脚……"这样一讲,引得大家哄堂大笑,张鸿声活生生表演了《英烈》中胡大海性格里可爱的一面。

  总结结束,领导宣布,治淮指挥部要求上海文艺队去佛子岭水库工地与坚持留在工地上的工人和民工共度春节。回上海的小道消息是不准确的。于是我们从五河到蚌埠,转往合肥,再乘卡车去霍山县佛子岭水库工地。评弹团姚声江有汽油过敏症,闻到汽油味便要头晕,他为了表决心参加治淮,事先去买了打火机加油的小瓶汽油,放在鼻子下嗅,提高适应能力免得临时晕车。因为公路路面不平,颠簸得很厉害,姚声江晕车,呕吐不止,车抵佛子岭,他已经撑不住瘫倒在地。宿营地在淠河对岸,河水干涸,河底尽是鹅卵石,我们去弄来一副担架,让姚躺上去,刘天韵、蒋月泉、张鸿声和我四个人一人抬一个角,把姚声江抬往对岸。姚声江感动得哭喊:"我有一百五十斤重得来,你们年纪这样大(刘和张),还要抬担架,我对勿住你们呀!"我说:"我们四个是团的负责人,照顾团员是应该的。"

  佛子岭是山区,两山夹峙中间一条淠河,拦河修一条泄洪坝,可以蓄水、发电、灌溉、航运,建成后的发电量足以供杭州那样的城市一年的照明用电,当时算是一个大工程了。住的工房用竹子芦席搭建,大大胜过高粱秆的窝棚,吃饭有食堂,比起漴潼河工地的条件好多了。我被分配到运输队,那里好多工人都是上海招来的失业驾驶员,我参加他们的小组会担任读报员,读报时我盯着《解放日报》一字一句地念,与他们的目光没有交流,有时他们就走了神在窃窃私语。以后我就改了方法,先把报纸看几遍,记住了内容,读报改成了讲报,与他们进行目光交流,再加上运用评话的口技,增强可听性,使他们像听故事那样兴趣盎然,读报的效果就好多了。

春节来临,要给留在工地的工人和民工搞文艺节目助兴,说苏州话他们听不懂,得改用普通话,说传统书不合适,怎么办?搞创作我又没有经验,形势又逼得你非搞不可,改编是一个捷径。我买了《解放军文艺》翻阅,看到山东快书《一车高粱米》很有戏剧性。我把快书的韵文改成散文,用普通话来讲。运用评话的口技,模仿汽车的引擎声、外语腔的外国人讲汉语等,很受欢迎,后来又把这个故事改成蒋月泉、王柏荫、张鸿声、周云瑞四个档合演,使他们也有了用武之地。我又改编了一个《团结友爱》的剧本,描写中朝友谊的故事。淮河工地将我逼上了创编之路,回上海后我又根据报纸的通讯报道,改编了《空军英雄张积慧》,这个节目在电台广播后受到听众的欢迎,就这样开始了我的改编之路。

治淮行将期满,刘天韵和我两个人提前三天动身回上海,向文化局汇报请示回沪后的工作安排。刘处长提出是否能把淮河生活中的素材编成一个故事,分成四回书,一个晚上全部演完,以适应听众工作忙不可能每夜连着听长篇的时代变化,这个形式可以叫做中篇,你们看能否尝试一下?我和陈灵犀到图书馆看《安徽日报》合订本,搜集素材。等到全团返沪,18个人凑在一起集体创作,主要内容是写

十九、建团伊始：难忘的治淮生活

民工推迟婚期上工地,本要过年回乡完婚,因任务紧要留在工地过年,再次推迟婚期。未婚妻带乡亲到佛子岭慰问乡亲,未婚夫妻刚见面,工地堤坝崩口,民工跳进缺口以身体堵住立功。我们围绕这个内容凑成一个故事分头执笔。本来以为听众的欣赏习惯是以长篇为主,中篇重复演一个星期就没人听了,结果沧州书场五百个座位,连演了三个月客满。创造了评弹演出历史的新纪录。《一定要把淮河修好》在形式上奠定了中篇评弹的新结构,在内容上一改才子佳人的主题,歌颂了工农。这个节目受到了北京周扬、上海夏衍等领导人的肯定和表扬。不少从未听过书的新听众慕名而来。一些里弄居委会团体订座听书,还组织讨论,学习工农英雄人物。这些都出乎我们的想象。蒋月泉演民工过年推迟婚期的唱腔,突破了旧的框框,创造了快节奏蒋调。朱慧珍演女民工的唱腔优美动听,成为新冒出来的响档。姚荫梅修改的第三回显出了他编书的技巧,接近传统手法的细腻工整。总而言之,十八艺人深入淮河工地体验生活,在思想和艺术上都有丰硕的收获。更令人高兴的是,评弹受到了新文艺工作者的重视,从延安过来的作家柯蓝与蒋月泉、周云瑞合作,深入海军生活创造了《海上英雄》的中篇。这些都是与我们参加治淮有关联的。

二十、走出国门：在朝鲜战地说书

1952年9月我正在上海电机厂体验生活，忽然接到通知要我离开工厂，到中国人民第二届赴朝慰问团华东分团的文工团报到。另有朱慧珍、陈希安同去。排练的节目是《一定要把淮河修好》中的第四回《工地慰问》，时间压缩在20分钟左右。文工团的成员包括上海杂技团7位演员，上海音乐学院3位演员，上影厂的金焰、赵丹、孙铮，新安旅行团导演伍梨，人艺的陈家松，南京歌舞团的薛飞等两位演员，还有曲艺界的安徽大鼓书、山东快书、杭州评话和独角戏的演员等。金焰是文工团团长，赵丹、伍梨是副团长，陈家松调度节目。这是一个极其光荣的任务，也是一个风险很大、有生命危险的任务，因为我们没有制空权，美国飞机不分昼夜轰炸扫射，没有前方和后方的分别，去年第一届慰问团的相声演员常宝堃等人就是被炸牺牲的。我上有老父，中有妻子，下有四个子女，妻子没有工作，就靠我的工薪生活，万一牺牲了他们怎么办？但又想到这是党和政府对自己的信任，也是一次极其难得的锻炼机会，岂能轻易放弃？纵然血洒疆场、马革裹尸也是烈士。烈士家属会有政府照顾。我铁了心要参加这次慰问演出。未料文工团正在集合之时，传来一个消息，评弹是用苏州话说表的，部队中北方人居多，苏州话听不懂，这个节目要撤下来。我闻讯立即向领导表示，说我们准备改用普通话，唱词可以打幻灯字幕，完全可以让战士听得懂。领导同意了我的设想，我们三个人马上

二十、走出国门：在朝鲜战地说书

改换用普通话排练。9月下旬到天津集合，总团审查节目。我们用普通话表演，还是出了洋相。俗话说："天不怕，地不怕，就怕苏州人说官（普通话）话。"我的普通话咬字不准，四声不分。如苏州话是买、卖不分的。我在说到淮河农民为什么积极参加治淮，因为土改之后，他们分到了土地，又买了牛……这个"买"字，我用力过度，念成了"卖"字。下面一个哄堂大笑，我当时感到纳闷，这里本不会有效果，怎么下面会笑呢？节目演完，总政文化部部长陈沂跑到后台，批评赵丹没有辅导好我们的普通话，以致将"买"字说成"卖"字。后来赵丹又仔细地辅导一遍，纠正了我发音不准的毛病。

1952年赴朝鲜前线慰问时在沈阳东陵合影，
右起第3排第2人为作者

天津审查完毕，文工团转赴沈阳集中，然后到丹东待命。丹东是边境口岸，过了鸭绿江就是朝鲜了，这里不时响起空袭警报，战争气氛很浓。领导做报告说,丹东市有很多伤兵医院,要留下一些人给志愿军的伤员慰问演出。你们如果对过江去有顾虑,或者年老体弱,可以报名留在后方,这不算你们胆小,也是任务需要。当时我和朱慧珍、陈希安商量,我们怎么办?三个人都下定决心奔赴前线。山东、江苏、上海的文工团都报名,要求过鸭绿江上前线,安徽、浙江的部分团员留在后方医院慰问。10月6日下午五时左右,我们乘卡车过江,那时暮云压顶,夜色苍茫,我们是夜间行军,因为晚上空袭比白天少。一过桥,公路坑坑洼洼,车子颠簸厉害,靠边已坐满了人,我坐在中间的铺盖上,车子晃动不已,我晕车了,控制不住呕吐起来,吐在随团的护士身上,当时真是抱歉万分。天黑了,繁星点点,秋风狂袭,忽然听到远处山上"砰"一声枪响,近处山上又是"砰"一声枪响。卡车刹车,大灯灭了,司机跳下车来,通知大伙下车防空,卧倒在公路旁的山沟里。当时,如果美国飞机来了,山上的枪声就是信号。公路两旁山上的志愿军岗哨听见飞机引擎声,就朝天一枪,每间隔一百米就有一个岗哨,就会马上接应,也放一枪,用枪声传递警报,就像古代的烽火台。驾驶员听见枪声就关灯停车。美国人以为我们有雷达防空,其实,我们没有雷达是"人达",用人鸣枪来报警。当时我卧倒在山沟里,听见飞机声由远而近,突然,飞机扔下一个照明弹,像天空悬挂了一个大灯,我心跳加快了,如果飞机发现公路上停着卡车,飞过来丢几个炸弹,那我就要做第二个常宝堃了。幸好飞机没有发现我们,照明弹亮了一阵也灭了。汽车司机招呼我们上车,卡车继续前进。深夜到达目的地——志愿军的一个司令部,首长在军部门口迎接我们,军乐团吹奏着雄壮的志愿军军歌,黑暗中我们走进灯火通明的大礼堂,这是在山脚挖出的一个大坑道,里面有自备发电机发电,欢迎仪式过后,我们开始慰问演出,受到了志愿军的热烈欢迎。凌晨,我

二十、走出国门：在朝鲜战地说书

们被引领到宿舍休息，宿舍外面有志愿军哨兵保护，他们向我敬礼，称我为"首长"，我有些不好意思，告诉他"我不是首长"。他们还是这样称呼。后来我们文工团内部也相互开玩笑地以王首长、唐首长称呼了。战地慰问演出的规律是昼伏夜出，主要是为了防空。白天睡觉，晚上活动。晚饭后我们要到另外一个驻地去慰问演出。天空墨黑，我们不能用电筒，怕被敌机发现，陈希安背着琵琶领头，他抓住向导衣服的后背，我背着三弦抓住陈希安的大衣，朱慧珍抓住我的衣服，紧跟在后，我们像幼儿园儿童过马路一样，彼此牵衣走路。先要翻过一座山岭，山路坎坷不平，随后又要越过清川江，冬季江水干涸，江心有水，搁着一条跳板，走过去。翻山过江时我想起了上海，此刻正是晚上八九点钟，上海南京路上灯火通明，霓虹灯闪耀，这时如果从沧州书场下台，走到成都路上，手一招一辆三轮车过来，跳上车赶往东方书场是何等方便。而我们在朝鲜慰问演出，山路崎岖，夜色如墨，实在与大上海无法相比。在战争状况下，我们更感受到在和平环境里说书是何等幸福。如果没有志愿军在前方抗美援朝，保家卫国，战火恐怕就要烧到中国来了。我们的和平幸福生活是志愿军用生命和鲜血换来的。我是带着感恩的心情为他们演出的。

在这个军部下属几个单位慰问演出结束后，我们转移到朝鲜东海岸大城市元山慰问演出。元山已被美军夷为废墟，城里没有一幢完整的房子。在与朝鲜人民开座谈会时，一个被炸掉一条腿的12岁女孩子，支着拐杖控诉美军的罪行，十分坚强地表示要读好中学，建设祖国。我非常感动，摘下一支金星钢笔赠给她，希望她好好学习。

经过一段时间的锻炼，我们的胆子也大了些，不像刚入朝时那般的胆怯恐惧了。有一次我们去一个山沟慰问演出，环沟是崇山峻岭，林木葱茏。由于演出是白天，附近山包上架着高射炮和高射机枪，监视着蓝天晴空,时刻准备打击来袭的敌机。战士们从山脚起席地而坐,然后一批批战士依山坡而上,一排排入座,就像古代罗马的扇形剧场,山沟就是我们的舞台。面对山坡上的战士,我们特别来劲,说书时山谷还有回声,"音响"效果特好。这个部队的战士是安徽籍的,今天表演的节目又正好是《一定要把淮河修好》的《工地慰问》,他们听到家乡的故事倍感亲切。演出结束时,战士都站起来,举枪高呼:"感谢祖国人民的关怀!誓以鲜血保卫祖国人民的安全!"听着此起彼伏的口号声,我激动异常,热泪盈眶,想不到我们的说书,竟和祖国联系在一起了。回想起过去在资本家酒席旁唱堂会,他们喝酒谈话,似听非听你的说书,我们为了赚钱拿一只红包,受到的是屈辱,而今天为志愿军说书受到的却是最高的礼遇。

我们沿东海岸一路往回演,在途经黄草岭时,朝鲜县长陪着我上战地凭吊和参观,沿公路到处是美军丢弃的被击毁的坦克车。黄草岭战役是志愿军英雄杨根思拉响爆破筒冲入美军队伍与他们同归于尽的地方,英雄的事迹令人感动。那时正好三八线中段上甘岭战役刚结束,我在报上读到一篇通讯,说我们即将攻上主峰597.9高地时,突然碉堡内美军的机枪疯狂地扫射,压住向上冲的志愿军战士。通讯员黄继光向连长请命冲上去。山上的石头已被炮弹炸成粉末,黄继光拨开粉末匍匐前进,靠近碉堡时,他被机枪扫中,身中七弹,昏厥倒下。天上下着雨,冷雨滴在脸上,他醒过来了,见下面的战友被机枪压制不能冲锋,他奋然跃起扑向碉堡,用胸口顶住机枪,机枪停火,下面的战士冲上来炸毁碉堡,夺下高地,取得了胜利。特级英雄黄继光的事迹令我激动不已,后来我走访了他生前所在连的连长范福来,又收集了不少资料,编成短篇评话《黄继光》,受到了听众的热烈欢迎。这是我经历了40多天战地生活的一大收获。

二十、走出国门：在朝鲜战地说书

11月下旬我们在集安过江,回到了祖国的东北。然后去华东六省市汇报演出,先后跑了济南、青岛、合肥、南京、上海、杭州、福州、厦门等地。我自13岁登台说书以来,主要是在江南地区演出,这次有机会出国到朝鲜,又遍历了祖国的南北山河,开阔了胸襟与视野,增长了阅历与见识。

二十一、贴近时代:《黄继光》、《王崇伦》的轰动效应

从朝鲜回来后,我心里老是有一种冲动,要把所见所闻的志愿军英雄事迹告诉听众。正好黄继光生前所在连的连长范福来到上海来作报告,我采访了他。根据各种资料以及在朝鲜慰问的体会,我创作了一个短篇评话《黄继光》,首次演出是在共青团上海市委召开的一个大会上。由于黄继光烈士的事迹本身感人,这回书受到了团员们的欢迎。当时纺织系统在进行工资改革,有些工人思想不通,工厂就邀请我去演出,因为我去过朝鲜前线,上台时受到工人长时间的鼓掌欢迎,演出后反响十分热烈。工人们在小组讨论时说:黄继光为了保卫祖国身中七枪之后还扑向敌人碉堡去夺取胜利,我们减少几个钱就想不通,比比英雄,实在惭愧……我听了这个反映,心里非常高兴,我的说书也能为改革起点作用,这是说传统书得不到的效果。

评弹团每天上午开会时,有一个惯例,要轮流读一段报纸作为学习。我是文化局党委任命的"党的宣传员",也参加轮流读报。一天上午,轮到我读报,前一天晚上,我先做了准备,翻阅各种报纸,读到《人民日报》上有一整版文章,介绍鞍山钢铁公司机械总厂的青年工人王崇伦的事迹。文章写得很生动,王崇伦在评级评薪时闹过情绪。后来他们车间生产凿岩机,市场需求很急,但其中有一个零件必须用插床加工,车间里只有一台插床,来不及加工,凿岩机整机的装配就

二十一、贴近时代:《黄继光》、《王崇伦》的轰动效应

被卡住,成了生产上的"瓶颈"。添置插床很不容易,要经过很多手续,远水难解近渴。王崇伦很会动脑筋,想创造一个工具胎,把必须由插床加工的零件放到车床上去做,以解决这个难题。不料发明失败了,王崇伦受到伙伴们的讽刺,不想干了。支部书记到他家里去做思想工作。王崇伦鼓起勇气,再接再厉去钻研,终于把万能工具胎创造成功了。原先必须由插床加工的零件,车床上也能做了,而且还提高了工效,凿岩机可以大量生产,满足了矿山的要求。王崇伦一年完成了五年的定额,成为走在时间前面的人。

我读后非常受感动,反复读了好几遍,记住了报上的内容。次日上午读报时,我把报纸放在台上,就像说书一样地讲这个故事,难得看一下报纸,一气呵成讲完了这个故事。全团同志听了,都很受感动,建议说:"这是一个现成的短篇,再加加工就可以去演出了。"在大家的鼓励下,我到团市委青工部去联系,他们说非常需要这个宣传技术革新的节目。我提出要让我到厂里去看看插床,可以有点感性知识。他们马上派一个干部陪我到江南造船厂去。江南造船厂是搞军工产品的保密单位,一般人是不能参观的,因为有了团市委的介绍信,就让我进车间考察了插床这个庞然大物,这样我讲起插床心中就有底了。故事结束需要一段韵白,我请姚荫梅老师帮忙,他熟悉技巧,写了一段时间老人和王崇伦赛跑,输给王崇伦的韵白,内容生动,为故事增添了光彩。

当时上海正在展开技术革新运动,我这个短篇刚好切合主题,各大工厂纷纷都来邀请我去演出,我一天要赶三家工厂演出,还是应接不暇,忙不过来。团里的姚声江、王柏荫、苏似荫三个人都拿了本子背熟,代表我分头下厂演出,才满足了当时的需求。我在工人文化宫辅导业余故事员,故事员王强学会了演说王崇伦的故事后也到工厂

去演出，他告诉我曾去了几十家工厂演出。这个故事造成了轰动效应，脚本由《曲艺》杂志、上海文化出版社分别发表，中国青年出版社还出了单行本。那时中国驻外使馆的文化参赞们回国来了解国内的文化活动情况，上海文化局戏改处刘厚生处长还特意把我作为典型介绍给这些参赞们。

创作《王崇伦》时下厂采访

有一次，我坐三轮车到周家嘴路申新纺织厂去演出，途中看见街上有不少人扛着长凳排队前进，到厂门口下车时，看见排队扛长凳的人也进厂了。原来共青团区委组织附近几家工厂的青工到申新厂来听我演出，大礼堂凳子不够，他们自己扛了长凳来。那天大礼堂里坐了约2000名工人。因为我说的内容是工人们身边的故事，他们听来

二十一、贴近时代:《黄继光》、《王崇伦》的轰动效应

非常亲切,效果特别好。

后来我接到了国棉十七厂一位保全工人写给我的信,说听了我的故事后,受到了启发,也搞了一个革新的装置,结果失败了,受到身边工人的冷嘲热讽,他心里十分懊恼,不想再搞了。后来他听说我又到隔壁厂里演出,他再次来听,听到王崇伦搞革新失败后,受到讽刺打击,但是并不灰心,继续搞下去搞成了万能工具胎,一年完成了五年任务。他说王崇伦能几经失败,受讽刺、打击不灰心,继续努力搞成了革新。我为什么一听讽刺就灰心不搞呢?我应该向王崇伦学习。经过再次努力,革新搞成功了,提高工效15%,受到了领导的表扬。他感谢我,称我的演出对他的思想起了推动作用……收到这封信,我心里很激动。说书不仅有娱乐消遣作用,它还有启迪智慧、推动生产的作用。《黄继光》、《王崇伦》两个故事,从评话的艺术性来讲是不够的、粗糙的。但从它的思想性和社会效益来讲,又不是传统评话所能比拟的。我从这两个短篇的编写演出中,受到了莫大的鼓励。

二十二、奉命创作:《钢水沸腾》、《破天荒》的夭折

我编演了《黄继光》、《王崇伦》取得轰动效应之后,被人们认为是一个能创作现代题材的作家。我自己也缺乏自知之明,盲目以此自诩了。其实我文学水平很低,在古诗词方面根本没有功底,对现代名著也读得很少,不了解创作需要深厚的生活积累,要塑造人物性格,构思矛盾冲突,需要学很多基本知识。我只是一个说书艺人,只有说故事的经验,对创作现代题材的评弹其实是力不胜任的,在我的创作实践中,失败的教训有很多,记录下来可引以为戒。

1958年是一个不平常的年头,大跃进运动冲击着评弹团。中央提出钢产量要翻番,钢铁元帅要升帐。我家里的脚炉、汤婆子,里弄口的铁门都卖给了国家,作为工业原料之用。评弹团后院也在大炼钢铁。报纸上宣传上海有八面红旗,上钢三厂平炉车间是红旗之一,领导指定我带领一个小组,深入生活,编演一个中篇评弹,时间已经是9月10日,国庆节要在书场演出,时间一共只有20天。从采访到拟提纲、写作、排练必须在这20天内完成。我那时没有时间回家,住在团里,夜以继日赶任务。剧本还没有写出来,文化局国庆游行彩车张挂的宣传牌上已宣布国庆节演出中篇评弹《钢水沸腾》。我们深感压力沉重,天天熬夜,倦了,买包前门牌香烟来吊精神,我不会抽烟,他们塞给我抽一口,舌头上麻辣辣地赶走了睡意。张鉴国陪着我

二十二、奉命创作:《钢水沸腾》、《破天荒》的夭折

一起硬拼,食不甘味、夜不安枕地赶时间。10月1日,日夜赶排出来的《钢水沸腾》终于在西藏书场上演了。第一夜第二回书我和张鉴国、苏似荫三个档说唱,演出中,张鉴国突然脸色苍白,他向我耳语:"我肚子痛得忍不住了,怎么办?"我说:"你先下台去医院看急诊。"张鉴国跳下台先走了,这回书我和苏似荫双档顶下去。散场后我赶到瑞金医院去看他,他躺在病床上打吊针。医生说是肠痉挛引起肚子痛,不碍事的。原来是他参加集体写作并日夜赶排中篇,加上疲惫不堪、紧张过度引起的毛病。次夜,他依旧上台演出了。这个中篇由于编排匆忙,艺术质量不高,演出了20场就撤下来了。因为听众买票听书是为了欣赏艺术,他才不理会你"钢铁元帅"升帐、八面红旗飘扬的伟大意义。折腾了20天,这个"大跃进"的中篇以失败而告终。

1959年庐山会议之后,掀起了反右倾、保卫三面红旗的宣传活动,领导找我谈话,要我离开说书岗位,下农村去深入生活,搞一个宣传人民公社优越性的中篇评弹。我是专业评话演员,叫我不说书去编书,这实在是难度很大的任务。但我是党员,只能听党的话,勉为其难地接受了这个任务。到哪里去呢?党刊上有一篇报道,松江枫围公社红旗大队创造了一个"破田超千斤"的纪录。我办好介绍信,到枫泾镇枫围公社报到。党委宣传部十分热情,让我跟大队支部书记孙锦清见面。老孙四十来岁,高个头,为人热情豪爽,红旗大队是新生单位,他是从家乡的那个大队抽调去的,大多数干部都像他一样也是抽调过去的。我跟着老孙到镇南九里地的红旗大队,被安排住在一家农户的家里,没有电灯,就用煤油灯照明。那时家家不开伙,都吃公共食堂,食堂供应较差,这我还能适应,有时也跟着老孙参加一些轻劳动。一天,接到通知,次日公社要开三级干部会议,我也可

别梦依稀——我的评弹生涯

作者下农村深入生活

去参加旁听,不料第二天清晨,天降大雨,田岸泥泞难走,干部们跑得飞快,我跟不上,落后了。透过密密的雨幕,我遥望镇上的房子,认定方向,一步一滑艰难朝镇上走去。我穿的双层咔叽雨衣,淋得湿透,连棉毛裤也湿透了,又是一身大汗,非常狼狈。跑到镇上先去买了一条棉毛裤到公社去换上。开了一天会,连夜要赶回去传达,走九里地的夜路,摸黑到大队。老孙传达会议精神,我见有些小队干部已经打

二十二、奉命创作:《钢水沸腾》、《破天荒》的夭折

呼噜了,半夜过后散会。我回房休息,一觉醒来已是红日高照,赶紧跑到食堂去吃粥,炊事员说已经没有了。只得怏怏然回房吃了几块从上海带来的饼干充饥。艰苦的生活,我还挺得住,最担心的是编书的任务如何完成?我访问了不少人,了解为什么"破田"能够收千斤。他们告诉我,所谓"破田"就是土质僵硬、产量原本不高的田,老孙在鼓足干劲、力争上游的指导思想下,定下亩产千斤的合同,用来鼓舞大伙的干劲。插秧之后,欠缺肥料,稻禾长势不旺。时值大伏天,正是耘耥除草的时节,老孙和党团员想出了一个办法:本来大伏天中午赤日当空,高温逼人,农民要午休三小时,然后再下田干活。他们放弃午休,跳到河里,把河底的水草拔起,堆放在岸边,三个小时下来水草捞起不少,然后把水草放到破田里堆到稻根周围,这样水草把稻根旁的杂草闷死了,省了耘耥除草的工夫,同时水草腐烂了,又是极好的有机肥料,促成了粳稻丰收,夺得了千斤高产。这叫"歇凉头里摸水草",人呢是辛苦了一些,奇迹也就产生了。我把这个情节作为故事的核心,编了一个中篇叫《破天荒》,这是和饶一尘、苏似荫、江文兰一起合作编写的。一个钢铁,一个粮食,有了这两个,什么事情都好办了。我以为,粮食也是元帅,反映粮食丰收的作品应该会被肯定吧。8月份在上海彩排,文化局领导来审查节目。听完之后,领导对我说这个节目不能上演!我惊讶地问:"为什么?"领导说:"最近中央开会指示要劳逸结合,纠正前一段大干快上的缺点。所以你这个节目中'歇凉头里摸水草'的做法,正好和劳逸结合唱对台戏。因此不能上演!"我下乡半年备尝艰苦、苦思冥想构思情节,写出来的作品居然被一句违反当前政策给否定了。有人跟我说笑话,你把作品里的正面人物和反面人物调一个位置,大干快上的支部书记犯错误,保守的大队长成为正面的人物,就可以通过了。这话让我

啼笑皆非,怎么能把创造奇迹的支部书记,变成反面人物呢?最后无奈之下,只能接受领导的指示,把这个作品扔进纸篓。

后来,周扬到上海文联做了一个报告,劝作家暂时不要下农村生活,因为农业政策不稳定,你写作反映前一个阶段的政策,却不符合眼前的政策精神……我一听,对呀,我写了鼓足干劲、力争上游的作品,却违反了劳逸结合的政策,苦头就吃在政策不稳定上。

周扬又说昨夜去看了滑稽戏《七十二家房客》,哈哈大笑,晚上睡了一个好觉。笑一笑也是为社会主义服务呀。他这样一讲,大家就感到文艺政策宽松了。于是我又回到说书岗位,去说我的《三国》了。从《钢水沸腾》到《破天荒》,在创作问题上我积累了失败的经验。

二十三、推陈出新：整旧中的几件往事

整理传统长篇书目，一直是评弹界至关重要的大事。在整理中，应该顺应时代的变迁，剔除封建性糟粕，保存精华。但解放初期在极"左"思潮影响下，出现过"斩尾巴"的偏向。之后又在整旧工作中走了些弯路。其中有一个倾向就是要求古人要有现代人的思想和道德标准。

《珍珠塔》是传统长篇中的一部好书，主人公方卿因家道中落去投亲，受到势利姑娘的欺侮，负气出走，后来考中状元做了七省巡按，扮作道士二次见姑娘，把势利姑娘羞辱了一番，大快人心。当时一些说唱《珍珠塔》的艺人集中讨论整理、修改方案时，有人提出方卿做了官去羞辱姑娘不妥当。官是皇帝的走狗，是统治阶级，应该是否定的对象。可是不做官又怎么能去羞辱姑娘呢？有人提议：方卿假冒做官去羞辱姑娘，最后仍是一个白衣人，去投奔李闯王闹革命、推翻明朝的统治去了，并称这是一个光明的结局。方卿本是一个追求"书中自有千钟粟"的秀才相公，把他改造成假冒做官的骗子，然后离经叛道去做推翻朝廷的革命者，扭曲了原书的本意。后来周扬同志写了封信来："原书就是一个反对世态炎凉的主题，你去把它改造成方卿投奔李闯王革命，是脱离了历史的制约。"他还指出："古代人受了屈辱，只有两个去向，一是做了官去报复，二是做强盗，逼上梁山再去报复。不会有其他出路的。方卿做官羞辱姑娘是合乎逻辑的。"

我自己说的《三国》，开始也犯了"斩尾巴"的错误，之后在尊重民族遗产的号召下，恢复了演出。但是到"文革"前，在大张旗鼓批判李秀成是叛徒的影响下，一位领导向我建议："关云长降汉不降曹，在曹营中享荣华富贵，就是叛徒的行为。你应在《古城相会》这回书里，让张飞批判关云长是叛徒。降汉不降曹是贪生怕死的活命哲学。这样，这回书就有批叛徒的时代意义。"我听得傻了眼，关云长是《三国演义》里写得最好的三个人物（诸葛亮、曹操、关羽）之一，义重如山是他的特点。他有骄傲自满、刚愎自用的缺点，但走麦城被俘后，宁为玉碎，不肯降吴。将这样一个英雄人物作为叛徒来批判，这个书叫我怎样说得下去。可当时我又没有这么大的胆量来否定这个建议。唯一可行的办法就是把《千里走单骑》到《古城相会》这段书封冻起来不说，绕过这个矛盾。用今人的思想标准去比照古人、要求古人，这是反历史主义的倾向。直到"文革"结束，我才恢复说《古城相会》这段书。

1960年7月参加第三次文代会时与毛主席等中央领导合影，倒数第2排右起第5人为作者

二十三、推陈出新：整旧中的几件往事

整旧中我们也有一些好的经验。1955年夏天，全团休整学习，在争议较多的《玉蜻蜓》中挑选出一回《庵堂认母》来整理，先由蒋月泉、王柏荫双档按照原有的说法在团内说一遍，然后分组讨论。这回旧书的缺点是，徐元宰完全是16年前金贵升游庵时的翻版，对生母志贞用挑逗的语言去戏谑，削弱了一片孝心急切认母的真情。领导做人物分析报告，分析了志贞青灯黄卷下思念分离16年亲子的心情。再由陈灵犀执笔修改，犀老的文学根底深厚，写出了元宰的至诚孝心和志贞不敢认儿的顾虑，两人对唱的唱词写得情深义切，蒋月泉和朱慧珍两人的唱功尽情发挥，使听众潸然泪下，在书场引起强烈反响。唱片公司制作了密纹唱片，深受听众欢迎。1958年曲艺汇演中，《庵堂认母》受到好评并参加全国曲艺巡回演出。但是在极"左"思潮的干扰下，也有人批判这回书是宣扬"人性论"，使蒋月泉心里产生了疙瘩。在当时，"人性论"是属于资产阶级范畴的贬义词。1962年，上海市委宣传部副部长陈其五在瑞金剧场做报告，充分肯定了《庵堂认母》的主题是健康的，他说母子天性，今天我是党员，如果我知道了母亲是尼姑，我也会到庵堂去认母的，绝不是说无产阶级就没有母子天性了。我听了报告，跑到蒋家去告诉他，使他解开了深埋心底的疙瘩。"文革"后，《庵堂认母》获得全国金唱片奖的殊荣。

蒋月泉最关注的是《玉蜻蜓》一书中对金张氏人物的处理问题。金张氏是书中贯穿始终的一个重要人物，她是吏部天官张国勋的独生女儿，苏城首富金贵升的太太。1955年，团里决定把长篇《玉蜻蜓》作为重点整旧书目，支部书记亲自主持，作家陈灵犀执笔，朱慧珍（党员）、蒋月泉等都参与讨论。人物逐个定性，三师太志贞是正面人物；金贵升原来有纨绔子弟的一面，把他改成具有叛逆性格像贾宝玉一样的人物；金张氏是官僚独生女，娇生惯养，蛮横成性，又有逼

金贵升读书求功名的封建思想,是个大地主婆,属否定人物。当时小组都同意对书中人物的这种定性。可是传统书中的人物往往又是复杂的,例如金张氏,她又有豪爽、见义勇为的一面。在沈君卿妻子三娘被冤诬主仆通奸,婆婆将她锁于静房处以绝食饿死之罚时,金张氏得讯赶去抢救三娘,在这段书里金张氏又是正面人物。蒋月泉在说这段书时按传统说法对她予以肯定和表扬。朱慧珍在下台后与蒋月泉争论,说蒋不该褒扬金张氏,违反当初讨论时把金张氏作为反面人物的定论。蒋月泉说,书情就是这样的结构,不肯定金张氏,这个书说不下去。朱慧珍坚持好人一好百好,坏人一坏百坏,坏人就是做了一点好事也要对她批判。蒋月泉说,我和金张氏又不是亲眷,我为什么一定要帮她呢?搞得我和你好像是两条路线斗争。以后说到抢救三娘这段书时,蒋月泉不得不删去一些肯定金张氏的说表。这个书弄得不好听了。蒋月泉心情很不舒畅。有一次,蒋到苏州去,拜访他的老师周玉泉,说起对金张氏人物处理上的一些矛盾。周老师告诉他:苏州文化局局长周良同志赞同说到抢救三娘时对金张氏应该肯定。周老师说:"金张氏是个四海(慷慨)蛮门(不讲理)人。我还是照老传统的说法。"蒋月泉听后回到上海对我说:"苏州阿是共产党领导的?"我说:"是呀。"蒋说:"为啥苏州共产党可以对金张氏有好说好,有坏说坏。上海共产党就只能有坏说坏不能有好说好呢?"蒋把与周老师的谈话情况告诉我。我回到团里向支书汇报了蒋的想法,领导说你去告诉蒋月泉,以后他说抢救三娘时可以根据自己的想法去表述,不必拘泥以前的人物定性。这样蒋月泉又可以根据传统手法处理金张氏了。

为什么支部书记改变了对金张氏人物的看法呢?原来他接到陈云同志的一封信,信上说他听了上海版《玉蜻蜓》和苏州版《玉蜻蜓》

二十三、推陈出新：整旧中的几件往事

的长篇录音,觉得金张氏这个人物是一个复杂形象,不要简单化处理,可以四六开或者三七开,根据书情来加以处理……(大意如此)

整理传统书目所走过的弯路,也是一种经验。对传统书目加以整理、提高无疑是有利于艺术的发展的,也是必要的。但是管得太具体或者是硬要把传统书目与政治联系在一起,无疑是对传统艺术的一种简单化处理。

二十四、传统菁华:从挖折子书到
半部《三国》的命运

评弹的主要演出形式是长篇,从长篇中抽出独立成篇、自成段落的一回书叫短篇,借用戏曲的称谓又称折子书。折子书是为了适应新时代部分听众没有时间天天上书场听长篇而出现的。我们团从1955年开始,经过集体讨论,专人整理,陆续推出了《玄都求雨》、《庵堂认母》、《花厅评理》等折子书目,名曰传统菁华,深受听众欢迎,三回菁华集中专场演出,连续客满三个月。成为评弹团保留书目中的经典作品。

三年自然灾害期间,党的文艺政策放宽,对传统书目特别重视,甚至提出了"翻箱底"的号召。1961年评弹团派出了杨振雄、杨振言、周云瑞、朱雪琴、徐丽仙等人组团去北京巡回演出,《人民日报》以整版篇幅予以宣传,评弹在北方受到热烈欢迎。另外以刘天韵、蒋月泉、张鸣声、吴子安、张鉴庭、张鉴国和我为一组,到苏州郊区木渎、东山去演出。为什么选木渎,因为那里是鱼米之乡,副食品供应较好,让大家增加些营养。当时只演夜场,演出比较轻松,白天在旅馆里互相说书,探讨如何整理传统书目,我们称之为"挖折子"。说惯长篇书目的艺人善于卖关子,"欲知后事如何?且听下回分解"。并不习惯从长篇中切割出独立的一回折子书。我说的《草船借箭》,在长篇中要说三个落回,怎样浓缩成一回书?我感到很为难。经过大

二十四、传统菁华:从挖折子书到半部《三国》的命运

家反复议论,重新组织篇章结构,砍掉前面的三分之二,从鲁肃借二十号舟船交给孔明开书,孔明请鲁肃饮酒,令艄公把船艄锯下,然后又叫艄公用钉子把船艄钉上去。说书人再加一句衬白:钉末钉好哉,牢末勿大牢哉。然后交代船只趁浓雾过江,近曹营时船上锣鼓齐鸣,曹营大惊,乱箭猛射,射在草人身上。天亮日出,浓雾渐散,孔明令五百军士高呼"谢丞相箭"。曹操大怒欲追,被徐庶所阻。司马懿父子三人驾小舟追上,孔明羽扇频招,欢迎来追。司马昭纵身一跃,跳上船艄,不料船艄锯后再钉上,承受不住司马昭的重量,连人带船艄跌入江中,幸被其父救起而返。鲁肃至此才明白孔明锯船艄的用意,佩服孔明的神机妙算。这回书开讲时轻描淡写留下伏笔,到落回时与开头相呼应,凸显出孔明的智慧,取得很好的效果。

我们从农村回上海后,北京的巡回演出队也凯旋载誉归来。当时北京人民艺术剧院到上海演出话剧,上海市文联组织一场南北文艺交流演出,前半场由杨振雄唱俞调开篇《宫怨》一曲,唱得委婉动听,然后由我演出评话《草船借箭》,就是不久前在木渎新挖掘出来的折子书,这回书效果奇佳,反应强烈。后半场北京人艺的话剧《名优之死》演得也十分精彩。

次日,我去团里上班,儿童文艺出版社的副社长和编辑以及作家包蕾到团里来看我。他们说,听了我昨夜的演出,很感兴趣,有意和我合作,把火烧赤壁的几十回书全部记录下来,由包蕾先生执笔整理成为一部专给青少年阅读的书本。我很高兴地答应了。包蕾先生曾写过《猪八戒背西瓜》等作品,熟悉儿童文学的创作,由他来执笔整理,那肯定会写得很好的。可是我很忙,抽不出时间来一字一字记录,怎么办?当时商定由我在书场里演出,出版社备一台录音机现场录音,请一位速记员根据录音记录下来。同时,包蕾先生每夜到书场

来听书,先熟悉书中情节,然后再作整理打算。我把全部火烧赤壁说完,出版社把速记员速记下来的稿子交给包先生,包先生看完速记本之后觉得无法整理,因为速记员不是苏州人,以前没有听过书,对《三国》的情节也不熟悉,他只是根据声音记下文字,稿中人名和情节多有混淆之处,这把包先生难住了,看不懂这个本子,他把速记本交给我,要我校对一遍,纠正音同字不同的地方。这使我很感吃力,我担负着团里一部分艺术行政工作,演出任务重,社会活动又忙,只有晚上抽一点时间耐心地一页一页校对和改正错字,折腾好久才勉强完成交给出版社去处理。不料,1963年元旦,当时上海市委主要负责人讲话,号召大写十三年,就是说连解放前的革命故事都不要写,更何况1700年前的三国故事了,这些都被划归"封、资、修"范围,出版社原定的《火烧赤壁》的出书计划被否定了,校对好的速记本原封未动地退回给我。我白白忙碌了一阵子,结果只能把本子包好放到书橱里去。没过几年,"文革"开始,我靠边接受审查。一天夜里,团里的造反派来抄家,把我的日记本、说书的赋赞本,连同这部《火烧赤壁》的速记本稿子全部抄走。随着审查的升级,我被隔离三年,再加上靠边四年,整整折腾了七年,才获解放回到人民的队伍里,抄家的东西发还。然而这部几十万字的《火烧赤壁》的速记本、我从老师那里抄录的赋赞本等,早已被工宣队卖给废品回收站,送往造纸厂回炉销毁了。从1961年我说《火烧赤壁》开始,经过速记、校对、退稿、冷藏、抄家上交,到造纸厂回炉销毁,这半部书所遭遇的经历,也是政治运动逐步升级的一个缩影。直到"四人帮"倒台后,我再一次把《火烧赤壁》这一段书逐字逐句记录下来,在80年代中期出版了《三国群英会》唐耿良演出本,总算完成了60年代时未了的心愿。

二十五、艺术盛会：1962年香港演出琐记

1961年上海越剧院和上海青年京昆剧团先后赴香港演出，轰动了港岛，受到极其热烈的欢迎。1962年上海评弹团受命赴港演出，我被选为团员之一，心里十分高兴。回忆1950年春节我们"四响档"赴港演出，那时我是单干艺人，又是老板邀请，属商业性演出，在香港的三个月里没有什么影响可言。这次情况不同，是国家派出去的演出团体，有新华社接待，还有华人团体支持，受欢迎的程度是可以预料的。但是我也有顾虑，越剧和京昆剧团都是戏曲团体，他们的观众面广泛，我们评弹是用苏州方言说唱的，听众面比较狭窄。香港是以讲广东话为主的地方，他们听不懂苏州话，不可能像看戏那样容易看懂，这是苏州评弹的局限性，也是我担心的所在，我们能否不辱使命，取得好成绩呢？

团长陈虞荪，是原上海市文化局长，现任《文汇报》总编，他对评弹比较熟悉，副团长刘天韵、吴宗锡。演员有蒋月泉、严雪亭、杨振雄、杨振言、徐丽仙、朱雪琴、薛惠君、刘韵若、孙淑英和我。另有黄浦区长征评弹团沈笑梅、程丽秋参加演出，这是因为香港《大公报》总编费彝民春天在北京听了他们二位的书很是欣赏，向有关领导建议邀请他们一道参加。本来还有蒋云仙在内，因其怀孕未能成行。书目全部是传统书的菁华选回。如《玄都求雨》、《庵堂认母》、《厅堂夺

子》、《喷符》、《关亡》、《姜令拜客》、《面试文章》、《七十二个他》、《方卿见姑》、《追舟》、《银盆泼水》、《三堂会审》、《刑部翻案》、《絮阁争宠》、《别兄》、《访九》、《闹柬》、《回柬》、《战樊城》、《借箭》、《割瘤移瘤》、《大闹扬州府》等等,还有两个中篇《三约牡丹亭》、《点秋香》和一场流派演唱会。

  排练任务十分繁重。杨双档和朱雪琴、薛惠君档书目纯熟,严雪亭是单档,我和沈笑梅是评话,没有排练任务,因此我们相对轻松一些。最困难的当属蒋月泉,他原来的下手朱慧珍因长期患病治疗不能演出,赴港演出的四档都要重新开排,其中《庵堂认母》和孙淑英合作,孙原唱《西厢》,只能听录音吃熟了再和蒋排练;《关亡》找徐丽仙合作,徐从未说过《玉蜻蜓》,要蒋一句一句教她;《喷符》由刘韵若起白娘娘角色,排练也很吃工夫;《厅堂夺子》由刘天韵代苏似荫的角色,这个书是剧本制,一字一句都要敲死,换个生手也相当吃力。蒋月泉要和四个生手合作,排书非常吃重。偏偏在这个时候,他的爱妻邱宝琴生病了,胸口痛得厉害,伉俪情深的蒋月泉要陪妻子去医院治病,只能放下排练的任务。然而排书的时间很紧,蒋月泉两头牵挂,焦灼不安。邱宝琴心知肚明,赴港演出非比一般任务,蒋又是主要演员,倘若排练不熟,岂不要影响演出质量?虽然她需要蒋在病床边照料慰藉,还是强装笑容,说自己不怎么痛了,你赶快到团里排书去吧。这样,蒋才放下心来抓紧时间去团里排书。出发前蒋月泉关照儿子好好照顾母亲,有情况随时打电话来。我们一行乘火车离开上海直奔广州,那时车速甚慢,要乘三十多小时才到。时值7月,天气很热,到广州后在广东宾馆下榻,蒋月泉刚把行李放下,上海儿子的长途电话来了,说医院里确诊邱宝琴是癌症,是否要开刀手术,儿子不敢决定,请父亲速回上海与医生商谈作出决定,还要他本人签

二十五、艺术盛会：1962年香港演出琐记

1962年赴港演出合影，后排中间为作者

字。蒋月泉听到消息急得惊慌失措，马上向团长陈虞荪汇报。陈虞荪通情达理地劝慰月泉不要焦急，要面对现实，立即乘飞机回上海决定开刀之事，安排妥帖后再飞回广州，来回机票由公家报销。蒋月泉托我照料他的行李，他赶赴机场搭机回沪。我很理解蒋的心情，同情他的处境，祝愿他一路平安，化险为夷。本来飞机当天可到上海，不料上海气候不好，有雷阵雨，飞机不能降落，只能中途在长沙过夜，第二天早晨再飞，这正是急惊风偏遇慢郎中。这一夜蒋失眠了。次日上午到上海赶往医院签字开刀，不料打开胸腔一看，这肿瘤生在胰腺上，胰腺是禁区，不能手术，医生只能缝合伤口，采用保守疗法。医生对蒋月泉说你放心去吧，赴港演出三个星期，你夫人至少可存活三个月，你演出归来，保证可以见面。蒋听后心如刀割，又不能跟妻子说穿，怕她知道后精神崩溃，病情恶化。只能安慰妻子，嘱咐儿子要照顾好母亲，他又匆匆飞回广州。为了完成国家的演出任务，只能与身

患绝症仅能再活三个月的爱妻告别,他的心情是异常沉重的。蒋月泉回广州报到时,报纸上刊登了一个惊人的特大新闻,台湾的国民党蒋介石集结大军,准备反攻大陆,利用大陆三年自然灾害、物资供应紧张、人民生活困难的机会,准备在福建、广东登陆。我解放军调兵遣将向沿海地区集结,准备迎击来犯之敌。我们看到这条新闻,心情紧张,如果我们赴港演出,蒋军在广东登陆,截断广九铁路,我们在香港就回不了广州了。当时团长就向北京请示,评弹团赴港演出是否要如期进行,或者暂时取消?北京通知,评弹团赴港演出之事,香港报纸早有消息发表,倘若不去,怕影响不好。决定照常赴港按预定计划演出。陈虞荪通知我们按原计划办事,要相信解放军,不必恐慌。

这时香港方面来了两位名人,预审我们的节目,一位是《大公报》总编费彝民,他是苏州东山人,爱听评弹。还有一位是在澳门、香港开设不少戏院的老板,他叫何贤,就是现任澳门特首何厚铧的父亲。他们听书后非常赞赏我们的书艺,对《厅堂夺子》这一回书尤为欣赏,但费先生提了一条意见,他觉得徐元宰的养父徐上珍是个老好人,他的收场如此悲惨,听众感情难以接受,香港人喜欢大团圆的结局,能否请蒋先生考虑修改一下。入乡随俗,为了尊重香港人的欣赏习惯,蒋月泉便把结尾稍稍改一下,冲淡悲剧,变成喜剧收场。

广州预审节目结束,我们乘火车赴港,在新华社招待所住下。有关方面的接待工作十分细致,有专人为我们做饭、洗衣服,每天理发吹风刮胡子,使我们出去会客都收拾得整整齐齐。演出不是在一个剧场进行,流动性很大,我们一共演出20场,演出的剧场有音乐厅大会堂、中华总商会礼堂、百乐门跳舞场日场、银都剧场、音乐厅小剧场、九龙普庆大戏院等。每场三回折子书一只开篇。开幕式在音乐厅大会堂,剧场有1000个座位,音响设备很好。我兼带打灯片任务,

二十五、艺术盛会：1962年香港演出琐记

就坐在会场中间，这字幕工作很重要，非内行不可，可能演员漏词，打灯片就得跳过去跟上配合。我坐在剧场中间能直接感到观众席的气氛。第一场先是程丽秋开篇，反应一般还看不出什么端倪。第一回书是朱雪琴、薛惠君的《珍珠塔·七十二他》，朱雪琴是琴调流派的创始人，她中气充沛，嗓音高亢，运腔动听，听众掌声不绝。薛惠君形象靓丽，她是"塔王"薛筱卿的女儿，薛筱卿的琵琶功力在老一辈中堪称一绝，薛惠君的琵琶深得乃父艺术真传，弹奏得如珠落玉盘，朱雪琴的三弦弹得指法超群，她们二人弹奏的过门，都能赢得掌声喝彩。这一回书把场子炒热，在满堂彩声中结束。第二回是杨振雄、杨振言的《西厢记·闹柬》，说的是红娘拿了张生的书柬带给莺莺，红娘知道小姐矜持的性格，故意把书信放在梳妆盒的抽屉里，让小姐中埋伏。小姐见信后装腔作势责问红娘传书带信该当何罪，要告诉老夫人家法重责，狡黠的红娘反而夺下书信要去见老夫人自首。这可急坏了莺莺，央求红娘不要告诉老夫人。调皮的红娘作弄得莺莺只得向自己低头。杨双档刻画两个人物的性格细致入微，栩栩如生，引得满场听众无不拍手叫好。第三回送客是刘天韵、严雪亭的《三笑·姜令拜客》，这回书以说表见长，刘天韵演大踱头，严雪亭演二刁，二人的演技入神，噱头十足，逗得观众前仰后合，笑痛肚皮，效果之好，可谓空前。全场演出极其成功。我原先心中的担忧全部释然，评弹之受欢迎已不在越、京、昆剧之下。

夜场依然在大会堂，蒋月泉、孙淑英的《庵堂认母》送客，蒋调"世间哪个没娘亲"这段唱词已经使观众陶醉，孙淑英是杨振雄的学徒，一曲俞调委婉动听，起三师太志贞角色颇能得朱慧珍之神韵。这一回书唱得听众们潸然泪下，取得了极好的效果。

弹词每一回书都受到听众欢迎，评话只说不唱，没有音乐性，香

港听众能接受吗?我思想上有负担。但第二天日场在大会堂轮到我说《战樊城》时,我发现,这回书我在上海演出也没有这里的效果好,不但张飞的吼叫"哇呀呀"有鼓掌声,连探子快马加鞭的马驰声也有喝彩声,听众的掌声刺激了我的兴奋点,更加卖力地演出,又赢得了更热烈的掌声。说书人和听众的双向交流,往往会产生即兴的创作,艺术就是在这样的情况下不断丰富发展、提高、成熟的。

我在赴港演出中借着打灯片的机会,一场不落地听了同事们的精彩演出,当时自己没有做学习笔记,或专题访问,将现场的感受记录下来,但是,这些场景却深深地嵌在我的脑海中,40年后还是记忆犹新。现在回想起来,深感1962年的香港演出,真正是评弹界的一次盛会,这次20场的演出中除两场中篇、一场演唱会外,其余17场都是折子书,那真正是八仙过海,各显神通。其中最受欢迎的是蒋月泉、杨振雄二人。蒋月泉的《关亡》是和徐丽仙合作,徐丽仙虽然不说《玉蜻蜓》,但在蒋月泉的排练下,把一个说南浔方言的关亡婆演得活灵活现,把关亡探口气摸底的诀窍揭露无遗。关亡婆的记性不好,说错话出洋相,幸有苏老太帮忙掩盖,最后苏老太死去的男人亡魂上身,苏老太关心丈夫脚上有病,为他做棉鞋要捎给他,关亡婆用苏老头的口吻说:不用你担心,我在阴间讨了一个小老婆了。苏老太醋性大发,骂老头子没有良心。这一回书搭配紧凑,语言风趣,刻画人物栩栩如生,噱头十足,非常受听众欢迎。徐丽仙不但唱功好,说功也非常到位。两位流派创始人在这回以说表语言取胜的噱书中显露了他们的深厚功力。

杨振雄的艺术造诣非常高超,编、说、唱都功力不凡。《长生殿》是他自编的传统书目,编撰于抗战期间。选择这一大唐盛世的传奇故事,是为了要宣扬中华民族不可征服的恢宏气概。他曾在上海图

二十五、艺术盛会：1962年香港演出琐记

书馆埋头读书，把唐书、唐诗读了个够，他的书卷气就是从苦读中得来的。为了演好唐明皇这个角色，他不是驾轻就熟地套用原来《描金凤》中的小生徐惠兰的演法，而是下工夫学习昆曲中的冠生，赢得"评弹界的俞振飞"的美誉。他唱《剑阁闻铃》的开篇时唱道："苍苍乎老天无知觉，茫茫乎我此身何处存"，把唐明皇的悲怆之情表现得淋漓尽致。杨振雄是一位能编善演的全能人才，创造的"杨调"流派唱腔传诵一时。

第三位受欢迎的演员是严雪亭。他是单档弹词演员，是徐调创始人徐云志的开山门大弟子，他的敬业精神堪称楷模，说唱富有创造性。他的《三笑》已成红档，但深知自己嗓子不如老师甜润，高音区够不上老师，只有中低音区还算运用自如，他扬长避短，把徐调的长腔改为短腔。因其短腔简洁明快，具有自己的个性风格，听众称之为"严调"。他知道，说唱《三笑》已有徐云志、夏荷生两位顶级响档，自己要超过他们非常困难，必须另补一部长篇。他选中了《杨乃武》。此书乃浙江艺人李文彬编说，传子不传婿，不收徒弟。其子李伯康在电台播唱，只说前半部，后半部则绝对保密不说。正巧有一位爱好评弹的老听客，在书场里听李伯康说《杨乃武》，默记后回家笔录。严雪亭以三百银元购买下脚本。他说唱此书是着实下了一番工夫。唐伯虎、秋香的角色不能用在杨乃武、小白菜身上，他学习了电影、话剧、文明戏的表演技巧，用普通话来起角色，生动真实地表演了清朝人物。我听他的《三堂会审》，抚台、藩台、臬台三大宪及一个余杭知县，按他们的身份、年龄、性格的不同，以不同的语气、语调、语音节奏塑造人物。你闭着眼睛听，这四个都说普通话的人物，人各有貌，分辨得清清楚楚。用语言、声音造型，显示了严雪亭功力的浑厚，令人惊服。他在和刘天韵合作《三笑》、《姜令拜客》、《面试文章》和中篇

《三约牡丹亭》、《点秋香》时,表演的人物也深受欢迎,风靡了香港听众。

还有一位评话名家沈笑梅,说书的路数和苏州传统评话不同,通俗风趣,另有一功。他不是科班学书的,早年夫妻合作卖梨膏糖营生,卖糖前先要说一些小段子吸引听众,俗称为小热昏,也就是插科打诨逗乐放噱头。一次在镇江做生意时,附近露天书场有扬州说书,沈笑梅利用这个机会刻苦学习,学会了《济公传》、《乾隆下江南》两部书。但是在江浙沪书场演出,必须参加苏州光裕社,取得社员身份,才可登台献艺。于是他投帖子拜朱春帆先生(也说《乾隆下江南》)为师,在浙江、江苏等码头演出,上座甚好,渐成响档。抗战胜利那年中秋,他和姚荫梅一起赴上海演出,红遍了上海,人称"双梅档"。他的书路是扬州书的路子,和苏州书关子不同,加上他又有卖梨膏糖唱滑稽小段的经验,运用在评话中增加了发噱的成分,颇受听众欢迎。但是在解放初期,这两部书都受到极"左"思潮的冲击,《济公传》是迷信,《乾隆下江南》是歌颂清朝皇帝,都被封杀不许再说。沈笑梅只得改说《水浒传》,使他的表演特色受到限制。1961年"翻箱底"时,他恢复了《济公传》、《乾隆下江南》这两部拿手书的演出,在书坛重振雄风。1962年去北京演出,受到好评,因此被选入赴港演出团中。在香港,他演出了四回书:三回《济公传》,一回《乾隆下江南》,都受到听众的欢迎。杨振雄称赞他的表演艺术为"破格",突破了苏州评话的表演框框和模式。

沈笑梅说的《割瘤移瘤》非常精彩,说的是一个卖菜的老贫农因妻病借了高利贷的钱,利上滚利还不起债务。放债人逼讨欠债,声言如还不出钱,就把老汉头颈上挂的七斤重的肉瘤割下抵债。这肉瘤如果割下,老汉会流血不止而死去。济公当即用芭蕉扇割下肉瘤移

二十五、艺术盛会：1962年香港演出琐记

向放债人的头颈上。老汉不但解除了累赘的肉瘤之苦，而且还消除了高利贷的欠债。济公还警告放债人，你如果以后再放高利贷时肉瘤会更加加重；你如不放高利贷，肉瘤就会逐渐缩小。后来这人贼心难改，要放高利贷时，肉瘤立即长大，他马上讨饶"不放，不放"，这肉瘤就逐渐缩小。这段书说济公济困扶危，惩罚坏人，大快人心，又充满笑料，深受听众欢迎。他说的《相府治病》、《大闹庆丰楼》和《下江南·大闹扬州府》传奇色彩都比较浓。他演的菜馆堂倌点菜的吆喝声逼真传神，赢得满堂彩声。沈笑梅的香港演出，称得上是他一生演出的高峰。可惜好景不长，1964年在革命样板戏的冲击下，张春桥下令"斩尾巴"，把他的两部拿手评话全部封杀。文化大革命中，他又受冲击中风瘫痪，贫病交迫而死，人亡艺绝，他的两部书，后继无人，只留下香港演出的四回录音。我把他的《相府治病》从录音机上一句一句记下，寄给苏州评弹研究会，在《评弹书目》中刊载发表，表达了我对他的缅怀和追思。

乡音慰相思，乡情暖人心。香港演出时，听众中江南人居多，有的住在山上，要子女开车送下山，书场里尽是讲苏州话和上海话的人，让人感觉好像回到了江南，有人说："听台上说书都是苏州话，听听就觉得惬意。"有个同行严诵君来港十年，他说："想不到评弹进步真快，说得那么好听。"这是对我们改革发展评弹的客观评价。我们在香港共演出了20场，最后两场到九龙普庆大戏院。第19场有蒋月泉、刘天韵、杨振言三个档的《厅堂夺子》等节目。我们提早吃了夜饭乘车到海边，当时还没有海底隧道，乘海轮渡海，夕阳还很炙人。我在甲板上忽然见刘天韵两颧升火发红，问他身体如何？他说有点头晕。我马上请随团医生过去诊断，医生一测量血压升高，体温39度，他还有心绞痛病史，情况相当严重。船到九龙立即坐汽车到普庆

戏院后台治疗。团长陈虞荪召开紧急会议,今夜刘天韵是抱病上台还是不上?书场早已客满,说明书上有刘天韵名字,假如刘不上台,听众起哄怎么办?那时刘躺在沙发上说:不要紧,再过两个钟头烧退了,我可以上台的。陈虞荪不肯答应,上台后万一书情一激动,人倒下来,怎么向家属交代?劝老刘安心休息。蒋月泉在旁边也说:老刘不要上了,老刘演的张国勋和徐太太两个角色由我来兼,张国勋的唱段我背得出,徐太太的唱段请耿良打灯片时摇过去,我不唱了。先写块牌子搁在书坛口上,说明老刘病假,改由蒋月泉、杨振言双档演出,还有两小时时间我和振言排练一下就可以了。商议后,当即劝老刘安心休息。演出照常进行,书坛口一块牌子搁出,三个档改由两个档演出。我在花楼打幻灯片,注意着听众的反应。蒋月泉、杨振言送客书出台时,听众仍报以欢迎的掌声。这回书矛盾冲突尖锐,书情步步紧扣,杨振言一段徐元宰"若问孩儿本姓金"的唱段,唱得扣人心弦,赢得满堂掌声。徐上珍被元宰"本姓金"刺激得如雷轰顶,蒋月泉责子的唱段,第一句"徐公不觉泪汪汪"。在"汪"字上蒋月泉运用新创的高腔轻过,低音重刹的唱法,赢得了一个满堂彩,此后每隔几句就有掌声,整档篇子唱完又是一个满堂彩,那天蒋月泉嗓音特别好,感情又投入,听众们听得如痴如醉。此后蒋月泉再唱《厅堂夺子》这一唱段,就再也没有像普庆大戏院一场的超常水平,可以说这是蒋月泉一生演出的巅峰状态。终场时谢幕次数又比平时增添了几次。刘天韵的意外生病,蒋月泉和杨振言挺身而出,化解了这个突发事故,而且获得了超常的效果。现在音带市场上销售的《厅堂夺子》双档版的带子就是普庆大戏院演出的实况录音。

普庆演出的最后一场是流派演唱会。除了刘天韵因病未唱以及我和沈笑梅两位评话演员外,其他十位艺人全部登场。刘韵若、薛惠

二十五、艺术盛会：1962年香港演出琐记

君、孙淑英、程丽秋四位青年演员，各展歌喉，各显神韵，受到了听众的欢迎。其他六人都是流派的创始人，杨振言唱的《莺莺操琴》曾灌制过唱片，委婉、柔润，显示了言调的特色，深受欢迎。严雪亭唱的严调开篇《密室相会》是《杨乃武》长篇中最精彩的部分，也曾灌过唱片。朱雪琴唱的琴调开篇是《珍珠塔》中《下扶梯·十八个因何》，陈翠娥觉得见了方卿没有什么话可讲，采苹说你可以问他十八个因何，怎么会无话可说呢？一气呵成连唱十八句，深受欢迎。杨振雄的《剑阁闻铃》唱得声情并茂，把唐明皇思念杨贵妃的凄苦之情，表达得淋漓尽致。蒋月泉先唱了《志贞描容》，是用他老师周玉泉的周调演唱，听众反应强烈，要求他再来一个，他又唱了《文宣哭观音》。蒋调韵味醇厚，听众们如痴如醉地欣赏着。最后是徐丽仙送客，唱的是《情探》。在众多流派创始人展现各自的成名杰作后登台，徐丽仙是有些压力的。但她还是非常镇静大方，穿着紫绛色丝绒旗袍，挂着珍珠项链，手提琵琶走上书台，唱起丽调的传世杰作——《情探》："梨花落，杏花开，桃花谢，春已归，花落春归郎不归"，起首一句刚落音，已经掌声四起，一曲唱完，反应强烈，又加唱了一个《颠倒古人》。

演出结束后，我们收到不少听众来信，一位上海听众在信上说，他在上海时不听评弹，认为这是老年人欣赏的艺术。这次你们来港演出，他也未打算去听，最后一场一位朋友送他一张票，他来听了，想不到评弹艺术是这样的美妙，特别是最后一档的《情探》使他着了迷，他看到台上的徐丽仙，忘了她本人容貌的形象，觉得她就是敫桂英，善良美丽，如泣如诉，动人心弦，感人肺腑，被她的艺术魅力征服了。深悔前十九场的演出没有来欣赏，等到觉得好听，已经是最后一场了……的确，徐丽仙形象并不好看，高颧骨，龅牙，但她的嗓音甜糯，音质音色好听，听众会忘记她本人的容貌，而被她的艺术魅力征

服,觉得她就是书中楚楚动人、善良多情的敫桂英了。这就是艺术的力量。

二十场演出胜利结束。《大公报》、《文汇报》的总编请全团乘游艇出海到浅水湾游玩。我和蒋月泉、严雪亭、沈笑梅站在甲板上,眺望蓝天白云,碧浪滚滚,心旷神怡,一起照相留念。夕阳西斜,游艇归来,在维多利亚港驶过时,看见岸边一幢高楼,闪烁着霓虹灯红字"六国饭店",我与蒋月泉相互交换了一下眼神,回忆 12 年前我们赴港淘金,因书场上座欠佳,从山上的公寓搬到六国饭店睡地铺的情景。往事不堪回首。和这一次赴港演出的辉煌成功相比,真是沧海桑田,不胜感慨。

二十六、"左"风盛起:大写十三年与第二次"斩尾巴"

香港演出归来,我们还陶醉在香港听众对传统书目热烈欢迎的氛围里,我反思近几年创作新书,一个任务接一个任务,把《三国》荒疏了,今后要多说《三国》,把传统书好好整理一番。这时评弹团学馆的学员分头拜师学说长篇,有两个学员被分配到我门下学《三国》,其中一个是女生。我觉得女生说评话恐怕不合适,领导说江苏曲艺团的王丽堂也是女生,学王少堂的《水浒》不是很有成绩嘛。这个女生唱功不怎么好,但说表倒是蛮好的,学《三国》是可以的。我就同意收下了。怎样培养这个女生呢?女生的嗓音有限制,不易起关羽、张飞的角色,而起雉尾生周瑜和老生诸葛亮、鲁肃比较接近些,因此我在书场里说《赤壁大战》这段书,让她学。这女生读过中学,文化水平甚好,理解能力较强,我想让她听几遍就可以上台了。不料当时形势又大变,从上到下都开始大讲"千万不要忘记阶级斗争",大反单干风、翻案风。1963年元旦,团里通知我和蒋月泉代表评弹团到文艺会堂开会。下午我们两人到文艺会堂小会议室,看到各协会、戏剧学院、美协、音协、作协、剧协的负责人都来了,各文艺团体都是一些代表人物出席。当时上海市的第一把手亲临会场,向大家祝贺元旦。他在讲话中说:"旧社会的文艺作品,只能教人自私自利,从个人利益出发考虑问题。社会主义集体主义思想只有在社会主义社会里才能产生。现在经济基础已经是社会主义了,而上层建筑的文艺却还是封建主义、资本主义的内容。至今剧场里部分剧目,广播电台有些节目还是解放前的节目。潜移默化起着什么作用?农村棉花田有种害虫叫地老虎,它钻在地下专门咬棉花的根,根被咬坏了,棉花就枯萎而死。封建文艺和资本主义文艺就是'地老虎',腐蚀人们的思想,破坏社会主义的经济基础。"他问作协的吴强:"你近来在写什么小说?"吴回答:"写苏北地区抗日的小说。"这位领导人说:"你这个慢慢再写,要写就写四九年解放到六三年间的题材,大写十三年嘛。"这样,吴强就放下创作,深入生活到常熟县去挂职当县委副书记去了。作为中央政治局委员,上海市的主要领导人,他的讲话是作为政策指示,对上海文艺界无疑有着巨大的影响力。

我和蒋月泉回到团里向支部书记作了汇报。怎么贯彻大写十三年的指示呢?评弹团演出书目几乎全是帝王将相、才子佳人的传统书目,即使现代长篇《青春之歌》也是写的十三年以前的题材而不算新书了。这样,评弹团的今后演出就非常困难。党支部响应市委书记号召闻风而动,做了一个决定,把我从说《三国》的岗位上撤下来,带一个青年编辑程志达到郊区七宝镇七一公社参加市委农村工作部的一个社会主义教育的工作组,到一个大队去蹲点,深入生活,搜集素材,写一个反映当前阶级斗争的中篇评弹。当时我感到有些为难,我刚开始教两个学员学习《三国》,评弹的传承是靠口传心授,需要我一遍一遍地说,学员一遍一遍地听,才能学会,我不说书他们怎么学呢?但市委的大写十三年是政治任务,不能违拗,带徒弟学书的任务必须让路。我想出一个折中的办法,我有个同门师弟叫袁显良,在闸北区评弹团当演员,春节在上海书场演出,便与他协商让我的两个徒弟去听他的《三国》,请他照应一下。袁显良接受了。两个学员就

二十六、"左"风盛起：大写十三年与第二次"斩尾巴"

跟袁去听书。

我和程志达到七宝生活，每天跟着工作组到大队去串门采访。到3月份市委召开十个县的三级干部会议，我和程志达去参加会议旁听，会议的主题是谈阶级斗争的情况，崇明县江口公社有个生产队长叫陈汉明，在三年自然灾害期间，他被阶级敌人诬陷盗窃队里15斤油，搞得他求生不得，求死不能，全家人痛苦不堪，后来总算水落石出，还他清白。我和程志达决定从七宝公社撤出来，到崇明县江口公社去，就住在陈汉明的家里，深入了解当时的细节。上海淮剧团、甬剧团的编剧也都来到陈汉明的生产大队蹲点，大家都瞄准了这个题材，竞争很激烈。评弹比戏剧要简单些，我们动手较快，写了一个《如此亲家》的中篇，描写阶级敌人用结干亲的手法，陷害生产队长的曲折经历，经过排练，再去昆山、苏州、无锡预演三场，然后回上海，10月1日在静园书场开书，演员有刘天韵、严雪亭、周云瑞等等。经过演员的丰富加工，加上情节曲折离奇，受到了听众的欢迎。这个中篇总算应付了"大写十三年"的号召。接着我带那个女学员一道到昆山去演出《三国》，她演日场，我说夜场。她说书条理清晰，我满心喜欢，以为后继有人了。谁知这一次长篇演出后，"大写十三年"的政策越来越收紧了，第二次"斩尾巴"，把我的《三国》封冻起来，"文革"中又被当做"毒草"批判，一直到"四人帮"垮台，1979年才恢复演出，足足停说了17年！我那个女学员，"文革"后转业到工厂中去当仓库管理员了。从此我的书艺后继无人，这是很无奈的事，也可以说是"大写十三年"的后遗症。

二十七、北上大庆：创作《王铁人的故事》

自从中苏外交关系恶化后，赫鲁晓夫撕毁经济合同，撤走专家，在石油上卡中国的脖子，上海等大城市的公交车顶部都背驮一个橡皮气包，装载天然气，内地的长途汽车车尾上装着一个燃烧木炭的炉子，代替短缺的石油。人们都感到物资供应的困难。那时传来一个好消息，东北发现了一个特大油田叫大庆油田。英雄的石油工人头顶青天，脚踏草原，人拉肩扛搬运钻井器材，"铁人"王进喜七天七夜不下井台，倦了披着羊皮袄靠在钻杆堆上打一个瞌睡，七天打下一口特大油井。全国的石油工地上抽调石油工人，赶奔东北参加石油会战，甩掉了"中国是一个贫油国"的帽子，公共汽车上卸下了煤气包和木炭炉子。这在当时是一个特别令人振奋的喜讯，我盼望着能到大庆油田去深入生活，写一个反映大庆人的评话。

正在这时，中国作家协会组织了一个慰问团，要去大庆慰问石油工人，上面点名我们评弹团派我和青年演员赵开生参加慰问团，即刻去北京报到。这个慰问团层次比较高，团长是作协副主席张光年，副团长是音协主席吕骥、曲协主席赵树理，秘书长是诗人李季，团员有老作家艾芜、徐迟、韶华、剧协的孙维世等。曲协参加慰问团的共四个人，除我们两人，还有苏州评弹团的编剧邱肖鹏、天津曲艺团的快板书演员李润杰。从北京到大庆后，我们先是慰问演出半个月，参与

二十七、北上大庆：创作《王铁人的故事》

演出的有歌唱家胡松华、电影演员王晓棠、相声演员马季、湖北音乐学院的蒋桂英、天津的李润杰。我表演的是苏州评话《林海雪原·真假胡彪》。这回书原是我团张效声所说，我是向他学习的。这回书原本要说40分钟时间，在综合场演出就显得太长了，我将其压缩至10分钟，进行了再创作。在北京节目预审时，听众都是北方人，我考虑到日后大庆油田演出的对象是以转业军人为主的工人，说苏州话他们肯定听不懂，因此在预审时我就入乡随俗，改用普通话演出。这回书杨子荣化名胡彪带着许大马棒的坐骑上威虎山投奔座山雕。不料胡彪也上山来投奔座山雕，真假胡彪见面。杨子荣身陷险境，临危不惧，反说真胡彪是共军间谍混上山来。真胡彪急得赌神罚咒说自己是真胡彪，这老九是共军冒名而来。两人争执不下，座山雕为了辨明真假，叫人把马带上威虎厅，让马来辨认谁真谁假？马带到了，胡彪厉声吼叫马过来，这马被胡彪当年虐打过，很害怕他，正要跑过去时，杨子荣柔声地叫唤："宝马，你的主人在这里，你过来吧。"这马见是新主人对他招手，想到打虎进山时幸亏他救我，否则我要被老虎吃掉。我肚皮饿时他把一个窝头塞到我嘴里，现在恩人叫我，我怎能不去呢？马掉头向杨子荣那边走去。真胡彪发急了，你这一走我的命就没有了，他向马屁股上扇了一巴掌，这马挨打后走得更快，到杨子荣面前马头在杨的胸前蹭，杨子荣用手抚着马头，满脸笑容。座山雕大骂胡彪你还有什么话说吗？胡彪说："三爷，他是共军，我是胡彪，你可不能像畜生那样上共军的当呀！"座山雕一怒之下把他拉出去毙了。这一段书我运用了《三国·赠马》里赤兔马思想活动的拟人表现手法，取得了很好的现场效果，在北京预审以及后来到大庆的演出都受到了欢迎，使苏州评弹在综合场里一点也不逊色。

苏州评话用普通话演出，并不是偶然的突发奇想。当年我们去

别梦依稀——我的评弹生涯

1964年在大庆油田慰问

朝鲜慰问志愿军时,就开始尝试了。当然,对于习惯于用地方方言演出的苏州评弹来说,困难是不小的。1961年评弹团去中南等地巡回演出,在长沙、南宁、桂林等大城市演出时,听众大多是由上海内迁支援当地工业发展的人,苏州话都能听懂,演出效果也好。但有一次在阳朔公演,听众大都是本地人,听不懂苏州话说唱,场面就有些乱了。我上台说《真假胡彪》,开始说时用普通话,他们听得懂,场子里安静了。可是说到后半截,我舌头打不过弯来,普通话发音有困难,重新说起苏州话时,下面又嘈杂开来,这个教训给我印象很深。1964年元旦,我去北京参加曲协主办的创作会议,带去自己改编的短篇评话《长空怒风》,内部演出效果尚好,稿件被《光明日报》拿去全文发表。曲协创作会议在大众剧场组织一场公演,主持人把我推上去演出。参与演出的侯宝林、高元钧、骆玉笙、李润杰等是北方曲艺界的顶级人物,在以北方听众为主体的剧场里大受欢迎。我这个用苏州话表

二十七、北上大庆：创作《王铁人的故事》

演的苏州评话，下面听不懂，场子里就有些躁动了。因为演出本在报上已全文发表，我不能临场压缩篇幅，只能强撑着说下去，说得我满头大汗，心如刀绞。现场的痛苦窘况使我夜不能寐，我总结了三条教训：一是今后如到北方演出一定要说普通话，首先得让听众听得懂。二是在综合场演出时间不能长，十分钟左右就可以了。三是节目的趣味性要强，情节要紧凑才会受欢迎。大庆油田的演出所取得的成绩就是用痛苦的教训换来的！

我们在大庆油田演出的流动性很大，有时在大礼堂，有时在野外钻井台边，有时在连底冻的水池上。一次我就站在冰面上演出，听众是两个上海女技术员，我就用苏州话说书了。演出结束后，与她们聊了起来，她们是大学毕业后分配到大庆的，一开始吃玉米窝头实在不习惯，靠带来的饼干当饭吃。可是两大听饼干吃完了，不吃，肚子饿，饿慌了觉得窝头也蛮好吃。后来一顿要吃两个大窝窝头。其中一个回上海探亲时正好碰到刮台风屋顶漏雨了，她爬上屋顶去修理，把姥姥惊呆了，娇生惯养的小姐经过锻炼，居然爬上屋顶如履平地，修好了漏雨的屋顶。可见人经过了艰苦环境的锻炼是可以改变的。

演出结束后，作协留下一部分作家深入生活写作，我们就在指挥部二号院的招待所住下来，下工地搜集素材准备写作。经常有劳模和英雄人物来做报告或和我们座谈，像王铁人就由人民日报记者田流做专访，专访后的稿子印发给我们。油田总指挥、石油部部长余秋里从北京回大庆，也到招待所来慰问我们。余是一位参加过长征、断过一条臂膀的残疾军人，在大庆油田建设过程中，他曾带头拉犁开荒种玉米、高粱、大豆，收获后用以改善石油工人生活，增加粮食、豆油、豆腐的供给，每人每月可以吃两斤豆腐。余秋里走进我的房间，我起身去迎接，他急步走到我的床前摸我的褥子，问我睡得冷不冷？我说房间里暖气很足,一点也不冷。余部长平易近人、关心群众冷暖的领导作风令我十分感动。

在大庆住了四个月,我和邱肖鹏合作编了一个中篇,但没有被团里通过。但在大庆受的教育是深刻的,后来我编演了一个短篇评话《铁人的故事》,讲述王进喜抢救井喷事故的英勇事迹,受到了听众的欢迎,人民文学出版社还出版了这个评话的单行本。

二十八、山雨欲来:"文革"的前奏

我从大庆油田返回上海时,路过北京,听到了毛主席的两个最新批示。前一个说:"各种艺术形式——戏剧、曲艺、音乐、美术、舞蹈、电影、诗和文学等等,问题不少,人数很多,社会主义改造在许多部门中,至今收效甚微。许多部门至今还是'死人'统治着。许多共产党人热心提倡封建主义和资本主义的艺术,却不热心提倡社会主义的艺术,岂非咄咄怪事。"后一个批示说文联属下的各个协会:"这些协会和他们所掌握的刊物的大多数(据说有少数几个好的),十五年来,基本上(不是一切人)不执行党的政策,做官当老爷,不去接近工农兵,不去反映社会主义的革命和建设。最近几年,竟然跌到修正主义的边缘。如不认真改造,势必在将来的某一天,要变成匈牙利裴多菲俱乐部那样的团体。"这两个批示一传达,文艺界的形势顿时严峻起来。

那时北京在举行京剧会演,革命样板戏宣传得轰轰烈烈,上海有《智取威虎山》、《海港》、《龙江颂》三台剧目参演,领队的是上海市委主管文教的书记张春桥。他们从北京回上海后,在友谊电影院开会,向上海文艺界传达会演经验,我去参加了这个大会。张春桥阴沉着脸批判京剧团内的陈旧意识,说他们叫盖叫天为盖五爷,称俞振飞为俞五爷,完全是封建行会的称呼,在革命的团体里能允许吗?他又说赵燕侠在北京向康生提出,工资高了对下一代的教育不利,要求取消保留工资,只拿级别工资,康生同意了她的要求。你们上海文艺界的党员同志,如果要留在党内,就打报告取消保留工资,拿级别工资。如果要保留工资照拿的,就不要再做党员!

张春桥这么一讲,我心里一震,因为我也有保留工资,看来是保不住了。回想 1959 年入党时市委宣传部部长石西民召见我们这些新入党的高知谈话,叫我们对高工资不要有压力。他说苏联的一些艺术家都是高工资,高出你们好多倍呢。你们不要有思想负担。现在张春桥这么一讲,显然是政策变了。散会后回到团里,党支部找朱慧珍和我两个党员谈话,问我们听了报告有什么想法？朱慧珍丈夫有工资,只有一个女儿,她很爽快地表示写报告减去 60 多元的保留工资。而我家上有老父,妻子持家没有收入,五个孩子都在读书,靠我一个人的工资生活,我工资是 314 元,级别工资是 263.4 元,取消保留工资就是要减少 51 元一个月,对生活的影响较大,但是作为一个党员除了服从,别无选择。我也写了要求取消保留工资拿级别工资的报告,就从下个月开始实行。

按照张春桥的讲话,取消保留工资是党内的规定,不涉及党外的演员。不料当时"左"的思想席卷文艺界,连党外人士也被波及了。蒋月泉、严雪亭当时工资是 410 元,级别工资是 266 元,要减去 144 元。领导知道我和蒋月泉是好朋友,就把蒋的思想工作交给我去做。我打电话给蒋月泉,传达了领导的意图,要他打报告取消保留工资,拿级别工资。蒋月泉非常为难地诉说,前年他妻子患癌症,请医服药,死后的丧葬费共用掉了几千元,都是向亲友借的,现在每月要减少 144 元,对还清债务有困难,能不能等还清了债务再取消保留工资。我心里很同情他,但是我知道,现在形势逼人是不可抗拒的。我也想不出用什么婉转的语言去劝慰他,就劝说他做退一步想:"月泉

二十八、山雨欲来:"文革"的前奏

呀你譬如犯错误,日子还要过的呀。"假如 1957 年犯错误,带上右派帽子,硬性罚降工资,你又怎么办呢？我这么一讲蒋月泉也想通了,无可奈何地打了报告要求取消保留工资。我这句"譬如犯错误"的话,在"文革"中受到批判,造反派说:"取消保留工资是革命行动,你却说譬如犯错误,反动立场昭然若揭。"我没有辩解,只能低头认罪。

1964 年与汪雄飞、黄枫在北京八达岭

那时不但取消保留工资,而且凡是帝王将相、才子佳人的书目一律禁说,连解放后编写的二类书目如《秦香莲》、《王十朋》、《林冲》……都不能上演。我们称之为第二次"斩尾巴"。于是评弹团的演员只得仓促上马,改说现代题材的评弹,如蒋月泉改编《夺印》,张鉴庭说《红色的种子》,严雪亭说《龙江颂》,周云瑞说《丰收之后》……

阶级斗争为纲,不但反映在书目上,也反映在生活领域里。蒋月泉 1962 年丧妻,那时他才 44 岁,有人给他介绍了一个对象,是一个孀妇,年龄相当,容貌和前妻有相似之处,性格温顺,他们恋爱了一年，正在谈婚论嫁之际，上级领导得知此事，调查发现这个女的前夫是个资本家，她当然也属于资产阶级。领导叫我去通知蒋月泉要郑重考虑对象的阶级成分，以免影响他的政治前途。我奉命前往，当夜就住在蒋的家里，和蒋促膝谈心，要他考虑，如果你和她结了婚，将来要入党就有障碍了。蒋说他的前妻也是资产阶级出身呀。我说那是解放前的婚姻，既往不咎。可是现在是千万不要忘记阶级斗争的年代，时代不同呀。蒋感到非常为难，他和对象已不是泛泛之交，达到了相当成熟的地步，如何割舍得下这段感情。我就劝他，如果你想入党，就挥慧剑斩断情丝，否则你的政治损失就大了。蒋回答说让他再考虑考虑，后来，这件婚事暂告搁浅。此后不久，"文革"开始，蒋受审查，十年之后，蒋与她的感情也已淡化，一桩本是美好的姻缘，被阶级论所困扰，所拆散。我在驯服工具论下做了一件蠢事，今日回忆还深感遗憾和歉意！

二十九、西去大寨：编写
《大寨人的故事》

1964年底《解放日报》华东新闻部主任张服年给我打电话，邀请我担任特约通讯员，赴山西大寨采访，编写一个大寨人的故事。我欣然接受了邀约。

大寨是全国闻名的农业先进单位，我向往已久，最近又从一本杂志上读到山西名作家孙谦写的报告文学《大寨英雄谱》，介绍陈永贵1963年自力更生、抗洪救灾的先进事迹，读后非常感动，这次能实地深入考察正合我心。妻子担心山区寒冷，特地给我做了一条丝棉裤御寒。同行的有上海文艺出版社编辑张诚濂，他爱好评弹，是一个老听客，将来故事定稿由他负责文字记录。《解放日报》总编王维写了一封亲笔信给《山西日报》总编，请他给予方便。我和张诚濂由上海直奔太原。《山西日报》总编看了王维的信，当即派了一个熟悉大寨的记者陪同我们前往。我们从太原到阳泉，换乘汽车到昔阳县，在招待所过了一夜，次日早上直奔大寨。大寨村在虎头山上，离昔阳县十里路。我们上山去拜访陈永贵，未遇，他去北京参加全国人代会了，要十天之后才能归来。于是就在村口一个招待所住下，先读读有关材料，参观访问，等待陈永贵回来。次日清晨，社员登山劳动，我们跟着同行，那天红日高照，万里无云，社员们说今天不冷，我却被山风吹得耳朵边有点痛，大喇叭里传来气象预报，现在是零下16度！社员之所以说不冷,是因为冷的时候大风呼啸,雪花飞舞,气温要降至零下二三十度。社员上山还挑着一担肥料,倒在山顶田里做基肥。他们挑担上山时谈笑自如,我空身登山却气喘吁吁,怎么能和社员相比呢。见大寨山上尽是梯田,最大一块才 20 多亩,坐落在狼窝掌,是他们劈山造地的巨大成果。其旁是零零碎碎垒成的小梯田,共由 13 块组成,有一次社员收工下山,点点数目只有 12 块了,还有一块到哪里去了呢?拿起田里一顶草帽时,发现那块地被草帽盖没着。这块地比草帽大不了多少。他们的梯田边上都用石块垒成整齐石坝,防止下雨土地被冲走。山上密密层层整整齐齐的石坝蔚为壮观,这浩大的工程都是由社员们长年累月辛勤劳动所建成,我不由得从心底生出了钦佩。我们又到开石头的山窝里去拜望老英雄贾进才。贾是大寨村第一任党支部书记,后来他发现陈永贵能力比自己强得多,就主动让贤推举陈当选支部书记,他在幕后全力支持陈的工作,常年默默无闻地开山取石垒坝造田,建造大寨的梯田。我走上前去跟他见面,那时老贾正是工间休息,吸着旱烟筒。我和他握手时,发现他虽然个子不高,精瘦,但两只手很大,手掌长满老茧,甚至茧子上又长茧子,好像戴着一副茧子的手套。我因为从没有劳动过,细皮嫩肉,一个茧子都没有,握着老贾粗糙的铁手时不禁深感惭愧。趁着他们休息,我抡起铁槌击打着嵌在石缝里的铁钎,只抡了三下,就觉得双臂发酸,虎口震痛,不得不放下铁槌。看着虎头山上八百亩梯田,垒得一崭齐的石坝,不由对贾进才肃然起敬。后来我又去老贾的窑洞串门,见他端着一只大海碗,碗里是玉米糊糊再加几根自制的腌菜,他的餐饮如此简单,贡献却是如此巨大,劳动人民的伟大之处正是体现在这里!

我又听到另一个农民赵小和的故事。他是一个牧羊工,为了抢救一只摔下山崖的小羊,自己的小腿骨摔折了,他没有去找医生诊

二十九、西去大寨：编写《大寨人的故事》

治，只是用手揉揉，用布条扎一下就完事了。数日后解开布条，走路却一瘸一瘸地不好走了，陈永贵找个骨科医生来治疗，医生说没法治了，因为骨头接歪了，连接处已经黏合了，除非把它拉断了重接。可是拉断骨头的痛苦谁受得了！医生跟陈永贵吃饭去了。赵小和不肯做残疾人接受大队的照顾，他把胞兄赵大和跟另一个青年社员找来，自己躺在炕上，叫大和坐在他的大腿上，要青年社员拉他的脚，说我喊一二三，你就使劲地拉，把黏牢的骨头拉下来。他们二人不肯。赵小和说我不能做残疾人成为大队的累赘，我要和大伙一样正常地劳动，我求求你们帮我一帮吧。二人被他说服，一个压住大腿，一个拉着脚，一二三！把黏合的骨头给拉断了！再请医生来治疗时，医生惊呆了，天下竟有这样不怕痛的病人，我还是第一次见到。医生把他的断骨认真地接好，治好了他的病。听完这个故事，我被大寨人这种精神震撼了。不由得联想起老艺术家盖叫天在戏台上跌断踝骨，第一次接骨错位，敲断了重新接好的故事，想不到大寨的农民也有这样断骨再接的动人故事。

接着我们又采访了其他干部和社员群众，加深了对大寨人的理解。第十天陈永贵从北京回来了，他知道我们从上海远道而来在等待着他，下午就到招待所来和我们谈了三个多小时，介绍1963年8月抗灾的往事，他说当时在县里参加县人代会，晚上降起暴雨来，下到半夜未停，估计灾情不轻，打电话回大队询问，不料电线杆折断，电话不通。雨还是下个不停，陈永贵一夜未睡焦急不安。这一夜暴雨达500毫米，造成百年不遇的特大洪灾。天亮，县委下令人代会停开，干部分散下乡抗灾救灾，陈永贵急急赶回大寨。路毁，踩泥泞而行；桥断，泅渡过河。到村口一看，沟里乱石堆满，这是梯田石坝被冲毁流下来的石头。村口的几家土窑坍塌下来，不知里面的村民是否逃出？他到大队部，队干部们一见陈永贵都放声痛哭，多年来修整的梯田毁了，庄稼倒伏了，房屋已经塌掉不少，今后的日子怎么过呀。陈永贵见到干部们如此悲伤，他想我不能哭，我一哭，大家更伤心了，怎么还能够面对现实投入救灾呢？他就问："这一夜暴雨，村民怎么样了？""我们挨家挨户叫醒村民集中到大队部大礼堂里睡地铺，人一个也没有死。"陈永贵说："恭喜恭喜，百年不遇的大洪灾，人一个也没有死，真是一件大喜事。世界上人是最宝贵的，只要有了人，田地可以重建，房屋可以重盖，我们有条件战胜灾害。"陈永贵带领干部上山，踏勘灾情，见地里的玉米都倒伏了，便扶起来，用脚在根部周围踩了几脚，玉米站稳了。干部们都跟陈永贵一样扶起倒伏的玉米。因为你不马上扶起它，让它通风透气，这倒伏的玉米就会沤烂在田里死去，毫无收成。扶起了以后追点肥，还是可以有收获的。陈永贵在田头与干部们定下方针，"先治坡"，"后治窝"，抢救地里的庄稼要全力以赴抢时间，修住房可以缓一步再做，让群众暂时住在大礼堂里，吃饭用公积粮开伙。修房子也不是一家一户各修各的，而是用集体的力量一批一批地抢修，他们决定依靠大队自己的力量战胜灾害。上级领导派人送来的救济粮和衣被物件，被他们婉辞了，要求把救济物资送到灾情更重的村寨去。自力更生激发了社员干部的积极性，他们扶起的庄稼秋后有了一个好收成。他们重新建起了新的窑洞和住房，把沟里的石头抬上山再修了被冲毁的石坝。经过这次百年不遇的洪灾洗礼，大寨人像浴火重生的金凤凰，焕发着一股自力更生重建家园的锐气，成为了昔阳县的典型。

陈永贵谈了整整一个下午，使我深受教育。我们告别了大寨，经阳泉、德州，乘火车返回上海。那时离农历春节很近，火车上挤满着北京返回上海过年的干部和学生，三个人的座位他们挤一挤，让我也

二十九、西去大寨：编写《大寨人的故事》

勉强坐下。有些乘客认识我，问我从哪里来？我说从大寨采访归来，我就把肚皮里涌动着的大寨人故事，贾进才的铁手，赵小和的断骨再治，陈永贵的"先治坡后治窝"的故事讲给乘客们听，听得他们出了神，连去餐车吃晚饭的时间也忘了，大寨人的故事确实很吸引人。

到上海后我就去《解放日报》向总编王维及张服年汇报这半月来的采访见闻，他们也被大寨的人物和故事感动了。他们建议，不要先写稿子，先下农村去试讲，讲演的过程中看听众的反应再决定增删，然后录音定稿，请张诚濂根据录音整理出稿子。这一建议完全符合评话口头创作的规律。演出场地由报馆代我联系，年底前先到陈坊桥试讲，效果很好。春节到松江县试讲，讲完召开听众座谈会听取意见。会上松江城东大队支部书记发言说："原先以为春节听评弹，是领导在'四清'中对干部整过了分，让我们听听节目消消气。结果听了《大寨人的故事》思想受到震撼，觉得自己的境界太低。大寨人为了增产粮食开山造田，我们大队有二十亩低洼地，长年抛荒不种，听了演出决定回去发动群众排积水种植水稻，以亩产六百斤计算，一年可以为国家贡献一万两千斤稻谷。"听了这个发言，我心里也很高兴，精神变成物质，说书在新时代起到了新的作用。

接着我到奉贤去探望评弹团参加"四清"工作的同事们。上海市委副书记杨西光领导的"四清"工作队在奉贤蹲点。我去时正好他们在县里开大会，便请我在会上讲《大寨人的故事》。讲完受到热烈欢迎，奉贤广播站在现场录了音。次日上午我返回上海时，高音喇叭里已在播放我演出的实况录音。我在郊县演出几十场后，定稿录音，由张诚濂记录整理成文字交给《解放日报》。报纸全文刊登，还配上插画，整整四版全是《大寨人的故事》。那天报纸由四版增加至八版，原来日销80多万份，那天增发到130多万份。上海文艺出版社发行了单行本，安徽人民出版社征得我同意后也发行了单行本，上海唱片厂根据我的录音制作发行了密纹唱片《大寨人的故事》。上海群众艺术馆组织郊区十个县两百多个故事员，由我辅导他们在各自的公社宣讲这个故事。我们团里接到不少邀请我演出的电话，我一个人分身不开，由我的学徒以及另一个青年演员紧急排练，一个演上半场一个演下半场，才应付了过来。评弹团根据我的本子改编了一个专场《大寨春早》在春节演出。《曲艺》杂志上也转载了《大寨人的故事》。这个节目比我以前说《王崇伦》的影响还要来得大，这要感谢《解放日报》给了我这样的机会。

三十、与时俱进:我成了写作现代评话的专业户

《大寨人的故事》配合了当时"工业学大庆、农业学大寨、全国学解放军"的宣传运动,因此取得了较好的效果。从搜集素材、深入生活、构思提纲、实践演出、反复修改到定稿出版,前后半年时间,可以说心力交瘁,十分疲劳。唱片厂又来邀请我去灌密纹唱片。唱片是弹词的专业,评话是很少有机会参加。这次青睐于我,我很惊喜。偏偏那时演出多,又赶上感冒,嗓子又哑了,必须先看病治好嗓子才能去灌唱片。

当时,团长带半个团去奉贤参加"四清",副团长没有去,正在组织力量编演《万吨水压机》的专场演出,通知我加入进去,为专场编演一个段落。当时万吨水压机报纸上头版头条报道,称之为工业战线自力更生创造的奇迹。我对这个题材也很感兴趣,于是不顾已经很疲劳的身体,投入工作。采访了总工程师林宗良和江南造船厂搞电焊的技术员和老师傅们,酝酿构思,把我所承担的一个故事写了出来,还要和其他演员所搞的专场合成排练,晚上回家觉得心慌得很厉害,"怦!怦!怦!"地像重鼓猛擂,晚饭也吃不下了,倒头就睡。第二天早晨起来,心慌依然,我也不懂得病情严重,依然到团里去参加排练合成,一直拖到下午才到华东医院去看病。内科医生听诊后叫我到二楼去查心电图,检查完毕,内科医生看后对我说:"你不要回

家了,立即住院治疗。"护士推来轮椅叫我坐上去,一步路也不让我走了。我打电话到团里,因为天黑了,请团里通知我家,只说我排书紧张住在团里不回家了,免得他们着急,待明天再告诉他们。当夜我住到四楼一个单人间的观察室,护士送来稀饭酱菜,我吃后就安睡,这一夜我睡得很沉,早晨醒来,心慌已止,一切正常。我起床大便、洗脸,护士一见就惊呼:"你怎么起床啦?!""我要大便。""你大便也不能起来,应该叫我们端便盆来,因为你是绝对卧床的病人呀。"我说我不知道呀。护士马上拿来一块"绝对卧床"的布条缚在我的床栏杆上,护士把我扶上床后说:"以后你有事按电铃,不许下床。"我听得一头雾水,我的病严重到如此程度了吗?搞不懂。过一会儿,内科主任来查房了,我对他说:"昨夜我睡了一个好觉,心慌停止,一切正常,你让我出院吧,团里还在等我去排练演出呢。"主任医生说:"你患的是病毒性急性心肌炎!需要绝对卧床休息,以前有个病人也是心肌炎因为下床大便,就此不治死去。所以你要耐心治病。至于团里的排练演出,让别人代替你去完成。你治好了病,还有几十年可以工作呢。"我一听吓了一大跳,我患的病竟有这么危险!我只有遵从医嘱,乖乖地绝对卧床接受治疗了。团里的排练演出只好另请别人替代。卧床足足一个月,等到取消绝对卧床限制可以下床时,我却丧失了走路的功能,要摸着桌子或床栏才能挪动脚步,像小孩学步那样慢慢地从走路到跑扶梯,一步一步地恢复功能。住院一共三个月,医生又建议我到无锡大箕山华东疗养院去疗养三个月,彻底治好我的心肌炎。到了那里,我发现疗养院的环境太好了,山青水秀,松篁交翠,坐在湖滨遥望太湖碧波万顷,帆影点点,不禁心旷神怡。我这时想起我过去的同行夏冠如,他说《英烈》,艺术上有成就,患有心脏病,因是单干演出,一天不说一天没有收入,带病上台,在无锡和平春

三十、与时俱进：我成了写作现代评话的专业户

书场说书，日夜客满，他卖力过度，病情复发，又舍不得日夜客满的收入，抱病说书，直到撑不住了，才剪书回苏州，当夜到家，凌晨心力衰竭而死，留下寡妻孤儿，实为一大悲剧。我今犯病住院三个月，疗养三个月，工资照常，这和夏冠如相比，幸运多了！不久以后的"文革"中，我靠边七年，经受了种种磨难，心肌炎却没有复发过，这要感谢当年医护人员对我的关怀照顾，精心治疗。

"文革"之前全家福。前排中为力工，后排左起：力敏、力平、力行、力先

离开疗养院返回上海，《解放日报》致函文化局要借调我去山东黄县下丁家大队编演一个华东地区学大寨的故事。文化局没有同意，说农村题材已经写了一个《大寨人故事》，现在要写一个工业题材的故事了。于是我被派到上海合成纤维研究所去写一个科研方面的故事。在下厂生活之前，《文汇报》发表了一篇姚文元写的《评新编历史剧——海瑞罢官》的文章。最后提到了庐山会议罢了彭德怀的官，吴晗写海瑞罢官是为彭德怀翻案！显然，这是无限上纲，是对

作者的政治迫害。由于评弹书目《大红袍》以海瑞为主角,随之也对此展开了讨论。当时的舆论是海瑞这样的清官比贪官更坏,清官本质上是为皇帝效劳,却有迷惑百姓的作用。其实参与讨论的许多人都被愚弄了。姚文元攻击吴晗,主要是因为吴是北京市副市长,通过攻击吴晗直指彭真,再往上攻就是要攻刘邓司令部了,这是文化大革命的前奏曲,我们小老百姓哪里弄得懂其中的内幕。

合成纤维研究所发明的纤维能制作太空人穿的衣服,这是技术员祁志超孜孜不倦突破难关研究出来的。我下厂一个月深入采访,结构成一个故事的初稿。就在这时,《人民日报》上发表了一篇通讯《县委书记的榜样——焦裕禄》,上海市文化局叫我把纤维所的创作放一放,先去兰考采访,编写一个焦裕禄的故事,还派饶一尘(团内青年编演人员)陪我同去。焦裕禄的事迹感人肺腑,催人泪下,上海共有四个单位的编创人员前去,分别是人民艺术剧院、上海歌剧院、上海评弹团和上海淮剧团。我们一到兰考,住进招待所,又见到北京来的剧团编剧、河南郑州、开封来的创作人员,都冲着这个题材来了。县委领导在大礼堂给我们做报告,将焦裕禄一心为民的事迹一一做了介绍,我们听得流下了眼泪。我和饶一尘商量,沿着焦裕禄下乡的路线走一遍,体验一下当年的经历。我们先后到焦裕禄树立的四个先进村庄采访,韩村、秦寨、双杨树、赵垛楼的农民纷纷讲述着焦书记对他们的关心和帮助,农民们哽咽地说,焦书记是为了俺们农民而活活累死的。农民的心里话感动着我们。我们上海来的同行们,买了纸头扎了花圈到焦裕禄的墓前祭奠。墓建在一座沙丘上,因为焦裕禄曾留下遗嘱:"把我葬在沙丘上,我要看看整治风沙后的模样。"采访了半个月,我和饶一尘反复推敲故事的轮廓,然后回上海在文艺会堂向领导汇报,市委宣传部部长杨永直,副部长孟波、蒋文焕,市文化局长李太成都来审听,上海人艺的院长黄佐临也来了。我把三回书合并成一回书,用评话形式表演。我说故事以来从没有这么多的领导来审听过,主要是生活素材本身动人,我们不过是做了一点剪裁加工而已。领导听后同意演出。黄院长说:"你一个人把编、导、演、音、舞、美全包了,一人就是一台戏。"我们决定到嘉定塔厅书场去演出十天,我说第一回、第三回,饶一尘说第二回,算是一个中篇评话。塔厅有400个座位,应该说是一个规模较大的书场,但是当时掀起了学习焦裕禄的高潮,机关和企事业单位的干部都来听书,书场容纳不下,搬到电影院里去演。一个中篇,两个演员,三回评话,竟客满了十天。上海一个沪剧团也想搞焦裕禄的戏,去兰考采访成本太大,他们包了一辆大客车,全团来听书,参考二手资料。我和饶一尘商量,回城里后改编成弹词,可以容纳更多的演员,在上海书场里也可演上一段时期。不料回到上海,领导通知我们二人,把焦裕禄的中篇放一放,马上投入宣传上海四个活学活用毛泽东思想的积极分子的工作,因为评弹团简单灵活,最容易配合。这样就把改写焦裕禄的中篇搁置了下来,既没有录音保存,稿件又在运动中丢失。我自己受运动冲击,焦裕禄的材料忘记得一干二净,随风而逝地消失了。至今想来也是深感遗憾。

  按照上级指示,我们排演了四个标兵的故事,饶一尘编演杨富珍的故事;姚声江编演往来青岛海轮上的服务员杨怀远的故事;我协助张振华编了复旦大学电光源研究所蔡祖泉的故事,由张振华演出;我自己则编演了合成纤维研究所祁志超的故事叫《红雷凯歌》,四个故事合成一个专场在光华戏院演出。从1951年我编《空军英雄张积慧》开始,1953年《黄继光》,1954年《王崇伦》,到后来的《血泪斑斑的罪证》、《穷棒子办社》、《大寨人的故事》、《焦裕禄》、《红雷凯歌》

等,我成了写现代评话故事的专业户。现代评话故事的特点是跟上时代,反应迅速。它的不足也是应时性太强,艺术上欠锤炼,不能成为经常演出的保留书目。此后"文革"开始,我被封笔封口接受审查,直到"四人帮"垮台才能重新执笔、开讲评话。

三十一、黑云压城：走下书坛，押上批斗台

　　文化大革命是从评《海瑞罢官》开始的，这时，我还没有想到自己将会大难临头。不久，"林彪委托江青召开部队文艺工作座谈会纪要"的文件传达，说十七年文艺界有一条又粗又长又深的黑线，专了无产阶级的政。周扬、夏衍、田汉、阳翰笙四条汉子是代表人物。这时我开始有些不祥的预感，我听过周扬几次报告，把他的指示作为党的指示；夏衍在上海直接领导文艺，我们去治淮就是他动员的；我们曾到田汉北京的家里去说过书，他请我们吃过饭；阳翰笙到上海来，团里派我陪他到沧州书场去听过书。我跟四条汉子多少沾一点边儿，不知会不会有所牵连？我读毛主席批示中有这么几句："有些人（不是一切人）做官当老爷不去接近工农兵……"我想十七年来我参加治淮，赴朝慰问志愿军，去海岛为海军演出，下厂、下乡，去过大庆、大寨，到过兰考灾区，说故事辅导工农故事员，不知道我能否归入"不是一切人"当中，能否幸免于难？随着运动深入，揪出了彭真、罗瑞卿、陆定一、杨尚昆。我想他们都是党内的元老功臣，不知立过多少功，尚且要被揪出来批斗，我这个小小说书人做了一点微不足道的工作，要想漏网脱逃是难乎其难了。

　　不久蒋月泉靠边站了，因为他曾经有过一支自备手枪，解放初被黄浦区公安局收缴，家中还存有20余颗子弹未交，这次运动开始，他

主动上缴,自己靠边参加运动。接着工作组进驻评弹团,大字报铺天盖地,团长、副团长先后靠边站。团里没有领导了,工作组让我这个艺委会主任主持工作,我成了团的领导人。当时有个越南代表团来访问,我出面接待,拍照时我坐在中间,团长、副团长站在后排角落里。我心中不安,大有"高处不胜寒"、"倾巢之下焉有完卵"的预感。果然,不久有人贴我的大字报了,团里组织一场现代书目会演,在西藏书场演出,要我参加。我根据报上一篇通讯《三二———钻井队救火》的内容,马上编写故事,当晚演出,演得声嘶力竭,满头大汗,想积极表现,以取得群众谅解,让我免于靠边站。演完回家,妻子也很欣慰,因为能够登台说书,等于昭告听众,我没有问题。在那个时候能在书台亮相,已成为一种待遇的象征了。

　　第二天上午,我到团里上班,工作组通知我,因为群众大字报对你的揭发,决定今日起你停止一切工作,到靠边组报到,正式靠边,接受群众审查。我听得目瞪口呆,心想要来的事终于来了。昨日座上宾,今做阶下囚。我只得到楼下食堂里向靠边组头头、原副团长李庆福报到,靠边组里有原团长吴宗锡、蒋月泉、严雪亭、姚荫梅、杨振雄,彼此相见如同陌路人不能讲话,讲了话就是黑串联,这是犯忌的。大家拉长了面孔,在食堂里拣菜、洗菜,劳动完毕到另一间屋里学习《毛选》,或者写思想检查和罪行交代。这一间原是卫生间,浴盆早已拆除,用原来搭书台的两块木板搁在高脚长凳上便是一个写字台了。卫生间位于评弹团进口处左边,因此进团就能看到卫生间门额上贴着"鬼屋"的横批,表示里面是牛鬼蛇神。门两侧还贴有一副对联,字句我不记得了,大意是横扫一切牛鬼蛇神。朝东另有一扇门通向北面的食堂,隔壁是一个厕所。朝西窗外是一条弄堂,居民生煤球炉子都在弄堂里,浓烟滚滚从窗外灌进来。杨振雄自嘲"我们牛鬼

三十一、黑云压城：走下书坛，押上批斗台

都变成'烟鬼'了。靠边组另外的工作就是打扫全团的卫生，揩抹桌子。革命群众写的大字报，也要我们拿去张贴，团里贴满了，一直贴到大门外弄堂里。弄堂正对南京路口有一大块墙壁，要用长脚竹梯上面缚一条长凳，凳脚搁在墙上，糨糊桶挂在凳脚上，才能爬上去张贴。这是一种有些危险的动作，所以下面有一个靠边人员扶住竹梯作保护。大字报上我们的名字都被打上红色的××。每天晚上下班前，我们要写一张思想汇报，短短几百字，都是些臭骂自己的内容。

这时评弹团已全部停演，书场关门。听众听不到书就到各个评弹团去串联看大字报，上海评弹团就在南京西路王家沙对面，地处闹市，串联的人似潮水般涌来。大门口有演员值班，串联人只要在簿子签一个名字，就可以进去看大字报了。串联人问值班的女演员："你们有哪些人靠边？"那位女演员本是好嗓子，提高嗓门介绍："有蒋月泉、严雪亭、唐耿良、姚荫梅、杨振雄等，你们阿要喊俚笃（他们）出来斗斗！"我们在鬼屋里，只有一门之隔，听得清清楚楚，不由得心惊肉跳，想哪有这样向串联人兜揽"阿要喊俚笃出来斗斗"的。那些串联人齐声说好。隔了一会儿，一个青年演员从东面的一扇门进来，吆喝我们，拿好"红宝书"出去示众！我们只好服从，每个人手里拿了语录本，依次跟着青年造反派进入大厅。厅里挤满了串联的人，很多人都是老听众，厅中间有张乒乓球台，台边放着一只长凳，叫我们站到长凳上，再跨上乒乓球台。那青年吆喝着"自报家门"。"我叫唐耿良。"他又喝令"自报罪行"。那种当众出丑、当众遭羞辱的感觉真让人无地自容。我无可奈何地照着大字报上揭发我的罪行背了两条，"1950年到香港去演出，是叛国投敌的罪行，说《三国》放毒……"说完从另一头跳下乒乓球台，踏上长凳回到平地，这时脸红心跳，喉咙干渴欲裂，就缺一个地洞钻了。示众结束回到鬼屋马上喝水解渴。

这是第一次示众的反应,后来示众次数多了,也就麻木了,站到乒乓球台上像老和尚念经就完事了。

接着,造反派假座大华书场开会对我们1962年赴港演出进行批判。吃过晚饭,靠边组排着队,每人脖子上挂着硬板纸的牌子,我的牌子上写着"三反分子",即反党反人民反社会主义分子。我们排着队从南京路一直走到马当路大华书场。赴港团的团长、《文汇报》总编陈虞荪也被抓来接受批判。批判会批斗我的内容是,说我带去的书目中有一回《赠马》,其中说关云长"身在曹营心在汉",就是向台湾表示我身在大陆,心在蒋介石那边。真是欲加之罪,何患无辞。批判蒋月泉是因为他所唱的《庵堂认母》中有一句唱词是"十六年做了梦中人",用意是向台湾表示他在大陆16年做了梦中人,盼望着认祖归宗回到蒋介石那里。这完全是牵强附会,无中生有。《庵堂认母》是1955年夏天陈灵犀写的徐元宰的唱词,蒋月泉1962年赴港演出时,距离解放才13年,怎么扯得上16年做了梦中人是向台湾方面的示意呢?在批判会上,造反派还举出一个例子,说蒋月泉1962年在香港大会堂音乐厅演出时,有一个上海人到后台来探望蒋,按当时的规定,演出时后台不能会客,那人对蒋说了一句,我们很想念你,希望你下次再来。蒋回应一句我也很牵挂你们,下次会再来的。第二天一张右翼报纸上登出了蒋月泉很牵挂台湾人,下次会到台湾来的小文章,原来这个听众是在台湾的上海人,他写了一篇小文章引申并歪曲了蒋月泉的意思。造反派就在批斗会上责问蒋月泉说他向敌人示好!蒋月泉发急了,说这是特务造谣。最倒霉的是陈虞荪团长,他是局级干部,当年根据需要,他挂名当了团长,这次大会批斗,造反派因此打了陈虞荪一记耳光。

这次批判会后,团内革委会深夜接到一个电话,电话中传来蒋月

三十一、黑云压城:走下书坛,押上批斗台

泉密纹唱片《庵堂认母》唱段的声音,意思是:你们批判"16年做了梦中人",我偏偏就要欣赏这段蒋调名段,表达了人民对文化大革命的强烈抗议和不满。革委会造反派查不出是谁打来的电话,只能说这是阶级敌人的反扑。

1962年的香港演出是一次宣传传统评弹的盛会,激发了香港同胞热爱家乡、热爱祖国的感情。造反派颠倒黑白,说这是卖国求荣的行为。悲夫!

三十二、家破人亡：爱妻饮恨而去

红卫兵运动掀起后，上海也开始响应，扫四旧，抄家，揪斗人，无法无天，造成一片疯狂气氛。接着全国大串联，乘火车不要钱，火车上挤得连行李架上也坐了人。上海各单位要成立接待站，免费接待红卫兵住宿。评弹团也要成立接待站，被头向演员商借，对靠边组就不是商借了，一张纸头贴在墙上："勒令：唐耿良送两条被头、一架缝纫机来团应用。"我只能立即回家告诉妻子，马上包好两条被头，抬了一架缝纫机，叫了三轮车往团里送去。里弄居委会马上打电话通知团里，唐耿良拿了被头和缝纫机不知何往？请你们查询。原来团里和居委会联系过，对我的一切行动要监督管制。团里回答：这是团里成立接待站叫他回家取的。我体会到无产阶级专政的厉害。一举一动都有人监管。

里弄里也要成立接待站，居委会又叫我妻子送两条被头去。妻子也只能照办。

一天深夜，突然有人敲门，敲门声很急，我披衣开门，团里的造反派闯进门来抄家，喝令我把橱门、抽屉、箱子统统打开，把我的日记簿、信件、老师亲笔题字的赋赞簿、《火烧赤壁》60万字的记录本等统统拿去，银行存单有两千元，还有一只钻戒，两只嵌宝戒，这些也被他们拿走了。再问我黄金美钞，我说解放初卖给人民银行了，我把银行

三十二、家破人亡：爱妻饮恨而去

的收据单交给他们看。他们把这些统统抄走（等到7年后我被解放时，存单发还，首饰被折价350元，所有脚本则都已被送往废品收购站回炉造纸，全部销毁）。这样一来，我家无任何存款，动弹不得了。最令我不堪忍受的是房门口、楼下的大门口都贴上对联横批，醒目地点我的名字，打上红色××，要横扫我这牛鬼蛇神、文艺黑线的黑帮，大门口上还贴上诬陷我的大字报。我家住在南昌路思南路口，那里靠近复兴公园，是个交通要道，过往的人特别多，他们都要驻足看上几眼大门口的大字报。大字报中有一条批判我写的《太湖游击队：两个短枪手》，说我写地下斗争是刘少奇路线的产物。有人以讹传讹，说唐耿良家里藏有两根短枪。那时思南路上有一个红卫兵接待站，北京红卫兵住在那里，他们上午出去串联经过我家门口，一见大字报后，马上临时纠合几个红卫兵冲上楼去抄家，那时我大女儿在家，妻子买菜去了，他们把挂在墙上我当选市人民代表的证书从镜框中取出扯碎，把我参加全国第二届文代会的大幅照片（前排坐有刘少奇）撕碎，砸了一些家具，剪坏了一些衣裤，然后扬长而去。我妻子买菜回来走到楼梯上，看见红卫兵在抄家乱砸东西，她吓得面容失色，心跳加速，两腿发抖。只得提着篮子向淮海路走去，在蓝村店堂里坐下，停留了一个多小时后才回家，见家里弄得一地狼藉，大女儿在收拾打扫。我妻子寻思隔壁就是一个红卫兵接待站，进进出出的人不少，今天这一批红卫兵看见门口的大字报和对联就随意闯入抄家，明天另一批红卫兵也会进门抄家，这样不断地抄下去怎么受得了？她马上到房管所申请搬家，要求调到一个比较安静的地方去。房管所的管理员告诉她，就在南昌路我家斜对面的葆仁里弄堂内，有一户资本家五口人，独住有三间正房、两个亭子间。工厂造反派来抄家，房管处也去配合，把他家一个楼中间、一个亭子间冲击没收掉。

楼中间24平方,亭子间8平方,总共有32平方。我们只要交出原来的住房,就可以搬进去住。妻子把我家120多平方的房子交给了房管所,叫在上海的四个子女动员他们的同学来帮忙,像蚂蚁搬家那样一个下午搬到了葆仁里28号去。等到我下班回到南昌路,只见屋里空荡荡只剩一个空壳了。我问妻子怎么回事?她告诉我上午抄家砸东西的经历和搬家的原因。我听后默默无言,心想就算我有罪,团里的造反派可以在单位贴我大字报进行批判,但为什么要把大字报贴到我家大门口和房门口?当然这想法也只能隐藏在内心深处,倘若表露出来又是大罪一桩。当时我跟着妻子到葆仁里28号的住地,居住面积不及原居住地的三分之一,全家蜷曲在一起。房间里堆满了杂乱无章的家具。床铺来不及搭,只能摊地铺躺在地板上,像逃难一样地度过了这一夜。新居地前弄口是淮海中路,后弄口是南昌路,地处在曲尺行的转弯处,弄堂里行人较少,不像南昌路、思南路口地处交通要道,这里比较隐蔽安静,晚上睡眠不用提心吊胆,睡不安枕。

"文革"才几个月,政治上我靠边审查,居住上可以说是破了家。今后怎样发展还是个未知数,只能听天由命了。

抄家运动不断蔓延,大房子变小房子的人不胜枚举,有些人家的家具在小房子里放不下,有些人家生活难以为继,只能把家具放在马路边"三钿勿值两钿"地脱手求现了。评弹团里有个中年演员,他家居苏州,住在上海团里的单人宿舍,看见马路上家具贱卖,他喜欢淘旧货,见到这个买便宜货的机会,不买白不买,于是买进了大床、大衣橱、五斗橱等家具,堆放在团内大厅的靠墙壁处,等待机会运回苏州去。这些家具放在角落里,影响了靠边组打扫卫生的工作,严雪亭心怀不满,就嘀咕了一句"该个辰光买家具勒挡口啷",正好被那淘旧货的演员听见,他生气了,你牛鬼蛇神敢来讽刺革命群众,那还了得!

三十二、家破人亡：爱妻饮恨而去

他写了一张大字报："向造反派提个建议，你们造反派为文化大革命起早摸黑，经常开会到深更半夜，何等辛苦，这里靠边组上午八点报到下午五点就下班，太舒服了，不利于他们的改造。建议造反派勒令靠边组早晨六点钟报到，晚上九点钟下班，让他们触及灵魂闹革命！"造反派接纳了他的建议，勒令靠边组照办。这一招真够狠毒，时值冬天，六点钟天还没有亮，黑咕隆咚又看不见钟点，我去买了一只闹钟，五点铃响起床洗脸之后吃了泡饭，五点半出门，那时又坐不起公交车，步行到南京路。团里没有那么多面积可打扫，于是蒋月泉和姚荫梅便打扫马路人行道，从团门打扫到泰兴路，我和严雪亭扫一条很长的弄堂以消磨时间，等炊事员来了再去拣菜洗菜。想不到严雪亭嘀咕了一句招来了每天15个钟头的超长时间劳动！搞得靠边组人人疲劳不堪，连洗澡时间也没有。后来李庆福向造反派请求，让靠边组一个礼拜每人有一天六点下班，可以去澡堂洗一个浴，得到了造反派的恩准。这一天名曰"调剂"，大家每周有一天可以早下班3个小时，也算是照顾了。

紧接着，一场更严重的灾难降临了。青年演员们议论说：我们这些干革命的每月只有36元工资，牛鬼蛇神们却要拿两百几十元工资，这太不合理了，要采取革命行动，限制他们的工资，他们每个人一个月只许领20元生活费，家属每人每月15元生活费。扣发工资被立即执行。我上有年近八旬的老父，中有没有工作的妻子，下有五个子女都在读书，一家八口以后每月只能靠125元来生活。这对我的家庭生活可以说是灾难性的，只能拖欠房租不交，节衣缩食，苦度光阴，我们这时已无余钱用于看病买药。我本有两千元存款，也被冻结存单上缴单位。我妻子有糖尿病和高血压，本应定期检查，按医嘱服药，现在她都听之任之，不去治疗了。

春节到了，我大儿子从南京大学放假回来过年，家人说大年夜团圆饭要等我九点半下班回家一起吃。不料大年夜晚上，造反派开我的批斗会，一块黑板挂在我头颈上，铅丝撞上我的鼻子，顿时鼻血流淌，造反派还照斗不误。我大儿子等到我九点半不回家，借了一辆自行车到评弹团来接我，到门口见二楼上灯光明亮，口号狂呼："打倒唐耿良，唐耿良必须老实交代！"他知道在批斗我，只能快快回家。一直等到十一点钟我才拖着疲惫的身体回到葆仁里，孩子们都已睡着了，台上摆着的年夜饭已经冷掉，妻子拿到厨房热了热再拿上来，叫醒了孩子们坐一桌吃年夜饭，他们看我嘴唇上残存的血迹不忍心问我怎么样？家人心情沉重又强装笑颜吃这顿年夜饭，谁料这竟是我们全家最后一次团聚的年夜饭！次年，我妻子因不堪重压和重辱，病情恶化，撒手人寰含冤而去了。我则被隔离审查不能回家，从此连郁郁不欢地和家人在一起吃年夜饭也不可能了。直到四年后我才与孩子们在除夕相聚一起。

我妻子是一个善良贤淑的妇女，相夫教子，操持家务。我入党，当选市人民代表，她被市政协邀请去参加高知家属学习班学习，又因热心公益而被居委会聘任职务，一些社区活动她也乐于参加。在我靠边之后，市政协的学习班被取消了，她在居委会的职务因我而被解除，社区活动也不能参加了。她说："你靠边，我也靠边了。"红卫兵的抄家更吓得她心惊胆战，夜不能寐，为求太平搬迁蜗居于葆仁里的小屋。不久，我被取消工资，改领生活费，存款又遭冻结，家用拮据，她有高血压和糖尿病，无钱就医，就硬挺着过去。我被勒令超长时间劳动后，每天早上五点半离家，晚上九点半回家，她怕我担心，身体有不舒服也不告诉我，我自顾不暇，也无法照顾她。

5月18日，那是一个星期天。我在家发现她头发蓬乱，形容憔

三十二、家破人亡：爱妻饮恨而去

悴，就决定陪她到瑞金医院看急诊。那时医院里年老资深的医生都靠边站了，干打扫卫生的工作，值班的是位年轻的实习医生，给我妻子一量血压，上压240，下压160，经检测确诊为蛛网膜溢血，立即收下住院急救，当夜我陪在医院里，叫大女儿去打电报给南京大学的大儿子："母病危速归。"那时妻子已处于昏迷状态，一面打点滴输液，一面用氧气，我捏着橡皮球为她供氧。我知道她最喜欢大儿子，大儿子考中学和大学时都是她带着清凉油、人丹陪同。我唤她："志芳，你要坚持住，大儿子就要从南京回来了……"妻子已经不能说话了，但她眼角旁流出了两行泪珠。我一见情状，马上联想到36年前我10岁时，我妈妈中风脑溢血，父亲带着我们三兄弟站在床前，父问妈可有什么话语时，妈妈眼角旁流着眼泪，一句话也没有留下来，这眼泪就是无声的语言，妈妈舍不得我们三兄弟，流下眼泪就是要父亲带好三个无娘的孩子。现在妻子没有话语，不停地流着眼泪，眼泪就是无言的遗嘱，分明是要我带好五个没有妈妈的孩子。我想我是一个不称职的爸爸，平时只顾自己的工作，从不顾问孩子的事情。大儿子在高考前紧张备考，加上三年自然灾害营养不良，考取了南京大学历史系后，1963年入校体检时发现肝肿大两指，休学一年，在家里多亏妻子帮他治疗和调理，康复后再去大学读书。现在要我带好五个孩子，我实在觉得惶恐。眼看着奄奄一息的妻子，我深悔在她健康时没有陪着她去旅游过，过一过浪漫的欢乐生活。现在说什么也迟了。5月19日晚上8时，她的手在我的手中逐渐冰凉，医生过来用心电图一检测，已没有曲线，她的心跳已经停止了，一条白被单轻轻覆盖在她的面孔上。她才46岁，就离开了人世。如果不是存款冻结，她早一些去诊治，控制住血压，何至于到不能救治的地步。如果不是我遭受迫害，她也不会心情郁结，担惊受吓，惶惶不可终日地使病情发展到无法挽救的地步。应该说都是我的罪过。古人说:"幼年丧母,中年丧妻,老年丧子"是人生的三大不幸。我呢,10岁丧母,中年丧妻,这人生中的三大不幸中我竟轮到两大不幸!只能哀叹自己的命乖运蹇了!

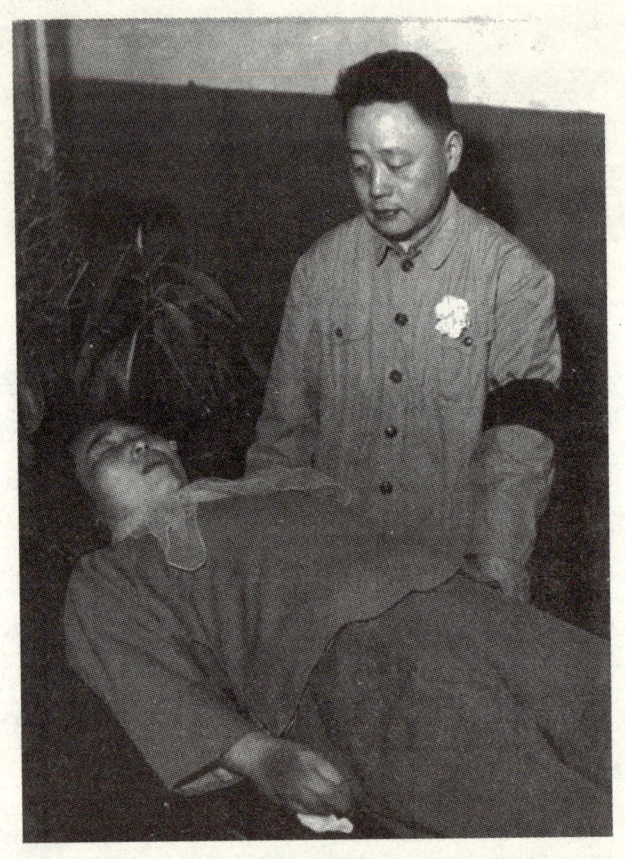

1967年,在爱妻李志芳遗体告别仪式前

当我送妻子进太平间后,回到了家里,半夜12点,大儿子从南京赶回来,我把噩耗告诉了他,他放声大哭要连夜去医院太平间瞻仰妈

三十二、家破人亡：爱妻饮恨而去

妈的遗容。我劝住了他，说医院不会让家属半夜进入太平间的，还是到殡仪馆去再向妈妈的遗体告别。当夜我们相拥而泣，相互抚慰着彼此的心灵。次日早晨，我到团里向革委会头头请假，他们按例给我三天丧假，并批准我从冻结的存款中取出两百元，以便向医院结清账目，并且料理后事。大儿子代我向殡仪馆借了一间小厅。21日下午举行遗体告别仪式，在妻子的遗体旁边只有我和父亲及五个孩子，还有一个在上海的苏州老邻居以及一些孩子的同学。团里的同事及亲朋好友都因我靠边而划清界限，一个也没有到。丧礼就是这样冷冷清清、简简单单。大儿子向同学借来了一只照相机拍下了我妻子最后的遗容。我站在妻子的遗体旁，凝视着妻子的遗体，回顾着我们结伴22年的历程。当年我还没有在书坛上冒出来，她跟我在码头上奔波，我被听众认可略有知名度后，她为我生育了五个子女，哺养教育的任务都落在她的肩上；我放弃单干较高的收入参加国家剧团，她全力支持。我参加赴朝慰问，那时还没有停战，冒着一定的风险，她独力承担家务抚育孩子，使我没有后顾之忧。可我即使在顺利的时候也没有带她出门去旅游，享受生活的欢乐，我亏欠她太多了！我受审查的时候，连累她受尽屈辱和痛苦。如今她走了，可以解脱现实生活的苦难，而我还得面对一眼望不到头的灾难。往后怎样照顾孩子？前途茫茫，我怅然若失，确实有点不知所措、坠入深渊、一片漆黑的感觉。

一个小时很快就过去了，殡仪工人用车辆推走遗体去火化时，五个孩子放声大哭，四儿子力先抓住车辆呼天抢地地哭叫着妈妈，不忍让车子推走。幸得几个同学上去劝解，掰开了他的手指头，车子才被推走。

三十三、忍辱负重：郭彬卿给我的教训

运动在发展，靠边组又增加了新的成员，郭彬卿被关进了牛棚。我很诧异，郭是一个独善其身、不问政治的艺人，又没有什么政治问题，为什么会靠边呢？郭是薛筱卿的徒弟。薛老是老一辈艺人中琵琶弹得最好的，创造了支声复调伴奏方法，把弹词音乐提高到一个新的水平，有划时代的贡献。郭彬卿青出于蓝而胜于蓝，在薛调琵琶弹奏基础上又作了新的发展。50年代初，郭和朱雪琴拼档合作，朱雪琴创造的琴调流派唱腔，全靠郭彬卿琵琶伴奏烘托，珠联璧合，相得益彰，使琴调成为流行唱腔。朱郭档是当时的大响档。到处受欢迎。1956年朱郭档参加评弹团，成为团里的主要演出档子。郭彬卿艺术上很有造诣，曾经总结过他的琵琶伴奏经验，在《评弹艺术》杂志上发表。他在政治学习上不活跃，对一切政治运动很冷漠。文化大革命开始，他既不写大字报，也不参加什么造反派系的小组织，经常请病假回苏州去休息，属于逍遥派人物。他到苏州去时常到老艺人周玉泉家里去白相。周玉泉有个女儿是医生，告诉郭彬卿一个混病假的方法，郭如法炮制，果然能长期混到病假。周玉泉的妻子和女儿，对"文革"的过火行为反感，常讲一些负面的话。郭彬卿与她们有同感，也跟着讲一些不满"文革"的言论，这些事情被苏州评弹团的造反派打探到了。周玉泉的妻子女儿都被逮捕，判处劳动教养，她们被

三十三、忍辱负重：郭彬卿给我的教训

逼交代了郭彬卿的一些言论，苏州造反派把材料转到上海评弹团，就这样郭彬卿被关进了牛棚参加劳动。郭和我年龄相仿，平时感情不错。有一次，我和郭在厕所小便，见左右无人，他悄悄对我说："你一贯进步，为什么也要靠边？我想不通。"此时此刻他对我还正面评价，我很感动，但是按规定靠边对象互相不能谈话，这叫黑串联，是忌讳的。我连忙示意他不要这样讲。郭彬卿打入牛棚后，又查出他会算命，曾经为毛主席和蒋介石算过命。为毛主席算命是对主席不敬，为蒋介石算命是立场反动。造反派给他上纲上线，又查出他曾经买卖过小黄鱼（一两一块的黄金），越追越紧，郭害怕了，乘放假机会逃到了杭州，在西湖边散步，被派出所怀疑他要自杀，带到所里一问是逃到杭州的靠边对象，派出所通知上海评弹团，团里派两个人到杭州把郭彬卿押回上海，当夜在团里审问，拳打脚踢说他逃到杭州是想逃往福建，去福建就是想逃往台湾，就这样无限上纲，不放他回家，关在三楼的一个小间里。郭早晨下楼来劳动，跟我一道到园里吊井水洗菜，我见他左眼赤红，眼眶下一个乌青块，显然是挨了拳打。他拉长了面孔，神色凝重，一言不发。我又不便去问他怎么挨的打，只能在眼神里表露对他的同情。劳动完毕，他独自回三楼，我们靠边组在楼下卫生间里学习。上午10点钟，房门突然被"嘭"地踢开，一个女造反派满面怒容闯进来，厉声喝道："你们听了，郭彬卿对抗文化大革命，在三层楼上吊畏罪自杀，自绝于人民，是现行反革命的罪行，如果你们胆敢学样，一律照现行反革命处理！"我一听惊呆了，两小时前郭彬卿还和我一起在园子里吊水洗菜，想不到他想不开竟一下子自寻短见了。过半小时，造反派叫我从食堂里拖了一辆黄鱼车，跟着他们一道到茂名路郭彬卿家去抄家，没收他的财物。郭彬卿在1956年参加评弹团之前，和朱雪琴合作时，朱郭档业务好，收入颇丰，郭在苏

州买了一所很大的住宅,他的服装考究,家具档次也高。造反派将他的遗物,什么野鸭绒被子、羊毛毯子等等全部没收充公。房中有一张麻将台是阴沉木的,有四只抽屉,据说这台子可以出口的,他们令我搬上黄鱼车送到南京路外滩一个抄家物资收购站,该麻将台以70元作价被收购。还有一条羊毛毯手感很好,送给团里一个炊事员,炊事员是红五类,可以享受抄家物资。茂名路郭住的房子被一个造反派占用,苏州私宅则被一家工厂占用。郭彬卿的妻子和儿子被叫到上海团里,通知他们:郭彬卿对抗运动上吊自杀是现行反革命,所有浮财一律没收。给了母子俩一张郭彬卿是现行反革命的书面结论。母子二人戴上了反革命家属的帽子,忍气吞声地回到常熟老家。

我看着他们母子两人含冤莫辩、满眶热泪地离开了评弹团。我想,郭彬卿之死是饱受拳脚之苦、被迫害致死的,死了还落了个现行反革命的结论,天理何在?后来,我被打成潜伏19年的特务分子,有口难辩,无处申诉,我以为从此冤沉海底,永远也说不明白了。曾有一念想跟郭彬卿走,一死了之。但想到郭彬卿的下场,又不寒而栗。如果我自杀,我是解脱了。家里上有老父,下有五个子女,我靠边受审查,他们还可领到每月15元的生活费。我一死,他们的生活费没有了,家里的浮财被充公,扫地出门,叫他们如何活得下去。后果不堪设想!所以,我想,千万不能轻生,为家人计也要忍辱负重,咬牙活下去,也许还会有云开日出的那一天。

"四人帮"垮台后,郭彬卿冤案平反,他的妻儿到上海团里来,被摘掉了反革命家属的帽子,没收的财物被发还。苏州的房子通过苏州文化部门帮助,从工厂收回。郭彬卿在电台上录制的和薛筱卿合作的《珍珠塔》前段书的录音重新播出。郭的软糯音色、婉转唱腔深得听众赞赏。郭彬卿为朱雪琴伴奏的《潇湘夜雨》,琵琶极见功力,

三十三、忍辱负重：郭彬卿给我的教训

真是"大珠小珠落玉盘"。这样一位深受听众喜爱的艺术家，自杀时才 48 岁。本来他还能为评弹事业再作贡献，却盛年时横遭摧残！呜呼，哀哉！

三十四、逐步升级：从关牛棚到隔离审查

郭彬卿自杀之后,运动还在发展。这时,老作家陈灵犀也被打进了牛棚,他当时年近古稀,瘦骨嶙峋,罪名是解放前担任过《社会日报》编辑,写过一些反共的文章。评话演员张鸿声、弹词演员苏似荫此时也进了牛棚。

不久,全团下乡到太仓沙头的农村去参加劳动。我们这些牛棚中的人,胸前都佩挂一张布条,上书有"历史反革命"、"三反分子"、"反动学术权威"等。我在1941年和1945年来沙头演出过两次,生意很好,行话叫"响地"。这一次身佩布条羞见熟识听众,连镇上也不敢去,就住在农民家中。

杨振雄下乡前,他最喜欢的小女儿,送给他一角钱一包的盐金枣,让他空闲时吃两粒,以慰思念之情。这本是人之常情。他用手帕包好放在枕头边。不料被造反派发现,暴跳如雷,召集靠边组批斗。造反派责令:"杨振雄这个反动学术权威,到农村不思改造,还要吃消闲零食,要做触及灵魂的检查。"那是个只有阶级论不许有人性论的年代,靠边组下乡所带的东西都会被搜查一遍。

农村里晚上在打谷场开斗争地主的大会,我们靠边组所有人员都站到台上去陪斗。农民并不认识我们,也不知道我们犯什么罪,我们只是像一群木偶似地被他们牵来牵去,例行斗争会结束后我们才

三十四、逐步升级：从关牛棚到隔离审查

能回宿舍睡觉。农村劳动后，我们回到上海团里，造反派宣布靠边人员一律留团住宿，不准回家。同时宣布，文化革命发展到清理阶级队伍运动阶段，靠边人员都要写一份政历问题交代。我当即写下在1948年春天参加过国民党领导的上海市"戡乱建国"宣传总队。当时评弹协会被令集体参加该总队，我被派任为分队副，分队长是张鉴庭，另一名分队副是张鉴国。参加后不久我就在端午节离开了上海，我连分队副的证件也没有领过。1949年春节我趁年档到上海说书，那时淮海大战结束，解放军即将渡江而来。协会通知我下午散了日场到上海电台去说一刻钟书，募款慰劳保卫上海的"国军"。迫于形势不能不去，这是我唯一的"污点"。这些问题在1953年民改、1955年肃反中都作过书面交代，结论为一般政历问题。

过了一段时间，评弹界在评弹团召开清队大会，上海评弹团革委会主任宣布，当年国民党组织了那么多人和共产党斗争，现在我们要团结起更多的人同他们斗争！将张鸿声、蒋月泉拘留审查！几个造反派当场用手铐把张、蒋二人双手反铐，押上吉普车驶向不明的关押地点。这时会场上气氛十分紧张，退休老艺人韩士良知道张鸿声是当年评弹协会"戡乱"大队的大队长，他是副大队长，吓得他头晕眼花、血压升高。长征团的沈笑梅吓得瘫在椅子上，路也不会走了。主任接着宣布，杨斌奎、唐耿良、张鉴国三人隔离审查！我被押往楼下靠边组宿舍，取了一条席子和被褥衣服以及《毛选》等应用之物，再押到二楼朝北的原评弹团单人宿舍的小房间里，他们命我把裤子上的皮带解下来上交，刮胡子的刀片及剪刀统统上交，要用时再向"看牛"人领用。这是为了防止人犯上吊、割腕自杀。我只得把皮带解下，我穿的灰布裤子只能用纽扣代替裤带，因为人被折磨瘦了，裤子直往下掉，裤脚管拖到了地上。"看牛"人命令我："你立即读《矛盾

论》，等会儿我要来听你背的。"杨斌奎年过花甲，就住在我隔壁，他过去是评弹协会的会长，是评弹界"戡宣队"的当然大队长。张鸿声是实力派，所以也给他一个大队长的头衔。张鉴国不知为啥要隔离？过些日子我才知道这里隐伏着更大的阴谋和灾难。

背《矛盾论》的任务真是难煞人了，这是哲学论文，不像毛主席诗词，既短小又形象，容易背一些，《矛盾论》实在难背，这是造反派用来折磨人的新招式，让你死记硬背，脑子里没有思考的空间。没有办法，我只能反复读，过一会儿，造反派来考核时我勉强过了关。隔壁的杨斌奎年纪太老，记忆力差，背不出来，被"看牛"人大声呵斥。吃夜饭时，"看牛"人端来三两饭一盆蔬菜，"牛"自然没有吃荤菜的资格。我胡乱吃了一顿，碗盆由他们收去。房间里灯光昏暗，不能看书，只能躺在地铺上睡觉，心里还在挂念两个戴上手铐被拘留审查的人的命运。朦朦胧胧间，房门被打开，一束手电筒光直逼双眼。两个造反派恶狠狠吆喝道："起来，拿着红宝书，走！"我穿好衣服拿着语录本跟他们跟跟跄跄下楼出了评弹团大门，走到隔壁五七药厂的会议室，里面坐满了人，他们不在团里审问，大概是怕声音太大被另外两个隔离对象听到。地上贴着白纸头写着"坦白从宽、抗拒从严"八个黑字，中间放一个写字台，坐着一个审问官。将审问放在半夜里，是为了增加一些恐怖气氛。审问官先是读了一段语录，结语是"扫帚不到，灰尘不会自动跑掉"。然后叫我交代参加"戡宣队"的经过。我交代说，1948年春天的一个上午，我接到协会通知到和平电影院去开会，与会者是上海游艺协会下属的京剧、越剧、淮剧、扬剧、锡剧、滑稽话剧以及评弹协会的成员，当时还叫我和潘伯英担任纠察，发给红袖章，我们坐在后排，张鸿声、蒋月泉、张鉴庭等人都去参加了。"戡宣队"由国民党上海市党部主任方治担任总队长，各协会的会长

三十四、逐步升级：从关牛棚到隔离审查

是当然大队长。张鸿声不是协会会长，因为考虑到他掌握书场的权势，评弹协会增加了一个大队长名额。各协会的人都要上台去发言。散会后当夜，在汇泉楼书场夜场散后，协会的杨斌奎上台宣布各个分队长及分队副名单，我记得张鉴庭为分队长，分队副是张鉴国和我。蒋月泉也是分队长，分队副是钟月樵和潘伯英。我因为端午节离开上海出码头八个月，所以"戡宣队"的证件都没有领过。1949年春节回上海做年档时，蒋介石已经下野，国民党大势已去。"戡宣队"并没有什么具体活动。我参加的唯一的一次活动就是上海即将解放时，协会通知我到上海电台参加义务播音，募捐慰劳"国军"。我散了日书场，赶去说了10分钟书，这应该是我效忠敌军的一个罪证。

我交代完毕，审问官要我交代实质性罪行，我说不出什么名堂，旁边一个曲协的干部将早就准备好的一脸盆冷水朝我头上浇下，弄得我浑身冰冷，衣服湿透，我穿的裤子因皮带上交，靠纽扣束腰，又因为身体瘦了，腰围小了，裤腰下落，裤脚管拖到地面上，我站在"坦白从宽"的黑字上，潮湿的裤脚管吸收地上的墨迹，裤脚管被染黑，后来再也洗不掉，夜审的印记便永远留在了裤脚管边上。接着，我被带出五七药厂，回到评弹团的大厅里，一个青年造反派厉声斥责我不老实交代，狠狠地抽了我一巴掌，打得我眼冒金星，头晕眼花。我的左耳膜被震坏了，从此左耳听觉不灵，留下轻度的残障。挨打后我又被拉回五七药厂继续审问。因为我实在讲不出什么名堂，被押回隔离室，上楼时腰背部又挨了几下揍。回隔离室后，我把湿透的衣服换掉，躺在地铺上辗转难眠，隔离审查的处境实在牛马不如。经过第一天夜审之后，每天晚上我都提心吊胆，卧不安枕，担心随时会有造反派深夜闯入。由于神经高度紧张，我的肠胃系统因之紊乱失常，七天没有大便。看到门外贴着的"阶级斗争一抓就灵"的标语，我寻思着

哪一天才能走出隔离室,恢复我的自由身。我哪里知道夜审不过是一个小插曲而已,更严酷的折腾还在后头呢!

三十五、请君入瓮：莫须有的香港特务案

"戳宣队"专案组自从深夜审问之后就不再追查。接着他们通知我把1950年赴港演出经历写一份详细交代。其实香港事件我在1953年的民主改革和1955年的肃反运动中都作过详细交代，1957年上海市文化局肃反专案组给了我书面结论，把我赴港说书的目的定性为淘金，回来后并没发现任何政治上的问题。因此1959年，我顺利地解决了入党问题。按理说，此事没有必要再作交代。但现在文化局已被砸烂，旧结论是为刘少奇招降纳叛路线包庇牛鬼蛇神，以作复辟基础服务的，必须推倒重来。要重新审查！

但事情过了16年，记忆已淡薄，我只能搜索枯肠，从头写起，写了不少纸张，把过程一一作了交代。交上去后，过几天造反派把我押到评弹团隔壁少儿图书馆的一个空房间里，审问在香港参加特务组织的罪行。我说我在香港杜月笙家中唱堂会，曾经有几次吴开先、陆京士、赵班斧等特务头子来听书，但我和他们没有交谈过，我说完后马上赶场子到六国饭店书场去说书，不可能参加特务组织。但造反派说，国民党派遣特务潜伏到大陆，尚且要发展大陆特务，你送上门去，他们哪有不发展你的道理？我一听愣住了，真是欲加之罪，何患无辞！他们用逻辑推理想当然来办案，我还有什么好说的呢？造反派见我无言以答，便将我押回隔离室。过了一阵，又把我押解到交通

大学,当时文化局戏曲口的各单位都集中到交大,新派来的工宣队、军宣队都已进驻到文化局和评弹团。工、军宣队来后对付我们的第一招就是命我们背诵两篇《毛选》,一篇是《南京政府向何处去?》,一篇是《敦促杜聿明投降书》。我们每天早请示晚汇报,站在地铺上面对着毛主席像背诵这两篇文章,这是要我们在心理上自认就是将要崩溃的南京政府,只有坦白承认一切他们要我们承认的"欲加之罪",才有生路,否则只有死路一条。他们还令我们吃用糠做的忆苦饭。杨斌奎年老体弱,消化不良,糠滞留在肠子里下不去,患了肠梗阻,送医院开刀割掉一段梗阻的肠子,就让他回家调养而撤销了隔离,这也是他因祸得福。由于交大的宿舍挤不下这么多隔离对象,我们后来又被转移到附近的管乐团。我们住在琴房中,一间关两个人,我的同室难友是木偶剧团的编剧孙毅,他是个性格开朗的人,对我说:"我们是牛津(棚)大学的同学。"我报之以苦笑,没有回答他。这里规定不能互相交流案情,这叫黑串联,是犯忌的。我从不问他是因为什么问题进来的,我更不把自己的专案告诉他。上面发给我们两只稻草袋作为垫褥,另外发给各人一只竹壳五磅热水瓶、两只陶瓷的钵头作为大小便之用,上面盖一张硬板纸为盖头。窗户上钉了木栅条以防越窗逃走。房门上有一个小洞上盖一张布条,看管人要监视隔离对象在做什么,只要撩起布条一看就知道了。上午10时、下午3时将被隔离人放出来到院子里活动30分钟,算是"放风"。放风还分两批,第二批放风的只有文化局长李太成以及蒋月泉等几个人,为什么蒋月泉不能和我一道放风?估计是怕我和蒋串供,这是隔离中的隔离。

1969年1月6日晚上,评弹团在交大的一个大礼堂召开全体大会,我被两个青年押解到会场。中间是一张长台,坐的是工、军宣队、

三十五、请君入瓮：莫须有的香港特务案

革委会和专案组人员,主持会议的是文学组一名青年作者、造反派的小头目,他先把我叫到主席台中间面对群众站好,然后叫我交代1950年赴港的罪行。我把当年怎样赴港,到港后去杜月笙家中唱堂会,曾看见过吴开先、陆京士、赵班斧等特务头子有时也来听堂会,但没和他们交谈过,因为书场上座不理想,三个月合同期满就返回上海的情况又说了一遍,最后我给自己上纲上线,说这是叛国投敌的罪行! 他再问我可有什么实质性问题交代? 我说没有。他叫我站到旁边,称以后你只能说是,或者说不是,不许你说话。又问可有别人发言? 旁边张鉴庭站起来一举手说:"我揭发!"造反派小头目叫他站到中间来,关照他:"你讲。"张先向主席台一鞠躬,再向群众鞠躬:"我有罪,我是特务。"我一听惊得目瞪口呆,张鉴庭怎么会是特务呢? 接着,张鉴庭说,有一天晚上,我们从杜月笙家唱完堂会,回到麦当奴道宿舍,不久来了一辆黑颜色的皮尔卡轿车开到门口,我和唐耿良、蒋月泉上了汽车。造反派小头目一挥手叫张鉴庭暂停,然后叫旁边资料室的一位女同志放录音,这位女同志打开录音机,里面传出蒋月泉的声音:"一辆黑汽车。"这就证明了张鉴庭说的是真的了。录音机关掉,他让张鉴庭接着说。张又说:汽车开到铜锣湾虎豹别墅旁边的洋房门口停下,我们三个人进去,到客厅,陆京士坐在沙发上,背后是墨绿色丝绒窗帘,陆京士站起身来和我们三个人握手,笑眯眯地说:"欢迎你们参加组织,将来为党国效忠。"让我们坐下后,陆又布置任务,"你们回上海后,可以在书台上说一些让听众感觉到思念蒋'总统'在台湾的故事,比如像王佐断臂,说书时要说'越鸟归南……'"这时张鉴庭突然顿住了,下面有群众接嘴"骅骝向北"。张鉴庭说:"对对,骅骝向北。意思是要让听众怀念故主。唐耿良说'这是《岳传》里王佐断臂说书,劝陆文龙归宋的故事'。后来1957年唐

耿良动员杨振雄写了《王佐断臂》的中篇上演。"这时杨振雄起来撇清:"唐耿良叫我写《王佐断臂》,我不知道这是特务的指使,和我不搭界啊。"杨振雄写《王佐断臂》是我动员他写的,这是一个宣扬爱国主义的题材,现在被张鉴庭说成是特务头子授意的政治阴谋,杨振雄自然要发急跳起来撇清了。张鉴庭在逼供信的巨大压力下,被迫自认是特务,他成为坦白从宽的立功之人,我则成为拒不坦白的顽固分子,陷入抗拒从严的泥潭而无法自拔。《王佐断臂》是一件真事,被张鉴庭用来证明我的特务罪行,他在逼迫之下编的故事很能迷惑人。当时下面一位青年评话演员高呼口号:"受蒙蔽无罪,反戈一击有功!"接着张鉴庭又交代:"陆京士为了表示对我们三人的欢迎,请我们吃了消夜,吃的三明治牛奶。"其实这种编造漏洞很多,三明治牛奶相当于上海的大饼油条豆浆。哪有特务头子如此小气请客的。张鉴庭还说"陆京士当场封唐耿良为总队长",造反派小头目立即叫张鉴庭停止,叫管录音机的人放录音,录音机里又传出蒋月泉的声音"是分队长",录音机又停住了。蒋月泉的旁证其实和张鉴庭内容不一样。张鉴庭又说"陆京士后来又请我们到丽池舞厅吃饭……"造反派小头目此时叫张鉴庭不要再说了,回去写交代继续揭发。他恶狠狠地对我吆喝:"唐耿良,你的罪行铁证如山,不容抵赖,坦白从宽,抗拒从严,你回牛棚彻底交代吧。"派两个人不由分说把我押回牛棚。那时我横遭诬陷,经过这次揭发,全团群众都认为我是陆京士派遣的特务分子。当时我无处申辩,可面对这个小头目一手导演的一场冤案,我又不能坐以待毙,我必须用书面向工、军宣队专案组反诉。由于房间里灯光太暗,看不清楚,我向"看牛"人请求在走廊里灯光较亮的地方写东西。我先说明张鉴庭1957年被戴上右派帽子,当时我曾经参加批判过他,他怀恨在心,所以这次利用清队审查机

三十五、请君入瓮：莫须有的香港特务案

会，挟嫌报复，捏造情节陷害于我。他编故事本事特大，到陆京士家中去，有地点，有环境，墨绿色丝绒窗帘说得像煞有介事，又说"为党国效忠"，这是《参考消息》刊登台湾消息时的用语。他让陆京士说"你们参加组织将来为党国效忠"，连台湾的语言也用上了。张鉴庭说我是总队长，蒋月泉说我是分队长，这里有矛盾之处，我愿意与张、蒋二人在群众面前对质。我写申辩书到深夜两点钟，然后交给隔离室的看管人员，请他们转交工、军宣队专案组。

申辩书上交后并没有回音，过了几天，一次午饭后，突然来了两个青年造反派，身穿军装，臂上还有红袖章，气势汹汹地叫我带上语录本，把我押上卡车，直奔文化广场。我被押在角落里头，听到大会宣布：某单位靠边人员抗拒从严，立即押往提篮桥服刑。宽严大会结束我又被押回牛棚，刚坐下，专案组又把我叫去谈话，工宣队的周师傅对我说："今天的宽严大会，你已经看到了，只要坦白罪行，就可以撤销隔离，回到人民队伍里；你如果抗拒交代，我们评弹团的军宣队是空四军来的，空四军接管了上海的公、检、法，只要一个电话就可以把你送进提篮桥。有张鉴庭的人证，蒋月泉的旁证，我们完全可以把你判刑！我们浦东沪东造船厂有个工人在 1950 年'二·六'轰炸时给美机放信号弹，炸掉了上海发电厂，罪名可说是够大了，这次他坦白了，非但没有判刑，还保留职位，工资照领，待遇不变，这就是坦白从宽的典型。你家里两个子女都分派在工厂里，而有些干部子女都已分到农村去插队落户。如果你抗拒从严，不但你本人进提篮桥，你的子女还能在工厂留下去吗？作为反革命家属马上就开除出厂，你和你的子女都要被扫地出门，这个结局你受得了吗？！交代问题，态度是最重要的，坦白从宽，你总比'二·六'轰炸放信号的人罪名轻吧？你回去好好思考一下吧！"那时我感到面临的压力非常大，就像

177

别梦依稀——我的评弹生涯

有一座大山压在头上,我的精神已经接近崩溃了。专案组对我的申辩报告置之不理,反而肯定了张鉴庭的"坦白"和蒋月泉的录音旁证,我如拒不承认,他们就要送我去提篮桥服刑,我吃冤枉官司是小事,他们还要把我的子女开除出厂,并将他们扫地出门。我现在被隔离审查,他们每人每月还有15元生活费可领,我吃官司之后,他们的生活费也随之取消,叫他们如何生存?我想到妻子临终前已不能言语,对我泪流满面,分明是要我带好五个没娘的孩子。我如不承认是特务罪行,我的家庭将遭受灭顶之灾,我怎么对得起亡故的妻子和五个无辜的子女。为了照顾子女的生存,我只有按照张鉴庭所"揭发"的内容,承认自己是特务。这样一来,工宣队专案组立功了,挖出了潜伏19年的特务集团,我则保住了子女的生活。将来的处理必然是开除公职,领几十元生活费,跟着插队落户的子女到农村去,为他们看看门,烧烧饭,做些杂活以度余年,了此残生!"文革"时流行的造反语言中有:"把你踩上一只脚,叫你永世不得翻身!"非亲身经历其时其境是无法理解其中的残酷的。在逼供信的压力下,我就依着张鉴庭的谎言路子,承认了莫须有的罪行!从那一刻起,我真切地感受到永世不得翻身的滋味。

三十六、还我清白：从被逼认罪到决心翻案

在强大压力下，我最终承认自己是潜伏特务。不久《文汇报》头版头条登出新闻，上海文化系统清理阶级队伍取得巨大胜利，文中提到上海评弹团挖出一个潜伏十几年的特务集团，清除了隐患……我读后心情更加沉重。当时文化系统出版的《文艺战报》也登了一篇特写，描写造反派深挖特务案件的经历，称他们启发张××思想觉悟，揭发了唐××的特务罪行，使唐××只能低头认罪，蒋××也承认了罪行。据说这份报纸销售一空，听书的人都知道了这个信息。在大家眼中，我是潜伏特务这一点已确定无疑，这个冤案似乎是棺材板上钉钉子——铁定，将来的翻案是没有可能了。

但是要无中生有地把自己说成一个特务也实在是不容易，这个认罪的交代该怎么写呢？无奈之下，我只得依着张鉴庭口述的路子编下去：1950年我们到香港丽池舞厅去吃饭并游玩，那是舞场老板李裁法请我们七个人一起去的，在丽池舞厅一个房间里悬挂着国民党党旗和"国旗"，还挂着蒋介石的画像，陆京士领着我们宣誓参加"和平反共宣传总队"。蒋月泉和我任总队长，张鉴庭任联络员，香港来人先和张接头，由张通知我和蒋。我们从香港回上海之后，为了要站稳脚跟，策划建立评弹团，并且积极表现出追求进步的样子，于是参加治淮、赴朝，并争取入党，学习孙悟空钻进铁扇公主肚皮里去

捣乱的伎俩。我在编口供的时候,想到张鉴庭曾利用《王佐断臂》作为证据,我想我也可以用这个办法。我"交代"说:1955年我利用参加集体创作《王孝和》中篇的机会,叫张鉴庭演陆京士的角色劝王孝和投降。我说张鉴庭不敢演自己顶头上司陆京士的形象,约我在杂技团(当时评弹团与杂技团在延安路、陕西路交叉路口的一个院子里)的假山旁密谈,说自己是陆的部下怎么可以丑化他,将来见了面怎么交代。我劝他陆京士是明白人,晓得我们的处境,为了让共产党相信我们,就是要做得像,要骂国民党的特务。这是苦肉计,你放心,陆京士会原谅你的。张鉴庭接受劝说,就在《王孝和》中演陆京士的角色了。

强压之下被迫编造假口供,我感到非常吃力,实在是编不下去了。最后,我想到了一个说书落回的办法:编到1955年肃反运动时,我称香港派人通知张鉴庭,肃反运动查得紧了,以后我们不派人来了,你们混得不错,就照原样混下去,将来反攻大陆时,你们再接应我们吧。我就这样把这个联络线掐断了,可以从此不用再编下去了。

说新书,放弃单干高收入,参加评弹团,治淮、赴朝,编说现代书目,明明是努力适应新时代、进步的表现,现在却要颠倒过来统统说成是为了潜伏下来的需要,给自己抹黑,内心之煎熬和痛苦非个中人是难以理解的。关押在隔离室时,我曾看着窗外天井里一只老猫逗着两只小猫,教它们爬树、上屋顶,自由自在,联想到自己在隔离室呼吸不到自由的空气,不由得叹息人不如猫。这时,我更加思念起家中的五个子女。

1970年春节刚过,管理员把我叫到一间较大的屋子里,说是子女们来探望我,让我们见上一面。我自是喜出望外,自1968年春节留团住宿以后我就不能回家,接着隔离审查,更是不能见面,两年多

三十六、还我清白：从被逼认罪到决心翻案

魂牵梦萦，今天终于能见到他们了。见到他们时，只见他们衣袖上套着黑纱，我不觉纳闷，问他们是怎么回事？在南京大学读书的大儿子力行回答说：祖父在苏州去世了。他们兄弟姐妹五个人都到苏州去送他上路，祖父临终前非常想念我，要和我见一次面，他们打电报到团里恳求团里让我到苏州和老父诀别，但被专案组压下，根本没让我知道。祖父去世后，他们到团里借了50元钱，立下借据说将来在我被冻结的存款里扣除。他们把祖父火化之后送往老坟上埋葬，然后向团里要求专案组与我见上一面。

听他们介绍我父亲去世的经过后，我心情十分难过。我10岁丧母，父亲既做爷又做娘把我拉扯大，抵押掉房子借债付高息让我去拜师学艺，我13岁开始跑码头说书，他陪着我江湖卖艺，呵护我成长，抗战逃难相依为命，直到我成为响档，他才过上稳定的生活。"文革"中我拿生活费，他一个人在苏州艰难地度日，我靠边站，被隔离审查，打成潜伏特务，他内心的忧虑焦急是可以想象的，临终前想见我一面而不可得，死不瞑目抱憾而去，我内心痛苦歉疚不已，深悔1950年去香港演出，如今陷入深潭而不能自拔，使父病不能侍，临终不能见，抱恨终天，追悔莫及。

大儿子见我发呆不语，便劝慰我说，他堂兄的岳父是南京市委宣传部的副部长，"文革"前担任江苏省哲学社会科学研究所所长，运动中被打成叛徒，受尽委屈和折磨，经过复查核实，得到平反，现在重新得到起用。所以要相信群众相信党，冤案总有一天会弄明白的，道路是曲折的，前途是光明的。他用毛主席语录向我暗示，使我重新看到了希望。

工宣队本想要我大儿子劝我低头认罪，彻底交代问题，不料他却向我传递了冤案可以平反的信息，暗示我要翻案，让大家知道事实真

相。他们怒气冲天,一封公函寄到南京大学,大学造反派本来就视学习优异的力行为异类,曾将上海《文艺战报》载有我是潜伏特务的报道贴在他的宿舍门口,趁此机会,便召开大会批斗他,将他隔离审查,还给他团纪处分。毕业后发配到军垦农场劳动18个月,吃足了苦头。分配工作时又发落到安徽、江西交界处的东至县东流镇一所公社小学里教书,直到"文革"结束才得到平反,落实政策调到安徽师范大学教书。他在"文革"中受我的牵连,遭受批斗、隔离、处分、下放,历尽坎坷!不仅我儿女受苦,即使是我侄儿也遭株连。他本是南京大学数学系的尖子生,毕业分配本来能分到二炮部队任职,但因为叔父是特嫌黑帮,也被分配到云南边疆六机部的一个研究所。"株连九族"的遗风令人浩叹!

　　我和大儿子见面,了解到外面一些情况,决心要在复查核实过程中翻案了。我也考虑到翻案后,专案组可能会把我送进牢房去受刑,因此我要求再和儿女们见一面,把我现在的处境跟他们讲一讲,告诉他们我是在高压下写的假口供。我要对他们说,万一翻案后我被捉进去,他们要坚强些,学会自己照顾自己。我向专案组写了报告,一是请求再和儿女们见一次面,二是请求召开全团大会,会上让我与张鉴庭、蒋月泉当面对质,澄清事实。我相信三个人都是假口供,不可能会一致的,当面对质一定漏洞百出。

　　报告送上去后如石沉大海,没有回音。后来我听说那专案组的周师傅火冒三丈,大骂我想翻案。工宣队队长刘师傅要求团里一位管专案的党员干部签名写一份材料,把我送进公安局去。那位干部说他们的交代不一致,不能定案定性,拒绝签字。因此没有上报将我关进去,这是我事后知道的。

　　后来有一次,冬天管理牛棚的人将隔离对象带到徐汇区一家浴

三十六、还我清白：从被逼认罪到决心翻案

室洗澡，时间是上午浴室开始营业前的那段时间。这个时间段，浴室里没有其他客人。大家很久没有洗澡了，因此都急不可耐地跳进大池子里同浴。这个时候，我发现蒋月泉一头头发都掉光了，这是精神极度紧张后的反应，人瘦得肋骨凸显，我感觉他在冤案中受的煎熬不会比我少，因为我的头发并没有秃掉。蒋月泉直到"解放"后头发才再恢复生长出来。

我也看到了张鉴庭，我恨他无中生有，使我含冤难言。后来才知道是专案组用诱供的手法引他上钩的，称他只要交代了，就可以让他的妻子带着他最爱的小孙子，一个礼拜到隔离室来和他相会一次。诱供得逞，于是就有了"一·六"大会上表演的那一幕。这些都是专案组的"杰作"。"同是天涯沦落人"，张鉴庭本身也是个受迫害者，这也是几年后才知道的。"文革"后我们庆幸劫后余生，恢复了老友往来，这是后话了。

三十七、艰难度日：到奉贤干校去劳动

从1970年起，上海文化系统的人员从城市迁往农村，到奉贤县塘外乡海滨的一座文化系统的五·七干校里劳动。我被押解下乡时，工宣队的刘队长怒容满面地对我说："现在才看到你的狰狞面目。"他是因我的翻案而这样说的，他们因为挖出了潜伏十几年的特务集团，在系统内被评为先进工宣队，现在翻案坏了他们的声誉，因此对我恨之入骨。一到农村，他们就派我干最脏最累的苦活，试图用劳动惩罚来压垮我。我原本是肩不能挑的人，挑上四十斤走路就摇摇晃晃，在这里后来逐渐能挑上一百斤，右肩上也因此长出一个鸡蛋大小的茧子。1979年我参加赴港演出，到友谊商店去定做西装，试样子时总感觉不适身，量衣的裁缝重新量尺寸，觉得尺寸是对的，怎么会不适身呢？叫我把衣服脱下来检查，才发现右肩上长出一个茧子，所以新衣服穿在身上感觉不合适，这是在干校劳动挑出来的结果。干校里住宿条件不如上海，不能让我单独住一间隔离室，要和群众一道住集体宿舍，我睡在角落里一张双层铁床的上层，爬上爬下固然不便，但和群众共住一室，他们的讲话我都能听得到，比起以前封闭一室，对外面的情况一无所知的状况好多了。偶尔听到一个信息：朱慧珍在上海跳楼自杀！尽管是很早以前的事件，但对我来说却是一个骇人听闻的噩耗！我内心震惊哀伤，躺在铁床上，眼睁睁望着屋

三十七、艰难度日：到奉贤干校去劳动

顶的椽子,思绪起伏,慧珍的往事,一幕幕地闪现在脑际：

1951年冬我和慧珍一起入团,建团后一起奔赴安徽参加治淮,在五河县漴潼河疏浚工地上经历过北风怒号、雨雪交加的严寒。在集体创作《一定要把淮河修好》的中篇评弹里,朱慧珍演一个女民工王秀英,一曲"新年锣鼓响连天"的唱段风靡一时,被灌成唱片发行,并被评弹学校列为教材。

1952年冬我和陈希安、朱慧珍一起赴朝慰问。在朝鲜的40天里,我们一起跋山涉水。在美机轰炸扫射、随时有牺牲危险的环境中,慧珍仍然沉着无畏地为志愿军演出,受到战士们的热烈欢迎。

1953年冬,我妻子住院待产,当时我住在评弹团里,过着文工团式的集体生活,不能回家照顾家庭,长子、次女在小学读书,三岁的四子由我父亲照料,四岁的三女儿无人照顾,慧珍把我女儿领到她家中,由她的大姐代为照料,解除了我的后顾之忧,直到我妻子产后出院回家。慧珍在我困难时给予的无私帮助,我是不会忘记的。

1954年朱慧珍与蒋月泉拼双档,两个好唱功珠联璧合。在月泉的点拨下,慧珍的艺术更上一层楼,《白蛇》中的《端阳》、《赏中秋》、《断桥》、《合钵》等唱段广泛流传。

1955年朱慧珍在《庵堂认母》中扮演三师太志贞的唱段成为评弹的经典唱段,也是她艺术上的一个高峰。后来,唱片公司授予了她"金唱片奖"。慧珍的贡献是人们公认的。

1958年,在参加中国曲艺汇演优秀节目的全国巡回演出时,慧珍积劳成疾,1959年住院动手术,落下后遗症,从此脱离书台。不过,她所灌制的唱片、录音广泛流传,为评弹界留下了一份珍贵的艺术财富。慧珍不但艺品好,她的人品更好,她自奉甚俭,却把存款多次捐赠给朝鲜孤儿以及邢台地震灾区等,对团内有困难的同行慷慨

解囊,助人为乐。这样的品格令我非常钦佩。没想到她在"文革"中因受极"左"思潮的巨大压力,以及其他刺激而导致轻生,实在是令人惋惜!

当时驻团工宣队宣称"朱慧珍自杀是叛党行为",不准开追悼会。一直到"四人帮"垮台,评弹团才举行追悼会,追思她的优秀品质和艺术造诣。

在干校时我是隔离审查对象,对慧珍的不幸逝世,我不能表露哀悼之情,只能在心中默默悼念她。

在干校又听到一个不幸的消息,就是周云瑞病逝了。周云瑞与我同龄,我们在1948年就一起演出,从"七煞档"到"四响档",再到后来的赴港、说新书、入团、治淮,我们都没有分开过。他是一个对艺术刻苦钻研的人,在乐器演奏上是多面手,曾师从卫仲乐教授学过国乐琵琶,能演奏《十面埋伏》、《梅花三弄》等国乐。他不仅三弦、琵琶弹得好,还会打洋琴,拉胡琴,吹箫奏笛,连钢琴也会弹。1951年夏天我们在苏州说新书,住集体宿舍,临睡前请他吹箫数曲,他总是满足我们的要求,我们就在《春江花月夜》、《彩云追月》的国乐声中渐渐进入睡乡。云瑞不但能记谱,还编辑了流派唱腔的乐谱出版。他精心钻研祁莲芳的祁调,他对祁调开篇《秋思》的重新谱曲使老祁调有了新发展,评弹界称之为"周祁调"。抒情歌唱家朱崇懋将其移植为钢琴伴奏的《秋思》,阐扬了云瑞的创意。云瑞用俞调演唱开篇《岳云》,吸收融入了京剧小生的唱腔,使委婉低沉的俞调里充满了阳刚高亢的清新韵味,显示了他音乐创作的功力。云瑞在塑造老旦人物方面也有较高的造诣,如《珍珠塔》里的方太太是宰相的媳妇,吏部天官的夫人,虽抄家之后家道中落,仍保持原有的身份和气质,云瑞在演唱时很好地把握住了这一点;《王十朋》中的王老太家道清

三十七、艰难度日：到奉贤干校去劳动

贫却知书达礼，在"祭江"的唱段中，她声情并茂地祭奠投江的媳妇，云瑞演唱起来情真意切，十分感人；在《三笑》选段"笃穷"中，他十分细致地用唱腔、声调刻画了三个不同身份老旦的性格特征，唱出了一个小户人家的老妪对儿子因赌钱而病故的哀怨之情。云瑞还创编了长篇《三千里江山》、《王十朋》等等，写的开篇就更多了。难能可贵的是，60年代初评弹团为培养接班人，建立了学馆，领导派云瑞负责学馆工作，教师大多是年过花甲的老艺人，他们演出已经困难，去担任教学工作顺理成章，而云瑞正值壮年，说书正值当年。一个演员要离开他钟爱的书台去教学员，这是很不适应的，但他愉快地接受了任务。教学要准备教材，说书人本来是口传心授，没有现成的教材，他从无到有，写出了教材，因材施教地认真教授学员。三年后学馆学员毕业，他又回到说书岗位并开始与徐丽仙拼双档。云瑞还将《丰收之后》改编为长篇，创造了二重唱的形式。"文革"前，云瑞不幸得了肺结核咯血之疾，只能停止演出在家养病。"文革"开始后他因肺结核是开放性的，得以免于参加集体活动。患病需要营养，他的工资又被硬性改为生活费，这可为难了他太太，要保证他的营养，只能在其他方面紧缩开支。"一·六"大会时，他被通知到交大参加会议，戴了口罩坐在后排，听张鉴庭揭发我是特务，他不相信，对妻子说："这简直不可思议。"专案组还到他家里威逼他承认自己是特务，被他严词拒绝。他女儿插队落户去务农，他要女儿带只琵琶下乡为农民服务，又怕琵琶音量太小，农民在广场后排听不到声音，他寻思要装一只电琵琶扩大音量，但又不懂得无线电技术，便请一位懂技术的弹词票友到家里来指导。购买元件没有钱，云瑞要太太变卖家里的一口五斗橱，他太太很不舍得卖掉结婚时的家具，但她理解丈夫的心情，知道他一心想造电琵琶的愿望是为了下乡插队的女儿，于是忍痛卖

掉了五斗橱换了钱让他去做电琵琶的试验。不料云瑞病情恶化转为癌症，只活了49岁就英年早逝，这对评弹界是一大损失。工宣队诬他是"特嫌"，不准为他开追悼会。直到"四人帮"垮台后，评弹团才补办追悼会，追思他对艺术的贡献。而在这之前，听闻噩耗的我处于隔离状态，只能在内心深处默祷他一路走好。

当时运动又发展了，对历史问题的追查变为次要，主要抓现行的"五一六"反革命分子。常熟评弹团有两个造反派头头被打成"五一六"，逼供之下，他们胡编出和上海评弹团造反派有联系，于是上海评弹团的两个造反派头头都被隔离审查。真是你方斗罢又被斗，群众又被操纵着贴他们的大字报，其中有一条说"他们包庇唐耿良、蒋月泉特务集团"。唐和蒋像一块烂膏药，哪里有毒就可以贴上去应景。一个造反派头头原来和一位女青年演员谈恋爱，被工宣队做工作拆散了他们的关系。其实所谓"五一六"组织完全是空穴来风，折腾了一阵子，最终还是没有结果。

在整"五一六"的时候，我们挨斗的次数减少了，劳动改造的强度却增加了。每逢月底，全团都放假回上海休息四天与家人团聚，我们隔离人员留在干校，在食堂里劳动，由炊事员负责监督我们。我们的任务是拣煤渣，把没有烧尽的黑煤粒挑出来准备二次燃烧。还有就是挑水，食堂后面有一条河，把河水舀在水桶里用扁担挑上去，河边有十几层石阶，挑重担向上走是非常累人的，我肩膀上的老茧，就是这样压出来的。田里劳动撒猪粪是最脏的活，用手掰开猪粪再撒在田里，这活也是专门由靠边人员做的。干校的一年就是这样度过的。冤案无人审理，也不知道何年何月才能弄得清楚，只是茫茫然地过日子。1971年的1月全团拉练回上海，我们背着铺盖徒步行走130里，从奉贤海滨一直走到黄浦江的南桥，渡江后经闵行莘庄等地

三十七、艰难度日:到奉贤干校去劳动

直到徐家汇,路上要走两日两夜,口号是"练就铁脚板,打击帝修反,解放全人类!"路上行军休息时不忘阶级斗争,我是隔离人员,是斗争的活靶子,被拉出来在小组会上挨批斗,这类批斗已是家常便饭、习以为常的了。斗罢大家吃饭休息,第三天早上进入徐家汇,工宣队宣布各自乘电车回家,对我个别交代:你被撤销隔离,可以回家了,但靠边审查仍旧继续,回家后要到居委会向专政组报到,接受里弄的监督。听后我喜忧参半,喜的是隔离三年可以回家和子女团聚,撤销隔离总算象征着减轻了处分。忧的是要向里弄报到接受监督,要受单位和居委会的双重监督,还是跟"地富反坏右"一样的境地。

当时背了背包,提了旅行袋,踏上26路电车,到瑞金路口下车,走进家门,家里只有小女儿在家,大女儿和四子上班去了,小五子去学校。小女儿见我回家喜出望外,因为事先没有得到过要撤销隔离的风声。她帮我放下背包,让我在藤椅上坐下。我见家中收拾得整齐干净。我曾写过条子给子女,生活费不够用时可以把家里值钱的东西卖掉一些。她告诉我他们根据生活费做预算,绝不超支,从未卖掉过一样东西。最难过的一天是每月的5日,因为领工资是每月6日,在最后一天是最窘迫了,有一次到5日,竟然一文钱也没有了,他们四下找寻,发现橱底下有两只华东医院的空药瓶,每只贴有退瓶费一角的纸条,两只瓶可退两角钱,小五子拿了空瓶跑五站路到华东医院去退,到里面一问,华东医院是为高干高知看病的,"文革"中已经被砸烂撤销了,看病都到外面的延安医院去看了。小五子把空瓶拿到延安医院去退,延安医院却说这是华东的药瓶,延安不能退。小五子沮丧地来回空跑了十站路回家,那一天无钱买菜只能将就度过。我说:"这个空药瓶的故事要记牢,将来有了钱时也不能浪费一文。"

在家里的日子也并不好过,早晨听到弄堂里有人提高嗓门在吼

叫:"唐耿良在家吗?"我开窗走到阳台上答应:"在家。""关照侬,今朝尼克松到上海,侬勿许出门,更勿许到淮海路去,只许侬在家里老老实实,勿许乱说乱动,知道吗?"我答应道:"晓得了。"尼克松访问上海,就住在锦江饭店,我是靠边审查对象,居委会管治安的干部奉命前来吆喝,令我必须接受管制。那一天我画地为牢足不出户,在家里接受无产阶级的专政。

三十八、劫后余生：撤销审查，宣告解放

撤销隔离后，又来了一个挖防空洞的运动，上海评弹团的大门口有一块空地，全团投入开挖防空洞，我这个靠边人员当然要干最累的活了，先是推铁轮车运泥，从泰兴路运到北京路，把泥就地倒在马路上，因为这是贯彻中央"深挖洞，广积粮"的备战任务，影响交通也顾不上了。后来洞渐渐挖深，我和蒋月泉站在洞底，等别人铲下一块十几斤重的泥块，我就蹲下去抱起泥块送到平地上，每抱一块泥就要弯一次腰，一天不知要弯腰多少次。我们尽力表现得积极些，以求博得群众好感，可以早日"解放"。有一天防空洞边上一台小吊车倒下，压在我的后背上，我疼痛难忍，硬撑着自己一步一步挨到医院。当时血压升高，腰酸痛，幸亏医生为我打针服药，暂时解除了病痛，我又继续上工地干活了。工间休息，革命群众上二楼开大会，靠边人员只能呆坐在工地休息。忽然二楼传来口号声："打倒林彪！"我一听大吃一惊，林彪是副统帅和党章上写明的接班人，怎么一下子变成打倒的对象呢？后来回家听子女讲，林彪叛逃，飞机在蒙古温都尔罕坠毁身亡。这太出乎意料了。

不久周云瑞逝世一周年，团里几位女演员下班后到周家去在周的遗像前上一炷香寄托她们的哀思。工宣队得讯后小题大做，批判她们搞迷信活动，干扰批林斗争的大方向，是路线斗争的表现，逼她

们检讨。无限上纲实在是令人惊讶。

不久,邓小平复出,老干部解放恢复工作,一些人平反冤狱,我似乎看到了一线希望。评弹团靠边的人逐渐减少,"香港专案"中隔离的陈希安、张鉴庭、张鉴国先后解放,就剩下我和蒋月泉还是一点儿消息没有,我心中的忧虑、焦急、烦躁不安是难以形容的。这时上山下乡运动如火如荼,我的小女儿因病而在里弄里打杂,我的小儿子初中毕业,属于动员下乡的对象,小儿子原本想留在城里,但是他的一兄一姐都是工矿名额,他没有条件留城,我见大兴安岭林场待遇高,有60元月薪,相当于大学生的待遇,劝他去学校争取。他从学校里回来说,校方称:大兴安岭是边疆,你父亲是"特嫌"审查对象,你没有资格去。只有插队落户,甚至到崇明农场也不可以去。小儿子不愿插队。学校和团里联系,工宣队找我谈话,给我施加压力。里弄干部也敲锣打鼓上门,逼我表态。这时,我焦头烂额,难以应付。我的大儿子在南大毕业后去军垦农场劳动18个月,劳动艰苦自不必说,有一次他读《参考消息》,一篇文章写得很好,他剪报保存想留作资料,不料报纸的后面有毛主席的头像,被他剪坏了,这一下又闯下了大祸,他父亲是历史反革命,他本人破坏宝像,是现行反革命,结果被狠狠地斗了一番,连队的领导去做他的恋爱对象的思想工作,劝她与大儿子决裂分手,差一点一对好姻缘被活拆分离。幸亏她主意坚定没有动摇。早在南大分配时,力行因为我在审查靠边,成分不好,要把他分到贵州去,我儿子不同意,因为恋爱对象成分好,派在安徽东至县东流镇中学教书,我儿子依靠她的关系,也派到东流。因为成分不好,不能进中学教书,派在一所小学教书。我听到这个消息就劝小儿子到东至县插队,有大哥在那里,可以有个依靠。小五见我被单位施压、里弄逼迫走投无路的窘相,也就勉强答应了。去插队需要添置

三十八、劫后余生：撤销审查，宣告解放

被头铺盖、衣帽鞋袜、长筒胶靴，还要带锅碗瓢盆，包括带些吃食东西，而我那时只拿20元生活费，家里每人15元生活费，哪里有钱来置办。幸亏我小女儿中学里有个班主任朱老师，她很喜欢我的小女儿，知道了这个情况后，她借给我150元人民币，解决了我这个困难。我非常感激，这真是雪中送炭呀！我现在是"特嫌"靠边，有立场问题要承担政治风险，还有我现在只拿生活费，什么时候有余款还债，那是没有办法可以预估的。在这样状况下肯借钱给我，这种恩德没齿难忘。有了这笔款子，总算解决了我儿子置办插队落户的应用之物的需要。我到十六铺码头送他动身，眼看着这17岁没娘的小儿子要去农村插队，远离家庭去独立生活，总是有些担心，看着轮船去远不见身影了，我才茫然若失地回到了家里。

这时防空洞继续在施工。工宣队却调换了一批队员，原来专案组的周师傅回厂了，新来的俞师傅负责"香港专案"的复查核实工作，他们找我谈话，我把1950年赴港之事再详细地复述了一遍，把1969年"一·六"大会的遭诬陷及逼供信的经历进行了交代。又过了一段时间，俞找我去谈话。俞师傅向我宣布：清队运动时将你立案审查是对你负责，现在复查核实也是对你负责。"香港专案"按照原文化局肃反小组的结论，即赴港演出是为淘金目的。回沪后没有发现政治问题。按照原结论，没有问题，撤销你的专案，取消靠边，回到人民队伍。不过你要正确对待运动，正确对待群众，正确对待自己。

我隔离了三年加上靠边四年，从1966年10月靠边起一直到1973年5月解放，前后历时近7年，能够解放是期盼已久的愿望，感激涕零还来不及，哪里还敢记恨报复，尾巴翘上天去呢？

解放了，工资恢复，以前被扣掉的工资发还，总数有11000余元，在1973年时那是一笔巨款。团里一位中层干部来做我的工作："经

过运动,你该懂得钱多要变修,越剧院的袁雪芬补发工资有三万元,全部上缴作为党费。你现在组织生活还没有恢复,这也是一个以实际行动表态的机会,你自己考虑吧。"我一听就有一种被施压的感觉。怎么办呢?靠边七年,房租欠了七年要交 1000 元左右,小五子插队的装备借的债要还,父亲丧葬费借的债要还,五个孩子即将结婚,每人 1000 元总要给他们准备,七年来未添衣被需要更新,桩桩都要花钱,我怎么能把补发工资全部上缴作为党费呢?我和孩子们商量一下,把积欠的房租、债务、子女结婚的费用以他们的名头存入银行,将 6000 元现金拿到团里交给工宣队的支部书记作为党费上缴。

在恢复组织生活的会议上,我又受到了批判,不应该编造假口供承认自己是特务,欺骗了专案组,搅浑了水。如果是敌人拷问,你必定是要做叛徒!我想专案组用逼供的手法,难道是正确的吗?我又不能辩论,只有以"千错万错是我错"的态度表示要接受教训,总算获表决通过,恢复组织生活,但我的工作变成一名文学组的普通组员,只能做做誊写脚本工作,比靠边稍微好一点而已。我第一件要做的事,就是带着子女到苏州郊外的祖坟去上坟。我要祭告亡故的妻子和老父,6 年前妻子在我靠边八个月时逝世,临终前泪流满面,担心着我的前途和五个孩子的未来。父亲是在我隔离审查带上特务帽子时要求我去见最后一面而不能,他是带着遗憾和担忧而咽气的。我在坟前祭告,默默祷念着:"你们放心吧,我已经解放了,五个孩子他们会各有前途的。"

三十九、战战兢兢：评法批儒与
魏蜀吴三家斗法

运动一波未平，一波又起。刚结束靠边的日子，批林批孔的高潮又掀起了。江青说："法家是推动历史前进的改革派，儒家是阻碍历史前进的保守派，共产党里也有儒家思想的人。"她的矛头是指向周恩来和邓小平的。全民又被卷入了儒法斗争中。你是站在法家一边还是站在儒家一边，是革命与反革命的阶级立场问题，每个人必须要表态。

市文化局一位领导带着理论组的干部来到评弹团文学组，动员全组写大批判文章，特别关照我："曹操是个大法家，你应该写一篇歌颂曹操和批判儒家的文章。"我心知肚明，我是说评话《三国》的演员，我们书里的曹操是个挟天子而令诸侯的反面形象，书的主题就是拥刘反曹的，现在要我写歌颂曹操的文章，其实是在考验我的旧观念有没有改变，立场有没有回到人民一边来，当时我只能唯唯诺诺地答应："我考虑后再写。"

如何去写这样的主题，而且要和批林批孔挂上钩？我看到在批林的材料里提到林彪非常欣赏青梅煮酒论英雄里的一首称赞刘备的诗："勉从虎穴暂栖身，说破英雄惊煞人，巧借闻雷来掩饰，临机应变信如神。"林彪命人写成条幅，裱成立轴，挂在书房墙上，当作座右铭。他把在毛泽东身边办事，比作身处虎穴，时刻要随机应变地防范着。于是,我从批判林彪的角度出发,说林彪的"语录不离手,万岁不离口,当面说好话,背地下毒手"的两面派手法与儒家刘备是一脉相承的。林彪欣赏刘备的手法,用那首诗来告诫自己,这说明刘备是鉴貌辨色、心口不一的两面派,而曹操则是襟怀坦荡、表里如一的法家英雄人物。

过了几天,那位领导来到评弹团检查,我一边念稿子,一边看着领导的眼色,但见他面色阴沉,摇着头说:"不行,刘备也是法家怎么能批判!"我心想,完了,我根本不知道刘备也是法家,这篇稿子是过不了关了。我马上表示要改写。领导问我准备怎么写,我说要么就批判孙权吧。《三国演义》上有一段故事,孙权给曹操写信,劝他自立为魏帝,废掉汉献帝。曹操看破孙权的阴谋,认为孙权让自己过早篡汉立魏,使天下人都来反对自己,于自己不利。曹操说:"是儿(指孙权)欲居我于炉火之上耶?"儒家孙权欲害曹操,这个故事能写吗?领导又连连摇头:"孙权也是法家,不能批判。"这下糟了,曹操、刘备、孙权都是法家,一部三国成了法家之间的内部矛盾,我褒谁贬谁好呢?三家斗法,他们都有法,我却没法了。法家都是惹不起的呀,叫我怎么落笔呢?后来我挖空心思想出了一段曹操杀孔融的故事。孔子是最大的儒家,孔融是孔子第二十世嫡传的儒家,曹操是大法家,法家杀儒家,可以说是没有问题了。这篇稿子通过了,还叫我到美琪大戏院文化系统评法批儒大会上去作典型发言,我用评话的起角色表演,有了一点艺术性,赢得了全场的鼓掌。他们哪里知道这是我在被逼得走投无路后的无奈之举啊!

四十、痴心不改：要想说书，
　　　难！难！难！

　　我是个说书人，平生别无嗜好，只是钟情于上台说书，服务于听众，在书台上与听众交流，得到听众的认可，便是最大的乐事。七年靠边时期，别说上台说书了，连走进书场也不可能，但是魂牵梦萦的仍是书场和听众。1973年5月，我被撤销靠边，解放了，但仍属于内部控制对象，要夹着尾巴做人，还是不能上台说书。当时只有青年或不属三名三高的中年人才能上台演出。

　　中年人虽能上台，但还是受到种种清规戒律的限制，难以发挥自己的特长。杨振言有次参加一个短篇演出，书名是《柜台新风》，他起的是一个老店员的角色。书情是一个青年女店员不安心本职工作，沉迷于穿着打扮，老店员规劝青年回心转意，安心平凡的工作。其中有一档唱词讲的是老店员向女店员讲述自己在旧社会当学徒吃过的苦头。杨振言唱功颇有造诣，当年在电台播唱时听众称其唱腔为"言调"。这档唱篇里，他发挥了"言调"的特色，抒情性很强，感情也投入，听众很欢迎。有一天在美琪大戏院演出，中央文化部副部长浩亮、市委书记徐景贤都来听书，杨振言唱得很是卖力，场内效果也不错。谁知散场后，徐景贤到后台大放厥词："《柜台新风》是批判超短裙的，杨振言的唱腔复旧还潮，它比超短裙还要超短裙……"这样一来，工宣队就宣布不许杨振言再唱这回书，另派苏似荫接替。所有唱腔让音乐组另行作曲,清除旧的痕迹,连过门也换了新的,可是,听众却反应:"这个唱腔不像评弹了"。

苏似荫的说表功夫很老练,他参加中篇《血防线上》的演出,起的角色是个反面人物,苏说表的技巧好,在表达反面人物的思想活动时十分细腻,赢得听众的欢迎,书场里不时有笑声。下台后工宣队批评他:"你喧宾夺主,抢了正面人物的风头。下次不可这样。"这可难为了苏似荫,他说表时提心吊胆,只要听众有笑声,他就神经紧张,害怕又要吃批评。别人上台可以佩戴毛主席像章,他不许戴,因为他是反面人物。书台上,他坐的凳子也要低一些,不能和正面人物平起平坐。说完中篇,别人都上台谢幕,苏似荫却不能参加谢幕,这样的事情现在看来真让人感到哭笑不得。

后来,政策有些宽松了,其他剧种的主要演员可以上台演出了,评弹团也有所松动,让严雪亭参加演出,与两位学馆毕业不久的青年女演员拼三个档,说一回表扬老茶房好人好事的短篇《旅社新人》。工宣队让严雪亭去定做新的麦而登呢的人民装,又去买了双新皮鞋。我们对严雪亭非常羡慕,"文革"中能够上台说书,等于向听众宣布,我没有政治问题。我们向他祝贺,严雪亭心里当然高兴。没想到,此后他又遇上了麻烦。那时的规矩是剧本制,一个字也不能改动。《旅社新人》的作者是戏剧学院文学系毕业的,对评弹规律并不熟悉。本子中不顺的地方,你也不能去修改。严雪亭其实也有创编经验,他单档说唱《杨乃武》时,技艺高超,轰动书坛,红遍上海和江浙书场,有"弹词皇帝"的称号。这次上演短篇,思想拘谨,不敢改动一个字。两个下手经验不足,甚至连琵琶的弦音也调不准,严雪亭和她们合奏,心里很别扭。彩排审查那一天,严雪亭紧张万分,失却了往日单档说书时的那种风采。下台后,他被工宣队斥之为不会说书,演

四十、痴心不改：要想说书,难！难！难！

出资格又遭取消,人民装和皮鞋交服装组保管,工宣队罚他去做大门的值班人。严雪亭就此蒙受了极大的羞辱！

当时,大门的值班人都是三名三高的老艺人,月工资都在200元以上。张鸿声说:"评弹团最值钱的是大门,看门的都是高工资,大门是'金门',看门的是'金门提督'。"

严雪亭说书受挫,又被贬为"金门提督"。他实在受不了这个屈辱,一气之下打报告申请退休。按当时规定,高级别的演员是终身制,不用退休的。工宣队却批准了他的退休。

严雪亭退休之后,郁郁寡欢,独坐家里,沉默寡言,唉声叹气。由于精神压抑,他患上了帕金森病,后又跌倒中风,语言困难,行动不便。"四人帮"垮台后,评弹团和上海电台要请他去录音,保存《杨乃武》长篇资料,他指指自己的口,含糊地说:"我勿来事哉。"可惜呀,他那造诣高深的艺术精品,竟然无法保存,只留下为数不多的录音片段。呜呼哀哉！

尽管杨振言、苏似荫、严雪亭三人为了说书,遭受了种种批判、挫折和磨难,但我却仍是痴心不改,念念不忘重新登坛说书。后来工宣队领导交给我一个任务,叫我带一个青年评话演员,一道去采访远洋公司"风庆"轮的事迹。回来后,我们商量如何构思情节,并决定由我执笔编写。本子通过后,要我在内部彩排让领导审查,文化局领导听书后点头同意,于是安排春节在静安书场公演。工宣队通知我:"你的任务完成了,公演就由青年演员去演吧。"我听后闷声长叹:自己白辛苦了一场。我也因此明白了工宣队对我的一技之长还是要用的,至于出头露面,对不起,你就免了。我期待已久的上台说书,结果化为泡影。

不久,北京要举办全国曲艺调演,评弹团也要组织节目参加,我的一技之长又派上用场了,团里让我辅导一个短篇评话《闪闪的红星》,我自然尽心辅导。夏天演出组赴北京参演,后来传来消息,这个《闪闪的红星》节目在北京甚受欢迎。我心里稍感安慰。后来北京来电话,要求各地选派老艺人赴京参加专场演出,上海有两个名额,一个是朱雪琴,正好去唱她的流派"琴调"开篇,另一个指定由我去说评话《闪闪的红星》。工宣队叫我要带一个青年学员拼双档,小青年演上手起小冬子角色,我则起反面人物胡汉三。由我负责排练。我心里很别扭,评话是一个人演出,这一次又是要老艺人演出,为什么偏要拼双档,我只能起反面角色?但最终我无可奈何,只能服从安排,心中只有一个安慰,总算让我进京说书,又可会见一些久别的各地老艺人了。我和朱雪琴带着学员一起到北京西苑饭店报到。晚上由调演领导小组审查节目。我带着学员双档说书。审查结束,深夜带队的工宣队通知我,评审组的意见是这学员的口子太嫩,不适宜参演,由唐耿良单档演出。明天下厂由你单档去演。我一听,口中不说,心想这本来就是你们瞎指挥,我这个受冲击的人难道只能演反面角色?好在评审组还是公正的。次日下厂演出,这家纺织厂里有一些上海人,听得懂评弹,演出效果很好。后面两天要到剧场去公演,我期盼已久的登台说书,终于可以圆梦了。在工厂演毕,我回西苑休息,准备第二天到剧场去说书。

我正蒙眬入睡时,忽听得一阵巨响,好似汽车的引擎声,震得窗户"轧轧"作响,我差一点从床上滚下来。一开始,我还以为是兄弟省市曲艺代表队的卡车从远郊演出归来开过窗前所致。不料听见门外走廊里人声嘈杂,脚步声很急,打开房门一问,有人告诉我:"地震了!"我跟着大家跑出房门来到院子里,脚下尚有阵阵余震的震感,只见西苑的高烟囱摇摇晃晃,感觉很是恐怖。当夜大家在院子里席地而坐,不敢回到屋内,不远的西郊动物园传来凄厉的狼号之声,令人毛骨悚然。

天亮了,噩耗传来,唐山发生八级大地震,全市变成一片废墟,伤亡达数十万!震波延及北京、天津。中央文化部下令曲艺调演结束,各团迅速撤离北京。我期盼已久的圆梦说书,如今被地震摧毁!先是靠边不许说书,如今能说书了,却又遭遇天灾,唉——要想说书,真难哪!

四十一、一吐块垒：书坛怒斥江青

1976年是中国灾难深重的一年。

1月份周总理病逝。总理就像《三国》里的诸葛亮一样鞠躬尽瘁，死而后已。记得1953年他到上海来休假，评弹团为他演出了一场，我说了《海上英雄》抓俘虏一回，又说了《刘胡兰》就义的短篇。那时我们都穿着人民装，连女演员也是这样，总理十分亲切地对我们说："怎么女同志也穿两尺半？应该要化化妆嘛。"后来我听过总理的报告，对他非常崇敬。总理逝世后，"四人帮"在上海的爪牙下令各单位不许设灵堂，禁止人民的哀悼，这是不得人心的命令。

当年清明节，天安门吊唁总理的花圈像海洋一样，"四人帮"派民兵驱散人群，造成流血事件，反诬群众悼念总理是反革命事件，邓小平是反革命总后台，撤销邓的一切职务。人民对"四人帮"的倒行逆施更加不满。可以说天怒人怨了！

紧接着，7月份朱德委员长逝世，8月份唐山大地震，9月毛主席逝世。大家的心情益发沉重。

10月初，终于有好消息传来，中央一举粉碎"四人帮"，举国欢腾。上海的"四人帮"余党被清除，中央派新的领导班子接管了上海。当时，评弹团要演出一个批判"四人帮"的专场，我自然全力投入，到图书馆翻阅全国各地的报刊材料，看到《山西日报》上有一篇通讯，写大寨人斗江青的材料，有改编的基础。大寨我去采访过，也

四十一、一吐块垒：书坛怒斥江青

较熟悉。此外，江青对评弹的疯狂摧残，也是我选择江青作为批判对象的原因。江青对评弹的仇恨，源于一曲歌颂杨开慧的弹词开篇、毛主席诗词《蝶恋花》。这一开篇由赵开生谱曲，余红仙演唱，唱腔优美，很快风靡全国，但也引起江青醋性大发。她妒忌杨开慧，连带痛恨评弹，胡说什么"评弹是靡靡之音，听了要死人的"。从此评弹受到歧视和压制，搞得你动辄得咎，提心吊胆。这次我动了脑筋，将批判江青的文字编成故事，在兰心剧场接受市领导的审查。我的开场不是用简单化的语言去批判江青，而是用戏剧化的情节来描绘：一天早晨，大寨山坡的公路上，出现了一辆五吨的解放牌卡车，只见前面有20个小伙用绳索在背纤，后面有8个壮汉在推车，要把卡车推拉上山去。是卡车的引擎出了故障吗？引擎性能良好，没有问题。是

1977年与孙道临在山西大寨虎头山上

油箱里汽油用光了跑不动吗？非也,油箱里有很多汽油,再驶300公里也可以。那么为什么要用这么多人来推拉卡车呢？这是因为江青住在山上宾馆里,汽车上山爬坡引擎有响声,为了保证她睡眠安静,汽车只能熄了火,用人力默默地拉上去。为了保证江青的安静,宾馆里服务员穿的制服不能用涤卡做,因为穿了卡其裤子,走路时有"窸窣窸窣"的摩擦声,又要惊动江青,所以服务员一律穿全棉的制服,保证绝对安静。这并不是我夸大其词,都来自报纸上刊登的材料。结果,那天晚上的审查演出效果非常好。

节目顺利通过审查后,在西藏书场公演,这是我"文革"之后第一次出现在报纸的广告上,也是第一次正式公演。不久,《文汇报》副刊全文发表了"大寨人斗江青"的评话故事。揭批江青,总算一吐我胸中十年的郁气,感觉非常痛快!

不久,我又编演了反映大庆油田王进喜英雄事迹的评话。1964年,我曾去大庆生活了半年左右,有些生活的积累。1966年初,我说过一次王铁人的故事,那一次说的是真人真事,把铁人的事迹都铺叙进去,事件太多而挖掘人物的感情不足,从艺术上来讲是很粗糙的。这一次我从塑造人物出发,简化情节,只以王铁人跳入泥浆池用双手双脚搅拌水泥堵住井喷作为故事的主线。同时,我还构思了这样一个情节:安达医院骨科的张大夫接到大庆油田总指挥部的通知,要他们倾全力治好王铁人的腿伤,防止他再逃回大庆工地去带伤工作。张大夫和李护士深夜去查房,王进喜病房里已经熄了灯,他们用电筒照去,见被窝拱起,王似乎已经睡了。但他们发现,王进喜的两根拐杖不见了,于是马上开灯检查,被窝中竟塞着两个枕头。王进喜走了,他不放心井台上的工作,使用金蝉脱壳之计逃走。医生和护士非常焦急,为了对病人负责,他们马上坐救护车追往火车站,看到一列

四十一、一吐块垒：书坛怒斥江青

火车刚刚启动开出，车窗里可以看到有一副拐杖倚在窗口。医生和护士从公路赶往大庆火车站拦堵，不料天降大雨，公路积水，路况又差，半路上，车轮陷入泥潭抛锚了，医生、护士冒雨下车推车，还是推不动。到附近生产队借了三头黄牛、两匹马，用绳子拴住车，赶动牛马，车子也开足油门，费了三牛二马之力总算把车子拉出了泥潭。汽车开到大庆车站，火车早已开过，乘客早就出站了，医生、护士开车追向王铁人的井队时，王进喜早已挂着拐杖跑到井场，正巧钻井出事故，井喷了！这是特大事故，控制不住就会烧毁整个油田，王进喜叫快取重晶石粉投入泥浆池。但重晶粉现场没有，去仓库取要在二里路外。时间来不及了，王进喜操起铁铲割破水泥袋，把水泥撒进泥浆池，没有搅拌机，王进喜扔掉拐杖，跳进泥浆池，用双手双脚搅动水泥，医生、护士赶到，看见王进喜跳进泥浆池，想到老王腿伤未愈，水泥有化学成分，玷污了伤口，病情要加重，他们二人被王进喜大无畏

粉碎"四人帮"后，作者重新登上舞台

精神所感动，也纵身跳下泥浆池一起搅动，终于止住井喷，保住了大油田。而后他们扶着王铁人走出泥浆池，一起上救护车驶回安达医院。

　　这回书我从医生、护士角度切入故事，从一个侧面来写王铁人的感人事迹，比原来的真人真事的堆砌更有艺术性，有点像传统评话的结构了，这对我来说是一个突破。演出受到了听众的欢迎。上海文艺出版社和北京人民文学出版社先后出版了《铁人的故事》演出本，这使我受到了很大的鼓励。

四十二、解除困惑:关于曹操艺术真实与历史真实的辨正

"四人帮"虽然已经下台,但是他们的极"左"思潮依然影响束缚着人们的思想,传统戏曲和传统评弹还像坚冰一样被封冻着不能不能融。《红楼梦》和《梁祝》的电影先后复映时,文艺界居然奔走相告,似乎看到了恢复传统的一线曙光。不久,上海的新华书店里,《三国演义》小说也开始上架销售,一个听众对我说:"小说可以公开发售,你的《三国》也可以公演了。"我摇头说:"这是两码事,小说是罗贯中写的,他已经死了五百年,即使批斗也不能把他从坟墓里刨出来,我是活人,要斗你逃也逃不掉。""文革"中批判《三国》是大毒草,批判我说书放毒的大字报铺天盖地,我是心有余悸,岂敢轻易开说。

1978年报载:中央文化部报请中宣部批准,公布了一批解禁的传统剧目的名单,其中有京剧的三国戏《群英会》、《借东风》、《华容道》。京剧的内容和评话的内容相似,京剧可以复演,评话《三国》自然也在开放之列了。可是我心里还有一个难以解开的疙瘩:曹操这个人物形象该怎么处理?苏轼《东坡志林》卷六说:"王彭尝云,涂巷中小儿薄劣,其家所厌苦,辄与钱,令聚坐听说古话。至说三国事,闻刘玄德败,频蹙眉,有出涕者;闻曹败即喜畅快。由是可见,君子与小人之泽,千古不斩。"北宋时说《三国》的说书人,便有拥刘反曹的倾向了。传说京戏草台班在农村演《逍遥津》曹操逼宫时,有一个观众

是皮匠,竟然跳上台去,用皮匠刀杀死了演曹操的演员。法官审他:"这曹操是假的呀,你为什么要杀他?"皮匠回答:"假的已经这样坏了,真的不晓得要坏到什么样呢!"这些例子都说明曹操这个人物的艺术形象在民间早已有定式了。早在罗贯中写《三国演义》之前的300年里,就已经有说书人在说《三国》了,可以说,在传统书里,曹操从来就是个奸雄。可是50年代后期史学家郭沫若先生写了一篇《为曹操翻案》的文章,不久又写了一部话剧《蔡文姬》。该剧由北京人民艺术剧院演出,在上海演出时我也去看了。戏里的曹操是正面人物,是一个政治家、军事家、文学家。郭先生为曹操翻案的文章里说:罗贯中写的《三国演义》是曹操的谤书。当时也有听众写信给我,建议评话里曹操的形象向郭先生靠拢,也来个翻案。我接信后觉得很为难,如果按照话剧把曹操说成正面人物,那么刘备、诸葛亮、孙权、周瑜、鲁肃都成了反面人物,原来人物关系全部颠倒,这个书怎么能说呢?当时我以百花齐放为理由,仍坚持传统书中曹操为奸雄的旧说,然而心里毕竟是虚的。因为郭沫若是文化界领导,又是史学权威,而且据说他为曹操翻案是有来头的。我和郭老持相反观点,总是感到有点心虚,不踏实。

"文革"中,《三国演义》被全面否定,曹操又被捧上了大法家的宝座,尊崇唯恐不及,谁敢去否定他呢?

现在《三国》可以恢复演出了,怎样处理曹操这个人物呢?我向一位朋友讨教,他说:"对曹操这个人物,应该还历史以真面目。"我一听这话就想到另一个历史学家翦伯赞,他和郭沫若是同一观点,说曹操统一北方,剪除诸侯割据,屯田发展经济,是一位做出了伟大贡献的人物。历史上的曹操是一个了不起的英雄。如此看来,从还历史真面目出发,似乎传统《三国》还是不好说。

四十二、解除困惑：关于曹操艺术真实与历史真实的辨正

怎么办？我决定去读些书，解决思想上的困惑。

首先把历史与文艺的概念分清楚，历史属于知识领域，文艺属于情感领域。文艺反映历史，不能不受历史真实的制约。比如有一部小说《反三国》写刘备并吞魏吴两国一统天下，这部小说违反了历史事实，不可信，因此这部书就站不住脚。文艺的真实源于历史的真实，但又不等同于历史的真实，因为文艺允许合乎历史逻辑的夸张、虚构、集中、典型化。

郭沫若的曹操有他的历史根据，但评话《三国》或小说《三国演义》也是有一定的历史根据的。小说里所描写的曹操凶残奸诈的情节，是不是罗贯中无中生有地诬陷诽谤曹操呢？没有。罗贯中也是有史可据的。小说第九回说曹操为报父仇，兴兵讨伐徐州，沿路屠城屠村，杀人无数，证之以正史《三国志·魏志·武帝本纪》，也可以看到曹操"所过多所残戮"的记载。还有曹操杀吕伯奢全家后，已知是错杀，于半途中见吕伯奢沽酒归来，操仍杀之。陈宫惊问其故？操说："宁可我负天下人，不可天下人负我。"曹操在攻打寿春时，久攻不下，军中缺粮，粮官向他请示，操令小斗发粮，军士吃不饱多生怨言，操杀粮官平众怒，激励战士三天攻下寿春。这也是野史有记载的。操平生多疑，恐手下侍卫被敌人收买暗杀他，操召众侍卫吩咐，我有暗疾，梦中要杀人，在我睡觉时尔等莫入我房，以免误杀。一日曹操昼寝，把被子踢在床下，一侍卫担心曹操受凉，拾被为曹操覆盖，被曹操一剑砍死，复又呼呼大睡，待会儿操醒来惊问："谁杀我侍卫？"手下实报，操泣曰：我早嘱汝等在我睡眠时勿进我房，今被我梦中杀了。厚葬此人，厚抚其家属。从此无人敢进曹操的卧室。诸如此类描写，罗贯中都有正史或野史传说的根据。对于曹操的正面故事，罗贯中也如实描写。把曹操复杂而丰富的形象写得非常生动。

你能说罗贯中是诽谤了曹操吗？《三国》传统书根据《三国演义》和其他正史、野史的资料虚构衍生了大量情节，但没有离开曹操是一个治世之能臣、乱世之奸雄的基本评价。从文艺角度讲是可以允许的。

再说对历史上的人物，应该允许有不同评价，例如拿破仑，法国人在电影和小说中歌颂他是民族英雄，而俄国托尔斯泰的《战争与和平》站在被侵略和受害者的立场上，他笔下的拿破仑就和法国人不同了。这两者是可以并存的。

《蔡文姬》里的曹操和《三国演义》里的曹操应该也可以并存。何况郭沫若的《蔡文姬》也是文艺作品，也是有虚构的成分。《蔡文姬》和评话《三国》对曹操的解读虽然截然不同，但它们同样可以为观众、读者、听众所接受。

80年代前夕合家欢

四十二、解除困惑:关于曹操艺术真实与历史真实的辨正

读了不少书,认识了历史真实与文艺的真实间的辨正关系,解除了我心中的困惑,于是我从 1979 年开始重新登台说《三国》了。

四十三、存亡继绝：一百回《三国》的电台录音

传统长篇评话《三国》是我的出科书，从1934年登台破口说书以来，经过十年磨炼，终得听众认可，步入响档的行列。1951年参加评弹团以后，深入生活，编说现代书目，占用了大部分时间，直到"文革"前的十几年里，我能继续说《三国》的时间，累计不过五年左右。"文革"后期《三国》被批为毒草，避之犹恐不及。"文革"结束后，万物复苏，重现百花齐放的局面，我才开始复说《三国》。拳不离手，曲不离口，我有近二十年没有说《三国》，再加上"文革"期间长期遭受迫害，身心受到极大伤害，初说《三国》时几乎连人名及情节都淡忘了。80年代开始我去电台录音，只录了《赤壁大战》的三十回书。前面的《千里走单骑》、《三顾茅庐》、《火烧博望》、《长坂坡》等七十回书，像海底沉船一样很难打捞起来，因此我对自己能否重说《三国》没有太大的把握。

我曾经收过三次学生，40年代的学生已经退休了，五六十年代收过两次学生，在"大跃进"和"文革"先后改行转业。我的师兄弟、隔房师兄弟，包括年龄相近的汪雄飞、陆耀良等说《三国》的艺人，也已纷纷退休。学说《三国》十分艰难，难就难在《三国》内容尽人皆知，要说得能吸引听众，没有深厚的功力和长期的知识积累，是难以胜任的。当时几乎找不到能说《三国》的青年演员，眼看这部书就要

四十三、存亡继绝：一百回《三国》的电台录音

失传了。

正在说书的作者

是知难而退，还是知难而进？我想起了说《三国》的几位前辈师长的殷殷遗愿。最早说苏州评话《三国》的是陈汉章。他之后，一传其子陈鲁卿，再传至同光年间的朱春华。朱书艺高超未授徒而英年早逝，致使苏州光裕社说《三国》的艺人断档。弹词艺人许文安觉得《三国》失传太可惜了，一次他路经玄妙观三清殿，听到一位露天说书人在说《三国》，此人是在朱春华生前说书时去书场偷学来的，可

谓朱的私淑弟子。许文安当即萌生一个想法,放弃弹词《描金凤》,每天去露天平台书场偷学《三国》,成为朱春华再传的私淑弟子。按照光裕社规矩,高台说书不能拜平台说书人为师。许文安就在光裕社公所里,向朱春华的牌位磕头拜师,改行说起了《三国》。由于许文安说功细腻,对朱春华的本子有所发展,成为说《三国》的响档。清末民初,许文安又收了不少徒弟,其中最著名的是黄兆麟,他起角色有造诣,气魄很大;还有就是唐再良,他说表亲切,娓娓动听。这两位说《三国》的响档又收了不少徒弟,繁衍了不少后辈,使评话《三国》呈现兴旺局面。这里要感谢许文安老夫子,是他承上启下,使几乎失传的《三国》得以继承和发展。不过,随着岁月流逝,人才凋零,到现在为止能说《三国》的艺人,都垂垂老矣,很难登台了。由于后继乏人,《三国》濒临着失传的境地。

我又想起广大听众朋友对《三国》的厚爱。80年代初的一个夏天,我到江阴华西大队去说《三国》,华西的富裕是出了名的,有中国第一村的称号。为了满足农民文化生活,新造了一家书场,座位都是单人沙发,前面有茶几,放的是宜兴紫砂茶壶、茶杯,就是在上海也找不出这么好的书场。书场里前面两排十六个最佳座位,让老农民坐。书记吴仁宝每夜必来听书,坐中排位子。他还号召支部委员都来听书,说听了三国故事能增进智慧。说书先生住的房间宽敞明亮,伙食更是精美。当时正是鲥鱼当令,但市场上供应极少,价格昂贵,他们特地做了鲥鱼请我品尝,我说了半个月书,鲥鱼吃了三次。我问书场的经理,你们这样招待我,恐怕要亏本吧?他说,吴书记讲的,书场不演出,农民晚上搓麻将,白天在田里讲赌经。办了书场,明天田里就议论书里的情节,这是精神文明建设,哪怕亏本也要办的。每天晚上书场里挤满了农民朋友,他们对评弹的热爱,对《三国》的喜爱,深深

四十三、存亡继绝：一百回《三国》的电台录音

感染了我。当时我步陆游"斜阳古道赵家庄"诗的原韵胡诌了一诗，表达我的心情："艳阳青柳华西庄，新建楼宇作书场。听书闲谈评《三国》，孔明智谋胜周郎。"

许老夫子改行保存《三国》的义举、老师唐再良手把手教我《三国》的恩德，以及广大听众对我的期望，使我寝食不安，我怎能让《三国》在我手中失传呢？存亡继绝我有责任，我决心想方设法像打捞沉船一样把中段和前段书回忆起来加以保存。我每天在家里录一回书，听后唤起回忆，再把漏掉的东西补进去，准备工作做得充分了，再上电台去录音。幸而领导上理解我的心情，让我摆脱一些行政工作，得以集中精力做抢救工作。电台戏曲组的编辑余雪莉见我年过花甲又患有哮喘病，还认真做准备工作，也十分感动，非常热情地支持我，陪着我录音。我花了三年左右时间把七十回录完。连原先已录的《赤壁之战》的三十回书，共计录制了一百回《三国》，把唐再良、周镛江两位老师传授给我的脚本以及我自己数十年来的心得和创造保存了下来。电台在衡山饭店很隆重地举行了开播仪式。在空中书场播出一百回后又召开了听众座谈会，余雪莉向听众介绍，说我抱病录制节目，精神可嘉。又说听众收听率很高，在全台节目中排名第五。会后她把几百封听众来信交给我，其中有本埠也有外地听众。我回家后逐封阅读，受到很大鼓舞。

一位年过八旬的长者用毛笔工工整整书写了两张信笺，说他因腿脚有病，行动不便，难以到书场听书，这次空中书场播出一百回《三国》，他一回未拉地听完，感谢我让他重温了昔日听《三国》的快乐，感谢我帮他解除了老人的寂寞，丰富了他的精神生活。

还有一位年轻的母亲代她六岁的儿子执笔写信给我，说每夜她带着六岁的儿子坐在收音机旁听书，儿子有听不懂的地方，就向她提

问,后来儿子越听越爱听,一到晚上七点就等着听书。一百回听完后,儿子要她写信给我,希望我把华容道以后的故事继续说下去。

我还读到一位小朋友的来信,说他在小学读五年级,平时坐不住,听课不专心,老师说他有多动症毛病,建议他听听评弹。我的《三国》故事把他吸引住了,居然能坐定听近一小时的评话,慢慢地,听老师讲课他也坐得定了,期终考试英文、数学、语文的成绩都名列前茅。他感谢我的书,治好了他多动症的习惯,取得了好成绩。

演出中的作者

奉贤一位学校的教师来信,说:听了你的《三国》颇有启发,教书和说书都是用语言作为工具,为什么你们能让听众掏钱来听书,今天听了,明天还要来,我们老师讲课有时就不能吸引学生,你的说话艺术、吸引听众的方法,值得我们教师学习。

还有一位工程师听众来信,他是我的苏州同乡,从小就跟着父亲到书场里来听我说书。有时听书不乖,要吵闹,还挨过父亲的"毛栗子"。大学毕业后到上海一家工厂任职,负责技术工作,一有空就到

四十三、存亡继绝：一百回《三国》的电台录音

书场听我说书。从我说表艺术里，他学到了一些方法，他做技术交流报告时，学我放噱头的方法，逗得同行哄堂大笑，冲淡讲技术的枯燥无味；讲技术改革时，他学习说书抓关子的手法，设置了悬念，使听众关注着悬念的解决。因此他的论文常被专业刊物采用。这些都得益于听书对他的启发。这封信给我很大鼓励，说书艺术能给工程技术带来效益，这是我从未曾想到过的。

我还收到过为我纠错的几封信。一封是一位中学生写的，他信上说"你念了个别字"，关云长过五关时，第四关你称它为"荥（音雄）阳城"，其实这不是荥阳，而是荥（音邢）阳城。还有一位中学生来信说：你在当阳道说到赵子龙遇见王德时，问起他有个儿子叫王平，家住陇西岩渠县。……后来在汉中赵子龙收王平时，问他家居哪里，王平说是陇西岩渠人，赵回忆起王德之事……这位中学生说他查过《三国演义》，王平是陇西宕（音汤）渠人，不是岩渠，你说错了。我一查《三国演义》小说，果然是荥阳和宕渠，我说了多少年的错别字这下被纠正了。几十年来我以讹传讹，整整错说了几十年。这两位中学生可谓是我的一字之师。

还有关于杜牧字号的错误也得到了纠正。我在说曹操横槊赋诗时，醉后露出心里的隐私，定江南后欲得二乔置于铜雀宫以乐晚年，还引经据典说杜牧有一首诗："执戟沉沙铁未销，自将磨洗认前朝。东风不与周郎便，铜雀春深锁二乔。"我说杜牧杜子美这首诗证明了曹操的意图。不料我接到二三十封信都向我指出，杜牧字牧之，杜甫字子美，你把杜甫的字装到了杜牧名下。读了这么多的批评信，我羞愧得无地自容，深感读书粗枝大叶，以致出了这么一个众所周知的常识性错误。

信太多了，不能一一列举。说书人不能离开听众，离开了听众的

帮助,说书人就不能提高和发展。收到那么多的听众来信,既是鼓励又是鞭策,也是我最大的收获。

四十四、故国神游:折戟沉沙认先朝

1983年,上海市曲协组织了一个去陕西、四川、湖北三省学习交流的团队,由曲协主席吴宗锡带队,团员有评弹演员我、杨振雄,滑稽戏演员姚慕双、周柏春、袁一灵、杨华生、笑嘻嘻等。这次学习交流的目的地大多是三国古战场,过去限于谋生或是身不由己,我只能在书中神游,现在能亲身到心仪的刘、关、张的活动天地去考察,这是我早已向往的,令我十分兴奋。

参观了古都西安后,我们乘火车去成都。途经剑阁,这里是张飞入川、孔明出祁山的必由之路,凝视着车窗外闪过的张飞在1700多年前栽下的古柏树,暮色苍茫之间,令我遐想不已。抵达成都,拜访了四川省曲协之后,我们驱车去武侯祠瞻仰,我默咏着杜甫的《蜀相》:"丞相祠堂何处寻,锦官城外柏森森。"行至祠前,果然是古柏参天,一派肃穆气象,但是门上的匾额却是"汉昭烈庙",武侯祠只是附设在刘备庙宇里的一座建筑。按理说刘备是皇帝,诸葛亮是丞相,在等级森严的传统社会,把"汉昭烈庙"统称之为"武侯祠"是不寻常的,可见在老百姓的心目中,诸葛亮的形象高于刘备。古人有诗道出了此中的道理:"门额大书昭烈庙,世人都道武侯祠。由来名位输勋业,丞相功高百代思。"

进得祠门,便是一座碑亭,亭内立有一块三绝碑,碑文由唐朝宰相裴度撰写,书法家柳公绰(柳公权之兄)手书,金石家鲁建镌刻,铭文笔力遒劲端重,赞颂了诸葛亮忠君爱国的高风亮节。

80年代访问四川

再往前行就是刘备的正殿。正中是刘备三米多高的泥塑贴金坐像,头戴平天冕冠,身穿黄袍,手捧玉圭,宽面大耳,体态端庄。刘备像的右侧是他的孙子北地王刘谌,左侧本是他儿子刘阿斗陪祭的位置,现在却是空荡荡的。这是因为后人对这个扶不起的阿斗十分鄙视,认为他不配站在这里,便把他的塑像逐出了正殿。后来也有人把刘阿斗像再度供奉殿左,但经不起百姓的抗议,仍搬走了。为什么刘谌的像能千载陪伴于刘备的身旁呢?因为他的气节为后人所推崇。当邓艾兵临成都时,刘阿斗听从谯周的劝说,决定开城门投降。刘谌坚决反对,建言父子君臣背城一战同死社稷,好见先皇于地下。阿斗不听。刘谌回宫,先杀妻子,后奔祖庙哭祭,自刎而死,宁死不屈,所以为蜀国百姓所敬仰。可见,对历史的评价绝不是一句"是非成败转头空",就能将一切化为乌有的。百姓的是非是分明的,是刘谌的

四十四、故国神游：折戟沉沙认先朝

忠烈，非刘阿斗的屈膝投降。

刘备殿的两侧是他桃园结义的兄弟，一边是"义薄云天"的关羽殿，一边是"诚贯金石"的张飞殿。关羽殿上有关平、关兴、周仓、赵累的塑像陪祭，张飞殿上有儿子张苞和孙子张遵的塑像。张苞在出祁山时亡故，张遵在绵竹抗拒邓艾时战死，都是尽忠的烈士。刘备殿的旁侧长廊里是二十八位蜀汉的文臣武将塑像，文臣以庞统为首，以下有孙乾、简雍、蒋琬、费祎等，武将以赵云为首，以下有马超、黄忠、姜维、王平等等。王平碑上写他识字不满十个，但用兵很好。看着这些塑像，我似乎是在与我说了一辈子的书中的朋友相会。

穿过过厅就是武侯祠了，武侯祠的地基要比昭烈庙低十来个石级，显示着君臣之别。正殿中供奉着诸葛亮、诸葛瞻、诸葛尚祖孙三代的塑像。诸葛亮居中端坐，羽扇纶巾，神态洒脱。诸葛瞻是刘阿斗的女婿，当朝驸马，诸葛尚是张飞的曾外孙子。诸葛瞻守绵竹抵御邓艾大军，邓艾写信给诸葛瞻劝降，答应其归降后可封为琅玡王，比他现任的武乡侯高出两级爵位。诸葛瞻撕掉书信，斩了送信人，带着儿子诸葛尚，冲入敌营，奋勇杀敌，终因众寡悬殊，父子双双壮烈牺牲。诸葛亮六出祁山，在五丈原前线病死，他的儿孙战死沙场，一门三代忠烈，彪炳千古，怎不受人敬仰！正殿上有不少名人书写的对联，其中一副为清人赵藩所撰，上联是"能攻心则反侧自消，从古知兵非好战"；下联是"不审势即宽严皆误，后来治蜀要深思"。上联记孔明七擒七纵孟获，使孟获心服，对孔明说："公天威也，南人不复反矣。"此后数十年南疆平安无事，显出了攻心法的成功。下联赞诸葛亮审时度势，针对刘璋纲纪松弛之积弊，施行严刑峻法，恩威并济，使蜀中大治，以致路不拾遗，夜不闭户。

次日，我们又去参观灌县的名胜"都江堰"。这一由秦国太守李

过三峡时在轮船甲板上。左为杨振雄

冰父子修建的水利工程,大气磅礴,令人惊叹!千百年来,正是它确保了成都平原的肥田沃土旱涝保收,使蜀中得到"天府之国"的美誉。但是刘璋统治时期,都江堰长期失修,破坏严重,遂使蜀中灾荒不断。诸葛亮取成都后,即派出1200名士兵,抢修都江堰水利工程,从而造福百姓。成都城外一条江堤,年久失修,水患频繁,诸葛亮派

四十四、故国神游:折戟沉沙认先朝

人修治,百姓称这条堤坝为"诸葛堤"。四川本以蜀锦闻名,刘璋苛捐杂税,百姓不得已砍尽桑树,不再养蚕,致使很多人失业,生产凋零。诸葛亮号召百姓栽桑养蚕,可是老百姓因为长期被刘璋的朝令夕改所愚弄,不肯相信政府的号召。诸葛亮就以身作则,由他的夫人率领全家,在住宅周边的空地上栽了800棵桑树。其他官员也纷纷栽桑。老百姓见政府官员身体力行,纷纷响应号召,广栽桑树,蜀锦恢复生产,不但解决了很多百姓的生计问题,还行销到吴、魏,使政府的税收增加,府库充裕,蜀国经济迅速恢复,南征北伐的军费有了保障。

通过这些参观访问,大大加深了我对诸葛亮的认识,原来我说书时只是强调他智慧过人,忽略了他的治国才能。他兴修水利,发展蜀锦生产,又修道路,造桥梁,盖馆驿,做了大量好事,让百姓得到很多实惠。无怪乎他死后,蜀国百姓为他披麻戴孝,还为他造祠庙祭祀。

此后,我们经重庆乘江轮顺水而下,领略了三峡的雄伟奇景。船过云阳,见右侧建在飞凤山山崖上的张飞庙,庙上建有一阁,取名为助风阁。据说当年范疆、张达刺死张飞后,带张飞的首级去投奔东吴,船经云阳遇风浪倾覆,张飞的首级漂浮江面,被渔民捞起,安葬于飞凤山上。此后每逢渔民逆流而上,张飞必助其清风一阵,推其行舟三十里。凡船经云阳向张飞焚香祭拜者,也必得清风相助。山崖上刻有四个大字"江上清风",十分醒目。我们的轮船并不停靠,只能注目遥望了。

船经奉节,山上便是白帝城永安宫,是刘备临终托孤给诸葛亮的地方。山下江边,有六十四个石堆,即诸葛亮留下的八阵图。一路胜境看不完,杨振雄在甲板上吟起了李白的名篇:"朝辞白帝彩云间,千里江陵一日还。两岸猿声啼不住,轻舟已过万重山。"迎着江风,我们欣赏着兵书宝剑峡、巫山神女峰等胜景,感觉十分畅快。

到汉口交流演出、参观黄鹤楼等名胜后,曲协的同行乘飞机返回上海,我一个人留下来,独自去襄樊、当阳、荆州考察三国遗迹。湖北省曲协特意派了一位干部全程陪同,以便与当地有关部门联系安排车辆等事宜。

当天我们乘火车到达樊城,在宾馆住下。苏州评话《三国》中有一回《战樊城》,是说书人虚构出来的张飞用疑兵计吓退曹兵的故事,突出了张飞粗中有细和曹操多疑反被疑误的性格,用出乎意外又合乎人物性格的情节取胜。因此,到樊城后我仔细观察了城内外的地形,以便以后在说到这回书时,在细节把握上可以更真实些。

次日,当地文化部门派了一辆吉普车,送我去隆中诸葛亮故居参观。我们渡过襄江,穿过襄阳城,襄阳在三国时代是一个繁荣的城市,但现在看来市面并不热闹。出城后汽车继续向西奔驰。我想到刘玄德襄阳赴会,蔡瑁埋伏刀斧手欲加暗害,席间,伊藉在手掌上写下"席间有难,西门生路"几个字。刘备迅速离席,到后园上马,向襄阳西门逃去,出了西门五里,前面有檀溪河挡住去路,无船无桥,河宽浪急,难以跨越。欲待退回西门绕城而走,只见蔡瑁带兵追来,刘备策马下河,河边的淤泥将马蹄陷住,蔡瑁舞动大刀将要砍来。刘备惊呼:"的卢的卢,今日妨吾。"那马似通人意,奋力一跃,双蹄从淤泥中拔出,原来淤泥下有一块大石头垫着。马跃檀溪书情惊险,听众很是爱听。现在车行到檀溪,我下车观看,现在这里已成了一个景点。原来此河在几百年前改道,檀溪变成了陆地,仅剩一块石碑刻着"檀溪"两字,边上一个凹陷地方有一块石头,上面有两个马蹄印痕,据说是的卢马踩出来的。观之不免有沧海桑田之感叹。

再往前行到了隆中,只见山峦起伏,满山松柏郁郁葱葱,路口一

四十四、故国神游：折戟沉沙认先朝

座牌坊，上书"古隆中"三个字。下车一路向前走去，处处是诸葛孔明的遗迹。山脚有二十亩左右的耕田，当年他曾躬耕于此。坡上有一抱膝亭，乃是他抱膝长吟处。前面是小虹桥，我仿佛看到大雪飘飘中，黄承彦骑着毛驴，吟唱着"骑驴过小桥，独叹梅花瘦"，飘然过桥的情景。走过小虹桥便是"三顾堂"了。堂前有三棵古柏，是刘、关、张拴马的地方。三顾堂原来是茅屋，现在改成砖木结构，做了诸葛亮的殿宇。诸葛孔明先生的塑像居中端坐。我仿佛见到他羽扇轻摇，正在滔滔不绝地"定三分隆中决策"，崇敬之情油然而生。

  隆中管理处的负责人谢先生了解到我是不远千里特地前来瞻仰诸葛先生的苏州评话《三国》说书人，十分热情地用老龙洞泉水烹煮的隆中名茶招待我，说这是诸葛亮当年喝的茶水。我啜了一口，果然茶香沁人心脾。我们讨论起诸葛亮 27 岁时便能定三分隆中决策，他的本事是从哪里来的？我告诉他，曾读过《搜神记》的一段记载：诸葛亮是由司马徽推荐到汝南灵山拜酆公玖为师，学得《三才秘箓》，能知过去未来之事，所以他有未卜先知的本领。谢先生说《搜神记》是以传说为主的，不足为证。他读过习凿齿所写的《汉晋春秋》，还有《襄阳记》等书，对诸葛亮的历史颇有研究，他说诸葛亮自幼父母双亡，从叔诸葛玄。14 岁因避山东战乱，与弟诸葛均随玄迁居襄阳，在襄阳学业堂读书三年。玄病死，亮 17 岁迁往隆中半耕半读，娶汝南名士黄承彦之女为妻。此后十年间他遍览群书，对历史兴亡知之甚详，襄阳又是交通枢纽，能得天下各地信息。诸葛亮又和司马徽、庞德公、庞统、崔州平、石广元、孟公威、徐元直等名士为友，经常聚会，纵论天下大势及历代兴衰之事。定三分隆中决策，也可以说是名士集团的集体智慧和诸葛亮个人智慧相结合的产物。谢先生的见解，深合我意，隆中之行可谓收获良多。

别梦依稀——我的评弹生涯

离开樊城后,我们前往当阳县,先是拜访了县文化馆的鲍先生,他送我一本自己编的介绍当地景点的和民间传说的书,告诉我来这里的日本旅游团特多,他们都是《三国演义》的读者,特地前来寻访三国古战场。我暗暗思忖:我说了四十多年的评话《三国》,到了年过花甲才来此采风,我来迟了!

当阳公园门口街心立有一座赵子龙怀藏阿斗、持枪跃马、英姿勃勃的塑像,高8米多。公园里有一块石碑,上书"长坂雄风"。园内还有子龙阁、春秋亭、忠烈堂等纪念性建筑。

次日鲍先生给我安排了一辆吉普车,先去长坂桥参观。长坂桥已是钢骨水泥桥,桥边有一块大碑,上书"张飞横矛处",据说是张飞后代所建。跨过长坂桥便进入当阳道古战场,举目荒凉一片。经过太子桥时,我让车停下,这座小石桥桥洞下是当年糜夫人怀抱阿斗躲避追兵的藏身处。我信步走到娘娘井边凭吊糜夫人。当年追兵去远,糜夫人逃到村旁一口水井旁歇息,赵云杀进重围,寻见糜夫人,请夫人抱了公子上马,赵云步行护卫,杀出重围去。糜夫人寻思赵云是马将,功夫全在马上,步行护卫是不可能突围的。为了保全赵云及阿斗性命,糜夫人留下公子,投井身亡。《三国演义》里有一首诗赞糜夫人:"战将全凭马力多,步行怎把幼君扶。拼将一死存刘嗣,勇决还亏女丈夫。"我说这一段书时,深为糜夫人自我牺牲、顾全大局的精神所感动。今日见此古井,感慨不已。刘阿斗在四川做了皇帝后,曾派人到当阳县盖了一座糜皇后庙,今庙已不见,就剩下了这口娘娘井了。

再往前行便到玉泉山和玉泉寺了,这里就是关云长显圣之处。附近还有一口池塘,塘中不时冒出像珍珠样的气泡,据说是赤兔马因关公死后,在池塘边哭泣,眼泪滴入池塘而引发了这千年不断的

四十四、故国神游：折戟沉沙认先朝

气泡。

我还到附近关羽陵墓去参观。陵墓在当阳县古漳乡，附近就是麦城，关公被擒后东吴孙权劝他投降，关公说："玉可碎而不可改其白，竹可焚而不可毁其节。"誓死不屈，父子壮烈就义。孙权杀了关羽，担心刘备伐吴，就把关公的首级送给曹操，把他的遗体厚葬于古漳乡。关羽墓后经历代帝王扩建，墓高7尺，周长70公尺，墓门有一石碑上书"汉室忠良"。陵庙建筑雄伟，有钟鼓楼、正殿、寝殿、春秋阁、启圣宫等15幢150多间屋宇。殿门高悬清同治皇帝御笔"威震华夏"匾额。另有一间马殿，供着赤兔马的塑像。赤兔马在关公父子被擒后，被吴将马忠俘获，马忠欲骑上这匹名闻天下的龙驹，却数次被颠下来。赤兔马七天不吃草料，绝食而亡，被尊为义马，享受万年香火。

因为关公是磨豆腐出身，关帝陵庙内还供有一副石磨。谚语云："关老爷卖豆腐——人硬货不硬。"这固然有讥讽的意味，但也包含着君子不忘其旧、英雄何论出身低的意思。

当阳是安葬关公身躯之处，而洛阳是关公首级安葬的处所。1957年我去洛阳巡演时，曾到南门外关林去瞻仰。当年，孙权将关公首级送往洛阳，曹操打开匣子见他面色如生，便说了一句戏言："云长别来无恙。"一阵风吹过，关公的长髯飘起，吓得曹操面容失色，立即下令以王公之礼厚葬，还配之以沉香木雕刻的身体。墓边盖了祭殿，广栽松柏，称为关林。当阳和洛阳这两处的坟墓，都成为当地的旅游景点，供后人景仰。

从当阳出来，接着我又去荆州参访。荆州有很多关公的遗迹，如刮骨疗毒处、点将台、赤兔马的石槽等等。我登上红灯高悬、古朴壮观的荆州城楼，城内有瓮城，城外护城河静静地流淌。倚着城头的箭垛,我遥望着城外的田野,遐想着当年关云长只因不听诸葛亮"东和孙权,北拒曹操"的叮咛,以致"大意失荆州"、兵败麦城英勇就义。刘备举兵报仇,兵败白帝城大伤元气。诸葛亮六出祁山,因为没有荆州一路人马的配合,结果"出师未捷身先死,长使英雄泪满襟"。蜀汉消亡和荆州之失有着一系列的连带关系。我遥望滔滔长江水,怀念着与我这说书人相伴数十年的三国英雄,不禁背诵起《三国演义》小说的开卷词句:"滚滚长江东逝水,浪花淘尽英雄,是非成败转头空,青山依旧在,几度夕阳红。白发渔樵江渚上,惯看秋月春风,一壶浊酒喜相逢,古今多少事,都付笑谈中。"而今我白发苍然,这一辈子做了演说《三国》的渔翁樵夫。"青山依旧在",但是"是非成败"未必"转头空"。刘、关、张身上所体现的忠诚不渝、大义凛然、富贵不淫、威武不屈的精神,正是中华传统文化的价值诉求,这是永恒的。这或许就是我们说书人的价值吧。

四十五、薪火相传：六老艺人苏州评校授艺

光阴荏苒，岁月不饶人，我们这一代评弹艺人宝贵的艺术青春被一次次的政治运动，尤其是十年浩劫所耽误，待噩梦醒来，都已垂垂老矣。80年代初，苏州评弹学校校长曹汉昌到上海来，邀请姚荫梅、张鸿声、张鉴庭、张鉴国、蒋月泉和我组成一个辅导组，去评校为江浙沪三地青年评弹演员上课，切磋技艺，传承艺术。曹兄是我们几十年的老朋友，我们义不容辞地接受了邀请。一行六人赶往苏州，在葑门外黄天荡评弹学校住下备课。该校的学员都是当时年富力强、较有影响力的演员，他们是邢晏芝、魏少英、赵惠兰、王文稼、严燕君、朱良欣、周剑瑛、徐淑娟、施雅君、庞志英、蒋小曼、江肇琨、沈玲莉、石文磊、陆燕华等。他们都住在评校的学生宿舍里。

开课之前，我们听到了这样的反应："让这些40年代的响档，来辅导80年代的响档，能行吗？"我们六个老艺人听后，都感到压力很重。时代不同了，听众的审美情趣有了变化。我们过去虽然是评弹界的响档，现在平均年龄已70岁了，似乎有些过气了。学员都是当红的响档，他们放弃了演出，放弃了收入，脱产来听我们上课。如果我们讲不好课，他们岂不要大失所望？我们六人说书都各有一套技艺或流派，但能说好书并不一定能讲好课。"酒壶的肉圆——洒勿出"。说书有本事，讲课就少办法了。怎么办？我们六个人集体备

课,相互帮助,尽可能把自己的经验总结出来,供学员参考。

我在其他五人上课时每课必听,参考他们的经验,充实自己的备课。以前我们虽在一团共事,互相交流的机会并不多,这一次听课使我大开眼界,增长了不少知识。

80年代初,与蒋月泉、张鸿声在苏州评弹学校辅导班上

首讲是张鸿声。他长我12岁,我刚出道的时候,他已经是上海书坛的红人,后来又成为评话界的泰斗!张鸿声的蹿红是来之不易的。1935年中秋节,27岁的他到上海演出,在城隍庙得意楼书场说日场中的头场,独做一个半小时。城隍庙是书场集中的地方,得意楼旁有三家书场,同时都在开说《英烈》,三个演员都是说《英烈》的响档:一家是老响档叶声扬,一家是电台响档许继祥,一家是自己的老师蒋一飞。只有张鸿声是名不见经传的后生小辈。三位响档场场客满,而张鸿声的头场只有40多个听客,尽管他说书十分卖力,第二三天也只有50来个听客。得意楼日场的二场是"塔王"魏钰卿,二场

四十五、薪火相传：六老艺人苏州评校授艺

客满，他更感到压力沉重。说到第四天仍只有 50 名左右听客，眼看站不住脚要"漂"了。那一天魏钰卿脱钟点，迟到一刻钟，听魏钰卿的听客已经进场占座位了，隔壁书场里头场散场的听客也走进来站着听几句尾声的书。张鸿声灵机一动，抓住魏钰卿迟到一刻钟的机会多说了十几分钟，他使尽浑身解数，来为自己做广告。说到常遇春马跳围墙的关子时，龙驹马有一声长嘶。张鸿声做学徒时曾经每天清晨到苏州北局土墩上练马叫，墩下有一群拉马车的马在放青，他的马叫，引得群马也跟着嘶鸣起来，可见他的马嘶口技的基本功是多么深厚。这天张鸿声的一声长嘶，底气充沛，发挥得淋漓尽致，后来他说，此后他学马叫再也没有达到过得意楼这声嘶鸣的水平，可谓绝响。在场的听众情不自禁地鼓起掌来。这时魏钰卿进场了。张鸿声多说了一刻钟为自己做足了广告，征服了听众。口碑一出，第二天就来了100多名听客。他更卖力，把长篇书里琐碎的枝蔓统统略去，行书爽快，听众们觉得他比叶声扬、许继祥、蒋一飞更好听，结果得意楼头场客满，上座率超过了三位说《英烈》的前辈响档，听众们赞誉他为"飞机英烈"。从此他杀出一条血路，在上海滩蹿红起来，成为评话界首屈一指的响档，享誉书坛几十年。

张鸿声的特点是基本功扎实，起角色有创造性。为说好书中主要角色胡大海，他吸取了吴均安起程咬金的特点，从人物性格出发，删除开口骂娘的粗口。他交朋友也寻找胡大海型的听众，和他们一道喝酒，观察他们说话的特点，应用到书里去，所以他演得活灵活现，得到"活胡大海"的称誉。张鸿声说书很讲究地域性，绝不一成不变。在城隍庙等老式书场说书，听客都是"老耳朵"，他循规蹈矩说正书，满足他们的欣赏要求。在西区花式场子沧州书场等场子说书，女听客较多，听众的文化层次较高，他就换一种说法，以轻松发噱为

主,使新听众也能接受。这种根据听众的欣赏习惯不同、变换自己说法的本事,即所谓"见人头,发货色",并非每个人都能做到,一定要肚皮里备货充足,才能应付裕如。

左起:江浙沪评弹领导小组组长周良、作者、张鸿声、曹汉昌、吴君玉

张鸿声讲课时说了一个学艺的故事,耐人寻味。他的老师叫蒋一飞,蒋一飞的老师叫朱镇扬。朱镇扬是响档,没有儿子,有个侄儿叫朱幼扬,便把侄儿当儿子看待,教本事不教蒋一飞,只教朱幼扬,给他吃偏饭。朱镇扬散了夜书回家,躺在床上吸鸦片,令蒋一飞去睡觉,而把朱幼扬留在烟榻边。等到烟瘾过足,便开始教朱幼扬。不料朱幼扬已经疲乏不堪,困意蒙眬,听不进去,打起瞌睡来了。蒋一飞是个有心人,他出了烟榻间不去睡觉,踮起脚在窗外偷听,老师讲的秘诀,他一句不漏地统统记牢。后来回课排书时,蒋一飞说得头头是道,把老师私下教给侄儿的内容都说了进去,而朱幼扬却因打瞌睡没有听进去,一回书说得乱七八糟。朱镇扬听完,长长地叹了一口气:

四十五、薪火相传：六老艺人苏州评校授艺

有心教的，没有学会，不让听的倒说得这样完美，真想不到呀！张鸿声总结说，学艺要偷，偷的学得会，因为他知道这艺术来之不易。条件太好了，反而有惰性。

张鸿声还有一项特长：放噱头。"噱乃书中之宝。"有人说："没有噱头，书场里会感到寂寞。"说、噱、弹、唱、演。噱占第二位。张鸿声首先着重的是"肉里噱"，即从书里人物性格出发，结合书情放噱头。其次是"外插花"，随感而发，在书中穿插进去的噱头。张鸿声的外插花噱头极具时代性，结合当时形势，引起听众共鸣。敌伪时期，他在东方书场说书，离场不远的共舞台因不让和平军进场看白戏，被和平军扔了一颗手榴弹。张鸿声得讯后在书台上穿插了这么一段话："和平军扯的国旗上有一条黄布三角小旗，上书'和平反共救国'。他们所以扔手榴弹，就是和平反对共舞台呀！"从而揭穿了和平军的真面目，激起了听众对敌伪的不满。

1948年，南京政府召开"国大"，选举总统。总统是蒋介石，副总统差额选举，候选人是李宗仁、孙科，开票时电台实况唱票，几千张票子要好长时间才唱得完，收音机里只听见"李宗仁、孙科。孙科、李宗仁"，听得人心烦。当时正值物价飞涨，民不聊生。张鸿声在台上穿插说："听到后来，只听见，伲种人，真苦，真苦格是伲种人。"道出了沸腾的民怨，台下听众报之以长时间的热烈掌声。

"文革"结束，张鸿声已70多岁，团里请他回来在静园书场说《英烈·看马讨令》。书场里近千名听众等着十几年没有露面的张鸿声上台，他笑眯眯地在书台上坐定，开口就是："搭吽笃长远勿见，我蛮牵记吽笃，我晓得吽笃也蛮牵记我。格末倷为啥勿上台说书呐？我是要说格呀，（他伸出四个指头意指"四人帮"）俚笃勿拨我说哟。说起来'四个头'当中有侬个自家人勒海（指张春桥），总好帮帮侬格

233

呀。勿来事,我搭俚勿搭界格呀,我是《三国》里张飞格后代。俚是《岳传》里奸臣张邦昌格子孙。我是弓长张,俚是长弓张呀。"这个开场白噱头,既批判了"四人帮",又富含了时代性。有一回春节联欢,市政协举办评弹晚会,电视实况转播,张鸿声和侄子张效声、学生朱庆涛三个档说一回《四憨大行酒令》,我和范仰祖两个人担任节目主持人。我说:"张鸿声今天说一回憨书,憨阿叔、憨阿侄、憨老师、憨徒弟、憨师兄、憨师弟,请俚笃这些憨徒上台说憨书。"张鸿声上台回应道:"刚巧还有两个憨徒报幕员。"台下一阵哄笑。我说了不少"憨"字,听众没有多少笑声,他一句话却是一个满堂彩,可见他反应敏捷,脑子里装满噱头。临门一脚恰到好处,这就是张鸿声的特长。

第二位讲课的是张鉴庭。

张鉴庭是一位杰出的弹词响档。他说功老练,咬字清楚,口劲特好,中气充沛,具有吸引听众的强大魅力。评弹花式场子,往往要排五档或六档书,其中最吃重的是最后一档送客书,挑重担子的大多是张鉴庭、张鉴国双档。他的唱功,被听众公认为"张调"流派,苍劲有力,韵味浓厚。他的保留唱段甚多,在评弹界广为传唱。他起的角色生旦净丑样样拿得起,小奸赵文华,为富不仁的颜大,都演得活灵活现。他的艺术功力在评弹界是少见的。他还编演过两部长篇弹词《十美图》与《顾鼎臣》。这两部书是他的首创,成了评弹界的传统优秀长篇保留节目。

他在艺术上登峰造极,可是在文化上却只读过一两年书,以至于把墨子念成黑子。没有文化却要他谈理论、教课,真是难为了他,令他睡不安枕。与他同居一室的姚荫梅,听见他说梦话也在备课。他到我房间来相商,怎样讲好课?我和张鉴庭作了长谈,从他充满传奇色彩的经历中了解到他为什么没有文化却能编好两部书、说好两部

四十五、薪火相传：六老艺人苏州评校授艺

书，并广受听众欢迎？

张鉴庭出生在无锡农村，父亲是个贫农，种田养不活全家，有时便靠拿着一面小锣唱春卖艺赚钱糊口。张鉴庭只读了两年书，10岁跟着舅父去宣卷。舅父是个佛头，在农村喜庆人家宣卷，舅父敲木鱼，张鉴庭坐在旁边翻书，听着宣卷里讲述的故事，便是他的启蒙教育。后来，连年灾荒交不起租米，张鉴庭跟随父亲逃荒到杭州，在拱宸桥附近租屋住下。父亲去唱春卖艺，母亲帮人家洗洗衣服，缝缝补补。拱宸桥附近有家戏院，母亲替戏班子演员洗衣服，张鉴庭把洗好的衣服送到后台交给演员，乘机爬在戏台旁边看白戏，接受了绍兴大班的熏陶。班主看这少年很乖巧，让他跑龙套，两场龙套跑下来，可赚两角小洋，他回家交给母亲贴补家用。有一次日场演出《打龙袍》，扮演包公的主角在城隍庙赌博输了钱，竟不来上戏，场子里坐满观众却无法开戏，眼看要砸锅了。因为张鉴庭平时一直在学包公的唱腔，班主问他能顶替吗，张鉴庭懂得救场如救火，居然化起妆穿着蟒袍上台唱起了"今奉皇命出朝纲……"使班子渡过了这个难关。班主把张鉴庭收为临时演员，跟随戏班到浙江上八府下三府唱了两年绍剧。他的绍兴方言就是在绍兴大班里学会的。班子回杭州时在大世界演出，张鉴庭又认识了一个唱独角戏的滑稽演员杜宝林，两人结为忘年交。杜宝林因为年老了嗓子不好了，拉张鉴庭做他的下手。杜宝林唱的内容都是报刊上的社会新闻，现编现唱，张鉴庭从杜宝林身上学到不少本事：一是抓住听众的技巧，隔壁场子里锣鼓一响，自己场子里的听众要走，杜宝林便运用关子和技巧拉住了这些听众；二是现编现唱的经验。后来戏班子散伙，17岁的张鉴庭失业了。这以后，他去听朱咏春的书，被说书吸引住了，带着兄弟张鉴邦一起拜朱咏春为师，学唱《珍珠塔》与《倭袍》两部书。一年后满师开始跑码

头,因为这两部书响档较多,书场老板不会请他们兄弟双档,加上张鉴庭文化又低,《珍珠塔》文言句子多,典故多,说这部书不太适应。为了要生存,只能另编新书。他想起在绍兴大班跑码头时唱过《盘夫索夫》、《私闯裱本楼》。当时排戏没有剧本,戏师傅(编导)召齐演员,分派角色,讲解故事,叫演员们根据角色的身份和故事情节自编词儿,这叫做幕表制,演员可根据自己的理解随意发挥。张鉴庭就和张鉴邦用幕表的方式将戏文编说成评弹《十美图》,又到书坊店买了《十美图》的唱本做参考,一部评弹界无人说过的《十美图》就此诞生了。他的表演由毛糙到精细,在演出实践中不断发展提高。同时,张鉴庭又编演了一部长篇《顾鼎臣》。他根据早年宣卷时听的顾鼎臣的故事,结合《一餐饭》的唱本,编说了明朝阁老顾鼎臣清明在郊区踏青,见民女陆素贞貌似他新亡的女儿,于是收为义女。顾走后,陆被兵部儿子毛七虎调戏,陆的丈夫林子文归来看见,将其痛打一顿,被在场的衙门师爷朱恒劝开。毛怀恨在心,杀死自家账房陈永,移尸林家门口。林被捉进衙门,毛欲定林死罪,百姓不服起哄。毛贿赂知县杨定贞,把林子文定为杀人凶手,师爷打抱不平,与毛七虎评理斗争。张鉴庭塑造的绍兴师爷,堪称评弹界一绝!编书时他向传统书学习,听了夏荷生的《描金凤·踏勘》,他移植创造了《顾鼎臣·踏勘》,提高了艺术水平。一回折子《花厅评理》成为评弹书目的精品。张鉴庭编演这两部书,不是靠着有多高的文学水平,完全是一种口头创作,是一个不断丰富提高的过程。开头行家认为他是"野路子"。其实张鉴庭就好在这"野"字上,他吸取绍兴大班的幕表制,吸收杜宝林"小热昏"的即兴创作,吸收戏曲、曲艺的表演菁华,就像杂交水稻那样具有着一种特别的优势,充满了生命力。他塑造的人物,个个特色鲜明。他唱的《望芦苇》里"罢,罢,罢"的高腔就有绍兴大班的

四十五、薪火相传：六老艺人苏州评校授艺

高腔曲调；他唱的《王大魁拾鸡蛋》有滑稽戏的因素；他塑造的严夫人《托三桩》哀怨动人。《红色种子》里王大娘《留凤》的唱段不同于钟老太的《望芦苇》；《林冲》里《张教头误责贞娘》也不同于《迷功名》陈平发疯的唱段。因人而异，因情变化，"张调"绝非一档唱段所能概括。

了解了张的经历后，我和张鉴庭相商，讲课时以他从艺的过程为线索，通过编说两部书的艺术实践，总结自己的艺术成就。后来，他讲得头头是道，受到学员的欢迎。

张鉴庭的成功，张调的形成和发展，张鉴国的琵琶伴奏在其中有着不可磨灭的贡献。张鉴国在家中排行第三，小张鉴庭14岁，出生在杭州。当时家庭经济非常困难，他母亲洗衣缝补极为辛苦，再要哺养幼儿，深感难以为继，经人介绍把张鉴国送给糕团店老板为子，老板没有儿子，乐意出一笔钱成交。张鉴庭在戏院看戏回家，不见了摇篮里的三弟，母亲含泪告诉他弟弟已送给了人家。张鉴庭一听，坚决不同意，拿了糕团店留下的一笔钱，冲到店里，把那包银元扔在柜台上，冲进店堂间，把躺在新摇篮里的张鉴国抢抱在怀中，飞奔回家。张鉴国差一点做了糕团店小开，如果真是那样，评弹界就要失掉一位"琵琶大王"的大响档了。

张鉴国从小跟两位胞兄学艺。张鉴邦弹得一手好琵琶，张鉴国的琵琶就是向他学习的。张鉴国开头是放单档一个人跑码头。40年代初张鉴庭、张鉴邦双档在上海沧州书场蹿红了，但张鉴邦有吸鸦片的嗜好，落拓不羁，不讲究衣着，在花式场子演出很不适宜，张鉴庭只能和他拆档，从此跟三弟鉴国拼档。张鉴国风华正茂，形象挺拔，琵琶又弹得好，唱蒋调颇见功力，与张鉴庭搭配紧凑，珠联璧合，张双档的艺术魅力更加辉煌，进入更高的层次。

张鉴国的讲课主要是讲琵琶伴奏的经验。他首先讲的是练指法的基本功,他过去曾用一根竹筷刮细了,弯成一张弓,系上弦线练弹轮子的功力,一天到晚一有空就练。有一天他上书场去听书,换了件衣服忘带竹弓,就边听书边弹椅子边练功,"笃落……"响个不停,旁边一个听客实在耐不住了,对他咬耳朵:"小弟弟你阿好停停吧,拨侬'笃落……',弄得伲书也听勿进去哉。"此后,他进场子听书一定要先摸摸口袋里竹弓有没有带。工夫不负苦心人,张鉴国的琵琶果然弹得技艺非凡,深受听众欢迎。20年代"琶王"是薛小卿。四五十年代的"琶王"是张鉴国和郭彬卿。张鉴国讲课时开宗明义地说,唱是主要者,是主旋律,伴奏应该做好"伴"字,绝不可以喧宾夺主。要谨守自己是交响乐中和声的地位,要服从唱的要求。

我听他的课时,深有感触。我想起了有一年张鉴庭去浙江莫干山参加评弹会议,张鉴国没有去,会议结束前举办了一场演唱会,要张鉴庭唱一段选曲,但没有人伴奏。江苏有一位琵琶弹得很好的演员请求为张鉴庭伴奏,他为了要显一显自己的弹奏技巧,不是根据演唱的要求衬托好主唱者,而是在腰眼里发挥自己的功力乱凿一气。张鉴庭唱得非常吃力,叫苦连天。他不由得想起张鉴国伴奏时的功夫,让你从容透气非常舒服!

大家知道蒋月泉是好唱功,和他拼双档的下手几乎没有人能为他伴奏好琵琶的,因为蒋月泉运腔自由,旋律变化多,琵琶不易衬托,下手怕琵琶弹不好影响了蒋的唱腔,干脆只伴奏过门,唱时就琵琶停止伴奏。因此底下有个说法:"蒋月泉疙瘩,难弄。"蒋月泉一旦在文化广场或者音乐厅参加较为重要的演唱会时,一定要请张鉴国担任琵琶伴奏。只有张鉴国在蒋月泉唱的时候琵琶照常不停地弹奏。我问过张鉴国:"蒋月泉是不是疙瘩难弄?"张鉴国回答,不是蒋月泉疙

四十五、薪火相传:六老艺人苏州评校授艺

瘩,是弹琵琶的人不理解蒋月泉唱腔的规律。演唱和伴奏好像两个人在游泳,唱的人在换气的时候,你要托他一把,让他顺利地透气。张鉴国善唱蒋调,熟悉蒋调规律,加上功夫过硬,所以蒋月泉得他的伴奏,就如鱼得水了。

张鉴国对张调的贡献,不单单体现在伴奏上的相得益彰,而且还表现在他对张调的形成起到了创造性的推动作用。例如张鉴庭唱的《望芦苇》选曲,钟老太唱到"湖水白茫茫,芦苇青又青",上句下来按照原来的弹法是54325321,落到1字上,张鉴庭要翻高就翻不上去,张鉴国不弹原来的过门,改用2222高音让张鉴庭自然地把唱腔翻上去。还有张鉴庭在中篇《红梅赞》中有一段特务头子沈养斋劝降江姐的唱段,张鉴国就参与了作曲。沈养斋是个反面人物,不能用正面人物的唱腔去唱,又不能用《颜大照镜》的邋遢调来唱,因为不符合沈养斋这个高级特务的身份。既要表达出沈的身份又要表现他貌似善良、内藏阴险,用母子情、人性论去劝降,张鉴国弹的琵琶过门和从前是不同的,尽量用低音来伴奏,以显示沈养斋的奸险心情。

张鉴国为徐丽仙伴奏《新木兰辞》开篇,在琵琶伴奏上也作了创新。徐丽仙谱曲时,开头唱段是用慢速进行,中段上战场作战时改用中速,凯旋还乡时为突出全家欢乐兴奋之情要改用快速,甚至极快速,张鉴国弹琵琶时创造了"351,3511……"拉散,让丽仙用快速来演唱,把这个开篇推向了高潮。

张鉴国在苏州评弹学校连上了两节琵琶课,他带着一只琵琶,边讲边弹,听的人受到了很大的启发,反响很不错。

说过了张双档的讲课,那么我自己讲了些什么呢?我主要讲两个问题,一是评话《三国》的来龙去脉以及与正史、小说的关系;二是重视说书的开场白。

我讲道:评话《三国》源于正史,即陈寿撰写的《三国志》。《三国志》中有三国的人物传记,比较简单。南宋裴松之作了注解,搜集了大量资料,丰富了原著的内容。其他流传的有关三国的故事便都是民间传说了。唐朝的说话人(说书)中就有说三国故事的。北宋开封著名艺人霍四究据《三国志》改编为"说三分"的故事,专事说讲。元代至治年间已有根据艺人的脚本而写成的话本《全相评话三国》,兼有《三国演义》的主要情节和民间传说的内容,约8万字。明代,罗贯中根据正史、野史、戏曲、评话改编成小说《三国演义》,在弘治年间出版,其情节七分虚,三分实。清朝,苏州人毛宗冈把它润饰了一遍,出版了毛本《三国演义》,流传到今天。说书人在小说的基础上再创造,衍变成今天的评话。所以评话、小说是在与正史长期的互动中实现历史真实与艺术真实的完美统一的。举一个例子来说,小说上有一回书《张翼德怒鞭督邮》,按正史,鞭督邮的不是张飞,而是刘备。罗贯中为了塑造刘备的仁厚性格,把鞭督邮的故事转移到张飞的身上,突出了张飞疾恶如仇的率直性格,使刘备的仁厚和张飞的莽撞显得更加令人信服。还有,正史上没有周仓这个形象,后来《单刀相会》、《水擒庞德》都有周仓的情节,《走麦城》关公殉难,周仓在麦城自刎殉义,至今关帝庙或关帝图像上都有周仓侍立在旁。评话更是添油加醋,说关公在茅草冈收周仓,关公与周仓打了个平手,关公很欣赏周仓的轻身功夫,想收他为马夫,就跟周仓说:"我们别打了,比一比谁的力气大,谁就当主人。"周仓说:"怎么比?"关公说:"拔一根茅草谁扔得远谁就赢。"周仓拔了一根茅草用尽力气却扔不远。关公拔一捆茅草轻轻一扔,扔得比周仓远得多。周仓仍不服,要再比。关公指着爬在石头上的一只蚂蚁,问周仓:"你一拳能打死它吗?"周仓说:"能。"一拳捶下,蚂蚁仍在爬,因为石头是不平的,拳头

四十五、薪火相传：六老艺人苏州评校授艺

又有凹凸，所以打不死它。关公只用一根手指捺下去，蚂蚁就死了。周仓这才佩服关公，愿意执鞭相随。这个故事正史上没有，《演义》上有，却较简单，是说书发展了故事情节。

评话发展了小说，才能吸引听众。有一回书《战樊城》，小说上一个字也没有，是说书人编演进去的。小说第四十一回"刘玄德携民渡江，赵子龙单骑救主"写道：刘备携民渡江时，船少人多，刘备乘船过江，曹兵已经追来，江边数千百姓不及过江，放声大哭，刘备于心不忍，泪如雨下。小说中有首诗歌颂刘备："临难仁心存百姓，登舟挥泪动三军。至今凭吊襄江口，父老犹然忆使君。"我们说书人在评话中根据这段记载，作了大量的再创作，衍生出一回新书来。孔明劝慰刘备不用担心，我命人阻挡曹兵，掩护百姓过江。拔令呼唤"三将军听令"。张飞应声而出，孔明关照他立即离舟登陆，点50名军卒进樊城阻挡曹操百万大军，让百姓从容过江。张飞闻令大惊，带50个人怎么挡得住百万曹兵，他们就是伸长头颈让我们去砍，一个人要砍两万个人，砍也砍不动。张飞拒不接令："张飞无能，请先生另遣别将。"孔明笑道："将军休得客套，如今将军今非昔比，粗中有细，腹中有了计谋了。"张飞想我腹中有计，怎么我自己不知道，他倒看出来了，这是他在诓我上当，张飞还是不敢接令。孔明从身边掏出一封锦囊，"将军放心，我有锦囊给你。"张飞看见锦囊，相信胜筹在握了，军师的锦囊妙计，曾火烧博望破曹兵大获全胜。他双手接令箭与锦囊时，孔明关照他这锦囊不能早看，也不能迟看，要进了樊城，曹兵杀到时方可观看。张飞答应。上岸点50小兵进城，进衙门，探马报道，曹兵离城不远。张飞拆开锦囊一看，里边空空如也，没有计策，是一封空锦囊，这才悟出孔明方才所说"将军今非昔比，粗中有细，腹中有了计谋了"，分明是叫我自己动脑筋。心里又在怨军师，你叫我不

许早看,一定要曹兵杀来时再看,火烧眉毛,叫我怎么来得及想计策呢。

　　说书人点明,诸葛亮为什么这样做?他是这么想的,张飞拜其为师后,事事处处依赖老师给他锦囊,自己不动脑筋。将来刘备事业发展了,你张飞要独当一面,一定要自己开动脑筋,不可能永远依赖我的。为了帮助张飞克服依赖思想,这封空锦囊放在身边长远了,今天有机会,逼他自己想办法。只要这一次逼出计策,他以后就会自己动脑筋了。接着说书人站在听众角度上提问题:"格末诸葛亮你忒胆大了,万一张飞想不出计策,战死樊城,你怎么向刘备、关羽交代?"诸葛亮一生谨慎,从不冒险,他派出张飞之后,立即再派赵子龙带三千兵,一封锦囊,埋伏在樊城城外三里路的树林里。假如张飞没能阻挡曹兵,赵子龙就冲上去接应张飞杀退曹兵。不过诸葛亮关照赵云,要绝对保密,不能让张飞知道有人接应。如果知道了,横竖有人接应,张飞就不会挖空心思想办法去阻挡曹兵了。

　　当时张飞情急生智,想到诸葛亮平时教他打仗用计,要知己知彼,曹操平生多疑,我可以用疑兵计对付他。诸葛亮火烧博望,火烧新野,两场火攻烧掉曹兵20万,我可以在樊城城墙下,烧十堆稻草,只让他冒烟,不让它燃烧,虚张声势,吓退曹兵。张飞是像诸葛亮的学生,老师用火攻,他用烟攻。张飞派小兵搬运稻柴到城脚下放火,火一旺,再用薄薄一层柴盖上去,只让它冒烟,将要烧旺,又盖上一层,两个小兵看一堆柴堆,20名小兵看十堆。再派10个小兵川流不息去搬稻柴来接应。剩下20个小兵在城脚下出北门奔东门和奔西门,进城之后再到北门奔出城,往来奔走,故布疑阵。18名燕将上城关在城墙上奔驰,像走马灯一样。张飞自己上马提枪躲在城门洞中观望曹军动静。

四十五、薪火相传：六老艺人苏州评校授艺

曹兵看到城中烟雾腾空，忙报曹操。曹操在离城不远处勒马用望远镜观看，城中浓烟冲天，城墙根有小兵奔走，城墙上有飞马奔驰，这分明是诸葛亮虚张声势，企图吓阻我进城，这计策太蹩脚了，像是憨大用的计，我怎会上他的当。正要下令冲。再一想，慢，诸葛亮是聪明人，即使用疑兵计也不会用得如此憨头憨脑。古人云"大智若愚"，我冲过去不要正好中他的计。曹操犹豫了。

说书人点评，曹操开头估计，完全对头，确是虚张声势。再一想又怀疑城中有埋伏，孔明是大智若愚，哪知张飞是大愚若智。

曹操疑心病重，冲上去怕上当，不冲又不甘心，怎么办？倒不如投石问路，冲上去试探一下，这叫火力侦察。曹操派一万兵，十员战将冲过去，他骑马上旁边土山，令旗一挥，军号吹起，战鼓齐鸣，人马冲向樊城。

张飞在城门洞里看见曹兵冲过来，心想完了，城里总共才60多人怎么挡得住。张飞的性格，绝不临阵畏缩，要死也要冲出去死，他将马一拎冲上吊桥，勒住马匹，长矛架好，两手频招，高呼："你们来呀，来，来，来，来啊！"众曹将见张飞冲出，心惊胆战，勒住马匹，回头看曹丞相的指挥意向。曹操在土山上，望远镜里看到张飞满面笑容连连招手欢迎我们冲过去，张飞是个憨大，肚皮里藏不住计谋，暴露在表面上，他叫我们过去，城里一定有火攻埋伏。哼！你叫我冲，我偏不冲，堂堂宰相，上憨大的当，太不像话了。他把令旗朝后面挥动。山下一片锣声，鸣金收兵。前队人马掉转队伍后退。这叫：张飞巧使疑兵计，吓退曹操百万兵。

这回书是我在艺术实践中对师传话本的再创作，作了大量的补充和发展，在矛盾冲突的组合、故事情节的入理等方面都有所创新。由于没有离开小说中人物的性格，孔明的智慧和谨慎，张飞的粗中有

细,曹操的多疑都顺理成章,故事情节既出人意料又合乎情理。让听众在书场里听到小说中所没有的充满悬念、跌宕起伏,又合情合理的故事,这是评话不同于小说又胜于小说之处,也是评话吸引听众之处。所以,每一代说书艺人不仅是要说好先生传下来的书,还要让书活起来,有新的发展,这样评弹艺术才能有永恒的生命力。

接着我又介绍了说书的开场白。有一次在平望演出,上面一回是苏似荫、江文兰的《厅堂夺子》,这是《玉蜻蜓》的后段书。下面一回是周介安、沈世华接续,说的也是《玉蜻蜓》,但他们只会说前段书。这样书的起头很尴尬。我就跟他们说:"你们可以从《厅堂夺子》连下去说,说认母之后徐元宰问母亲:'你既然生下了我,就该直接送到南濠金家,为什么要送我到豆腐店,再卖到徐家去住了16年呢?'三师太告诉他:'当时我刚生下你不能动弹,就托老佛婆送你去南濠,至于怎么会弄到豆腐店去,你要问老佛婆的'。元宰责问老佛婆时,老佛婆说:'你倒怪我,我要怪你呢。当时走到桐桥时你哭个不停,我叫你别哭,你哭得个起劲,桥那边有人走过来了,我只能把你放在桥堍下,走到暗头里避一避,勿晓得桥面上走下来豆腐店老板朱小溪,听见哭声抱起你就走。'这样,先倒叙,然后把书连下去说。"周介安用了这个方法就顺理成章地把前段书说下去了。这个方法是我从前辈许继祥处学来的。许继祥在上海电台播说《英烈》,说了一年朱元璋打天下的故事。电台因为许继祥说书幽默,听众欢迎,要求他继续说下去。他就让书里大头太子朱标问父亲:你这个天下是怎样打下来的?朱太祖说你去问你叔父"巧嘴华云龙",他全都知道。朱标便找华云龙讲得天下的过程,华云龙就从刘伯温访问常遇春说起,于是又顺理成章地从头说起了。

说起开场白,我又介绍了80年代初的一次经历,中国红楼梦学

四十五、薪火相传：六老艺人苏州评校授艺

会的年会在上海师范大学举办,年会结束要办一个文艺晚会,我应邀出席参加。在大礼堂后台休息室里,贴着一张节目表:评弹有杨振雄的《宝玉夜探晴雯》,刘韵若的《晴雯补裘》,余红仙的《宝玉夜探潇湘馆》,沈世华的《黛玉焚稿》;越剧有王文娟的《黛玉葬花》,徐玉兰的《宝玉哭灵》;京剧有童芷苓的《红楼二尤》等等。他们演的都是红楼梦题材的节目,我的节目是《三国》,夹在里面很是尴尬。怎么办?我想了一个开场白。上台后我就说今天红楼梦学会年会举办晚会,大都是红楼梦故事的内容,出场最多的要数林黛玉了,《葬花》、《夜探》、《焚稿》都是林黛玉的节目,林妹妹是个病人,她吃不消了,去向贾宝玉诉苦,宝玉去见曹雪芹,托他想办法。曹雪芹去找罗贯中帮忙。罗贯中说要照顾林妹妹的身体,我去叫张飞来上一个节目,让林妹妹多休息一下,就这样张飞闯进了大观园,现在就请听张飞的故事。在听众们哄堂大笑之时,我就化解了红楼梦专场中说《三国》的尴尬局面。

接着是蒋月泉的讲课了。

蒋调是评弹界流传最广的流派,蒋调又是怎样产生出来的呢?蒋月泉是拜张云亭为师的,张云亭擅长的是说表幽默,语言诙谐。唱功不是他的强项,他教导蒋月泉:打基本功必须学唱俞调,俞调唱得最好的是朱介生,你要学朱介生的俞调。朱介生是蒋如庭的下手,蒋朱档大红大紫,演出很忙,哪有工夫来教蒋月泉。只能偷着学,听电台里的唱。家里穷,买不起收音机,正好当时早晨六点钟上海市音电台天天有朱介生的开篇节目,附近的八仙桥中汇内衣公司开收音机招揽顾客。每天蒋月泉听完夜书回家默记脚本,记到深夜十二点以后,凌晨早早起床,冒着凛冽的寒风,笼着袖管、缩着脖子站在人行道上侧耳静听,边听边跟着哼。后来张云亭和蒋朱档同唱东方书场,蒋

月泉听完老师的书再听蒋朱档的书。蒋朱日场下台到楼上东方电台去播音,蒋月泉跟着去听,在播音室玻璃窗外面认真看朱介生演唱时的口型,学他的咬字和透气方法。工夫不负苦心人,他学俞调学得有点门道了。蒋朱的一档节目是五点三刻到六点半,在六点一刻蒋如庭溜出了播音室,拍拍蒋月泉的肩胛,带他到附近一家电台唱六点半到七点一刻的节目,蒋月泉弹着琵琶学着朱介生的俞调开篇,冒名顶替代唱起来。听众们六点半前还在听朱介生说书,那边电台六点半朱介生又在唱开篇了,这路上时间怎么解决的?难道朱介生有分身法?他们哪里知道是蒋月泉在代替朱介生唱开篇,而且蒋月泉中气足,朱介生转腔只能旋两旋,他可以旋三旋,超过了朱介生。

　　蒋月泉俞调唱得好,开始在电台上播唱开篇,唱得小有名气了。但是他并不满足于此,而是在艺术上有着更高的追求。当时周玉泉创造出流派唱腔——周调,十分悦耳动听。周说表飘逸,台风潇洒,衣着考究,是当红的响档。蒋月泉请求蒋如庭做介绍人,要拜周玉泉为师。当时有些人从辈分的角度提出不同意见,不赞成他拜周为师:你是张云亭的学生,周是王子和的学生。王子和与张云亭是同胞弟兄,你和周玉泉是隔房师兄弟,为啥降低辈分去拜周玉泉为师呢?蒋月泉非常钦佩周玉泉的说书艺术,认为为了提高艺术,降低辈分算不了啥,坚持向周玉泉投帖拜师。蒋如庭是评弹协会足球队队长,蒋月泉是踢后卫的足球队员,蒋如庭很喜欢蒋月泉,他很高兴做这个拜师的介绍人。不过蒋如庭别具慧眼,他悄悄对周玉泉讲:"这个学生你最好不要收,收了将来要盖你罩的。"周玉泉当时红得如日中天,他觉得蒋月泉唱俞调还可以,说表嫩得很,要追上我还差得很远呢,所以他毫不迟疑收下了这个学生,还和他订合同拼五年双档。当时周玉泉书场、电台、堂会,忙不过来,找这个下手可以接接力,并不是全

四十五、薪火相传：六老艺人苏州评校授艺

部合作，只合作几家书场。其他各自放单档。周调是用本嗓唱的，俞调是用小嗓子唱的，一合作唱腔更动人了，场场爆满。拼档不久，蒋月泉染上了感冒，小嗓子倒嗓，俞调再也唱不出了，只能也用本嗓唱周调。但是两个周调重叠在一起，听众就觉得重复、单调，而且周玉泉的低音区特好，蒋月泉唱低音就卡住了，低不下去。周调不如老师唱得好，怎么办呢？蒋月泉觉得自己在高音区上得去，利用自己的中气足，可以向中高音区发展。周老师唱中速，他可以唱慢速，字少腔多，充分利用颤音、滑音、装饰音来加强旋律的变化。他在电台上唱开篇节目，反复实践，创造出自己的风格：韵味醇厚，唱腔动人，从而在周调的框架上发展成蒋调。这里还要说明一点，蒋月泉的父亲蒋仲英在戏院担任案目，蒋月泉从小就在戏院听京戏，四大名旦、四大须生等名角演出，他都耳濡目染，深受熏陶，大量京剧唱腔储存脑海，例如《打渔杀家》中一句唱腔"桂英儿掌稳了舵呀父把网撒……"，"网撒"的一句甩腔，他移用到《战长沙》开篇中"一个儿好似蛟龙刚出水……"，"水"字上的甩腔就从京剧里借用过来，突出了两将决战的威武气魄。在流派的创新上，蒋月泉与拜梅兰芳为师的程砚秋有相同之处。程的嗓音不如梅的宽亮，他不去刻意学梅，因为即使学像了，不过是一个小梅兰芳。程根据自己嗓音的特点，在梅兰芳的基础上创造了"程派"的流派唱腔。蒋月泉则在周调的基础上，根据自己嗓音的特点发展成"蒋调"，成为青出于蓝而胜于蓝的大流派。

　　蒋月泉对唱腔艺术的研究，可谓孜孜不倦，精益求精。每逢接到一个本子，他必然先做案头工作，把书中人物与自己对照，琢磨自己怎样才能贴近书中的人物。《庵堂认母》中的徐元宰只有16岁，当时蒋月泉已近40岁，一直唱的是关公、林冲等的选曲、开篇，这个曲调并不合适唱16岁的青少年。他想到评弹界的徐云志，徐老天生一

副娃娃脸,唱腔中含有青年的音色。蒋月泉借鉴了徐调的特点,一段"不见娘亲面,痛彻孩儿心,须知无娘苦,难割骨肉情,哪怕地角天涯也要把娘来寻,寻不到娘亲决不转家门",带有稚气的唱腔感动了听众。蒋月泉在唱《厅堂夺子》徐上珍的唱段时也是下了一番工夫的。徐上珍是73岁高龄的老翁,蒋借鉴了周信芳《清风亭》饰张元秀的形象,但是怎样运用到评弹中去呢?徐上珍经历失子之痛,要唱的"徐公不觉泪汪汪……"的陈调唱腔,没有现成的可以套用。弹词界老前辈蒋如庭唱的《丢穷》中老太太的陈调虽然圆润动听,但缺乏愤怒色彩。杨振雄在《长生殿·雷海青骂贼》的陈调慷慨激昂,充满爱国精神,但又和徐上珍的情绪不同。蒋月泉从徐上珍16年含辛茹苦教子成名,一中解元却要复姓归宗的愤愤不平的情绪出发,创造出"高腔轻过,低音重煞"的陈调,把徐老的悲愤之情推向高潮,成为蒋调的巅峰之作。

蒋月泉给学生们介绍的为中篇评弹《南京路上》的"陈喜读信"的谱曲过程,也是令人折服的。这段唱词是陈的妻子写给指导员的信,按话剧的表演手法,舞台灯光转暗,出现春妮形象,用画外音来叙述信的内容。评弹不可能用这个方法,怎样来解决这个矛盾呢?蒋月泉想到了徐丽仙吸收蒋调化为女声唱法的"丽调",便倒过来学习"丽调"的声腔,用委婉柔软的声腔唱出春妮的感情,展现了春妮的内心世界。先是徐丽仙学蒋调而创造了丽调,后来蒋月泉倒过来学习丽调的唱法。从丽调回归蒋调,这样一个过程使蒋调变得更丰富。

蒋月泉不仅广泛汲取京剧、京韵大鼓等地方戏曲艺的营养,而且还学习西洋低音歌王平·克劳斯贝的美声唱法,博采众长,集腋成裘,终于形成独特的蒋调唱腔。他还好读书,盖叫天的《武戏文唱》、俞粟庐的《粟庐曲谱》、《梅兰芳的舞台生活四十年》等总结艺术的书

四十五、薪火相传：六老艺人苏州评校授艺

籍,都是他汲取养料的来源。

蒋月泉不仅唱传统人物声情并茂,唱现代人物也唱得极有感情,《海上英雄》、《王孝和》、《夺印》等都有一些脍炙人口的好唱段,这是他深入生活、体验生活的结果。

蒋月泉此次在评校上了五课共10个小时,边讲边唱,把名曲一一唱出,使我对蒋月泉艺术上的造诣有了深一层的认识。

最后压轴的是姚荫梅,那时他已年过八旬,但思维敏捷,他的课深受学员欢迎。姚荫梅的经历坎坷,很有传奇色彩。他成名较晚,1945年中秋节到上海沧州书场,靠着一部《啼笑因缘》,成为大红大紫的大响档。他原先拜唐芝云为师学说《描金凤》。这部书说的人很多,响档也多,很难出人头地。后来又说《大红袍》,再改编《玉连环》略有成就。1936年他到洙泾演出,看见书场门口的书牌上书:"姚荫梅弹唱《啼笑因缘》",这把他惊呆了,他问:我不会说《啼笑因缘》,你们怎么挂上这牌子。场东告诉他:"《描金凤》、《大红袍》、《玉连环》刚刚有人唱过了,太熟了,你是朱耀祥的徒弟,你老师在上海唱《啼笑因缘》,红遍上海书场,你一定也会唱。"姚说:"我跟朱耀祥学的是《大红袍》,《啼笑因缘》我没有听过,叫我怎么能说。"老板去拿来一本陆澹庵写的《啼笑因缘》弹词本,"你照本子说吧"。姚无可奈何被逼上梁山,只得照本宣科。不料有的听众听书带了本子前来,你说书他翻书看,逼得姚荫梅没法照本而说。下场后动脑筋,书上唱的他改成说,书上说的他改成唱,让听众没法边看边听。因为《啼笑因缘》轰动一时,姚荫梅觉得说好这部书有前途,于是全身心投入进行改编。他有改编《玉连环》的经验,又有丰富的社会生活实践,有对三教九流各式人物的了解,还有对传统书目的技巧的熟悉,在码头上边说边改,边改边说,潜心于《啼笑因缘》的改编。十年磨

一剑,终于在上海蹿红,成为评弹界的大响档。1949年上海解放,1951年上海评弹团成立,姚荫梅成为首批参加国营剧团的18位艺人之一。他放弃高额收入,参加治淮工作,与民工同吃同住同劳动近四个月,回沪后参加集体创作中篇《一定要把淮河修好》,演出客满了三个月。其中有一回书原来有反映五反运动奸商腐蚀干部的情节,脱离治淮的主题,后来由姚个人执笔写淮堤农民赵盖山创造出软化冻土的办法,帮助落后民工杨光林思想转变,这一回书超过了其他三回书的编写水平。其他三回书比较粗糙,未脱通讯报道的痕迹,他写的一回书更接近传统。

参加苏州评弹学校辅导班时与曹汉昌(左起第2人)、姚荫梅(左起第3人)合影

姚荫梅在参加中篇《海上英雄》演出时也有创造性发挥,他的沽白"船舵打坏了,既勿能左舵,又不能右舵,弄得像憨徒,开了上岸滩搁浅,变仔陆地行舟哉"生动、俏皮,给听众留下很深的印象。

四十五、薪火相传：六老艺人苏州评校授艺

我编演《走在时间前面的人——王崇伦》时，曾请姚帮助写一段结尾的韵白《时间老人赞》，他写得非常生动，为这个作品增添了色彩。

在整理传统菁华方面，姚荫梅也做出了突出的贡献。如优秀传统折子书《求雨》本是长篇《描金凤》中的一段关子书，被他浓缩成一回书，由刘天韵、苏似荫二人演出。刘天韵起钱笃笤以笑代哭的演技使听众深受感染，这里，姚荫梅改编整理功不可没。《求雨》曾在《人民文学》发表，并译成英文在海外发表。姚荫梅整理的传统菁华《花厅评理》则成为张双档演出的经典。

可惜1957年，姚荫梅被错划为右派，被剥夺了编创作品的权利，直到"文革"之后，他才焕发了第二次创作的青春，整理了《啼笑因缘》和《双按院》（由闽剧《炼印》改编为十五回长篇），由上海文艺出版社出版。

姚荫梅是评弹界创作的高手，行家都公认他为"巧嘴"。1981年评弹团成立三十年纪念演出，姚荫梅参加了，和苏似荫、江文兰拼一回三个档《白毛女追打黄世仁》，演出在西藏书场举行。三个人上台坐定，台下听众拍手要求加唱开篇。姚示意江文兰加唱，刚拿起三弦，有个听众高呼："姚荫梅唱《旧货摊》。"这一叫，江文兰不肯唱了，要姚荫梅自己唱。《旧货摊》要一口气唱一百多句的顺口溜，很吃功夫。姚荫梅拿起三弦就唱："区区名叫姚荫梅，已经退休勿上台。只为评弹团建团三十载，故而要与听众来相会。俚（指苏）末勿唱徐元宰，俚（指江）末勿唱三师太，我格樊家树已经变仔亚尔迈，那亨还唱得动啥《旧货摊》。"即兴创作，边唱边想，诌成一个白话开篇，这种技巧不是一般人所能办得到的。突如其来的点唱，事先没有准备，唱《旧货摊》实在太吃力，不唱又扫了听众的兴，这样一唱，就化解了这

个尴尬场面。没有深厚的功夫,很难应付这样的场面。

姚荫梅平时好学习,他有个习惯,把"前门牌"香烟壳子完整地拆下来,凑成一叠,订成小本子放在口袋里,出去上茶会吃茶听到生动的句子,有趣的细节,他都记在小本本上,日积月累,搞创作时就用得着了。

此次他在苏州评弹学校讲课时,把"理、味、趣、细、技"的评弹理论,化为"懂、通、松、重、动"的五字诀,他示范演出了一回书《雪里会凤》,其中这样刻画沈凤喜发疯后的细节:樊家树走到沈面前,沈以为家人用樊的照片来哄她,沈要触摸樊的面孔,摸到眼睛下面有樊流淌的眼泪,痴笑说:"照片怎么会有泪水?⋯⋯"沈的笑、樊的哭使在场听的人潸然泪下。他后面还有一个细节处理得十分精彩。樊离去时沈三弦追上要樊帮忙,樊恨透他把凤喜害到如此悲惨地步,怒斥他时扔一张十元钞票在地上。樊乘车远去,沈吐了一口水,"臭小子,瞧不起老子,谁稀罕你的臭钱⋯⋯"弯腰捡起钞票,作欲撕碎状,但这时,他打了一哈欠,烟瘾上来了,眨了眨眼,把钞票折叠好放进口袋,去烟子窠抽烟。这是一段哑剧表演,足有一分多钟不开口,但听的人都理解它的意思,真是精彩极了。

总之,评弹学校这一期辅导班安排的内容很丰富,学员们很满意。我们参与辅导的六个老艺人也松了一口气,总算未负汉昌兄的重托,圆满完成了教学任务。我们当时还有一个心愿,就是希望薪火相传,评弹事业后继有人。

四十六、厚积薄发:《三国群英会》的出版

经历了十年浩劫,评弹与其他曲艺一样,不仅面临着人才的断层,而且很多优秀的传统节目也面临着人亡曲终的严峻局面。因此面对改革开放后冰河解冻、万物复苏的大好形势,评弹事业怎样才能迎来第二个春天,这是我们这些老艺人一直在苦苦思索的问题。我们一方面给青年评弹演员上课,切磋技艺,传承艺术;另一方面也努力总结艺术经验,要把自己数十年积累起来的艺术成果,做成声像或文本留下来。80年代时,我参加了一系列的有关研讨《三国》或是评弹书目整理的活动和会议,促使我产生强烈的愿望,要在有生之年,把我说的《三国》留给我所挚爱的听众,除了前面所说的100回录音外,我还想留下录像和脚本。

1981年,苏联研究《三国》的学者、高尔基文学研究院语言学博士李福清先生到上海访问,与我作了一个下午的交流,他把一本俄文的《三国》论著送给我留念,书中把罗贯中写的《借东风》的原文与我发表的《孔明问病》,以及康重华、陆耀良的《借东风》本子并列比较,研究小说和几个不同流派的评话本子的异同之处,可见《三国》小说和评话已引起了众多外国朋友的研究兴趣。不久,四川省社会科学院成立了《三国演义》学会,参加学会的人都是全国高等院校研究《三国》的教授、学者、专家。我在报上看到消息后,跟学会联系,蒙

别梦依稀——我的评弹生涯

他们赠阅了学会年会的论文集,使我在学术层面上获益匪浅。学会还吸收我为会员,邀请我参加在镇江举行的《三国》学术讨论会,要求我带一篇文章去与他们交流。我的学历是高小五年级肄业,写什么好呢?我还是结合苏州评话《三国》,谈谈小说与评话的关系以及我说《三国》的经验和教训,整理成《我说评话〈三国〉——演出之余的杂感》。我在会上的发言以及即兴演出,受到了专家、学者的欢迎和肯定,他们建议我应该把苏州评话《三国》的话本整理出版,并认为这是对三国学的一个贡献。

在电影界会议上发言

当时,上海电影制片厂华夏影业公司筹备拍摄《三国演义》电影,要拍十集系列片,邀请了20位著名编导和对《三国演义》深有研究的教授、专家、学者,讨论电影如何分集。上影厂的徐桑楚、孙道临邀我这个说书人也来参加这个盛会,要听听我的意见。我在会上说:我文化程度是小学五年级肄业,而专家们都是读过不少书的有学问

四十六、厚积薄发:《三国群英会》的出版

之人。听了专家们好多精辟发言,使我大开眼界,长了不少知识。我说了几十年《三国》,听说上影厂要拍《三国》的系列片,我是非常兴奋的,电影受众多,可以扩大《三国》的影响,对我们说书是有帮助的。《三国演义》小说是罗贯中根据正史、野史、戏曲、评话所创作的,并且运用了评话抓关子的手法,每回书都是用"欲知后事如何?且听下回分解"做结尾。按理小说应该用"且看下回分解",怎么说是"且听"呢?罗贯中听书听多了,他写小说时也用了说书人语气,"且听下回分解"。所以,电影《三国演义》的分集,可以吸收小说与评话的特点,既要考虑每一集的独立性,又要考虑各集间的连贯性,设计出带有悬念的落回。后来,虽然电影最终没拍成,但这次会议对我是一个促动。

此后,电视连续剧《三国演义》的播出,使三国热进一步升温。这些,都激励着我把评话《三国》整理出来。

作为拨乱反正的措施,80年代初中国曲艺家协会在江苏扬州召开座谈会,以期繁荣传统长篇书目。扬州评话的先辈柳敬亭是说书大家,近代又有名家王少堂,当时正值王老百岁诞辰,我们在会议期间到王老墓前瞻仰,以表达对前辈的崇敬和缅怀。在会上,长篇传统书目如何推陈出新成为大家关注的话题。苏州评话、扬州评话、北方评书以及四川评话等面临的问题基本是相同的:"文革"前尤其是"文革"期间,长期受极"左"思想的干扰,脱离传统长篇的特定历史环境,用现代人的政治思想去要求古人,用政审的标准甄别古人,致使演员动辄得咎,很多优秀的长篇传统书被当作封建的尾巴。例如长篇传统书《珍珠塔》流传已一百多年,经过马如飞的加工,成为经典作品。但因为方卿是中了状元做了巡按再去讽刺势利姑娘,当时有人就认为方卿做官后的成分有问题,这个人物站不住,要将方卿改

为没有做官而是冒充做官去戏弄姑娘,然后去投奔李闯王,参加农民革命了,以为这才叫出了新。这样的例子在那个时代比比皆是。所以,本次研讨会针对这些问题进行了讨论,内容既有务虚的,在思想上拨乱反正,清除"左"的流毒。更多的内容则是务实的,具体探讨了整理长篇书目的方法。

在参加曲协扬州座谈会期间来到王少堂墓前瞻仰

评弹界很少有专业创作人员,即使有也只是提供一个初稿而已,例如张恨水的小说《啼笑因缘》问世以后,很快就有吴县陆澹庵执笔改编为弹词,于1935年出版。姚荫梅觉得它太单薄了,于是再度改编,根据传统技巧的规律,深入挖掘人物性格,使之具有传统书的韵味,受到广大听众欢迎。再如秦纪文,他是平湖一个年轻听众,喜欢听书,自学成材,自编自演《黄慧如与陆根荣》,自取艺名秦侠禅。后来他拜李百泉为师,学说《文武香球》,李百泉有文学底子,师徒双档合作编演《华丽缘》,并为秦侠禅取名秦纪文。一年后拆档,秦在码头上放单档说《华丽缘》,边说边改,30年来三收三放,把《华丽缘》

四十六、厚积薄发:《三国群英会》的出版

说得很成功,陈云同志听了他的长篇录音,很赞赏他的书艺。秦纪文就是这样,数十年如一日,把《华丽缘》说得非常成熟,受到听众的认可。所以说,考虑到不少演员具有自编自演的才能,编演结合是发展评弹艺术的一条重要经验。

一部长篇的改编成功往往不是一代人所能完成的,要有几代人不懈地努力。清末民初杨乃武冤案昭雪后,杨到上海《申报》任职,他的经历以连载形式在《申报》上发表,引起社会轰动。弹词艺人李文彬据此编成长篇,传子不传徒,成为李家独门秘本。李伯康是他的长子,曾红极一时。李伯康在书场演出时,有一听众每日听书,回家追忆记录成一个演出本。这个本子传到严雪亭手中,严雪亭继续加工并在表演艺术上有所突破,超过了李伯康。《杨乃武》成为评弹界又一部极有质量的长篇。

我在会上作了发言,深感抢救传统长篇书目已是刻不容缓了。我们这一代说书艺人肚子里的长篇传统书,有的已鲜有传人,不抓紧抢救,就会失传。作为老艺人,我们不能消极地等待,有条件的话,要积极主动地自我抢救。评弹艺术是一门动态的艺术,我们这一代人有我们这一代的《三国》,把它留下来是我们这一代《三国》艺人承前启后的历史使命。

在扬州会议上,我还与其他曲种的评话演员作了交流。北方评书名家袁阔成本是辽宁营口曲艺团的演员,后来调入中央人民广播电台编播《三国演义》小说。我认识袁是在1964年,那时在大庆油田,我听过他说的新书《红岩》。他表演能力极强,演许云峰神定气足,十分动人。他说从前去煤矿说书,工人们从坑井中出来坐在坑洞口空场上,端着饭盒边吃饭,边听评书,如果你说书吸引不住他,他就会跑开,一定要说得他们手捧饭盒,眼睛盯着你看,竖起耳朵认真地

听,才算成功。袁先生就是在这种环境里锻炼出一身好本事。他说《三国演义》是下了一番工夫的,到三国古战场去采风,搜集资料。他用普通话开讲的《三国演义》,先由中央人民广播电台开播,后来又在各大城市电台播出。他的稿本也已出版,影响很大。我对袁说:"我说的苏州评话《三国》,只能在吴语流行地区演出,就像地方粮票,你是全国粮票,全国都能听懂。"袁鼓励我把苏州评话的本子写出来,这样,苏州评话也就变成全国粮票了。

80年代,我还先后应邀去华东师范大学、上海师范大学、杭州大学等高校讲学,主讲"苏州评话《三国》的沿革及其发展"。这一报告代表着我对评话《三国》的艺术总结,实际上也是我为进一步整理《三国》所做的理论准备。

我整理《三国》的愿望得到了领导的支持,领导指定一位上海戏剧学院毕业的年轻编创人员辜彬彬做我的助手。辜是一位相当优秀的助手,严谨、认真、仔细,经过两年多共同的艰苦努力,终于完成了我的演出本《三国群英会》的整理工作。

《群英会》的故事讲的是诸葛亮初出山时的"三把火"中的第三把火。当年,我老师口传给我的脚本即是"三把火":火烧博望、火烧新野、火烧赤壁。为什么老师不从"桃园三结义"说到"三分归一统",而只说中间的一段呢?老师告诉我,前辈传下来的就是"三把火"。据我所知,扬州和杭州评话《三国》说得也是"三把火"。这是什么道理呢?我个人体会,小说和评话是有所不同的。小说可以陈述百年,演绎万事,让读者慢慢细品。评话要吸引听众,只能选择故事集中、矛盾尖锐、悬念感强烈的"关子书"。"三把火"开始于诸葛亮出山,受任于败军之际,奉命于危难之间。刘备兵不满千,曹操雄师百万,实力相差悬殊。诸葛亮身处外有强敌,内有张飞不服的困

四十六、厚积薄发:《三国群英会》的出版

境,他指挥若定,辅佐刘备逐渐摆脱困境转危为安。"三把火"正是描写这一过程的关子书,时间跨度只有半年,故事集中完整。我们前辈艺人是经过实践筛选,才选定这一部分情节精工细雕、深入加工的。前辈的经验是宝贵的。"三把火"从战略上讲是曹操强刘备弱,刘备弃新野,走樊城,败当阳,奔夏口连遭败绩。战略上敌强我弱悬念强烈,可是在战役上刘备却是节节取胜:诸葛亮火烧博望,白河用水使夏侯惇、张辽20万大军全军覆没;刘备兵败当阳,尽管妻离子散,糜夫人投井身亡,而书中重点描写的却是赵子龙单骑救主,枪挑有名上将54员,曹操损失惨重。战役上我胜敌败使听众不至于情绪沉闷压抑,而是感到正面人物虽处困境却充满着希望,从而增强艺术感染力,使听众感到解气畅快。"三把火"在小说里是十二回,约6万字左右,而我老师每回书说90分钟约2万字左右,共说六十回计约120万字,较之小说的内容要增加二十倍,对人物故事做了大幅度的再创作。例如小说第三十九回中,夏侯惇十万大军将到新野,张飞先是对刘备说:"孔明年幼,有甚才学,兄长待之太过。"刘备说:"我得孔明如鱼得水。"曹兵压境,张飞讽刺刘备,"哥哥何不使水去。"小说写张飞与孔明的矛盾仅此寥寥数语。评话却敷衍了不少情节,增加了诸葛亮登台拜将接受剑印。张飞故意不去,却在城里酗酒,诸葛亮点名时张飞三卯不到,醉酒而来又将辕门推倒,还辱骂孔明。赵子龙智擒张飞,诸葛亮按军法要斩张飞,刘备讨情求免,张飞一怒负气出走等等。生发出两回书来,矛盾激化了,人物性格挖掘更深,冲突更尖锐。听众为诸葛亮的处境担心,急于知道他在内忧外患交相煎迫中如何处理?这段书也就敷衍得更加热闹了。又如赵子龙单骑救主,小说只有半回书约3000字左右,评话要说七回书约14万字。当然这些加工并非一代人所能完成的,是几代人的不懈努力逐渐累积

所形成,这里包括听众们的意见在内,也可以说是集体创作的成果。这个过程并没有结束,随着时代的发展和演员素质的提高,还会在演出实践中不断地丰富和完善。其实每个演员早期演出的本子和他后期成熟后的演出本子,都会有不同程度的再创造和发展的。我的演出本《三国群英会》,也凝聚了我数十年的再创造。

《三国群英会》是"三把火"中最精彩的一把火。其内容见于《三国演义》第四十三回"诸葛亮舌战群儒,鲁子敬力排众议"至第五十回"诸葛亮智算华容道,关云长义释曹操"这八回,原著计46000字。我的演出本演绎出从"智激周瑜"起,到"华容道"止的十六回30万字,是原著的6.5倍。但是比原有的评话脚本却大大精简了,删去了不必要的枝蔓,以求突出矛盾主线。故事是在曹操80万大军进驻赤壁的历史背景下展开的。大军压境,孙、刘两家危如累卵,生死存亡关头,合则两利,分则两败,联合抵御曹操是这时的主要矛盾。然而孔明与周瑜的性格矛盾也贯穿始终,由于强化了这对矛盾,将之放在主要矛盾的背景下充分展开,从而增强了戏剧冲突。第一回"智激周瑜"就定下了这对矛盾的基调。周瑜虽然才气过人,然而诸葛亮更为足智多谋。生性高傲而又心胸狭窄的周瑜虽然敬仰诸葛亮,但更惧怕破曹之后诸葛亮成为江东劲敌,因此他必欲剪除孔明而后快。诸葛亮既要处处提防周瑜,同时为了抗曹又必须团结周瑜。在处理这些复杂而微妙的矛盾过程中,诸葛亮表现了他不以个人感情为转移,而以国家大局为重的胸怀,以及他的聪颖机智。这对矛盾在"双雄斗智"、"临江会"、"周瑜探营"、"草船借箭"等几回书中逐步展开,不断加剧,到"借东风"则推向高潮。如第二回"双雄斗智"里,周瑜佯作恭敬请诸葛亮去往聚铁山劫曹操粮营,诸葛亮明知是借刀杀人之计,却并不推辞,不但机智地使周瑜的计策落空,还借鲁肃之口

四十六、厚积薄发:《三国群英会》的出版

规劝他,劲敌当前,理当同心协力,休要自相残害,使周瑜羞愧难言。正因为有这两对矛盾的交叉发展,所以悬念迭起、跌宕有致、环环相扣,引人入胜。

受时代的局限,传统评话和小说一样,夹杂着宿命论糟粕,例如"谋事在人,成事在天,不可强求也"。"人不可与命争"。把国家兴亡、人命生死都归结为命里注定。例如,刘阿斗降生时,有白鹤叫40余声,应将来他做40余年皇帝。曹丕降生时有车盖大的紫气覆于其室,"乃天子气也,贵不可言"。孙权降生时,其母梦日入怀。诸葛亮、关羽、庞统、周瑜等人逝世时,天上都有将星下坠,因为他们都是天上星宿下凡。这些都是属于迷信糟粕。在整理的过程中,我注意剔除书中的宿命论及迷信细节。诸葛亮的足智多谋是智慧的象征,诸葛亮的用兵如神是历代军事家效学的楷模,他那"鞠躬尽瘁,死而后已"的献身精神已成为中华民族的美德标准之一。可是在传统书中,过分渲染诸葛亮的本领,说他会起六壬课,他手执的羽扇是黄承彦送给他的,用凤凰的羽毛制成,扇子中心有天然色彩的八卦图案。诸葛亮每逢大事只要一掐课、一看八卦图便知晓事情的凶吉如何。诸葛亮不但能知过去未来,还能估算到千年之后。清朝雍正年间,大将军年羹尧西征,在少数民族聚居处听土人介绍,前面有块大石碑是蜀汉诸葛亮所建。年身披铁甲骑马前去观看,走近只见碑上五个大字"吾到无人到"。年以为诸葛亮太狂妄了,如今不是我也到了吗,下马过去欲推倒石碑,忽见下面一行小字"清朝还有个年羹尧"。年大吃一惊,诸葛亮在千年之前就算到我要来,不禁下跪叩拜,拜毕,却站不起来了,再对碑上一看下面还有更小的字,"着甲而来解甲而去"。年羹尧脱下铁甲果然站起来了。原来石碑前地下埋了吸铁石。诸葛亮把不可一世的年羹尧整治得狼狈不堪。这样说虽然能吸

引听众,博取一笑,但是太荒诞了。传统书在表现诸葛亮时,往往强调他冷得出奇,眼开眼闭,阴阳怪气,说话还带一点道士通疏头的道腔。不恰当地说他刁钻狡黠,老使人上当,用市民的情趣和语汇去代替诸葛亮的思想感情。实际上诸葛亮淡泊宁静,但不是不动感情的人。他在《出师表》上写下的"未尝不叹息痛恨于桓灵也","鞠躬尽瘁,死而后已","临表涕泣"等等,其忧国忧民的爱国之情是何等强烈!所以,我把传统书中的宿命论和迷信的描述加以剔除,力图还他的本来面貌。例如华容道关羽放走曹操一节,诸葛亮明知关羽必然要放走曹操,为什么不派张飞、赵云去把守华容道呢?原来的解释是曹操天命未绝,诸葛亮顺天行事,让关羽去把曹操放走。现在我作了这样的解释:诸葛亮考虑到当时的力量对比,曹操不能死,曹操如死,中原空虚,刘备寄居江夏实力未丰,不可能去争夺中原,这就给孙权、周瑜以机会,如果周瑜取得中原,江东实力大大增强,刘备就难以抗衡,鼎足而立的均势就会遭到破坏。留下曹操,周瑜不但取不到中原,而且还怕曹操背后袭击报赤壁之仇,也不敢去攻击刘备。有了曹操牵制江东,刘备可以从容地先取荆州为家,后得西蜀东川以三分天下,然后徐图一统。诸葛亮权衡利弊,放曹比杀曹更有利,故而派关羽去守华容道,以保持一个相互制衡的局面。这样,既删除了曹操天命未绝的宿命论,又体现了诸葛亮审时度势、胸有全局的大智大慧。

我在消除传统书中神化同时也是丑化诸葛亮的痕迹时,力图正确把握诸葛亮的性格,抓住细节加以恰如其分地渲染。在《临江会》这一回中,诸葛亮得悉刘备过江赴会,顿时面容失色,方寸大乱。因为他料定周瑜此举意在加害刘备,倒树绝根,迫己归顺江东。他焦急地奔上船头,又奔向船尾,踮足翘首察看临江亭的险情。无奈距离太远无法望见,只得拖着沉重的脚步回到中舱。他"不禁埋怨自己,何

四十六、厚积薄发：《三国群英会》的出版

必如此慌乱呢？既然已经来了，应该想办法使皇叔平安脱险才是。但是，难哪！刘皇叔单舟过江深入险地，在千军万马包围之中凶多吉少。万一皇叔遇险怎么办？"左思右想，刘备绝非鲁莽之辈，不会轻率赴会。又回想起船家朱二官所禀之言中提及"一个黑脸水手高举铁锚飞身上岸"，推断此人必是周仓。既然周仓在，关羽必在；关羽在，就能化险为夷。那么诸葛亮为什么不去临江亭呢？因为"周瑜诓骗刘备过江，一定说谎，我去了谎言穿破，周瑜下不了台阶，恼羞成怒反而坏事"。于是，他决定到七芦苇口分水墩等候与刘备晤面，同时又做好刘备万一遇害情况下的种种对策。如此入情入理的思维与行动过程的描写，把诸葛亮塑造成了人，而不是神，这样的艺术形象更为真实可信。

在表现诸葛亮的足智多谋、用兵如神上，评话充分发挥了艺术虚构的功能。例如《草船借箭》，这一段经过几代说书人的积累，我又作了充分的发展。小说中写孔明利用浓雾取十万狼牙，日高雾散，孔明令船上军士齐声叫曰："谢丞相箭。"比及曹军寨中报知曹操时，这里水轻船急，已放回二十余里，追之不及。曹操懊悔不已。小说原文只有几行字，说书人却不肯轻易放过机会，虚构了两段情节：第一段是曹操在水营之中，听诸葛亮高呼谢丞相箭，曹操气得不得了，骗了箭，还要谢我，明明是嘲讽我，曹操见孔明船上满载羽箭，船行不快，要派遣大将轻舟追赶生擒孔明，夺回羽箭。曹操正要派人时，旁边急坏了一个人，正是徐庶。徐庶想：诸葛亮呀，你既骗到了箭，就应该默不作声悄然离去，为什么还要高声谢箭。曹操派船追上，你的性命肯定难保。我和你是好朋友，一定要设法救你。倒是我方才已经叫曹操上过当，一次说江中卧鱼水族大会，一次撺掇他摆香案祭拜卧鱼，曹操向诸葛亮磕过头。现在劝他不要追，曹操肯定不肯听我。怎么

办？我只好用欲擒故纵法来阻止他追赶。徐庶从旁闪出,"参见丞相"。曹操看见徐庶行礼,心里就生气,方才叫我上当,现在跑出来又要叫我扛木梢吗？"元直怎样？""啊哧……"徐庶做得急煞人,连话都说不出口。曹操光火了,"元直究竟怎样？快讲！""啊哧……"其实徐庶故意在拖延辰光,让孔明逃远了,你要追也追不上。"快讲！""回禀丞相,昨晚长江之中有巨大声响,徐庶只道是卧鱼水族大会,哪里知道是诸葛亮装神弄鬼来骗取丞相羽箭,倘若被他们逃回江东,日后用丞相之箭,射死丞相之兵,那还了得。是可忍孰不可忍,他们船上满载羽箭,船行极慢,丞相派遣大将轻舟追赶一定能生擒孔明,夺回羽箭。请丞相快快发令,追,追,追！""喔唷……？"曹操想我本来是要派人追。现在你徐庶来劝我追,我倒要研究研究,阿能追还是勿能追。因为徐庶是个"邱货",饭末吃我格,心却向刘备,专门给我上当,我吃仔俚格苦头勿知多少次数哉。现在俚劝我追,诸葛亮专门用火攻,我追上去被火攻又要损兵折将。只见徐庶连连催促："丞相快快追呀。""哼。你叫老夫追,老夫偏偏不追！"徐庶心想,我顶好你不追。口头却说："啊呀呀,不追是放虎归山,可惜呀可惜。"曹操心想,上当只有上两次,这一次我可不扛你的木梢了。后来曹操往江上一望,西北风劲吹,波浪汹涌,曹操想我追上去是顺风,诸葛亮不能逆风放火,追倒是可追的。再一看诸葛亮的船顺风顺水,已经去远了,被徐庶一搞,耽误了时间,要追却来不及了。曹操顿时醒悟,我又上了徐庶的当了。唉——听他的话,上他的当。不听他的话还是上了当,原来他故意说反话。而且上了他的当还不能去责怪他,徐庶说起来我是一片忠心,你当我坏人,不听我的话是你不识好歹,耽误了时机。曹操敲脱牙齿往肚里咽,有苦说不出。

虚构的故事还没有结束,下面再加一段虚构情节:曹操用望远镜

四十六、厚积薄发:《三国群英会》的出版

看有人追上去了。啥人？司马懿。司马懿上通天文,下知地理,熟读兵法,有真本事。曹操对他逆面冲,不肯重用他。司马懿相道不好,两眼看起人来斜目而视,像一头狼。他的脖子特长,自己的眼睛能看见自己的背心。自顾见背。相书上有鹰颈狼视的说法。这个人胸有城府,很深沉。曹操曾经做过一个梦,三马同槽。正好司马懿还有两个儿子司马师、司马昭,将来曹操的子孙就是吃他们的苦头。所以曹操活着的时候,司马懿没有掌过权,曹丕接位,稍有改善,曹丕死后,孙子曹睿登基,司马懿才执掌大权,诸葛亮六出祁山,碰着司马懿阻挡,始终不能成功。他是诸葛亮的劲敌。昨夜曹操下水营,司马懿官卑职小,他虽然跟下水营却不能跟曹操乘同一号大船。他在隔壁小船上,听诸葛亮命吴军高喊谢丞相箭时,司马懿带两个儿子乘一条小艇追赶,16个人扳桨追了上去。按理追上去要请示丞相,有了令箭才能追赶。司马懿想,我过大船去讨令,要请人报告才可见到丞相,说明理由再追,时间耽误就追不上了。古人云:"将在外,君命有所不受。"我捉到诸葛亮虽然我违犯规则,丞相也不会怪罪的。他一叶扁舟,划桨如飞,追近诸葛亮船只。大叫:"孔明竟敢趁一江浓雾,骗取羽箭。难道北军营中无人懂得天文么,休想逃遁,司马懿来也。"孔明见来人相貌不凡,便说:"将军既通天文,可知晓识时务者为俊杰么。"司马懿见诸葛亮不慌不忙,劝我要识时务,莫非船上有埋伏？便叫两个孩儿:"儿呀,诸葛亮诡计多端,不要追了。"司马昭年少气盛:"孩儿定要追!"司马懿一个犹豫没有阻止他。司马昭宝剑出匣:"诸葛亮休想逃遁,司马昭来也!"孔明满面笑容,羽扇频招:"来呀!"司马昭想,你故弄玄虚,俺竟不怕。手执宝剑,两足一捺,跳上诸葛亮船艄。不料诸葛亮昨夜叫水手把船艄锯下来,再用钉子钉牢。司马昭再聪明怎么也想不到船艄是活络的,跳上去,分量太重,船艄折断,

连人带船艄"轰弄通"跌入江中。鲁肃在旁扬声大笑,心想昨夜诸葛亮派船上人锯下船艄,然后钉上去,我以为他神经错乱想不到现在派上了用场。司马懿见儿子跌入江中。心中大惊急忙抛下绳索,好在司马昭有水性抓住绳子回到船上。司马懿训斥儿子,不听父言要吃苦头。这里,说书人又交代后来诸葛亮初出祁山,马谡失守街亭,司马懿冲到西城,诸葛亮大开城门,在城楼焚香操琴,司马懿犹豫了,不敢进城,司马昭劝父亲冲,司马懿想起草船借箭,跳上活络船艄的往事,大骂司马昭太莽撞了,连忙倒退40里。这里,草船借箭为空城计埋下了伏笔。

《三国群英会》出版后受到广大听众的热情欢迎,整理《三国群英会》的艰辛和甘苦,随着该书的出版而代之以喜悦。更使我高兴的是中国曲艺家协会名誉主席罗扬为我的书写了序言,他说:"经过五十多年的学习和艺术实践,唐耿良同志对师传本作了大量的创造性的工作,剔除了封建性的糟粕,发扬了民主性的精华,使矛盾冲突组织得更加集中、紧凑,故事情节更加入情入理,众多人物的思想、性格刻画得更加深刻、生动,从而把《三国》这部书提高到新的水平。"罗扬先生还特别指出两点:"第一点是唐耿良同志在传统评话的整理工作中所采取的严肃认真的态度,他说《三国》说了五十多年,为说好这部书不知倾注了多少心血,其爱之深,不难想见,但是他不像某些同志那样,认为自己的东西一切都好,或者发现一些不好的东西也不忍割舍,而是力求用历史唯物主义的立场、观点和方法加以分析、研究,作出实事求是的评价,以十分认真细致的工作态度进行整理和加工,凡属精华部分都很好地保留下来,并使之更加突出;有些精华与糟粕混杂一起的章节,经过一番改造,也别开生面,赋予新的意义;对于一些无法改造的糟粕部分,则毫不可惜地加以剔除。""第

四十六、厚积薄发:《三国群英会》的出版

二点是这部书既注意保持了说书艺术的特色,是一部好的说书底本,也是一部可供阅读的文学作品。唐耿良同志的事业心很强,抱病整理这本书的主要目的,是为使评话《三国》及评话艺术能在今后广为流传。由于他有丰富的表演经验,熟谙评话艺术的规律和特点,所以在这部评话整理本中很好地保留评话艺术的特色,这是很重要的。"他还指出,这部书做到了两个结合:"这部书还把可演性和可读性结合起来。""把口头语言和书面语言较好地统一起来。"罗扬先生在序文中还对我提出了他的希望:"我衷心地祝愿他老而弥坚,再接再厉,把《三国》这部书尽快地整理出来,并把自己长期从事评话艺术的经验总结出来,珠联璧合,交相辉映,必能为评话艺术乃至整个曲艺艺术增加光彩!"而我至今仍深深引以为憾的是,一百回的长篇评话《三国》,我只整理出来了其中的十六回《群英会》,不足五分之一。而今我已望九之高龄,已难以完成这一心愿矣。

四十七、古为今用:三国用人之道

评话艺术怎样做到古为今用,为现实服务?数十年来,我们将为现实服务完全等同于为政治服务,其实这样的理解是片面的。评弹为现实服务的内涵要深广得多。说好优秀的传统长篇书目,不仅有娱乐作用,而且也有教育作用。拿《三国》来说,作为一部有骨子的长篇书,《三国》在评书界有"大王"的美誉(评话俗称大书,《三国》是大书之王)。三国人物的运筹帷幄、用兵用计会带给人以智慧,三国的兴衰存亡会带给人以史为鉴的思考,三国人物的品格、气节、英勇行为则能陶冶人的精神。这也是为现实服务。此外,根据现实的需要,将《三国》的内容,按照一个专题,加以演绎,编为故事,也不失为古为今用、为现实服务的好形式。编说《三国用人之道》便是我在这方面一次成功的实践。

评话《三国》在"文革"刚一结束、传统戏曲开放的初期,曾经受到听众的欢迎。可惜好景不长,因为改革开放,社会进入转型期,港台歌舞受到欢迎,传统戏曲包括评弹受到冷落。书场关闭了一批,听众大量减少。评话《三国》的处境亦复如此,青年学员在滔滔商海前难以安下心来学习继承传统书目。我年过花甲又患有哮喘病,眼看《三国》这部书的处境每况愈下,有陆沉之虞,我忧心如焚,大有无可奈何花落去之感伤。

偶然从《参考消息》上读到一条新闻:日本掀起了《三国》热。

四十七、古为今用：三国用人之道

《三国演义》小说成了畅销书；《三国》电视连续剧收视率很高，三国人物故事家喻户晓。特别是日本的企业界利用三国故事发展他们的企业，取得了极好的效果。

我读后百思莫解，三国是1700年以前的故事，曹操没有开过厂，孙权没有经过商，刘备虽是织席贩履出身，也不过是农贸市场摆摊头的个体户，不可能有经营管理现代企业的经验。为什么日本企业界会掀起学习和应用《三国》的热潮呢？

我在太湖大箕山疗养院遇见一位刚从日本考察回来的老友，就向他讨教这个问题。他告诉我，日本企业家在50年代初主要是用美国的泰勒制管理企业的。什么叫泰勒制呢？泰勒用码表精确测定生产每一部件的时间，把一个先进工人的操作时间作为定额，工人按这个定额完成生产的可获得较高的工资和奖金，达不到定额的就要降工资扣奖金，迫使工人必须提高技术去完成定额。这样生产上去了，工人却紧张异常，连上厕所都要一路小跑，否则就完不成定额。泰勒制虽然提高了生产效率，却造成了工人跟老板之间的紧张人际关系。工人不堪长期忍受高强度的劳动，闹起了罢工，一罢工两败俱伤。老板认识到泰勒制有不完善的方面，企业生产靠的是人、财、物三要素，其中人的因素最重要，怎样发挥人的积极因素？于是就向中国的传统宝库《孙子兵法》和《三国演义》请教，从中发现很多有用的思想和智慧。日本社会工业研究所所长牛尾一郎撰文，建议企业家读一读《三国演义》，思考一下在三国中最穷困弱小的刘备为什么能够开创三分天下的局面？他认为主要是因为刘备善于用人，得到了知识分子诸葛亮的帮助。企业家只要像刘备一样尊重人才、尊重知识，就必然能够以小胜大，以弱胜强。企业家们纷纷请大学教授、学者，到工厂讲三国用人的故事，出版界也推出了一些相关的参考书，其中一本

《三国用人故事》两年印刷了 16 次,企业管理层几乎人手一册。他们学习三国用人的方法,研究工人深层次的思想,有针对性地调整人际关系,调动工人的积极性,增强工人的向心力、凝聚力,使企业提高了竞争力。老友笑着调侃说:"唐耿良你如果到日本去说《三国》,保险生意兴隆,你可以发财啦,因为日元在升值呀!"

在上海文联开会期间与吴宗锡、蒋月泉、司徒汉等相会

听了老友的介绍,我不禁感慨万分:《三国演义》是中国的古典小说,而我们中国的企业家却没有意识到它的价值,真是"墙里开花墙外香"呀!我是《三国》的说书人,我应该为中国的企业家服务。一部《三国演义》有 70 万字,企业家们这么忙,哪有工夫来读小说?我可以利用自己的优势来编一段三国用人的评话,为改革开放尽一点力,也为改变评话《三国》受冷落的局面开辟一条新的出路。

这个段子不是传统评话中的一回关子书,必须另行构思。于是我重读了一遍《三国演义》,做了大量案头工作。还到图书馆查阅日本、美国、我国台湾地区企业成功用人的资料。有了这些素材,我就

四十七、古为今用：三国用人之道

把刘备、孙权、曹操用人的不同事例，编织成一个主题——善于用人者必昌盛。首先是说刘备重用知识分子开创了三分天下。三顾茅庐体现了他待人才以诚。在对待徐庶改投曹操的态度上，刘备表现了对知识分子的理解，宁肯牺牲自我也要让徐庶实现救母亲的心愿。他还用人不疑，深信赵云"从吾于患难决不会弃我而去"，从而感动了赵云。在用人上知过必改，刘备曾以貌取人，仅让庞统去做一个县令，认识错误后立即重用他。刘备还有知人之明，对马谡"言过其实、不可大用"的判断使孔明折服。其次是孙权，使用人才不计出身只重才干，他重用劫江贼出身的甘宁；对没有读过书的吕蒙，着意培养，派两个儒生辅导他读书，使之成为将才；对年轻的陆逊，力排众议提拔为都督，取得夷陵战役的胜利。再次是曹操，官渡之战胜利后在袁绍军中发现不少曹营的人写给袁绍的效忠信，曹操取一盆火烧尽书信，既往不咎，赢得了写信人的忠心。讨伐辽东有不少人劝曹操不可进兵，曹操不听，轻骑奔袭取得了大胜，回来犒赏众人时，给劝他不要轻易出兵的人以双倍奖励，鼓励他们今后大胆发言谏劝。这种宽大胸怀使曹操取得更大成功。还有诸葛亮更是善于得人心，武侯祠门口的对联云："能攻心则反侧自消，从古知兵非好战；不审势即宽严皆误，后来治蜀要深思。"诸葛亮七擒七纵孟获，使之折服便是一个范例。三国之争，说到底是人才之争。在相同的条件下，得人才者得天下，失人才者失天下。引申到管理一个企业，说到底也是人才的竞争，用人唯贤，知人善用者必兴，这是古今中外相通的事理。

我正在埋头编写之时，上海曲协负责人李庆福来串门，听了《三国用人之道》的设想后，他拍案叫好，说文联和企业家最近成立了一个联谊会，你能不能到联谊会去试讲一次，然后开一个座谈会听听他们的意见，再行定稿。一星期后，我在文联文艺会堂演出，现场效果很好。座谈时,嘉定嘉丰纺织厂的一位领导说,他们厂里新近提拔了一个青年干部做副厂长,有人议论他年纪太轻,认为嫩竹扁担挑不起重担子。听了今天这回书,诸葛亮只有 27 岁,出茅庐帮助刘备开创了三分天下。陆逊年纪不大,却挂帅火烧连营取得大胜。我们起用有培养前途的年轻人是完全正确的。

企业家的首肯,对我来说是很大的鼓舞。实际上,我这第一次的脚本是很粗糙的,我决心进一步完善它。我在报上读到上海液压件三厂厂长贾炳灿以人为本治厂的事迹,便去工厂采访。他告诉我要搞好生产,首先要做好人的思想工作,他们厂有个规矩,不准迟到早退,早上八点钟上班,谁迟到了就要罚人民币一元。他觉得这个规矩不好。因为干部迟到不罚,干部可以找理由说我是到公司或者局里去的,这不公平。老实说工人迟到有客观原因,如大雾天轮渡停驶,或者家里小孩有病,或者公交车堵车,你罚他一元,他心情不舒畅,他又不能打厂长或者领导,他有气,就把车床下面的油壶踢翻,出出气。一壶油要 12 元,你罚我 1 元,我让你损失 12 元。或者自来水笼头不旋紧让它漏水,或者一杯开水倒在君子兰的花盆里,让你厂里也有点损失。贾厂长就下令,从现在起上班迟到要罚款的一条取消。也有人反对,认为这样做迟到的人会更多。贾厂长说要相信工人。但是早退仍要罚款,迟到有客观原因,早退完全是主观原因,要重罚! 一天有人报告 7 个女工在下班前五分钟提早到浴室洗澡。贾厂长心里火了,宣布要罚 7 个女工半年奖金,每人 125 元。女工们哭了,洗一个浴敲掉半年奖金,代价太高了。有人向贾厂长进言,是否调查一下原因。贾厂长调查后了解到,厂里女浴室只有 12 只笼头,女工有两百多人,如果排队的话,最末一批的要等待两个多钟头才轮得着洗澡,女工有的住得很远,家里小孩要照顾,所以抢在下班前去洗澡。

四十七、古为今用：三国用人之道

贾厂长下令新建一个女浴室，装72只笼头，排队时间大大缩短。贾在全厂工人大会上检讨，说女工们早退去洗澡，说明厂长不关心工人生活，应该批评的是厂长。7个女工半年奖金不扣。现在新浴室盖好，如果再要早退那就要罚款了。工人们对贾厂长此举反响很好。有的说为贾厂长干活，累死也情愿。"厂长上路，工人有数。"因为他关心工人，工人们的向心力、凝聚力加强，生产任务年年超额完成。

我又去采访了上海针织九厂厂长苏寿南，他是我的苏州同乡，喜欢听评弹。苏厂长善于团结人、关心人，不仅很关心厂里的知识分子，对有困难的工人也关怀备至。厂里有一名技术工人来自农村，住在集体宿舍里，他工作很出色但经济条件比较差，既无房子，年龄又偏大，找不到对象，属于老大难。后来与同厂的一个女工交朋友，女工欣赏他老实、能干，不嫌他穷，但女工的父母不同意，提出对方要有房子，否则免谈。女工告诉了对象，要他解决房子问题。男工实在没有办法，深夜到厂长办公室找苏寿南，苏见他脸色苍白，神情焦急，问他为什么？他说好不容易找到一个对象，因为房子问题就要告吹，错过了这个机会，今后更难找了。苏寿南很同情他。但是厂里没有房源，怎么办？他想尽办法，把厂里一个报废厕所拆掉，装修一下有十几个平方，解决了那个工人的结婚用房，接着又派他出国援外一年，赚到了外汇，买了彩电、冰箱孝敬岳父母，得到他们的欢心。这个工人从此一心为厂努力工作。帮助一个，带动一批，其他工人看到厂长真心实意帮助工人，生产积极性高涨。这类例子很多。我采访了不少企业家，听到不少感人事迹，把他们穿插在故事里面，古今事例相互印证。

评话越编越成熟，请我去演出的单位也越来越多。上海市文化局、出版局、劳改局分别邀我在全局干部会议上演出。卢湾区政协与工商联、黄浦、静安、普陀、虹口、杨浦、南市、宝山九个区县的政协，嘉定、青浦两县的一些单位，上海纺织大学、上海商业学院等高等院校也相继邀请。上海市国营二机厂、吴泾化工厂、闵行汽轮机厂等大型企业领导把这回书看作是一个文化教育项目，为了让厂里小组长以上的干部都能听到书，便用录像机拍摄下来，让当班生产的干部在下班之后观看录像。上海演出的反响强烈，《解放日报》资深记者许寅写了一篇听书后的感想《知人善任者必兴》。《新民晚报》著名记者秦绿枝写了一篇题为《驽马》的散文，赞誉我在古为今用这方面做出了成就。文艺评论家鲍世远在《上海戏剧》发表《唐耿良〈三国〉新说的启示》，说这是我"几十年来说《三国》的一次新突破，一项改革，赢得了新听众"。上海人民广播电台早新闻记者到我家里来采访，了解我说《三国用人之道》的过程，并在《上海新闻》中播报，扩大了社会影响。

我在上海演出时，昆山县的一位副县长听了，便邀我到昆山演出一场，我的同行刘宗英坐了轿车到上海来接我，他说："这次演出是县委组织部、宣传部、工商联联合发通知，四乡八镇和各企业的领导都来听书，听完后还要小组讨论呢。"他们对这回书如此重视，我真有点愧不敢当了。

苏州方面也盛情邀请，我在古典园林怡园为苏州文艺界、企业界一百多位听众演出。《苏州日报》资深记者王公企听书后说："这回书不但企业家要听，搞组织工作的人也要听。"虎丘公社的一位领导当场邀请我到虎丘去为他们的乡镇企业家们说书。我在苏州先后演出了五场，年底前一次在苏州商业局演出，该局下属的一个单位领导告诉我，原来他并不乐意来听，因为年底了，要搞总结，忙不过来。听了书后，他感到这样的书太好了，对他的总结和今后的工作很有帮

四十七、古为今用:三国用人之道

助。苏州人民电台在现场做了实况录音,然后在电台播放,让更多的人能听到这回书。

《三国用人之道》受到如此热烈的欢迎,《三国》从冷漠的境遇中又热门起来。实践证明,传统书目稍加变通,古为今用,是能受到听众欢迎的。这也是我在晚年所做的一次新的尝试。

四十八、炉火纯青：陈云老首长对我的鼓励

陈云老首长是党和国家领导人之一，他出生于江苏青浦（今上海）练塘镇，从小爱听评弹，经常在书场听"戤壁书"。后来参加革命没有机会听书了。50年代后期在公余和休养之暇，恢复了听书，他听了大量的长篇录音书目，还从事调查研究，多次接见评弹艺人和干部，提出了很多中肯意见。他从不强加于人，总是用商量的口气。由于意见正确，听的人无不如沐春风，心悦诚服地接受。

有一次他提出要听姚荫梅的《啼笑因缘》。姚荫梅接到通知，心情十分紧张。《啼笑因缘》是张恨水的名著，曾经风行一时，解放后张恨水被贬为鸳鸯蝴蝶派作家，小说也受到批判。姚荫梅在30年代改编小说为弹词，边说边改，十年磨一剑，40年代在上海书场红得发紫。解放后，弹词也被列为鸳鸯蝴蝶派书目，姚曾经一度放弃《啼笑因缘》，改而向王少堂学说《水浒》。1957年姚受到不公正待遇，"文革"中更是雪上加霜。如今老首长要听他说《啼笑因缘》，他真不知该如何说才好。此外，我们这些人都有个通病，书场里有领导干部来听书，都想说得好一些，结果越是紧张越是容易说错。何况老首长是中央领导人。姚到了宾馆，老首长先请他饮茶叙谈，说："我今天不是来审查你说的书，你从前在书场怎么说，你今天就怎么说好哉。"亲切和蔼的语气，使姚荫梅如释重负，后来他充分发挥了巧嘴的本

四十八、炉火纯青:陈云老首长对我的鼓励

领,说了一回《樊家树白相跳舞场》。当说到樊见到何丽娜的相貌和唱大鼓的沈凤喜一样,樊惊呆了,怎么你日里在天桥"嚓嚓蓬",夜里到舞场来"蓬嚓嚓"。幽默的语言使陈云听得发笑。姚形容洋琴鬼伴奏时的铜管乐曲,嘴里在奏曲,再把茶壶盖拎起来,一脱手落下去算是代表一记锣声,形容绝倒,陈云听得更是畅怀大笑。效果这样好,姚荫梅喜悦万分。后来姚在向我讲述当时的情景时,欢欣之情溢于言表,连我也受到强烈的感染。

不久电台举办春节特别节目,张鸿声、张效声和我三个档说了一回《真假胡彪》,张鸿声演座山雕,张效声演杨子荣,我演真胡彪。这回书小说里没有,是评话艺人虚构出来的。杨子荣为什么会冒名胡彪上威虎山?因为奶头山剿匪时胡彪的兄弟被打死,脸相跟胡彪一模一样,人们便以为胡彪已经死了,所以杨子荣敢于冒充胡彪投奔座山雕。现在真胡彪上山,杨子荣处境危险了。他沉着镇静反称真胡彪是共军奸细,在威虎厅争吵不已。座山雕吃不准谁真谁假,想出一法:胡彪是许大马棒的饲马副官,把许大马棒的马牵上来,看马走向谁,谁就是真胡彪。马带到威虎厅,真胡彪唤马过来时,马认识他是老主人,正要朝他走过去时,杨子荣也称:"宝马,你的主人在这里,过来吧。"这马想老主人过去狠狠虐打过我,新主人进山时打死老虎救了我的命,雪地赶路我饥饿时他把一只窝窝头塞到我嘴里,对我真好,我应该过去。这马朝杨子荣一边过去时,胡彪急坏了,你过去我的命没有了,挥拳朝马屁股上打去,马挨了拳走得更快了。座山雕判断真胡彪是假的:"哼!你还有什么话可说吗?"真胡彪急了:"三爷,这畜生瞎了眼,上了共军的当,三爷你可不能像畜生一样瞎了眼,也上共军的当呀!"座山雕大怒,枪毙了真胡彪。

这回书的录音送到老首长那里,他听了很欣赏,还对照原来的单

档录音,指出:"两位老艺人在几处地方都加了工,加得更好了。"这对我来说是一个鼓励。

老首长对老艺人的关怀也是无微不至。他嘱咐吴团长:"要安排一些沙发,让退休的老艺人到团里来坐得舒服一点,请他们写一点艺术经验也好。"团里照办之后,朱介生坐到沙发上,就能感到老首长关怀的温暖,他教授青年学俞调更加认真细致了。张鸿声坐到沙发上,笑呵呵地说:"我是老首长关照专门到团里来'板错头'的。"他此后还写了几十段小故事,讲述前辈艺人的悲欢轶事,后来陆续发表在《评弹艺术》上。

"说、噱、弹、唱"是说书的重要表演手段,解放初期,对"噱"字有误解。上海人有句俗语:"这个人噱头好来些。""噱头"成了"滑头"的同义语。当时有一种看法,认为说书者是文艺工作者,是人类灵魂的工程师,说书是教育人民的。这种看法把说书者看做是教育者,把听众看作为受教育的对象,认为不应在书里放噱头。但这样一来,说书一本正经,趣味性就没有了。这样的书听众肯定是不欢迎的。

老首长说话了:"噱头还是要的,但不要乱放。""评弹没有了噱头会是很大的寂寞。"他还说:"曲艺是群众性的一种文化娱乐。人们在劳动之后,喜欢听一些轻松的东西,这不是听报告受政治教育所能代替的。""要懂得听众的心理,他们来听曲艺是为了文化娱乐的需要,不是来上政治课。""书中应该有适当的穿插,因为听书究竟不同于上课,要让大家笑笑,工作疲劳了,要有轻松愉快,过分严肃像上课一样,那也不必叫书场,可改为训练班了。"

老首长肯定穿插和噱头是评弹的特点之一,这些教导使我受益匪浅。此后我纠正了排斥噱头的心态,在讲《三国用人之道》时,充分运用穿插和噱头,使听众在笑声中接受故事的内容。

四十八、炉火纯青：陈云老首长对我的鼓励

老首长对传统长篇书目非常重视，曾经建议上海电台尽可能多录下一些老艺人的书目，保存评弹艺术，可惜那时正值"大写十三年"的"文革"前夕，在这样的政治氛围下，录音怎么可能进行？"文革"结束，三中全会后，电台要录评弹的传统长篇，戏曲组的编辑余雪莉考虑到严雪亭的《杨乃武》、《三笑》只有几回折子书的录音，便到严家去探视严雪亭，只见严雪亭坐在后门的小矮凳上。余说明来意，严那时已中风失语，伸一个指头指指肚皮，表示我有一肚皮的评弹，又伸一个指头指指嘴巴，表示我已经舌音不清，不能说话，怎么能来电台录音呢！见严雪亭一脸无奈的神色，余雪莉心里酸楚，差一点掉下了眼泪。原来严雪亭在"文革"中排练一个节目，被工宣队斥为不会说书的人拉下书台，罚他去看守大门当值班员，这对一位红遍江浙沪的大响档是何等的羞辱！严一气之下申请退休。按例，严雪亭是高级别的艺术家，可以不退休，工宣队竟批准让他退休回家。严回家后，郁郁寡欢，终日不发一语，得了帕金森病，去浴室洗澡跌了一跤，就此中风失语，让人不能不感慨万千啊！

杨振雄年近七旬，壮志未已，要把一部《西厢记》完整留下来。当时杨振言已和余红仙合作去唱《描金凤》，要另请一个人拼档，但要想这个人磨合得达到杨振言一样的水平，那是非常困难的。杨振雄决定单档到电台去录音，把下手杨振言的角色一肩挑扛下来。唱篇则请杨德麟帮他弹弦子，不用开口搭书。杨德麟弦子弹得很好，衬托杨振雄的唱腔伴奏得恰到好处。那时杨振雄年近古稀，嗓音仍然清纯亮丽，俞调婉转悠扬唱得令人陶醉。八十回《西厢记》全部录完，播放时收听率极高。电台把《西厢记》录音送到陈云那里，老首长听完给予高度赞赏，称之为弹词中的珍品。

杨振雄从双档变为单档，行话称为"双跌单"，困难是不小的，他

克服困难录制了八十回《西厢记》，保存了一份珍贵的资料，对此，我是非常钦佩的，这也鼓舞着我把"沉"掉的《三国》像打捞沉船一样把它捞起来。经过几度春秋，在余雪莉的支持下，我先后录制了一百回《三国》。电台的何占春同志把一百回《三国》送到老首长处请他听书。之后何占春告诉我，老首长给了我很高的评价，说是"炉火纯青"。听了何占春的传话，我非常激动，但也是愧不敢当的。因为这已不是我壮年时期精力旺盛时的说书状态，而是我二十几年不说《三国》、几乎忘记的情况了。

我为老首长说书并不多，1958年在锦江小礼堂说了一回《战樊城》，说完书受到他的接见，握了他温暖的手。1962年电台安排我和陈莲卿、祁莲芳两档做东华书场，录了一个月音，是专门为老首长录的。1976年"四人帮"垮台后，我编演了一回《大寨人斗江青》的评话在上海西藏书场演出。《文汇报》全文刊登了这个短篇。1977年老首长在杭州要听书，苏州评弹团演员毕康年，将《文汇报》刊登的《大寨人斗江青》背熟了为老首长演出。

1981年上海评弹团赴香港演出，先到杭州预演。在杭州云栖竹林深处一家茶室受到老首长接见，我和老首长还一起合影留念。座谈时老首长语言幽默，妙趣横生，我的印象很深。这使我想起50年代一件往事，我们团内讨论流派唱腔时，对江苏团侯莉君的"侯调"颇有微词，我说过"朱慧珍的俞调规规矩矩是正宗，'侯调'就好像有点歪了"。老首长听了汇报后笑着说："要容许和尚吃狗肉嘛。"我听后就意识到用清规戒律去看待"侯调"是不对的。

老首长鼓励评弹要创作新书，要整理传统，要下农村说书，要放单档，重视说表等等，特别是"出人出书走正路"的教导，将永远铭记在我的心中。

四十九、《星期书会》：天波巧载吴侬语，送入千家万户中

1983年初，上海人民广播电台文艺台的"空中书场"准备在星期天开辟一个专栏，名叫《星期书会》，接受听众点播，播放评弹名家的保留唱段。电台聘请蒋月泉和我担任该专栏的主持人，要求我们在播放名家名段时穿插介绍评弹界的掌故和趣闻轶事，并对一些唱段作分析介绍，以培养听众对评弹的兴趣，提升听众的欣赏能力，扩大评弹艺术的影响。蒋和我欣然接受了任务。电台戏曲组评弹节目的编辑是从评弹团转业的周介安，他负责书会的具体编辑事务可谓驾轻就熟。每次播出前我们先听一遍节目的内容，这样直播时可以心中有底。蒋和我同事合作几十年，彼此了解，配合默契，我们俩谈笑风生，语言诙谐成趣，听众十分喜爱。我在读听众来信时说："蒋月泉的唱腔像糯米一样软糯。"月泉插话："现在掺了点籼米进去，勿糯哉。"一次，听众点蒋月泉开篇，我说："请月泉介绍蒋调特点。"月泉说："我格点花头，侬也全晓得勒嗨，侬讲吧。"他不好意思自我吹嘘。我说："我讲是隔靴搔痒，还是你自家讲吧。"蒋说："你不要逼牢仔我往准戤盘里跳"（苏州俗谚"癞蛤蟆跳勒戤盘里，自称自卖"）。这些对白亲切、自然，非常受听众欢迎。加上播出的节目都是名家名段，再经过主持人画龙点睛的分析介绍，更增强了这个栏目的可听性。《星期书会》办成了电台最受听众欢迎的栏目之一，听众来信像雪片

一样飞来。上海外滩有一个评弹听众的百人小组,星期日听了书会,次日聚在外滩议论,他们说:"书会办得很好,是四五十年代大百金空中书场之后的仅有的受欢迎节目。"复旦大学著名老教授郭绍虞先生是苏州人,爱听评弹,年过九旬到书场听书不大方便,听了书会他欣然命笔,写了一首诗寄给《星期书会》:"弦边一曲乐融融,唱出新貌与新风。天波巧载吴侬语,送入千家万户中。"苏州弹词开篇《杜十娘》的作者朱恶紫,写了两副对联寄到《星期书会》:"月白风清歌盛世,泉冽酒香庆升平"。"耿介壮怀肇大业,良药忠言励人群"。这两副对联把月泉和我二人的名字嵌入联中,对我俩是很大鼓励。我们还收到一封来沪探亲的老华侨来信,他听了《星期书会》的节目,觉得好听极了,决定推迟归期,以便多听两次书会的节目。返美后,他还要请上海亲戚把书会的节目录了音寄给他。这些反应使我们很高兴。由于我与月泉社会活动较多,有时会无暇抽身主持节目,电台方面又陆续增聘了余红仙、陈希安、石文磊轮流主持书会节目。

《星期书会》的形式多样,内容丰富,有时我们也会做一些专辑纪念去世的老艺术家。有一次书会正值清明节,蒋月泉和我想起了逝世一年多的老作家陈灵犀先生,于是想做专辑纪念他。

陈先生原名听潮,别署听潮生,笔名灵犀、猫双栖室主。广东潮阳人。1902年生于上海。20年代后期起,先后任上海《福尔摩斯报》编辑、《社会日报》总编辑、《文汇报》和《前线日报》的副刊编辑。他很有才华,下笔成章,与唐大郎齐名。解放后,先在上海市文化局工作,后调我们上海评弹团,任业务指导、文学组长,专职写作评弹。最先写《白毛女》连续开篇,每日发表于《新闻日报》,由蒋月泉、杨振言在电台播唱,后来为蒋月泉编写长篇弹词《林冲》。为了熟悉评弹,他把铺盖搬到团里,和艺人一起生活,跟到书场听书,打起背包一

四十九、《星期书会》：天波巧载吴侬语，送入千家万户中

起下农村，一起下海岛慰问部队。他的古文底子很好，能写旧体诗词，但评弹唱词与旧体诗词还是有差别的，他努力适应听觉艺术的要求，写出十分优美动听的评弹唱词。他和蒋月泉、朱慧珍一起改编的《白蛇传》是传统书目的经典之一，其中他为蒋月泉写的《中秋》、《上金山》、《断桥·合钵》、《哭塔》等唱篇也都是百听不厌的名段。30年来，他写了几百万言的评弹，被誉为"评弹一支笔"。

蒋月泉和我在电台《星期书会》上主持节目

纪念犀老专辑播出的节目，有刘天韵唱的《林冲踏雪》，徐丽仙唱的《罗汉钱·可恨卖婆》，蒋月泉唱的《世间哪个没娘亲》，朱慧珍唱的《寿堂唱曲》，严雪亭唱的《一粒米》，朱雪琴唱的《南泥湾》，杨振雄唱的《夜探晴雯》，张鉴庭唱的《误责贞娘》。以上不过是犀老创作的部分保留节目。我们以这种方式来祝福他在天之灵安息。

月泉在这次书会中说："犀老的外孙女告诉他，犀老在病重时嘱咐过她，'在百年之后，把我埋在苏州（苏州是评弹发祥地——作者

注），你们清明来上坟时，带一只录音机来，在坟前放两段弹词录音让我听听。'这样他在九泉之下听了也会含笑的。"他对评弹的热爱之情，溢于言表。这个书会播放之后，我收到他儿子的来信，称他们全家收听纪念犀老作品专辑之后，特别是听到犀老对外孙女的嘱咐后，都淌下了泪水……

《星期书会》三百期时在长江剧场演出书戏《上海滩》

我参加《星期书会》的确切次数已记不清楚了，其间我和蒋月泉合作主持的期数不少，听众反应说："听蒋月泉、唐耿良的介绍，比听书还要好听。"因为蒋月泉谈笑风生、妙语联珠，我们配合默契，所以才赢得了听众的好评。后来蒋月泉参加少了，我和石文磊、余红仙、陈希安也难得合作主持节目。我个人主持所做的专辑，最多的是蒋调，共五期，一是传统开篇，二是现代开篇，三是陈调的五种唱法，四是《白蛇》选曲，五是蒋调五十年专辑。其他还有刘天韵二期、薛筱

四十九、《星期书会》：天波巧载吴侬语，送入千家万户中

卿（薛惠君参加）、杨振雄、周云瑞、张鉴国的琵琶等各一期。我参与的其他主持活动有：星期书会一百期在南京大戏院（今上海音乐厅）的现场直播、二百期在兰心大戏院的现场直播、三百期在长江剧场的现场直播，这些都是评弹界的盛会。三百期之后我就出国了。主持书会是一个学习过程，同时也是对评弹艺术一个再认识的过程。书会为评弹艺术的推广和传承起了很大的作用，主持书会虽说耗去了我不少的时间和精力，但是我至今认为是值得的。

五十、积劳成疾：染上了说书人的职业病

正当我的艺术生命重新焕发第二春的时候,一件说书人最担心发生的事情降临到我的头上。

说书人在书台上全靠精气神充沛,中气足嗓子好,再加上掌握了理、味、趣、细、技,就能受到听众欢迎而成为响档。旧时说书艺人在码头上,一般都要演日夜两场,每场说足90分钟,中气超负荷消耗,极易得气喘病,得了病也不能停止演出,因为"一天勿说,一天勿活"。为了生活只能抱病演出,支撑不住时就吸鸦片吊精神,鸦片上瘾后泥足愈陷愈深,气喘发展为肺气肿,再进而成为肺心病,最终心肺衰竭而死亡。这是说书人的"职业病"。由此而造成的悲惨结局,比比皆是。

20年代,有位评话超级响档石秀峰,他擅长说《金枪传》,《杨七郎马跳浪头峰》是他的拿手绝活。石嗓音嘹亮,台风儒雅,深受听众喜爱,红极一时。他不仅书场演得多,还有长堂会。长堂会往往在深夜一点钟说书,说完了还要陪主人抽鸦片,吃夜宵。完事回家时,已经凌晨四点多了。长此以往,不堪负荷。凌晨回家时疲惫劳累,在马路上往往手撑着电线杆连路也走不动了。最后他英年早逝,死时才39岁。

还有一位说《岳传》的响档周亦亮,不仅书说得好,还有编书的

五十、积劳成疾：染上了说书人的职业病

能力,《后岳传·岳雷拜帅》《九擒文天祥》等都是他创作的,深受听众欢迎。但周亦亮40多岁就已经气喘不止了。有一次他在玄妙观三万昌茶馆开日场,我去听书。下台后周喘气如牛,我走到书台旁向他问好。见他从儿子周啸亮手里接过一粒粽子糖,含入口中润喉。不久周突告病危,他召他的学生曹汉昌到病榻前托孤。其时啸亮尚幼,还没有学会说书,周要求汉昌念师生之情培养啸亮成材。汉昌慨然允诺。周亦亮亡故后,汉昌不负老师重托,带着啸亮出码头学说书。出门的川资、吃饭的饭钱包括零花钱都由汉昌负担,直到啸亮学会说书上台挣钱可以供养老母为止。

说《济公》的陈浩然,说《英烈》的夏冠如,也都是40岁刚出头,就因肺病过早地逝世。这样的例子举不胜举。我吸取他们的教训,烟酒不沾,说书力戒超负荷,嗓子没有喊破过。本以为我可以避开气喘这个职业病了,谁知最后还是逃不脱气喘病的侵袭!

1980年冬我59岁那年,我到平望镇去探望在那里说书的赵开生。赵的身体较瘦弱,他妻子特地用人参、桂园、甲鱼熬成膏,让他出门时服用进补,赵服用过量,把胃口吃坏了,吃不下饭,感冒发烧。我去看他时,他冲了只热水袋缚在胸口要上台说书。演期还有四天,我看了于心不忍,说:"你明天回上海去看病吧。后面四场我来代你演出。"赵很高兴,一上台便宣布明天夜场由我演出《三国》。休息时不少听众拥到售票处预购明夜的书票。散场后我到旅馆去休息,平望的旅馆设备简陋,没有卫生设备,要自己到炉子间去取热水洗脚,我取了脚盆到炉子间,在一只七星炉上去拎吊子倒热水,刚拎起吊子,炉子里冲出一股强烈的煤气直扑我的鼻孔,顿时气管痉挛,实际上是一氧化碳中毒。当时我还没有感到病情的严重性。次日早晨我送别赵开生登车返沪,走回书场时,喉咙里"吼哩吼哩"喘个不停。按理

我不能上台说书,但想到上海评弹团跟平望书场订有演出合同,我如不演,变成评弹团毁约,有损团的信誉。作为副团长我不能毁约,这四天演出就克服一下吧。这四场演完,我喘得更厉害了,回上海到徐家汇下车,不回家就直奔文艺医院看病,未进医生房间,医生已听见我"呼噜呼噜"的喘气声。他批评我不该坚持这四场演出,使病情加重。他嘱我打针、服药、卧床,10天后,我才缓解过来。

此后不能咳嗽,一咳便诱发气喘,更闻不得煤气,连炒菜的油烟气闻了也难过。我的一件呢子上装沾了油渍,用汽油擦拭后挂在房间里,闻到散发的汽油味又导致了喘疾的复发。最难过的是冬天,当时上海家里还没有空调,室内外一样冷,晚上起床小便极易受冻咳嗽诱发气喘。从1980年到1989年的十年间,我每年复发一次到两次。从发病到缓解的时间越来越延长,先是十天,后来是半月,到最后一次竟要两个月才得缓解。那时上海电视台播放连续剧《四世同堂》,其中有一个情节,日军活埋一个中国人,那人站在深坑里,上面的泥沙一锹锹地倾泻下来,泥土堆到齐胸时,那人的肺部受到压迫,闷得透不出气了。我发病的时候,也有像被活埋时泥土堆到胸口的感觉,晚上睡觉不能平卧,平卧时呼气就困难,要坐在床上背后垫几个枕头才勉强能透气。我问过医生怎么才能治好这病?医生回答全世界现在还没有药物可以使气喘根治。服药只能缓解,不能断根!医生的答复使我感到沮丧而又无可奈何。早晨女儿到我床前来看望我,看到她呼吸平顺自然,我好生羡慕呀。唉,我什么时候才能和她一样呼吸自然呢?

我深知职业病的可怕,我必须抓紧哮喘的缓解期,尽快把我的传统书目保存下来。我先是到电台去录音,三年里录制完成了一百回《三国》;又记录整理了《三国·群英会》的演出本共30多万字,由中

五十、积劳成疾：染上了说书人的职业病

国曲艺出版社出版；还参与了苏州评弹学校中年演员培训班、评话演员学习班、青年演员学习班的讲课活动；还先后去天津北方曲艺学校、杭州大学、华东师范大学、上海师范大学讲课；编演了《三国用人之道》，为上海、苏州、无锡、昆山等地的企业家们演出了50场。在此期间，我还获得了国务院颁发的特殊津贴。总之，职业病并没有使我放弃我所热爱的评弹事业。

五十一、退隐桃源：找到了
　　　理想的退休居所

在我的一生中，我曾多次考虑过年老以后的去处。

1933年我12岁，跟师学艺。当时，我抄录了老师的几十首开词，其中有一首开词我至今还背得出："家住小桥北，几间茅草屋。前有大夫松，后有君子竹。吃的粗米饭，穿的布衣服。清晨一炉香，合家都欢乐。"这首诗有些哲理性，对人生要求淡泊，有一点隐士的情趣。这篇开词对我影响很大。后来我在《列国志演义》上又看到一首诗："翠竹林中景最幽，人生乐此更何求。数方白石堆云起，一道清泉接溪流。"这诗我很喜欢。当时，我希望说书说到老了，能在农村里造几间房子，后园种上翠竹，凉风习习，临水竹篁清幽，在那里布衣菜饭，也可安度晚年。

1938年初夏，我17岁，到浒墅关荷园书场说书。老板告诉我，附近村里住着一位说《三国》的老前辈周镛江，他娶了农村姑娘为妻，说书积蓄了些钱，买了几亩田，造了几间屋，在这里隐居。次日，我步行三里地，边走边问路，找到了周家。我了解到周的老伴几年前病故，他们没有儿女，领养了一个儿子。周因睫毛倒刺双目失明，儿媳妇既要喂养婴儿又要忙活田里耕作，没有时间照顾他。我进屋看见周躺在床上，盖着一条旧棉胎，状况甚惨……这样的场面打破了我将来退隐农村的幻想。如果病倒，无人医治照顾，后院纵有翠竹成

五十一、退隐桃源：找到了理想的退休居所

林,亦有何乐?

1958年夏,我37岁,到苏州郊区光福镇窑上村深入生活,搜集创作素材。窑上村濒临太湖,湖边芦苇深深,湖面烟波浩渺,山上栽满杨梅、枇杷,还有玫瑰、杜鹃盛开。湖光山色,真乃人间仙境。当时我曾动了退休后在这里安度晚年的念头。但住下来后仔细考察,发现问题不少。一是环境卫生太差,白天厨房里苍蝇密集,挥之不去;到夜晚蚊子群舞,只能躲进蚊帐里看书。二是村子没有集市贸易,买小菜要跑五里路到光福镇,赤日炎炎如火烧、数九寒天风舞雪,每天行走十里买菜,如何吃得消?纵使这里胜如仙境,但是仙境里的凡人不能不食人间烟火,一日三餐的打理不能不考虑吧。所以环境虽美,也不是理想的栖身之地。

1989年春,我68岁,与吴子安、杨振雄等从上海评弹团集体退休了。这时,我患哮喘已有十年,病情越来越重,退休后何处栖身的问题让我颇费思量。是年冬天,我应在加拿大的女儿邀请去加探亲。说也奇怪,到了加拿大,我的哮喘病竟然不药而愈。除了我不沾烟酒、控制饮食、早睡早起、每日坚持打太极拳、心态平衡等因素外,加拿大优越的生活环境无疑起了很大作用。这样,在女儿的建议下,我就在加拿大定居下来。在伦敦住了几年后迁居到多伦多SHEPP-ARD的一座老年公寓里,住在最高层的13楼上,光线明亮,空气清新,房间居住面积近40平方米,分宿舍、厨房、卫生间,还有大壁橱和一小间储藏室。冬天有中央空调的暖气,夏天有自备冷气机。厨房里有冰箱、电灶、烤箱、洗涤池、放碗碟的橱,一应俱全。卫生间24小时有热水供应,每夜可以洗浴。楼下有会客间,大厅有体育锻炼器具。大楼外面有很大一片草坪,古树环植,每天可以在绿荫下打太极拳。冬天铲雪、夏天割草的事务都由大厦雇人进行。附近还有一个

在加拿大

大公园可以散步休闲。隔壁和对门都有超级市场,买东西十分方便,门前就有公车站,交通便利。大楼共 13 层,每层 24 户,共住着 300 户左右的房客,都是年老的长者,相逢一笑,互不交往,既有城市购物之方便,又有农村独居之安静,如同城市里的乡村。这里的感觉如陶

五十一、退隐桃源:找到了理想的退休居所

渊明所云:"结庐在人境,而无车马喧。问君何能尔?心远地自偏。"在这里安度晚年正是得其所哉!浒墅关的农村、光福窑上的居所,都不及这里的条件,我总算找到了我的桃花源,比起周镛江归隐乡村后凄惨的晚年生活,我幸福得多了。

五十二、旅加掇趣：问路、购物、学语言和旅游

来到加拿大，曾住在离多伦多 200 公里的伦敦市，这个伦敦并不是英吉利的首都伦敦，它是加拿大安大略省的一个省辖市。人口不多，中国人更少。虽然地广人稀，但城市很美丽。我和女儿、女婿住在一起。我女婿在大学读硕士，住学校的宿舍，地方在近郊，我在马路上散步，往往不见人影，难得有汽车经过。马路两边是各式建筑的独家别墅，门前有草地，还种有鲜花。散步时觉得比上海复兴公园还要来得安静，空气清新，人很舒畅。有一个星期天的早上，我独自外出散步，时值冬天，屋顶上和人行道上都有白雪覆盖，我信步走去，拐了几个弯，迷路了。退回去吧，已记不得原路；往前走吧，离家更远，本想打电话回去叫女婿开车来接，但路边又没有电话亭。星期天的清晨，家家关门闭户，屋主都在休息，怎能扰人好梦？且听女婿讲过，外国人大多有自卫枪械，陌生人未经允许叩门入室，他们可以开枪射击，打死了人不必负法律责任，这一吓人的规矩，更是令我不敢造次敲门。正在犹疑间，前面来了一辆自行车，在人家门前邮箱中放报纸。他很年轻，大概是个打工的学生，黄皮肤，黑头发，可能是中国人，我赶紧上前用普通话打招呼："对不起，我迷路了，请问到'迫拉次来唔'怎么走？"他摇摇头表示听不懂，车子一蹬继续送报去了。此人可能是越南人，不懂中国话。我沮丧了，怎么办呢？我想我女婿

五十二、旅加掇趣：问路、购物、学语言和旅游

的宿舍是在马路的东面，太阳正在东面升起，我只要向着太阳方向走去，总会找到家的。我朝前走去拐弯一看，发现前面一个足球场，不禁心中大喜，我经常带着外孙到球场来玩，看见球场等于就找到了家。回家后告诉女儿，她马上用笔写一张纸条，上面是英文的地址和家里的电话号码，她说，万一再迷路，只要把纸条给人一看就可以了。

离家十五分钟路程有一家外国人开设的超市，我每天早上要去超市购物。刚到加国时，总要把加币和人民币对比，一比，觉得比上海贵多了，就舍不得买。开始时买蔬菜总要先到堆放处理品的木架子前望望，架子上的蔬菜比正式菜摊上的来得便宜，看看质量也说得过去，就买处理品。有一次我买了一包砂糖，正推着购物车行走时，背后的亲家公招呼我："外公，快点买一包盐回去，家里炒菜没有盐了。"我暗想糟糕，盐放在哪里呢？我又不懂盐的英语称谓，这里的店员都是外国人，不懂中文，家里炒菜又等着盐要用，这怎么办？我看见一个穿着白大褂的外国店员走过来，就拦住他，用两手比划着一个圆圈，表示是一只锅，又用右手手指并拢像一把铲刀，在锅里炒动。指指车上一包糖，糖的英语叫 Sugar，这我知道，我就用高兴的表情笑着说："放 Sugar"，表示甜。我再用炒菜的手势说："要……"做一个抓一小撮盐放进锅里再炒的手势。再做一个皱眉头，苦着脸，伸伸舌头表示咸的表情。我像哑巴做戏那样地用面部表情加手势的方法来表示我要买盐。这个外国店员看懂了我的意思，领我到放盐的玻璃箱前头。我取出一点尝尝是盐，再买回家去。其实盐的单词很简单：Salt，我因为不识英文，买东西像哑子演戏一样弄得好吃力。

因为不会讲英语，不论是迷路问讯，或者是购物都有困难。于是我和两亲家都去学英语，从 ABCD 二十六个字母学起。苏州人有句俗话："六十岁学吹打"，我是七十岁学英文，困难不小。由于一下课

别梦依稀——我的评弹生涯

在女儿家的生活照

回到家中就说上海话,很容易前学后忘记。于是就弄了一本笔记本,把单词记下,下面用中文注音,再加注表达的意义。在学校认识了一些高龄的同学,他们和我一样都是子女在加拿大工作,家庭团聚探亲来到加国的。他们知道了我曾在多伦多大学讲课有个录像带,便要求拿到学校里来放一放。文化中心的干事看了录像后,知道我是说书人,便要求我春节联欢聚餐时表演一个节目。这里的华人基本上是广东人,他们怎能听懂苏州说书呢?我又不会说广东话,只有用普通话来说书,我先把华吉驯马的故事写出来,请干事用英、汉文对照写了一个提纲,放在每张桌子上,让听众事先了解故事的梗概。说书时,当说到华吉扬起马鞭佯作要抽打的时候,这马发火了,对华吉马眼一瞪,马蹄一蹬,说:"不许碰我!"这时我夹了一句刚学会的英语:"Don't touch me!"下面哄堂大笑。听众们都懂这句英语,他们都被逗乐了。这一个小段效果极好。我也很高兴。我从买盐不会说

五十二、旅加掇趣：问路、购物、学语言和旅游

Salt,到能用英文放噱头，也算是一点进步吧。

加拿大是一个地广人稀、风景美丽的地方，我女儿、女婿平时上班、读书，双休日有空时便会带我出去游览。秋天的枫叶十分漂亮，徜徉其间，心情舒畅。最令我惊叹的是世界七大美景之一的尼亚加拉大瀑布，气势雄伟，令人震撼！我登过长城，参观过临潼的兵马俑，这些都是人工制作的，但看了大瀑布，感到大自然太伟大了，相比之下人工所为显得太渺小了。我还穿上雨衣，乘着船直向瀑布驶去，瀑布泻下的水珠直扑脸上，让人感悟到亲近大自然的愉悦。上岸后我们又进入一个山洞，洞在瀑布的背面，从洞中观看瀑布，折射着阳光的缤纷色彩，另是一番景象。步出山洞，我们又到一个电影院里观看有关大瀑布的纪录片，片子描述了原住民争取婚姻自由的故事：一个青年姑娘拒绝嫁给有势力的老年酋长，跳入大瀑布中化为了瀑布女神。影院外面陈列着木桶，过去有一些冒险家钻进木桶，从瀑布上游漂流而下，到瀑布落差处，从几十米的高崖坠入波浪中，被激流冲到下游，然后让人打捞出水，撬开木桶，从桶中钻出来。有些人为这种冒险行为付出了生命的代价。当局为安全起见已严禁这类冒险举动。加拿大是个美丽的国家，由于女儿常带我去各地游览，缓解了我的思乡之情！

五十三、桑梓情深：初次探亲访友之旅

"床前明月光，疑是地上霜。举头望明月，低头思故乡。"每逢多伦多的中秋之夜，浓浓的思乡之情便油然而生。于是，在离开上海5年后的一天，我与小女儿暂时告别，乘飞机返回上海。步出虹桥机场时，一个小孩飞奔到我面前，高喊着"阿爹"。1989年冬我离开上海时他在母亲肚子里还没出世。1990年4月诞生后，四儿力先常将孙儿的照片寄来，我只是在相片上认识这个唯一的孙儿，他也是在照片上认识的我，今天终于在机场见面了。我挽着五岁的孙儿和从芜湖赶来的大儿力行，苏州来的小儿力工，上海的力敏、力先一起团聚了，心里的愉悦之情难以用语言表达。回到南昌路家里，围桌而坐，无比亲切。虽然平日里我和儿女们书信往来不断，见了面还是有说不完的话题。天伦之乐是无可替代的。

临睡之前，我与从香港返沪的蒋月泉通了电话，相约明日上午到蒋家相晤。躺在久违的旧床上，难以入眠，我又想起了5年前的往事。1989年11月25日晚上，儿女们为我送行，在家里设宴饯别，我请月泉前来参加，当时他正患上带状疱症，每天去医院换药，很痛苦。为了给我送行，他抱病赶来了。饭后我叫了辆的士，送他回长乐路寓所，到门口我要送他下车，他说明晨我不到机场来送你了，我送你回南昌路，他让司机原路开回去。司机又开到南昌路，我说你身体不好

五十三、桑梓情深：初次探亲访友之旅

不能让你一个人回去，要司机再开回到长乐路。送君千里总有一别，我们不得不依依惜别，我满怀惆怅独自回到南昌路，此情此景似乎仍在眼前。到了加拿大后，我们只能靠书信来交流数十年来从事评弹事业的心得。我在多伦多大学讲课时，学校录了像，我向学校要了两盒录像带，一盒自己保存，一盒寄到香港请月泉看看，提提意见。他回信时又寄给我五盒录音带，每盒 120 分钟。这是他在苏州评弹学校给演员培训班的五次讲课录音，讲授他开创蒋调的经验。他边唱边分析《战长沙》、《庵堂认母》、《厅堂夺子》、《沈方哭更》、《夜访陈有才》、《芒种回忆》、《陈喜读信》等唱段，介绍这些开篇、唱段曲调的来由和创作时的心路历程。这些宝贵经验月泉很珍惜，不肯轻易示人，他赠送给我要我参考借鉴，日后讲课时可酌情参考应用。后来他不断寄录音给我，一半是倾吐心情的谈话，一半是《刀会》、《王孝和写遗书》、《剑阁闻铃》、《离恨天》等唱段的录音，这些资料弥足珍贵。

次日大儿力行陪同我去长乐路蒋家，我与月泉别后重逢，倍感亲切，力行为我二人摄影留念。大概因为老了，我们谈的大多是故去的同事。此中意境正如杜甫诗中所云："人生不相见，动如参与商。今夕复何夕，共此灯烛光。少壮能几时，鬓发各已苍。访旧半为鬼，惊呼热中肠。"月泉告诉我，自我去加后，老朋友张鸿声走了，享年 82 岁。蒋说当时团里成立治丧委员会，我们都名列其中，因怕我伤感没发讣告给我。蒋代我送了花圈为老友送行。我听后神情黯然。张鸿声曾是"七煞档"的头头，1948 年中秋节在苏州，1949 年春节在上海，我们演出的书场，都由他筹划安排。但是场子安排总有不尽人意之处，张鸿声觉得吃力不讨好，从端午节起他不再管书场调度，由各人自由接洽。解放后我与月泉奉命筹建评弹团，蒋去动员张鸿声入团，张当时是评弹界单干艺人收入最高者之一，他毅然放弃高收入入

别梦依稀——我的评弹生涯

1994年返回上海时在长乐路蒋家晤谈

团,月薪只有单干的三分之一。这个牺牲精神我非常钦佩!张的说书功底很深,当时同行们包括有些听众都称赞张鸿声的噱头放得好,称他为"噱头大王"。张鸿声听后很不以为然,似乎他只是靠放噱头来吸引听众,不是靠说书的真功夫。我听张说过,他父亲解放前在阊门开了一家汇泉楼书场,他从小就在书场里听书,评话老前辈响档王效松、何云飞、叶声扬、吴均安、杨莲青等的书他都听过,深受熏陶。他拜的老师蒋一飞是说《英烈》的响档。张学会说书后,刚出道接不到书场,他上午在茶会上待业,下午到公所里去,公所里有只书台,他天天上台练功。公所里只有一个工友祥庆在看门,他就说给祥庆一个人听,大热天赤膊说书,照样全力以赴说得大汗淋漓。经过十年磨砺,张鸿声在码头上已有一定影响,但说书一定要在上海书场走红,才能算是真正的响档。1935年中秋节,28岁的张鸿声进上海,主要

五十三、桑梓情深：初次探亲访友之旅

的场子是城隍庙得意楼日场的头场。城隍庙的听客都是老耳朵，城隍庙里有好多书场互相敌档，就像打擂台一样，当时说《英烈》的叶声扬、许继祥、蒋一飞等老一辈响档也在城隍庙演出，张鸿声是名不见经传的青年人，面临的压力相当大。但张鸿声在竞争中脱颖而出，成为新冒出来的大响档。如今张鸿声已离我们而去，蒋和我为失去数十年的老友而悲伤。

蒋又提到"琴调"创始人朱雪琴不久前逝世，我们再度陷入伤感之中。琴调的表现力是丰富多彩的，朱雪琴饰演伶俐活泼机智调皮的丫头采苹，一口气连唱72个他，节奏明快一气呵成。她表演的方老太思儿的一段唱词把一个衰老的慈母压抑愁苦的情绪充分展现出来。演唱传统唱段《潇湘夜雨》、《蔡伯喈哭坟》、《英台哭灵》及现代开篇《思想上插上大红旗》、《南泥湾》、《好八连》等时，她唱得酣畅淋漓、各有特色。朱雪琴在演中篇选曲《游水出冲山》时，不但把太湖游击队不畏艰险的精神表现出来，而且其"一手划来两足蹬"的手面，把沈俭安的眼到手到口到心到的技巧学得恰到好处。早期评弹团的三个女演员，朱慧珍48岁就离去，徐丽仙56岁走了，朱雪琴71岁病逝。她们三位的声腔造诣各有千秋，十分精湛，为弹词唱腔留下不少保留节目，如今她们先后离去，令我们欷歔不已。

回上海后，我又去杭州、苏州、芜湖及黄山旅游。黄山之行给我留下了美好的记忆。"五岳归来不看山，黄山归来不看岳"。黄山之美使我心旷神怡。大儿力行陪同我登山，行李由他背上，我空身行走，还能应付。当时我已经73岁，不用拐杖爬上了莲花峰，极目远眺，顿生无限豪情，使我对继续为评弹事业做出应有贡献充满信心。在黄山时，我想起了60年代杨振雄在黄山住了一个月，在美丽的黄山记录他美丽的《西厢》。于是，从黄山回沪后，我去田林新村探望

了杨振雄。前些年为了保存《长生殿》的资料,他一人在家伏案疾书,高血压、脑血栓使他跌倒在地,昏迷不醒,幸被一位来为他誊清文稿的大学生发现,马上被送医院治疗,最后落下一个中风偏瘫的后遗症,左手左脚不听使唤。杨振雄热爱艺术甚于生命,中风前已经录制了《武松》的电视录像、《西厢》的全部录音。他告诉我,弹弦子不行了,再上台说书有困难,但写作还可以的。年轻时自己编写杨贵妃、崔莺莺的形象,现在年过七旬要写一些老年人的形象,前不久完成了《赵氏孤儿》的中篇,把程婴舍子救孤儿后被人唾骂卖主求荣的委屈情绪充分表达出来。目前他正在考虑写伍子胥的故事。我被他热爱艺术的精神深深感动。两年后杨振言举办书台生活六十周年纪念。杨振雄和邢晏芝、庄凤珠合作《絮阁》片断。先是大幕落下,杨振雄坐轮椅登台,扶他坐上椅子,再把轮椅推走,他不弹三弦,唱的时候让邢和庄弹奏乐器,杨振雄嗓音清亮,中气充沛,风采依旧,唐明皇两句挂口"风流惹下风流苦,不是风流总不知"赢得满堂彩声。整个专场,杨振雄是给听众印象最强烈的一位!杨振雄献身评弹的精神,就像黄山上历经风霜而傲然挺立的迎客松。那天,我和他畅谈了一个下午才告辞回家。

我又去浦东吴子安家探访。吴长我两岁,今年75岁了。他在说表和起角色上功力深厚,我是非常佩服的。"文革"以后,他年迈体弱,染有肺气肿哮喘,《隋唐》这部书传承下去有困难。我建议他去电台录音把这部书保存下来。这次去吴家,久别重逢,倍感亲切。我问起录音之事,吴说:"余雪莉到我家来邀请,我告诉他,书已荒废日久,要好好回忆,先在家里用录音机录一遍自己听一听,发现有遗漏的话再行补充,一个星期只录一回,一个月录四回,大热天大冷天停录,细水长流,能录多少就多少。电台上派汽车接送,这不是一年就

五十三、桑梓情深：初次探亲访友之旅

录得完的，录了两年多，基本上把长篇录好了。"我听了非常高兴，子安兄终于完成了一件大工程，为评话艺术保留了一部重要书目。

1994年返沪时前去探访吴子安

返加前我到单位去拜会了新团长张振华，张告诉我国务院给知识分子发终身特殊津贴，数目虽然不大却很光荣，团里有三个名额，我、余红仙、秦建国作为老中青三代人的代表享受国务院津贴。我感谢领导上给我的殊荣。张又告诉我，苏州电视书场要给老艺人录一点像，我如有意，他马上打电话去叫他们来上海和我联系。我一听不

敢答应，因为感觉自己长久不说艺事荒废，仓促上阵没有把握录好，于是推托归程机票已定，没有时间了，以后有机会再说吧。不久我就飞返了多伦多。这次探亲访友之旅，收获良多，尤其是看到蒋、杨、吴老友对评弹事业的执著，让我感到我们的心是相通的！

五十四、教堂说书:给加拿大人讲苏州评话

石清照女士是多伦多大学东亚系教授,专门研究中国曲艺。80年代初曾到北京大学中文系留学,留学期间曾拜中央广播说唱团京韵大鼓艺术家孙书筠为师,学唱《长坂坡》等京韵大鼓段子,之后她又邀请孙老师去多伦多大学讲课并陪同孙老师去美国几所大学讲课,把京韵大鼓推广到美、加等国,扩大了中国曲艺在北美的影响。石在北京时还向山东快书艺术家高元钧学习,把高老的《饺子汤》学到手,学得惟妙惟肖。

1984年蒋月泉在上海举办"书坛生活五十年"的活动,石到上海大华书场听书,我以为石能听懂北方曲艺,对吴侬软语的苏州评弹恐怕就听不懂了。我坐在石的后排,在蒋月泉放噱头时,看到她照样开怀大笑,可见对南方曲艺她也能领会。此后杨振言到多伦多访问,石邀请杨到多伦多大学讲课,由石担任翻译,讲课取得很好效果。

80年代后期,石率领一个旅游团到上海、苏州等地访问,上海评弹团为欢迎石的到来,隆重举办了一个交流联欢会。团领导委托我主持会议,那天与会的演员很多,上海戏剧学院教授陈汝衡也来参加,上海人民广播电台戏曲组编辑周介安携来录音机,现场实况录音。我操着不标准的普通话,向客人介绍评弹的特点,评话口技的八技我一一表演,引起了客人们很大兴趣。一位搞音乐的团员一脸诚

恳地对我说:"希望您能到多伦多去讲课。"接着联欢开始,石一口流利的普通话,比我的普通话还要标准。她拿出两块铜片叮叮当当敲起来,一段高派的山东快书《饺子汤》,赢得满堂掌声。杨振雄、杨振言的《西厢记》也唱得声情并茂。电台《星期书会》播放了实况,节目主持人石文磊说:"石教授的普通话很像北京人讲的普通话,唐老师的普通话倒像外国人在学说中国话。"口齿伶俐的石文磊把我调侃了一番。

石清照和她的老师、京韵大鼓名家孙书筠在一起

1989年底我到加拿大探亲,跟石教授通了电话,石热情地邀请我到她家里作客。当时我女儿住在伦敦市,女婿陪我坐了两小时灰

五十四、教堂说书：给加拿大人讲苏州评话

狗巴士到达多伦多。石教授在汽车站手持写着我中文名字的纸牌迎候我。到了石家，她知道中国人不习惯吃面包，特意买了大米给我煮饭，又从冰箱里取出一碗肉片，拿来一本中文菜谱，按照炒肉片的说明，口中喃喃自语："要放菱粉拌和。"取来菱粉放在肉片里拌和，按照书上的程序，炒了一份肉片菜瓜。我很感动，一个上了年纪的西方高级知识分子为了款待中国的客人，按照中国书本上的方法炒菜给客人吃。她的热情、她的心意我是领悟得到的。

饭后闲聊时，石清照对我说："今天是周末，圣乔治教堂晚上有一个'一千零一夜故事会'，很多洋人业余故事员在那里讲故事，你有兴趣去听听吗？"我想自己在上海辅导过很多工厂和农村的故事员，参加过不少故事会，但外国的故事会我倒没有见识过，今天有这个机会，我很有兴趣去看看。我说："好呀。"石教授说："你也在会上说一段《三国》，与加拿大的故事员作一交流好吗？"我感到很为难，说一段《三国》对我来说不是难事，小店里的货色拿出来就是，但我不会讲英语，我用中国话说书，洋人听不懂，他们会有耐心听我讲故事吗？石清照见我面有难色，就安慰我："你把故事的梗概告诉我，我用英语先介绍一遍，然后加拿大听众就能够接受苏州评话了。"我选了一段口技和手面动作比较多的段子《长坂坡·赵子龙枪挑高览》，把情节讲给石教授听。晚饭后石陪我到圣乔治教堂去，街上的积雪很厚，朔风凛冽，我寻思这样寒冷的天气，故事会的听众不会很多吧？推门进去，但见教堂的一个大厅里，黑压压坐满了一屋人。我们只能在墙边找空位子坐下。台上一位女故事员讲完故事，全场鼓掌，接着一位年已八旬、满头银丝的老太太，手拄拐杖缓步走上讲台。石教授介绍说，这位老太太很有学问，能讲不少民间故事。今天讲的是《聪明婆婆与笨媳妇》。我虽然听不懂英语，但看得出这位老太太

很有气质和修养。她说话的语调安详自然,幽默生动,听众不时爆出阵阵笑声,效果很好,结束时响起了热烈掌声。场内电灯亮了,听众们都到隔壁一间去喝咖啡和休息,石清照又介绍说,这个故事会每逢周末举行一次,她到这里来讲过好几次。听众都是爱好故事的人,有不少人自己也能讲故事,他们从老远地方开了汽车来参加故事会,自娱自乐,所以"一千零一夜故事会"长盛不衰。

休息后,石清照带我到讲台旁边,用英语向听众们介绍我这位来自中国的苏州评话演员,接着又把故事内容详细介绍一遍,说到其中有趣的情节时,听众们哄堂大笑。然后她把台上一柄两尺多长三指宽紫黑色木制宝剑递给我,说:"这是印第安人的风俗,他们集会时,酋长手持木剑讲话,木剑象征着权威,族人见了木剑就安静地听他讲话。你讲完故事后,把木剑交给下一个讲故事的人。"我接过木剑轻轻地放在台上,这时场子里的电灯都熄掉,每一张小圆台上都点燃着一支蜡烛,烛光摇曳,照耀着台边金发碧眼的洋人面孔,他们瞪大眼睛注视着来自中国的说故事人,眼光里透露出好奇的神色。看到一屋子的外国听众,我不免暗暗思量:评话的特长是传神的说表和风趣的语言,在语言不通的听众面前,特长变成了"特短",我必须尽可能压缩叙述的部分,充分运用角色的表演和口技、手面的技巧,以引起听众们的兴趣。"啪!"醒木一响,我说道:赵子龙单骑救主,接近敌营,点马登山……接着便是马蹄声、马喷鼻声、勒马时的马嘶声和一手勒住缰绳、一手执枪、一个亮相的造型动作。这种区别于故事员叙述为主不起角色的方式引起听众们浓厚的兴趣。接着在说高览得报点兵备马时,我把高览的整盔、理甲、拎甲阑裙、攀鞍上马、接过开山斧的又一组动作表演出来。接着我又用掌军号、擂战鼓、放号炮、列队步伐和喊杀的声音把战场的气氛造足。场内听众的气氛活跃起来

五十四、教堂说书：给加拿大人讲苏州评话

了。接着我又用不同声音表现赵云的武生小嗓和高览的花脸粗嗓。最后说到高览冲上山去向赵云马头上一斧砍下，赵云圈转马头，高览一斧砍空，赵云乘势踏沉船用枪尖往斧上一盖，高览一斧砍在树根上，斧头被树根咬住，赵云一枪把高挑死。在该有效果的地方，听众哄堂大笑。故事说完，场子爆发出长时间的热烈掌声。一位听众热情地跑过来向我祝贺。他讲的英语我听不懂。石翻译说："他虽然听不懂中国话，但完全理解故事的内容，他很喜欢听中国故事。"我听得心里乐滋滋。外国听众有这样强烈的反应，首先应归功于石教授的翻译，让听众对故事有所理解。其次要感谢前辈艺人创造的表演程式口技、手面等动作，因此增强了艺术的感染力。在踏雪回家的路上，我寻思：多伦多的电视机普及率很高，各类艺术频道也多，为什么听故事的人还是不少，而苏州评话的形势严峻，听众减少，后继乏人？看来，只要说评话的人不懈努力，跟上时代，评话的前景还是乐观的。

回到石家，石把她的房间和大床让给我休息，自己则在前楼地板上睡地铺，令我感激而又不安。次日我看到石的堆满中国曲艺包括评弹的书籍的书架，真是琳琅满目。早餐后石放映她在京津时录制的曲艺录像，其中有孙书筠《长坂坡》等京韵大鼓节目。闲谈时我提出希望她能帮助我在加拿大推广苏州评话。石遗憾地说，她已经退休了，就要搬迁到卑诗省维多利亚岛上去安度晚年了，那里气候良好，是个花园城市。晚上石在状元楼设宴请我吃北京烤鸭，邀了多位熟悉中国曲艺的朋友来相聚。其中一位中文名字叫罗爱儒，是石清照的学生，在多伦多大学教授中国戏剧史。罗太太叫杜玉华，是台湾人。罗曾在台湾东吴大学教授西洋戏剧史，又在一家制作电视教育节目的光启社社教部任职。杜在光启社业务部工作，认识了罗爱儒。

杜和罗的结合有一段佳话。杜有个女友相中了罗爱儒,托杜去撮合。当时罗的普通话还不甚流利,听了杜的介绍,罗误解了,以为杜在追求他,他热情地邀杜约会,一来二去杜发现罗为人不错,就此跟罗拍拖起来,半年之后,缔结了姻缘,杜便随罗来到了加拿大,为罗生了三个子女。罗的普通话越说越流利,这和杜玉华的帮助是分不开的。宴会上罗提出邀我去多大讲课。这是石清照根据我的愿望所作的安排。后来石去了维多利亚岛,相隔数千里,我们很少有机会再相叙。我很怀念这位热爱中国曲艺的石清照教授。

五十五、多大讲学:在海外弘扬评弹艺术

在赴多伦多讲课前,我感到必须和罗爱儒先作交流,让罗先领会了我的讲课内容,在课堂上才能流畅翻译。我与罗联系提早一天到多伦多,先彩排一遍。罗在灰狗巴士车站接我,送我到石清照家中。石当时已去了温哥华,多伦多的房子空着。罗在石家后院一块山石下面取出后门钥匙,开门进去。罗知道石家开门的秘密,可见他们师生关系非同一般。在客厅里罗把多大邀请讲学的信函交给我,我则把讲课的内容讲给罗听,他很快就理解了。罗征询说:"学校希望把明天讲课的全过程用录像机录下来,将来放在多伦多大学图书馆里作资料,供读者借阅,你同意吗?"我表示同意,让苏州评话的资料留在图书馆是很有意义的。

次日下午2时不到,罗陪同我到多大的一间教室,教室里已经安置好一架录像机。罗先向我介绍了他们系里来听课的一位资深教授Frank Hoffo。学生们也陆续到来,他们席地而坐,取出笔记本准备记录。面对来自欧洲、北美和东亚的青年学生,我想到自己这样一个小学都没毕业的人,居然在外国高等学府给大学生讲课,不知他们能否接受?心里不免有些紧张。罗教授简短的介绍后,我走上讲台,按照原定的设想先放了一只噱头,罗教授的翻译太棒了,顿时学生们哄堂大笑。课堂里的气氛活跃了,我一看"戳开了",心里顿时放松。关

于这次讲课的部分内容我在本书的引子里已有介绍,这里再作些补充。我还就评话的基本知识作了演讲,介绍了评话的道具——醒木。为什么叫醒木呢？就是发现听书人在打瞌睡,眼睛闭拢了。我就借机会用力把醒木拍击书台,"啪"的一响,把打瞌睡的听客惊醒了,他就会张开眼睛注意说书人的说话,所以叫醒木。醒木的用途是多样的,还有定场、渲染气氛等等作用。另一道具就是折扇,它可以变化为各种兵器或用具,我就用说书中的手面技巧,形象地告诉学生。学生们对扇子和手面的动作也很有兴趣。接着我讲声音的造型,如周瑜(小生)、鲁肃(老生)、曹操(花脸)的笑声是不同的,从笑的声音上区分角色。还有口技中的八技：鸣锣、击鼓、刮风、吹号、马走路的蹄声、马奔驰时声音、放炮、吼叫。讲述冲锋时通过模仿炮声、号声、鼓声、喊杀声,就把千军万马的气势表演出来了。接着我又讲了理、味、趣、细、技 的评弹基本理论。学生们纷纷用笔记录。接着我又说了两小段书,第一段《华吉驯马》把赤兔马拟人化,把马的内心活动情绪变化都表达了出来。这段书有童话色彩,马的思想表述在戏曲、电影里很难表现,只有说书可以表现出来。第二段《张飞闯辕门》主要是表达张飞内心的心理活动：张飞看不起初出茅庐的诸葛亮,对刘备筑台拜帅的决定有抵触,于是闯辕门,酿成大错。诸葛亮令赵云捉拿张飞,张飞愤怒离开辕门,策马奔驰。离开了刘备往哪里去？投刘表不妥,投孙权、刘璋、张鲁都不好。有了,回乡开肉店去。邻居问我为何回家？跟诸葛亮怄气。怪谁？怪徐庶,为什么要推荐诸葛亮给刘备？但是邻居要讲徐庶走马荐诸葛为刘备推荐贤人没错。怪谁？怪赵子龙。赵把我生擒活捉以至于感情失控。邻居说赵子龙是上命差遣也没错。怪谁呢？酒。喝醉了酒所以闯祸。酒好好地在坛子里,是我去喝它,又不是它自己跑到我肚子里,酒也没错。那是哪一

五十五、多大讲学：在海外弘扬评弹艺术

个错？张飞错。张飞总归不错。张飞不错，哪一个错？弄勿明白哉。把张飞自我矛盾的心理活动很细腻地表演出来。刻画人物的心理活动，这是评话的一大特点。由于两小段书事先用英文译好发给学生，他们都能理解，该出效果的地方都有效果。讲课效果好，也归功于罗教授翻译水平高超，否则不可能受到这样的欢迎。Frank Hoffo 教授也走上讲台祝贺我讲课成功，说："你讲的课，比我讲的课反应还热烈。"下课后，罗教授请我到餐馆去吃海鲜火锅以示祝贺，并送我登上返回伦敦的巴士。在长途汽车上，我心潮起伏，回顾起我一生说书的经历，我突然有了要写回忆录的想法。

与多伦多大学教授罗爱儒在一起

不久罗教授寄来了学校给我的感谢信，希望我以后再去讲课。从此每年新生入校后，罗教授都会邀我去讲课，一连讲了七年。罗教授还把苏州评弹中的"理、味、趣、细、技"作为期中考试的考题让学生们回答。

罗爱儒是个多才多艺的教授，不但普通话说得好，还是多伦多国剧社京剧票房的成员，他的花脸戏唱得很好，曾登台演出过《除三害》、《探皇陵》、《上天台》，还演过《甘露寺》里的孙权等角色。善说中国相声、名闻中加的加拿大人"大山"也曾经向罗爱儒教授学过中文。罗爱儒还用英文撰写中国戏剧大全，介绍中国的地方戏曲。通过邀请我讲学，评弹的内容也传播到了加拿大。罗教授对推动中加文化交流起了很好的作用。

多伦多大学曾向我颁发奖牌，表彰我对传播中国文化所作出的贡献。我将奖牌赠送给了我家乡的苏州评弹博物馆，以作永远的纪念。

五十六、再展雄风：获得了重登书台的信心

我从上海返回多伦多后，心里总是牵挂着苏州电视台对我发出的录制长篇《三国》的邀请。我在上海电台录了一百回音，已经保存了一份音响资料。但是录音只有声音，没有视觉形象，这个资料是不完整的。如果能去录像应该说是一件好事。而我却是顾虑重重，因为有前车之鉴：我们团里一位退休老艺人，他在40年代的上海书坛红极一时，极受听众欢迎。80年代他已过耄耋之年，电台邀他去录制一部长篇。后来电台播出了他的书目，听众却大失所望，因为他年迈体衰，嗓音低哑，节奏缓慢，不复当年的艺术魅力。他自己听了也黯然叹息，对我说："这个录音砸了自己的招牌！真不该去录！"他的教训我记忆犹新。我已年过七旬，许多年不说书了，书艺荒疏，口齿也不利索了，贸然去录像，砸招牌的风险很大，人要有自知之明，还是力所能及地写写我的回忆录吧，免得给听众留下一个不良的印象。可以说，我已经失去了重登书台的信心和勇气。

1996年初，我接到温哥华张宗儒先生一封信，告诉我他已从香港移民温哥华，创立了加拿大上海联谊会，今年是创会五周年，拟举办评弹演出活动以示庆祝。邀请我4月下旬去说书三天，他将亲自登台唱开篇陪我演出……张先生是香港雅韵集评弹会长，是我们上海评弹团的老朋友。1979年我们团赴港演出时，曾得到他的大力支

持,事务性的后勤工作都由张先生操办。书台上的屏风是他店里的古董,无偿地借给我们使用。香港演出有好几个书场,流动性很大,屏风、台子、椅子等等装拆搬迁很麻烦,都由张先生一手包办解决,甚至演出时的值台工作都由雅韵集的老板们帮忙。他还宴请,赠礼,陪我们游览海洋公园等胜景,我们对张先生的厚爱都铭记在心,这次他来相邀,哪有不去之理?此外,我也想试试自己还能不能重登书台?我便应允了下来。说什么书呢?我选了《借箭》、《借东风》等我喜欢说的书目。这是我旅居加国七年来的第一次公演,我在家里先是听录音,吊嗓子,再对着录音机一遍遍地彩排。这时我想起62年前第一次开码头坐轮船到苏州乡下的外跨塘去说书的情景,再想想这次是坐飞机开洋码头到温哥华去说书,心情是很激动的。

　　到达温哥华,我住在张先生家里,他陪我到列治文百家店超级市场去看一下演出场地。百家店都是华人开的商店,客人也以华人为主,我好像回到了国内,很是亲切。张先生的藏珍阁古玩店对面的富大酒楼里有一个贵宾厅,书场就设在此。贵宾厅呈长方形,没有一根柱子阻挡视线,内有一百个座位,书场大小适宜,便于说书人和听众双向交流。场内有饮茶的客人,有人前来招呼我,说解放前在上海沧州书场听过我的书,到了温哥华后就听不到苏州评弹了,这次可以连听你三场《三国》,太好了!欣喜之情溢于言表。《星岛日报》上刊出广告,4月22、24、26日下午3时到4时半演出苏州评话《三国》,票价加币十二元,包括茶点。开书前由国际评弹票房副会长张宗儒加演开篇《战长沙》、《莺莺操琴》等。

　　头一场书,张宗儒唱开篇前有一段表白,妙语如珠,把听众都逗乐了。张先生弹的弦子是蒋月泉用过多年的三弦,琵琶伴奏是侨居温市的弹词皇后范雪君的妹妹范雪萍,她所弹的琵琶是"琶王"张鉴

五十六、再展雄风：获得了重登书台的信心

国弹了几十年的琵琶。这两件乐器就价值而言足以进评弹博物馆。蒋月泉、张鉴国两位艺术大师都将自己心爱的乐器送给张先生，可见他们情谊之深不同一般。张先生开篇唱完，我上台说书，反应之好出乎意料。听到幽默的语言时，听众报以会心的微笑；听到有趣的情节时，听众则哄堂大笑，这笑声对说书人来说是最大的欣慰。听众的掌声更激起了我的兴奋，使我愈加忘我地投入。这种双向交流的愉悦非个中人是难以领悟的。

下台后我与听众同进茶点时，见到分别30多年的女同行、弹词家严诵君。她50年代初就去香港定居，在丽的呼声电台播唱评弹，一部《落金扇》说完了，就去书店买一部小说自编自演，居然连续编了十几部长篇书目在电台播出。现在定居温哥华，老夫老妻安度晚年。我们1962年赴港演出时，严诵君还来探过班，如今又在温哥华相逢，真是有缘。

有一对老夫妻来听了第一场演出，第二场演出时老先生在医院动手术，老太太却仍来听书。她告诉我："老伴上麻药开刀，我坐在医院里他也不知道，还是来听书，散场后再去医院，待他醒过来我可以讲给他听今天的书情。"第三场我在书台上看见他们老夫妻又同来听书了。我很惊讶，老先生前天刚动完手术，休息了才一天就又到书场来了，听众对评弹的热爱令我感动。

一位侨居温哥华的香港电影演员岳华，在电台主持节目，他听书后来采访我，在《星岛日报》上发表文章，对我的演艺十分推崇，说我年过七旬，说书流畅自如，起角色性格鲜明，中气充沛，实是难得。

三场演出，场场爆满加座，轰动了温哥华华人圈。

温哥华的上海绿杨村餐馆老板打电话来，说在上海是听我的书长大的，这次店里生意好，实在抽不出空来听书，所以由老板娘代表

他来听书。他在店里备了一桌酒菜,请我和张先生全家同去叙叙。到餐馆时,我的同乡周士心先生也来了,他是北美著名画家,听书后画了一幅红梅,落款写道:"万花敢向雪中出,一枝独先天下春。丙子1996年4月26日于云城有机缘聆听耿良先生书艺,倾倒之至,写此请正。周士心。"席间周先生将此画赠予了我。

张宗儒先生的邀请和热情的温哥华听众的欢迎,让我恢复了重登书台的信心,也促使我考虑在适当的时候回国去电视书场录制长篇《三国》。

五十七、服务侨胞：实现了在定居地说书的愿望

多伦多是我的定居地，也是加拿大最大的一座城市，人口有300多万，中国人很多，上海人、江浙人也不少，可就是没有一家书场可以供评弹演出。我从温哥华回来，很想在多伦多再登书坛，以服务侨胞，可是这样的机会很难得到。

我有位同行老友庞学卿，乃"塔王"薛筱卿的徒弟。薛弹得一手好琵琶，创造了支声复调的伴奏方法，把弹词的伴奏水平提高了一个档次。庞学得老师的琵琶本领，年轻时有"小薛筱卿"的美誉，之后成为常州评弹团的主要演员，退休后定居多伦多。我在多伦多讲课之前曾和他通过一次电话。前年他走了，享年77岁。他的二公子庞志雄毕业于苏州评弹学校，与庞学卿的徒弟黄佩珍拼双档并结为夫妇。他们在江浙演出时颇有影响。庞志雄移民加拿大，先是打工，经过艰苦拼搏，创基立业，开起了酒吧。他的经济条件好了，仍不能忘情于评弹，一有机会便在社区演出，还为颐康中心募款义演。两夫妇举办过评弹流派演唱会，唱了十八种流派，显示了他们的艺术功底。为了在多伦多推广苏州评弹，他们特地邀请上海评弹团的余红仙参加1996年"中秋评弹演唱会"，我也在受邀之列，期盼已久的在多伦多说书的机会终于盼到了。庞志雄还告诉我，他读到父亲遗下的日记，其中有某天和我通电话的详细内容，我甚为感动。

别梦依稀——我的评弹生涯

与余红仙、黄佩珍合影

演唱会共两场，分别为9月28日夜场和29日日场。余红仙因为要和庞志雄、黄佩珍排练节目，9月初便在黄佩珍陪同下飞来了多伦多。我和庞志雄深夜去机场迎接。飞机晚点，到12点以后才到。我和余红仙分别多年，今宵重逢倍感亲切，我特地向她献了鲜花。

见到余红仙，我不禁想起她当年学艺途中三学蒋月泉的故事。余红仙12岁开始学艺，拜醉霓裳为师。醉霓裳的妹妹醉疑仙是评弹界出名的美女，兄妹拼档说书。妹妹出嫁后，他另收女徒拼双档。余红仙家境贫困，出不起一笔拜师的巨款，于是采用"树上开花"的方法，就是拜师不付钱，吃饭也由老师供应，条件是学三年帮三年，六年里不能拆账赚钱。余红仙就住在老师家里，还要帮师母做些家务劳动。开头一个月，醉霓裳要余红仙学唱俞调开篇《宫怨》。这支唱段是要用小喉咙阴面唱的，余红仙嗓音嘹亮，没有小喉咙，学了一个月还没有学会。醉霓裳的老婆不耐烦了，夜里向丈夫抱怨："红仙聪明

五十七、服务侨胞:实现了在定居地说书的愿望

面孔笨肚肠,一只开篇一个月也学勿会,糟蹋饭米,(勿要)埋啥格死桑树①,我看拿俚退转去吧。"余红仙在地铺上还没有睡熟,听到师母要将她退转去做回汤豆腐干,学书不成,多没面子呀,哭又不敢哭出声,眼泪暗暗淌下来了。只听见醉霓裳回答说:"小姑娘喉咙蛮好格,就是勿会用小喉咙。什梗,明朝叫俚勿要学《宫怨》,学唱'蒋调'"。于是,余红仙开始学蒋调,由于嗓音对路,加上特别用功,不久她便学会了,余红仙就这样顺顺当当地留在师门学下去了。余红仙说:"没有蒋老师的《战长沙》,我可能就当不成评弹演员了。"这是初学蒋月泉。二学是在1964年,余红仙和蒋月泉拼双档说《夺印·夜访陈友才》,余红仙演支部书记吴文英,夜访陈友才,说服他交代陈景宜唆他偷盗稻谷的问题,一档长唱篇,余唱得高亢有余,韵味不足。蒋月泉对她说:"吴文英劝说陈友才是动了真情的,你不能老向高音区发挥,要唱出人物的感情来。"经过蒋月泉的指点,余红仙仔细分析了书情和吴文英的情感,理解角色、进入角色,唱得声情并茂,催人泪下。三学是80年代余红仙赴香港演出《厅堂夺子》选段。余请教蒋月泉,蒋月泉告诉她:"徐上珍是73岁的老人,他被夺走儿子是悲愤之极的,但不能忘记这是一个衰老之人的发怒,唱的时候要掌握好分寸。"余红仙听后,用心琢磨,在香港演出获得了良好的反应! 余红仙在和杨振言拼档说《描金凤》时,说表功夫和起角色方面又有了发展。后来和沈世华拼档说《双珠凤》,余开始担任上手,书艺进一步成熟,成为当时评弹团水平最高的演出档子之一。

余红仙最突出的成就是演唱毛主席诗词《蝶恋花》,这个节目从上海到北京、从国内到国际都深受欢迎。这次来多伦多,《蝶恋花》

---

① 苏州俗语,意思是死去的桑树,不必再白费力气去施肥了。

就是压轴的节目。余红仙还分别与庞志雄、黄佩珍合作了二档弹词折子《描金凤·劫法场》、《双珠凤·送花楼会》。此外,他们演唱的开篇也很受听众欢迎。如余红仙和庞志雄合作的开篇《拷红》,显示了庞志雄的琵琶功力。余红仙和黄佩珍对唱《莺莺操琴》,配合默契。庞志雄自编的《乡音慰亲人》用徐调演唱,他插科说,"文革"中徐云志靠边审查,关在寒山寺牛棚里睡地铺,生活很苦,自己那时看守牛棚,对徐老很关心,徐要抽香烟,便去买了"前门牌"塞到徐的被窝里,徐很感谢,出了牛棚,就把徐调唱法悉心教给他。庞还演唱了张调选曲《迷功名》、严调选曲《密室相会》,学得惟妙惟肖。黄佩珍独唱的王月香调《英台哭灵》唱得很有激情,落调用了傅全香的流派唱腔,很有特色。值得一提的是庞、黄和余红仙三个档开篇《秋海棠·白相大世界》,这是一段难度很高、趣味性非常强的唱段,要轮番演唱评弹、沪剧、锡剧、黄梅戏、越剧、京剧。余红仙提出:"写梅宝白相大世界,到各个场子听各种曲调,有点不大符合她的心情。"我提议在表述时加一段,秋海棠因咯血不能演出,梅宝瞒着父亲,跟琴师韩大伯父女到酒楼卖唱,挣钱养家。酒楼中客人来自四面八方,要点唱地方戏曲唱段,梅宝只会唱京戏,又没钱请地方戏曲的师父来教唱,韩大伯想出偷学的办法,买三张票子到大世界去偷学,好在梅宝聪明,听过就能学会,把白相大世改为学艺大世界就合乎情理了。他们三人一致同意,就按我建议的改。这个节目演出时,余红仙唱的越剧、京剧很有力度。庞志雄、黄佩珍唱的沪剧、锡剧、黄梅戏都是情味浓厚,特别是庞志雄的锡剧《珍珠塔》唱得颇有王彬彬的韵味,很受听众欢迎。

  他们三位排书任务很重,我说评话就比他们省力得多了。我选了两回书,一回是《三闯辕门》,一回是《战樊城》,这两回书都是张飞

五十七、服务侨胞：实现了在定居地说书的愿望

为主，张飞的性格很突出，趣味性也较强，容易讨俏，得到听众的认可。我也过了一把瘾。

特别值得一提的是，中华人民共和国驻多伦多总领事馆的总领事陈文照和夫人一起来书场听书。陈先生是无锡人，从小欢喜听书，开书之前他上台致词，祝贺评弹演出，说："评弹是中国传统文化之一，在江南有很广泛的听众，余、唐都是有名的艺人，能到多伦多来为江浙沪侨胞说书，对中加文化交流，是很有意义的。"总领事的认可令我们四位演员都感到非常高兴。

还要提到的是庞志雄、黄佩珍二人为组织中秋评弹演唱会，做了大量烦琐细致的工作，从租借场地，布置书场，电话订票，到开汽车送票等等都要事必躬亲去处理，旅居海外组织一场评弹演出真不容易，靠的是庞志雄、黄佩珍对家乡的热爱和对评弹艺术的痴迷。

五十八、寻梦苏州:剪不断理还乱的家乡情

我在多伦多说书后,随即就飞返上海,倒过了时差就赶到苏州。说也奇怪,一踏上故土,怀旧之情便油然而生。大儿力行陪同我一起去走访我结婚时曾住过四五年的西善长巷55号的故居,房东吴玉良先生是个教员,前些时已过世了,吴太太年过七旬,相隔五十年还是马上认出了我,热情地与我叙旧。我带着力行登上已显得十分陈旧

1994年返乡时在西善长巷房中

五十八、寻梦苏州：剪不断理还乱的家乡情

的楼梯，一级一级地往上走去，好像穿越了时间隧道，回到了半个多世纪前的小木屋。当年租住这间阁楼做新房，生活虽清苦，却充满了欢乐。木板墙上糊着新的墙纸，还贴着一个"囍"字。我仿佛看到"小轩窗，正梳妆"的妻子，回过头来与我说话，吴侬软语款款道来。真是"不思量，自难忘"呀！我回忆着当年说书散场回来，妻子端上热腾腾的夜宵。躺在床上深夜听着窗外淅淅沥沥的雨声，风声中送来幽巷深处小贩叫卖声："火腿——热粽子"，"桂花赤豆汤"，真是"雨蒙蒙，情深深"呀！这是我的"剪不断，理还乱"的亲情和乡情！我的大儿力行就出生在这里，这个当年被抱在母怀吃乳的婴儿，如今已是苏州大学博士生导师、出版多本学术著作的教授了。然而我与妻子志芳已是"卅年生死两茫茫"了。

在苏州温家岸拜访曹汉昌

从西善长巷出来，我和力行又到豆粉园去寻梦。豆粉园十六号是我在1947年购买的两上两下的新居。那是个闹中取静的好居处，

后门有一条小河,颇有"君到姑苏见,人家尽枕河"的意境。后来小河曾经被泥土填平过,之后又疏浚开通,最近为了开拓干将路,豆粉园和干将坊的房屋都被夷为平地,拆迁后我家被安排到胥江新村。而今站在乐桥头眺望豆粉园旧址,只留得石驳岸畔的茵茵绿草、潺潺流水了。沧海桑田之变令我感叹不已!

我又到温家岸去探望曹汉昌,他长我8岁,我13岁出道时,曹已经崭露头角成为响档了。那年年终光裕社在吴苑书场会书,汉昌和潘伯英拼评话双档,说送客书《连环套·天霸拜山》,潘演黄天霸,汉昌演窦二墩,汉昌嗓音洪亮,中气充沛,念白有金石声,一声吼叫赢得全场观众鼓掌,那是60多年前的往事了。汉昌年过八旬,已从评校校长岗位上退下来了,但他仍在为评弹事业作贡献。他口述的《岳传》已经整理出版了,但他的长篇《岳传》还没有留下录音资料。我向上海电台建议,邀请曹到上海广播书场来录制长篇,保存这一部评话界的经典作品。但曹到上海来住宿有些困难,正好我要去无锡疗养,便叫大女儿和女婿住到南昌路我的房间里来,腾出大女儿的房间,让曹老夫妇俩居住,那里生活用品齐备,十分方便。电台每天用汽车接送曹老,就这样把一部《岳传》完整地保存下来。

曹汉昌虽已85岁高龄,但身体依然很健康。我们畅叙一番,其间忆及前些年全国文联招待他和蒋月泉去庐山旅游十天,我送两位老友到十六铺轮船码头,买了二斤奶油梳打饼干,送他们一人一斤,嘱咐他们在山上睡前肚子饿时就吃两片饼干,吃着饼干就该想到我这个老朋友。后来,他们因船上的伙食不合胃口,就吃梳打饼干充饥,还没有上庐山就把饼干吃光了。我听得开怀大笑,说你们就像《三笑·载美回苏》中的阿大:"相好的伴侣分手时送一袋炒蚕豆给阿大,牵记辰光就吃一粒炒蚕豆。结果阿大吃了一夜天把豆子都吃

五十八、寻梦苏州：剪不断理还乱的家乡情

返乡探望10岁时就读的母校善耕小学

光了。"我们又谈到蒋月泉调皮的故事，有一年年底我和蒋月泉一道到曹家去吃年夜饭，同桌的还有曹汉昌的结拜弟兄范寄舟。范胖子讲起另一位结拜弟兄，满腹牢骚，说："他从前没有红出来时，我多么捧他，捧到他最高峰、最高峰，现在他红了，把老弟兄全忘记了，忘恩负义！"范说时唾沫横飞，情绪激动，蒋月泉坐在他旁边，心里厌烦他的牢骚话，但是蒋不去阻止他，而是拿着一只电筒打开电门，把光线

别梦依稀——我的评弹生涯

照到范的拳头上,范拳头举过头时,他跟踪追光,表示突出范的重点说话。追忆往事我们都大笑不止。同时也惦念着在香港的蒋月泉,不知他何时归来。

从曹家出来,我就住到杨枝新村大儿家中,次日上午就去苏州电视书场录像,编辑殷德泉是个弹词票友,很懂行,邀请了十来位层次较高的老听客来听书,他们都是退休老人,上午有空,风雨无阻到电视书场现场听书。有人听书,听众有反应,说书人有了交流就更有劲,我录下了一段关公书:《千里走单骑》、《过关斩将》、《古城相会》,紧接着又说了一段《华容道》,呼应前面关公所说的:"余恩未报,俟之异日"的承诺。

苏州电视书场录像

录完这段书后,殷德泉又为我拍了一辑专访,先是到我的出生地桃花坞双荷花池拍摄,池旁一座"保福庵",门上挂着一块"唐寅故

五十八、寻梦苏州：剪不断理还乱的家乡情

居"的牌子，池面几枝残荷迎风摇曳。有位听客曾对我说："你就是唐伯虎的后代，一来你住在唐伯虎故居附近，二来你像唐伯虎一样的聪明。"我不敢冒认名人后代，因为没有家谱可以证实。接着又去了双荷花池旁我曾就读的桃花坞初级小学，里面文昌阁依旧还在，但学校早已撤销，仅留下几间空房了。再去谢衙前善耕高级小学，那也是我的母校，当年我在这里读五年级，因付不起学费和做校服的费用，就中途辍业，至今我填学历表只能写小学五年级。今日重返母校，校领导热情欢迎我，赠我一本建校九十周年的纪念册。我参观了电脑学习室等先进设备，看了学校的老照片，老校长韩履周的形象我依稀记得。我是1931年离校的，屈指算来已有65年了，今日重游母校圆了我的旧梦。

从善耕小学出来，到苏州评弹博物馆。早先我把跟先生时买的一块醒木以及我的赋赞抄本等送给馆内。今天我又把多伦多大学赠给我的纪念牌、纪念杯、感谢信等赠送给博物馆，以表达游子对家乡的情意。

接着又去大儒巷潘家旧宅的纱帽厅书场与听众座谈。与老听众见面格外亲切，座谈会气氛热烈，一位听众说，1944年在上海沧州书场听过我的书，那时他在上海读中学，适值汪精卫在日本病亡，我在书台上穿插讽刺汉奸的噱头。他说：听了有点为我担心。一位听众说，他十分喜欢听《三国》，尤其是喜欢我说的张飞，认为我把张飞的性格演绎得很生动。座谈会结束，驱车到杨枝新村，拍摄大儿力行与我的对话，讲述我的思乡之情，以及在国外说《三国》的一些体会。这个专访是家乡苏州给我的最好纪念品。《苏州日报》特约记者王公企是我的老朋友，他写了一篇《寻访唐耿良》的特写，记录了我回苏的行程。

我在苏州留下了十二回《三国》录像,随后依依不舍告别了这块生我、哺育我的故土。

五十九、病中录像：为伊消得人憔悴

我从苏州返回上海后的日程排得很紧，第二天下午要到政协俱乐部国际评弹票房演出，第三天起每天下午要到上海电视台电视书场录制长篇《三国》。因为多年没有说书，书情荒疏，今年夏天我在多伦多做了充分准备，每天录音一回，把音带带回上海，录像前先听一遍熟练一下，以免临场打疙楞，争取留下一份完美的录像资料，供听众欣赏。

"天有不测风云，人有旦夕祸福"，在苏州时疲劳了一点，回上海次日早晨起床，感到晕眩、恶心、冒汗，我知道老毛病又犯了，是脑血栓缺氧症的表现。以往只要卧床一昼夜，不吃食物，就喝点开水，到第二天就没事了。但下午的演出怎么办呢？这是十天前我去苏州之前就约好的，书票早已发出，要改期已经没有时间了。我不能让听众们白跑一趟，这是演员的职责。我决定如期前去，上午不吃早餐，卧床休息，中午吃了几口稀饭，拖着发软的身体前往泰兴路。见到场子里坐满听众，电视台架好摄像机，说也奇怪，一说书我的精神就来了，听众一有笑声，激励我更加来劲，我把一回《三国用人之道》说完，听众反应热烈，我也心情兴奋，把病症全忘了。

我女儿坚持陪我到医院去门诊，脑神经科副主任姚医生详细询问了我的病情，问道："这病你犯了十多年，为什么以前一直不来诊治?"我说:"发病的时候晕眩得动弹不得,不能来看病。第二天没有症状了,也就想不要紧的,所以一拖再拖。"姚医生要我住院检查治疗。我说:"不行,我已经约好明天要到电视台去录像。"姚医生说:"健康第一,录像可以推迟。"女儿也赞同姚医生的观点,办好手续送我到十二楼住下,她回家去把换洗衣服、应用之物送到医院来。我嘱咐女儿打电话到电视台向周介安致歉,我人在医院身不由己,请他另作安排,待我出院后再来补录。

次日早晨姚医生来查房,观察了我眼珠转动状况,再用小榔头敲打我的膝盖和小腿骨,详细检查后,开了丹参针剂让我输液扩张血管。然后是验血、心电图、X 光、超声波、CT、脑电图,一样一样地详细检查。每天的吊针要两个多小时,我卧在床上看着药瓶里黄色的液体一滴一滴地输入血管,录像的时间也在一点一滴地流失。不由想起了张鉴庭,他 76 岁那年的春节赴香港演出,回来后对我说:"我是无锡人,想念故乡的听众,以后我想到无锡去说书,同时录音、录像,把我的《十美图》和《顾鼎臣》两部长篇,留给故乡的听众欣赏。"可是他夙愿未了身先死,这两部长篇也随他而去,使广大听众深感遗憾。还有徐丽仙,1977 年时查出舌根癌,医生建议她手术切除。丽仙问:"切除了还能唱吗?"医生说:"不能唱了,但生命可以保全。"丽仙说:"不能唱了,我活在世界上还有什么意义?"她决定服用中药,保守治疗。明知不能活多久,她拼命工作,为《望金门》、《二泉映月》、《行路难》谱曲;上电台把《黛玉焚稿》、《饮马乌江河》、《朋友朋友休烦恼》等都录制下来;参加专场演唱会,把《情探》深情地唱出。尽管她讲话已舌音含糊,唱起来却字正腔圆、声情并茂,赢得全场掌声。上海音乐学院院长贺绿汀极为赞赏这位民间音乐家的造诣,请她到院里录像。她唱得嗓子发热疼痛了,范瑞娟把冰块喂到丽仙

五十九、病中录像：为伊消得人憔悴

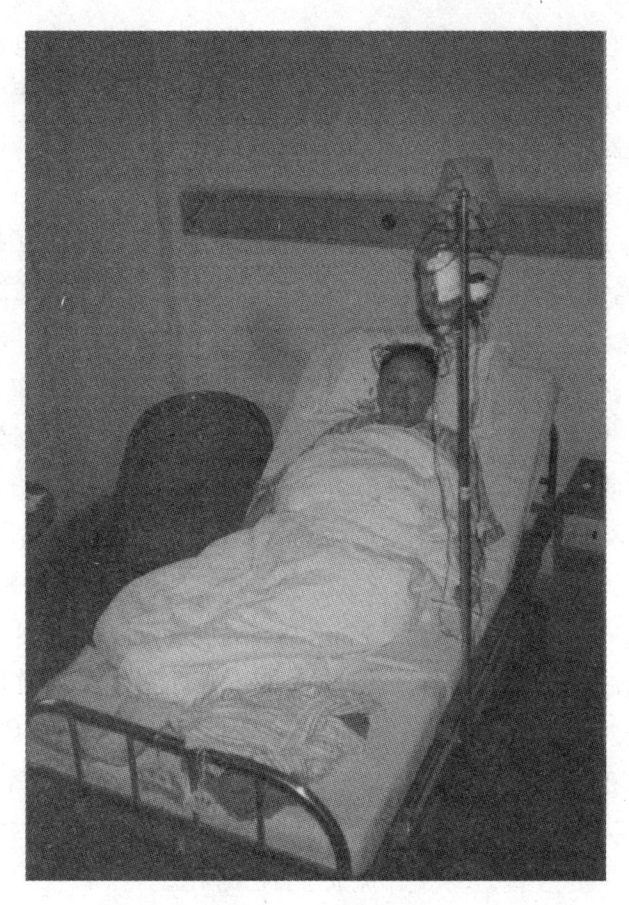

病中摄于上海华东医院

口中，让她嗓子降温后再唱。这种为留下艺术而不顾病体的精神，我非常钦佩。如今我要录像，却被治疗空耗着时间，我不甘心哪！我今年75岁了，比张鉴庭还小一岁。我不能像他那样把两部长篇带进骨灰盒。一天姚医生来查房，我把我的思想向她汇报。我说："我最好的说书年龄段被'文革'剥夺了，我收的学生在'文革'中转行了，我的《三国》后继无人。现在我身居海外，回来一趟也不容易。回去的

333

机票日期早就订好,能否允许我上午在医院吊针治疗,下午到电视台去录像,治疗录像两不误。希望你能够同意我的要求。"姚医生是个评弹的爱好者,理解我的心情,也希望我能够把长篇录下来,日后播映时欣赏。但她是医生,要对病人负责,在仔细查看了我的各项检查指标,了解我每天清晨做广播操和打太极拳的情况后,同意了我的请求,并通知了护士办公室。我马上打电话告诉女儿,把我的演出服装、醒木、扇子等送来,再通知电视台从明天下午开始录像。次日吊针完毕,午饭后稍事休息,我脱下了病号服装,换上了便服,携带了演出袍子,向护士打了个招呼,出门叫的士直奔电视台。为了珍惜这来之不易的录像机会,我要更用功地说好每一回、每一段。从《战樊城》开书,紧接着就是《当阳道·赵子龙单骑救主》的关子书。说完《长坂坡》中间删去的一段《舌战群儒》,紧接着周瑜出场,诸葛亮《智激周瑜》。为了集中说好周瑜和诸葛亮的主要矛盾,我把这段书的大题目命名为《双雄斗智》,以周瑜妒忌孔明才智过人,接连使用了"诱人犯法"、"借刀杀人"、"倒树寻根"、"掘阱待虎"、"十面埋伏"之计陷害孔明,被孔明机智地躲避过去为主线,直到借东风回归夏口结束。开头是一天录一回,后来因日期紧迫一天录两回,在出院之前录下二十三回《三国》。我终于完成了自己的夙愿。

六十、再结良缘：萧萧两鬓入洞房

1997年8月初，我应张宗儒先生之邀，再度到温哥华演出。同台合作演出的是上海来的蒋云仙女士。我上午先到，蒋中午抵达。我和张宗儒同去接机。与蒋同来的是张先生特邀的嘉宾、上海电视台《电视书场》导演周介安。跟周同来的是自费旅游的祝先生，周和祝住旅馆，我和蒋则住在张家。演出之前张先生招待我们四人同游当地的名胜景点。先是渡海去维多利亚岛，岛上的公园繁花似锦，美不胜收。次日去游森林公园，原始森林里古木参天，沿途还不时可以看到木制彩绘图腾，原住民的文化特色很浓。令我印象深的还有一座悬空的吊桥，下面是很深的峡谷溪流，上面则是木板铺成的桥面，走过桥面摇摇晃晃，靠抓住两面铁索栏杆扶手才能走稳，周介安故意跳跃摇晃，吓得蒋云仙尖声叫喊，大家仿佛忘记了年龄。

我认识蒋云仙是在50年前的1948年。那年的夏秋之交，我在松江演出，同码头有陈亚仙。我去陈处串门，见到蒋云仙在跟师学艺，那时蒋是16岁的纯情少女，我已经是"七煞档"之一的响档了。同年冬天我和蒋月泉在常熟仪凤书场演出，蒋云仙过年回常熟老家到仪凤来听我的书。此后就各奔前程很少见面了。"文革"中彼此受难，她被发配到糖果厂包糖，我则被隔离审查。"四人帮"垮台后，蒋重登书台担任新长征评弹团副团长，我则被任命为上海评弹团副团长，又同被选举为上海市曲协副主席，1979年同赴北京参加第四届全国文代会。80年代上海曲协举办姚荫梅流派艺术研讨会,我去昆山参加会议,蒋云仙以姚派掌门人身份主持姚派同门会书演出。80年代末我们都退休,我赴加拿大定居,她则退而不休仍活跃于书台。这次在温哥华合作演出,可谓有缘万里来相会了。

  以前我很少有机会听蒋云仙说书,这次连续听了六回,对蒋的表演艺术有了个初步认识:蒋云仙是女单档说书,她说表老练,口齿清晰,刻画人物性格细致入微,乡谈方言是她的特长,滑稽大师周柏春也称赞蒋的方言地道;她唱的《旧货摊》,一口气唱一百多句"乱鸡啼",不吃螺蛳不打疙楞;她唱的《京韵大鼓·黛玉悲秋》,嗓音宽厚,颇有北方的韵味;她演的书中主角沈凤喜,把一个17岁少女的心态说得栩栩如生,使听书人忘记了她已是年过花甲的老太太。我听她念沈凤喜出场一段韵白,很有趣味性:"小家碧玉,风韵异常。面如桃花,貌若海棠。红白团参,脂粉勿妆。弯弯眉毛,新月相仿。眼泛秋波,水露汪汪。高高鼻梁,开阔印堂。鲜红嘴唇,雪白牙床。两耳均匀,有模有样。臂巴像塘藕,有四个字:滑、嫩、圆、光。脚像串条,亦有四个字:细、狭、扁、长。婀娜娉婷,绝无批讲。减一分嫌短,加一分嫌长。浑身肉彩,亦有名堂,少一分忒瘦,多一分嫌胖。虽然粗布衣衫,已经盖世无双。若然再加装潢,连菩萨亦要上当。中国的四大美女,沉鱼落雁,闭月羞花,要想搭俚比较比较,谈都勿要谈,讲都勿要讲。就是外国美女维纳斯、安琪儿,要搭俚模仿模仿,只好请俚笃立勒人行道格边浪。樊家树人嘛老实,看女人倒是内行。"这是姚荫梅编写的韵白,用传统手法来描写近代姑娘的形象,蒋云仙完全领悟姚老师的巧思,在幽默风趣处重点突出,念得抑扬顿挫使书情增色。蒋云仙说到沈凤喜初约先农坛,和樊家树见面,探询樊的婚姻状况时,把一个少女的含羞而又天真单纯的性格,刻画得淋漓尽致。姚老

六十、再结良缘：萧萧两鬓入洞房

师演出少女多少有点限制，蒋云仙演沈凤喜则显得讨俏了。对于沈凤喜后来被刘将军逼婚的处理，原来的脚本中说沈凤喜见刘将军送给她一盘价值连城的首饰时，内心有些动摇，蒋云仙认为这贬损了沈凤喜的形象，她进行了修改，说刘将军知道沈凤喜不肯嫁他的原因是因为沈凤喜深爱樊家树的缘故，于是威胁沈："你不肯嫁给俺，是因为爱上了小白脸樊家树，俺就把樊家树抓来枪毙！如果你为了樊家树而自杀，俺更加痛恨樊家树，把他抓到你面前，砰！砰！两枪就枪毙了他！"沈凤喜为了保护樊家树生命，无可奈何只能屈从了刘将军。这一改使听众更加同情沈凤喜，人物的形象也提高了。

作者和蒋云仙在士加堡市政府礼堂举行婚礼

40年代女单档弹词家范雪君，唱《啼笑因缘》、《秋海棠》等书，红极一时，台风超凡脱俗，气质雍容华贵，有弹词皇后之称。50年代后期蒋云仙的《啼笑因缘》以通俗普及娱乐性见长，她是从书场里摔打出来的响档。蒋版《啼笑因缘》在电台播放半年，在上海可谓家喻户晓,曾有人写信到电台问:"是几个人在演唱这档节目?"可见蒋云仙起众多角色的功力。我听了她六回书,对她的说书艺术有了新的认识。

这次演出,是为温哥华中侨互助会筹款义演,我们的酬劳由张先生支付。中侨互助会负责人向我们献花并赠给我们"扬誉北美"的奖牌。

演出结束,我返回多伦多。张宗儒先生招待他们三人到多伦多旅游三天,他们先去参观尼亚加拉大瀑布,我因曾去过几次,没有陪他们去。次日星期天,我女儿、女婿驾车陪他们游湖滨公园、上电视塔俯瞰多市全景。那天蒋云仙茹素,我烧了香菇及糖醋黄瓜带去供她食用。我女儿陪蒋同游,蒋坦率地告诉我女儿她的家世和两次失败的婚姻。我女儿深受感动,对我说:"爸爸,你去追她。"我没有这个勇气,一是我长她12岁,太老了;二来我没有财产,只有退休工资,太穷了。所以,我难以启口。

此后,蒋云仙一行回上海了。过了一个月我也回到上海,继续去电视台录制《三国》。一到上海,听说张宗儒先生也在上海,住在贵都宾馆。下午我去宾馆探望,正好张如君、蒋云仙也在。聊了一会,因为张宗儒有商务活动,我们三人告辞出来,到马路上已是万家灯火。蒋说她家离贵都很近,家里烧有白果菜饭,邀我们去她家共进晚餐。我们吃菜饭时,饭里一粒白果也没有,我和如君乘机调侃:"白果又香又糯真好吃。"蒋十分尴尬地说:"中午被她女儿外孙都拣光了。"饭后告辞回家,如君请我在静安寺咖啡馆喝咖啡,如君说:"你们在温哥华说书,反应很好。张宗儒太太对张先生说,唐老师和蒋老师倒是蛮般配的一对。张先生告诉了我,我想做一个媒人,你有意思吗?"我一听正中下怀。就把我的顾虑告诉如君,"一是老二是穷,她

六十、再结良缘：萧萧两鬓入洞房

愿意接受我吗？"如君说他去问蒋后再给我回音。过一天，如君告诉我有眉目了。于是我就约蒋到我家来面谈衷曲，我告诉她："我太太在'文革'中逝世。历经坎坷，总算把五个孩子拉扯大，他们都成家立业。我孤身一人，虽交过两个对象，有缘无分，擦肩而过。如果你愿意与我过平平淡淡的生活，那么我们就一起稳定和谐地共度晚年。优点是我们都是说了一辈子的书，有共同语言，不会有鸡同鸭讲的尴尬。"云仙介绍了她两次离婚的经历，说："看到不少女艺人婚姻失败后的孤凄晚年，也想找一个归宿安度自己的余年。"推心置腹的交心，基本确定了我们的关系。后又经过一年的通信沟通，1998年10月蒋云仙到多伦多来演出，我们再次相会，在女儿女婿的陪同下去当地政府部门登记结婚。我老年公寓的房间做了新房，女儿向我俩献上了一束鲜花，表示祝福。我当夜写了一首打油诗：

"六五新娘七七郎，萧萧两鬓入洞房。《啼笑因缘》配《三国》，沈凤喜嫁诸葛亮。"

从此我30多年的单身生活结束了。我们从同场说书，发展成携手偕老的夫妻；从50年前的初次相识，绕了半个世纪的圈子，相距万里而结合，也算是前世有缘吧！

六十一、情重如山：我的
朋友情、兄弟情

　　1996年我在上海电视书场录下二十三回《三国》，播放后，反应甚好。电视台希望我再录一些以满足听众要求。1997年9月我决定再去上海录像。我写信到香港请蒋月泉回上海一聚。去年我回上海录像时也约他回来碰头，不料他跌了一跤，跌伤肩胛住院治疗，未能如愿。老朋友见一面少一面，今年我再次向月泉发出邀请，他同意了。不久我突然接到蒋夫人打来电话，说月泉为了购买回上海的机票，在电梯口又跌了一跤，股骨骨折，送医院抢救，医生主张动手术治疗，被月泉拒绝。蒋夫人焦急异常，不动手术，长期卧床，如何护理得了？她恳求我立刻赴港劝说蒋同意手术，而且说只有你才能说服他接受手术治疗。我想月泉是为了回上海和我见面而跌断股骨的，我怎能不去探望并劝说呢？我马上订好赴香港的机票飞赴香港，一下飞机就直奔医院进入病房，只见老友月泉卧在床上，形容消瘦，面色苍白，神情憔悴。我不禁想起13年前一个寒冬的清晨，月泉大面积心肌梗塞，我接到电话立即去他家探望，那时他也是面色苍白。我嘱他静卧莫动，即刻赶去华东医院，请出医生一起坐救护车去蒋家，用担架把他抬上车辆直送医院急救。医生发出病危通知，我为他担心不已，幸而抢救及时，医护得当，几个月后病愈出院。但愿这次股骨骨折也能治愈康复。蒋见到我从大洋彼岸不远万里来探望他，神情

六十一、情重如山：我的朋友情、兄弟情

激动,握住了我的手久久不肯放开,在目光交流中表达了我们的友情。我询问了他的病情,然后劝他接受手术治疗。他坚决地摇头说:"我已经80岁了,怕过不了麻醉这一关。与其死在手术台上,还是苟延残喘带病延年吧。"我看他神情坚决,不宜勉强。当夜我住在蒋家,思量着蒋的忧虑也不无道理,明天怎么再做他的工作呢?

次日我再去医院,医院麻醉科医生找蒋夫人和我一起谈话,我说明了蒋对上麻药的顾虑,医生说:"我看了蒋先生体格检查的各项记录,觉得麻醉绝无问题,如果病人是我的父亲的话,我也会恳劝他进行手术的。术后经过锻炼,可以恢复行走功能,生活能够自理,对病人自己对家属都有好处。"我被医生的话感动了。医院的规则必须病人和家属都签字同意,才能手术。我就到病床前向蒋传达了医生的话语,希望再仔细斟酌是否同意。蒋的神情有所松动,但仍不肯答应手术。晚上我仍回蒋家休息。第三天早上,医院打来电话,说蒋经过一夜思考,今晨医生来查房时,他已经表态同意手术并且在表格上签了字。我听后十分高兴,急忙到医院见蒋,称赞他决定手术的决心下得好。但手术要三天后进行。我当即告辞连夜返回上海,请蒋夫人在手术后把情况及时打电话告诉我。

三日后接到消息,手术顺利成功。我心里松了一口气。之后得知蒋出院回家经过锻炼,已经可以在马路上散步。我为老友的康复高兴,我也总算不虚香港之行了。

我返回上海后,又去了江苏张家港探望我的胞弟唐筱君。

我家兄弟三人,我排行第二。大哥唐惠民,曾经在苏州民营百灵广播电台当学徒,后升任为报告员(即现在的节目主持人),日军占领苏州后,电台关闭,他靠维修收音机度日。解放后,参加苏州人民广播电台担任外勤工人,在苏州郊区为农民安装有线广播喇叭,为普

及广播做了不少工作。"文革"结束,大哥退休回家。正待安度晚年,享享清福,不幸患上癌症,63岁就病逝了。他一生勤劳,在艰辛的岁月里,把子女抚育成人。他的五个子女,读书用功,事业有成,都有出息,对父母也很孝顺。长子文权,华中师大历史研究所教授;三子文翔,江苏省信息中心教授级工程师,最小的女儿学评弹,名叫唐文莉,现定居澳洲。

大哥惠民全家合影

三弟唐筱君,母死时他才7岁,自幼就失去了母爱。小学毕业后,师从魏钰卿学唱《珍珠塔》。他的拜师金,跟师学艺的川资、饭金、零用都由我负担。不久苏州沦陷,魏师回上海租界去说书。上海开销大,他只能跟师叔魏晋卿学艺。师叔有吸鸦片的嗜好,两个师兄则是生活放荡,在这样的环境下,近墨者黑,他缺乏自制能力,学坏了。我虽多加规劝,收效甚微。幸得1949年解放,毒品禁绝,他才脱离苦海,后来他在张家港娶妻定居,并参加了无锡市评弹团,既当演

六十一、情重如山：我的朋友情、兄弟情

胞弟筱君的一家

员，又搞编剧，业务上还算不错。两省一市评弹界开会时，我和他在会议中多次聚会。后来我定居海外，他退休回张家港定居，我们已有十几年没有见面了。他借我回上海录像之时，邀我去张家港见面。我想我今年76岁，三弟也73岁了，我又侨居加拿大，回上海的机会不多，去张家港的机会也更少，别时容易见时难，再难我也要抽出时间去与三弟相会。四儿力先知道我的心意后，借了一辆轿车，与大儿力行一起陪我直奔张家港。侄儿唐立新在公路边等候我们，带我们到云盘新村家门口。三弟站在门口迎接，久别重逢，看他又黑又瘦，容貌越来越像当年的老父亲。邻居见到我俩时，还以为我是弟弟他是哥哥，因为他患有哮喘病，冬天容易发作，显得比我更苍老些。今天他为了招待我们父子，煮了一盆大闸蟹，还亲自下厨，烧了一桌子的菜肴。饭后我们品茗谈心，叙叙家常。他回忆年轻时的荒唐，深表对不起我的内疚。我安慰他说这是环境使然，何况早已时过境迁，你

不必多自责了。他说退休后回到张家港,他和老伴二人都有退休金,生活安定和谐,老伴对他体贴照顾。早上一杯茶一张报,午休后去文化馆搓搓小麻将,晚饭后看看电视,听完《新闻联播》就睡了。儿子和媳妇都在中外合资企业里工作,工资不菲,他们又勤俭节约,买了两套两室一厅的房子。孙子读书用功,小学毕业后考上了江苏省重点中学,六千名学生竞争,孙子考得了第六名,他感到非常高兴。我听了也很开心。旧社会他一度误入歧途,新社会在康庄大道上过着幸福的晚年,这样安谧融乐的小康生活还有何求呢?我满怀着欢喜的心情告别三弟返回了上海。回顾香港的友情、张家港的亲情,我心灵上感受到极大的愉悦。

六十二、名家展演:去中南海说书

我从张家港探亲归沪,因为旅途劳顿,晕眩、恶心、呕吐,脑缺氧的旧病复发,又不得不住院治疗,才录了四回书的电视录像,只能请假暂停。经过两周的输液治疗后,我的自我感觉良好。再向医生要求,上午吊针,下午去录像,医生理解我的心情,同意了我的要求,治病录像两不误,我又录了二十三回书,连同去年的录像共留下了四十六回《三国》。虽非全部回目,但主要的内容总算留下来了。

1998年1月,中国曲协举办"中国评书评话名家展演",我十分荣幸地受邀参加,飞抵北京,曲协的张茹霞同志冒着大雪在机场迎接,把我安顿到宾馆住下。当晚中国文联和曲协的领导人宴请我们,同席的还有曲协特邀来听书的嘉宾、台湾相声名家魏兆龙先生。魏在台湾为发展相声事业做出了很大贡献,相见后我们晤谈甚欢,曲协领导还向魏和我赠送了礼品。回宾馆后,组委会副秘书长、曲协研究部部长常祥霖来看望我,常曾在上海空四军文工团演北方曲艺,我们早就熟识了。常告诉我:"这次演出是在中南海警卫团的大礼堂举行,规格比较高。中宣部的领导人会来听书。节目共有十个,一是开幕式的主题曲,然后是八回评书、评话,最后是七位青年评话演员每人念几句赋赞,表示后继有人。每个节目不超过10分钟,整场节目限制在两小时以内。"我听后觉得难度很大,我们说长篇评话的人最怕说限时很短的段子,从铺开矛盾、发展冲突到故事结尾规定只有

10分钟,那是很难处理的,我只有删减细节、精练语言来服从演出要求。

接着评委会要预审节目,评委会由常祥霖、辽宁出版社的编审以及天津北方曲艺学校的原教务长组成,都是精通曲艺的行家。我说的是《三国·张飞闯辕门》,这段故事描写了张飞感情大起大落的心理活动,趣味性是很强的。这一个段子说了14分钟,超过了4分钟。但两北方评委,听不懂苏州话,不发表意见。常祥霖能听懂,他对我说:"明天的听众都是北京人,他们听不懂苏州话,一千多人会相互讲话,场子里一嘈杂,秩序便不好控制了,怎么办?"我说:"中宣部领导是南方人,他听得懂的。"常说:"场子里嘈杂起来,领导又不好下命令叫大家安静的,您说书的效果就没有了。您自己考虑吧,明天用哪一种语言来演出。"

这一晚我睡不好了,反复思考明天要不要用苏州话说?按理我的曲种是苏州评话,应该用苏州话来说。但是明天的听众是北京人,他们听不懂苏州话,这方面我曾有过一次深刻教训,那是在30多年前,在北京参加曲协主办的创作座谈会,我带去的作品是改编的短篇评话《长空怒风》。座谈会后曲协组织了1964年元旦南北曲艺交流演出,在前门外的大众剧场演出,节目有骆玉笙的京韵大鼓、李润杰的天津快板、高元钧的山东快书、侯宝林的相声、我的苏州评话《长空怒风》。那天他们的演出,个个受到热烈欢迎,还加演一个小段,而我说的苏州评话,因为听不懂,听众就嘈杂起来,那时我尴尬极了,又不能临时删掉篇幅,缩短时间,因为《长空怒风》刚刚在《光明日报》全文发表,不好随意删减,那时的感觉真是丢人现眼,缺个地洞可钻。好不容易说完,下面侯宝林上场还调侃我:"那苏州话,正像南美洲阿根廷话那样不容易听懂……"我想明天中南海说书,我不

六十二、名家展演：去中南海说书

能用"阿根廷话"来说我的《三国》了，还是用普通话说书，尽管我的普通话不标准，但听得懂是没有问题的。说书的目的是为听众服务，听不懂，怎么去服务呢？

手捧1998年赴京参加评书展演时所得的奖状

第二天晚上中南海礼堂坐满了听众，我站在大幕的一侧，观察着台下听众的反应。节目开始，山东、重庆、武汉的评书艺术家们都说自己的方言，但是这些地方的方言都属于北方语系，北京人都听得懂，该出效果的地方都有笑声。他们的节目有的说8分钟，有的才说7分钟。这时，常祥霖过来跟我打招呼："你可以说15分钟。"他把他们省下来的时间给了我，我可充分展开书情。当时我跟值台人员说："你们不用搬桌子和椅子，我跟他们一样站着说书。"因为坐着说，距离扩音机较远，站着说可以距话筒近一点，声音容易掌控。我上台后先用普通话交代书情，三言两语进入角色，开始起张飞角色，一个嚎头，引起了全场掌声，我听到掌声心神一定，说道："10年前桃园结拜,人人都说刘、关、张,刘关张,到如今,只有刘关诸葛亮哇!"下面又是一阵掌声。接着刻画张飞的内心矛盾,更是激起阵阵笑声。效果非常好。一回书说了 13 分钟,我在热烈掌声中退场。常祥霖对我跷起大拇指,祝贺我的演出成功。我心想没有你提醒我说普通话,这回书就可能闷掉了。

节目演完,当时的中宣部部长丁关根、文联主席周巍峙等上台慰问演员。丁部长和我握手时问我:"为啥勿说苏州话?"我说:"怕北京人听不懂。"丁说:"味道呒不哉。"我想我一说苏州话,一千多人像听"阿根廷话",听不懂嘈杂起来,那也会没有味道。曲协后来颁给我奖状和奖牌,我感谢中国曲协给了我这样的机会。

次日晚上 7 点钟,中央电视台在《新闻联播》节目中播出了"中国评书评话名家展演"的新闻,我说书的形象也出现在镜头中。

六十三、夫唱妻随：到美国纽约开码头

回到多伦多后，应美国上海联谊会、国际评弹票房、海外昆曲社三个单位联合邀请，1999年8月17日，我和蒋云仙自多伦多飞赴纽约演出。我们二人自老年公寓出发，直奔机场，不料公路塞车，耽误了时间，10点钟的飞机未赶上，只能改乘11点航班。在飞机上我心里忐忑不安，我们和国际票房的郑士英先生约好11点到达纽约，请他到机场接机，现在晚到了一个钟头，如果郑先生走了，我们下飞机找不到人，又不会讲英语，叫的士也有困难，怎么办？而且预定下午两点钟要召开新闻发布会，纽约的华文报刊记者都要来采访，如果晚点迟到，影响多么不好。云仙心里也很焦急，我还要安慰她，不要紧张，总会有办法的。中午12点多飞机降落，我们下飞机先去领取行李，推着车子出机场时，听得迎面有人高呼："唐老师，蒋老师！"我们一看来的是郑士英。初次见面，他怎会认识我们呢？因为郑看到蒋背着三弦，便知道是说书先生来了。他说11点候机扑空，好生焦急，后来从机场查到下班飞机有我们俩的名字，这才放下心来。于是叫了出租车，直奔尹继芳为我们安排好的住处。

尹继芳本是苏州昆剧团小生演员，现为海外昆曲社的副社长，她的母亲蒋玉芳是蒋月泉的胞妹，为苏剧的主要演员。继芳是月泉的外甥女，我们早就认识，她像接待舅舅那样热忱地接待我们。继芳担

别梦依稀——我的评弹生涯

1999年8月与蒋云仙赴纽约参加美国上海联谊会主办的演出

任我们这次演出的艺术总监,从组织演员、安排剧场、舞台装置、演出宣传到销售书票,都是她精心操办。继芳安排我们住在她的好友徐成光、华芳夫妇家中。徐原是在上海搞新闻工作,文笔、口才都是一流,谈笑风趣,华待客热情,烧得一手好菜,很合上海人的胃口,住在徐家比住五星级宾馆还要感到亲切随和。上海越剧院的傅全香、金采风,昆剧团的计镇华到美国来都住在那里,徐家成了上海文艺界的招待所。我们在这里有一种回到家的感觉。因为要赶往上海联谊会出席记者招待会的活动,吃中饭也来不及了,只吃了一点上海肉粽充饥,继芳、士英陪我们即刻赶赴唐人街的会场,刚好两点钟没有迟到。会场设在地下室,场内坐满了人,上面红布横幅写着:"美国上海联谊会欢迎评弹大师唐耿良蒋云仙。"如此隆重仪式,使我们愧不敢当。我即席介绍了评话的表演形式和评话的发展现状。我说,评话经过一百多年的口耳相传,历代艺人都有发展。苏州评话本来只流

六十三、夫唱妻随：到美国纽约开码头

行于上海、苏南、浙东的太湖流域，近五十年上海人遍布全国、东北、西南、中南、港台都有，评弹的活动面也广了。我们在加拿大的温哥华、多伦多都演出过，受到江南侨民的认可，这次能到国际大都市纽约来说书，深感荣幸。感谢联谊会的盛情邀请，在中秋之前和来自故乡的听众见面，以乡音来慰藉乡亲们的乡思，使我们感到特别高兴。

我的讲话和表演，受到与会者的欢迎。记者们更感兴趣的是我和蒋云仙的黄昏恋，他们要求我交代恋爱的经历。我如实地说明：我初见蒋云仙时她还是16岁的少女，我已是有一对儿女的父亲了。此后经历了50年风云，我太太在"文革"中逝世，过着孤单寂寞的生活。云仙经历着两次失败婚姻的折腾，也成了单身贵族。1997年在温哥华同场演出，两个单身人相处十几天萌生了感情。在朋友的撮合下，我们携手共度晚年。她本来称我为叔叔，后来改口叫老唐了。经过一年通信，增进了理解，在多伦多登记结婚成为伴侣。记者们对我的交代相当满意，8月18日各华文报纸都刊登了座谈会的消息，标题是"评弹大师即席献艺述因缘"。

继芳煞费苦心地组织演出阵容，邀请了庞志雄、黄佩珍前来助阵，又请了在美国定居的侯小莉、华梦演唱她们的拿手开篇。我和云仙各说一回书。第一场在唐人街一三○小学的大礼堂演出，第二场在法拉盛台湾会馆演唱。首场演出有三百多听众，中国驻纽约总领事馆侨务组组长、中国驻联合国代表团一等秘书、黄埔军校同学会副会长沈策将军、三江公所主席、各侨领都来听书，济济一堂。头档郑士英、侯小莉开篇对唱《夕阳红》，含有祝贺我和云仙新婚的意思。庞志雄、黄佩珍《三笑·点秋香》，风趣生动，全场笑声不绝。华梦的开篇《牡丹亭·写真》是参加昆曲《牡丹亭》演出中的一折，唱得很成功。我说的《草船借箭》上集效果甚好，说完沈老将军还上台向我献

花。云仙压轴《啼笑因缘·听歌》反应热烈。联谊会耿会长向云仙和我颁赠"终身艺术成就奖"奖牌,还给庞志雄等四人颁发了"杰出艺术成就奖"奖状。第一场演出圆满结束,次日华文报刊纷纷载文称赞。第二场台湾会馆的上座爆满,演出反应比第一场更为热烈。尹继芳和施太还送给我和云仙"喜结良缘"镜框,更增添场内的喜乐气氛。

继芳宴请了我们,还推荐我们参加三江公所七十周年纪念会的文艺演出和新泽西州一场公演。她赠送我们两张旅游券,让我们去华盛顿旅游三天,参观了白宫、国会山庄、航天航空博物馆、林肯纪念碑等名胜古迹,虽属走马观花,却使我大开眼界。回纽约后,继芳又请朋友开了轿车陪我们参观炮台公园,遥望海对面的自由女神像。我们又去参观了联合国大厦,到曼哈顿逛街,并在世贸大楼双子星座大厦前照了相(三年后的9月11日,大厦塌了,这张相片就更有纪念意义)。

半个月的旅程丰富多彩,我们满载友情告别纽约,飞返了多伦多。遥望舱外云天不由思绪万端,14岁时我坐着人力摇橹的航船到苏州乡下泖泾小茶馆去说书,路程二十里,摇了三四个小时才到达。现在乘飞机开码头到美国纽约去说书,相距一千里,飞一小时多些就到目的地,这个变化实在是太大了。

六十四、逃过一劫：逢凶化吉，后福无穷

2000年夏天，我在多伦多家中接到北京中国曲协打来的电话，曲协要在今冬11月中旬举办"国际曲艺节"，邀请我和云仙同去参加，节目限定十分钟。我们欣然接受了邀请。我报的节目是《古城相会》，云仙报了《逛天桥》。我们先写了文字稿，又录了音寄到北京。

10月初我们返回了上海，准备去参加盛会。由于长途飞行太疲劳了，我感到有点不舒服，便到医院去看门诊，一查心电图发现心律不齐，医生叫我住院检查。我想做一次全面检查，在医院里治疗十天半月，趁机养好身体去北京参加"国际曲艺节"。检查时发现大便有隐血，有一个"＋"号，第二天再查又是一个"＋"号。医生通知继续查下去，第三天大便阴性没有隐血了，又查了三天都是阴性没有问题。那时心律也正常了，我认为可以出院回家了，医生叫我再查一次肠镜，一定要把隐血的原因查出来。查肠镜很麻烦，先要吃一天流汁，还要喝泻药，把肠子里泻干净，以便检查清楚。到第二天上午八点，护士又来帮我灌肠，把肠子冲洗得干干净净，十时整坐轮椅去做肠镜，先要注射麻醉剂，然后一根管子从肛门里塞进去，一直通到顶端，检查完毕，回到病房休息。主治医生来告诉我："大便隐血的根源找到了，你的结肠里长着一个瘤子，相当大，要转到外科病房手术

治疗。"我一听心里咯噔一下,去年 11 月我开刀摘除前列腺,住院三个月,怎么今年又要开刀了?我和医生商量:"再过十天我要去北京参加国际曲艺节演出,能否让我请假半个月,演出结束后回来再做手术。"医生说:"不行,手术前还要做一些检查,如果去北京受了凉感冒了要影响开刀。"没有办法,我只能写信给曲协说明原因,人在医院身不由己,请他们原谅,请他们把我的节目取消。云仙则仍然到京演出。

然后我迁移到十楼外科病房,又做了一次核磁共振检查,确定瘤子部位,单位和亲属都到外科办公室签字。我被安排在 11 月 13 日上午开刀。云仙 9 日到北京,11 日晚上演出,12 日便飞返上海,不待国际曲艺节活动结束,她就赶回来陪我了。13 日清晨云仙和子女们都到病房来陪我,送我到手术室。上了手术台,麻醉师进行全身麻醉注射,我失去了知觉。不知经过了多少时间,我被推出手术室,脸色苍白,像死人一样,云仙和子女们都流泪了。到了监护病房,我慢慢醒来,浑身无力,身上插了不少管子,有监护心脏血压的,有注射药剂的,还有输送营养液的。这几天不能进食,连喝水也不可以,口渴了只能让云仙和子女们用棉花球沾一点水在嘴唇上抹抹。这次手术比上一次更大,好在最后七天的危险期终于度过了,可以进食了,大便也通了,肠功能恢复了。

中国曲协主席刘兰芳委托张茹霞到上海医院来慰问,并致送慰问金。蒋月泉从十五楼坐轮椅到监护病房来探望我。领导和朋友们的关怀使我很感动。

经过三个星期的监护,伤口拆了线,我又回到外科病房治疗,开始下床走路,逐渐康复。一月之后,俞主任找我谈话,介绍手术情况,他说:"结肠内瘤子部位的左右各切除二十公分,顺便把盲肠也切除

六十四、逃过一劫：逢凶化吉，后福无穷

了。切下来的四十公分一段肠子剖开检查，这瘤子长得很大，占肠腔四分之三的空间，瘤的边缘已经癌变，但没有扩散，附近有七个淋巴结并无感染。如果再隔半年瘤子长大了就会产生肠梗阻，或者瘤子烂了，癌细胞扩散就是晚期了，治疗就困难了。癌症就是这样，早期没有感觉，等到有感觉（便血或是疼痛）就是晚期了，很难治疗。你是从大便隐血中查出，医生的行话叫'捉牢'，这是一千个病例中的一个。手术在早期进行，危险性就减少了。"我一听不禁额手称庆，不是曲协举办国际曲艺节，我10月份是不会回上海的；在多伦多大便不痛不痒毫无感觉也不可能去检查的，就不会发现大便有隐血；此后大便连查四天都是阴性没有隐血，如果不再耐心查下去，就不会查肠镜发现瘤子。正是医生揪住不放，我才取得了千分之一的早期治疗机会。否则，再过半年癌症到晚期，从淋巴扩散至全身，我不敢再想下去了。我不禁从心底感谢曲协的邀请，感谢华东医院医生的医术医德，让我逢凶化吉，遇难呈祥，躲过人生一大劫难。

　　俞主任接着说："手术之前我们已将你的病情告诉家属，当时没有告诉你是怕你有思想负担。其实你患的是'肠癌早期'。虽然切下的肠子里那七个淋巴结没有发现感染癌细胞，但肿瘤的边缘已经癌化，癌细胞肉眼是看不出的，为了郑重起见，我们决定对你进行半年的化疗，防止这可能发生的癌扩散。我们在手术时就已在你腹腔埋下一只泵，现在的药水就通过泵注射到你腹腔去。"

　　我听说要进行化疗，心里又咯噔了一下。化疗的反应是很难受的，但为了防止有癌细胞扩散，只能忍受这个反应了。一个月化疗一次，注射1000CC药水到腹腔里。开头三个月反应还可以，越到后来反应越大，连吃饭的胃口也没有了。注射后的几天看见饭菜送来，没法下咽，原物退回。好不容易挨过了六个月的化疗关，顺利出院返

加。华东医院医护人员的治疗和护理,云仙和子女们的悉心照料,使我逃过一劫。后来在加拿大的五年里,查过两次肠镜,都属于正常状态。

六十五、海外知音：记白素贞教授

苏珊·布兰德是我的一位外国朋友，她的中国名字叫白素贞。她是达特茅斯学院的教授。达特茅斯学院在美国是与哈佛、耶鲁、普林斯顿等同属于长春藤大学联盟的名校。白曾经在北京大学中文系进修过，说得一口流利的普通话，在达特茅斯学院教授汉语。她爱好中国曲艺，她的中文名字就是弹词《白蛇传》中女主角的名字。白对评话尤感兴趣，曾专程到苏州与评话家金声伯研讨《七侠五义》，写过《从石玉昆到金声伯》的论文，发表在《评弹艺术》上，还写有关于《七侠五义》的英文著作。

2002年春我在多伦多接到白打来的电话，她告诉我6月下旬美国华盛顿史密斯博物馆要举办一个"丝绸之路"民间生活表演大会，拟邀请中国、印度、巴基斯坦、伊朗等20多个国家的民间艺人在国家广场表演。白教授负责中国曲艺的组织工作。她邀请了北京评书的连丽如、京韵大鼓的种玉杰、苏州弹词的蒋云仙、苏州评话的我参加演出。我和白素贞在苏州时曾有一面之缘，对白热爱评弹事业心仪已久，遂愉快地接受了邀请。我准备的节目是《赵子龙枪挑高览》，这个节目的表演动作较多，情节也紧凑，适合给听不懂苏州话的听众欣赏。我把文字本一句一句写出，供白教授临场翻译应用。云仙也把《逛天桥》本子写出来，寄给白素贞。

6月25日我和云仙飞到华盛顿，白教授已在机场等候，将我们送至住地"万豪酒店",这是一个很豪华的宾馆,有游泳池等设施。我们住在七楼。安顿停当,白教授又去机场迎接种玉杰和伴奏穆征祥,他们是从北京飞旧金山,再转机到华盛顿,因而行李滞后未取到。第二天白教授又亲去机场为他们领取行李,发现乐器箱的箱锁被机场检查人员撬开过,乐器给碰坏了,于是又开车送去店家修理,她的忙碌是可想而知的。白教授还要同各个节目的演员核对台词,我们一个节目说唱15分钟,她也要译15分钟,等于一场晚会,她要负担半场。演出地点在华盛顿纪念碑前面的国家广场,广场内搭了好多帐篷剧场,最大的帐篷剧场是供齐淑芳的京剧团演出的,京剧武打戏极受观众欢迎。我们的帐篷较小,天气热,没有空调只有电扇。首场演的是印度说唱,节奏强烈,观众情绪随之高涨,掌声不绝。节目结束观众散去,另一拨观众入场,其中也有中国人,我的节目在开场白时加了一点噱头,白教授翻译时,我看到听众发出了笑声。由于白教授口译水平高,听众对我们的节目都给予了认可。中国曲艺受到洋听众的欢迎,我们都很高兴。白教授也很满意。

宾馆餐厅是自助餐形式,菜肴的口味都合乎洋人的胃口,连丽如不太能适应,白教授就驾车到中国超市买了北京王致和酱菜、老干妈辣酱,给北方人调味,她知道上海人不吃辣,又买了扬州酱瓜、什锦酱菜。我有个习惯,临睡前要喝一杯牛奶,晚餐后带一杯牛奶回房间。有一次餐厅里的牛奶被客人们喝光了,我只能准备今夜不喝牛奶了。回房之后,隔一会听见叩门之声,我开房门一看,原来是白教授特意到小卖部去买了一杯牛奶送来。她这样细心体贴令我感动不已。我们在进餐时曾议论过白的人格魅力,种玉杰说我们六个人可以成立一个"海外曲艺团",团长就推白素贞担任。因此后来我们就叫她"白团长"。7月上旬,天气骄阳似火,有一天下午已经到了摄氏36

六十五、海外知音：记白素贞教授

度，白就命令我和云仙在宾馆里享受冷气，广场不要去了。演出节目由他们顶替。

2002年秋在华盛顿与北京女评书家连丽如合影

国家广场七场"丝绸之路"演出结束，博物馆要负担20多个国家演出人员往返机票费用、宾馆食宿费用，开支庞大，给演员的报酬是较少的。白团长知道我们来一趟美国不容易。让种玉杰和我们夫妇俩再去达特茅斯学院和明德大学演出两场，可以增加些收入。连丽如夫妇因有事飞回北京去了。我们四个人从华盛顿前往达特茅斯，白教授亲自驾车，要连续开9个小时，那是够辛苦的了。我们两人住白团长家里，那是离市区20里的郊区，非常安静。除了在两所大学演出，白教授还介绍我们认识了不少中国朋友，在离别前夕，白在餐馆为我们四个人饯行。席间我谈起了我说的传统《三国》长篇评话的问题，我说："我收过两次徒弟，在'大跃进'和'文革'后都转行了，后继无人。在上海的录像也没有录完全。再回上海去补录，因为长途飞行,健康不容许。看来只能烂掉在肚里完结。"白团长说:"达特茅斯大学有先进的数码摄像机,加拿大到这里航程不过两小时,对你的健康没有问题。待我申请到一笔基金后,请你到学校里来录像,把传统长篇保存下来,不过要给学校留下一套录像作资料,你同意吗?"我表示完全同意。

我和云仙回到多伦多后,到 10 月份白素贞寄来了达特茅斯学院的邀请信,聘请我和云仙为访问学者,经费全部由学校的基金会负担。我接信后非常高兴。云仙的学历是初中肄业,我的学历是小学五年级,现在居然到美国名牌大学去做访问学者,实在是既感到光荣又愧不敢当的。

六十六、美国录像:评弹就是我的生命

我和蒋云仙应达特茅斯学院之邀去录制传统评弹长篇,办好签证后于11月3日下午3点飞抵美国。我们坐的是一架小飞机,只有19个座位,在离达特茅斯学院几十里的一个机场降落,白素贞教授在机场迎候我们。行李没有同机到达,白教授跟机场联系,留下了我们的地址,机场说第二天行李到达后他们会开汽车送来。白教授开车拉我们到城里,先在一家中国餐馆吃夜饭,然后送我们到宿舍去。我心里寻思毛巾牙刷都放在箱子里,明天早晨怎么洗脸刷牙呢?白教授似乎已猜到我的心思,汽车开过超市,她停车去买了毛巾、牙刷、牙膏,还买了两双厚绒的拖鞋供我们使用。她的体贴关心可谓无微不至。

汽车开到福诺威应先生家,应是白教授的朋友,7月份应家办活动,我们曾随白教授一道来吃烧烤,种玉杰、蒋云仙和我还为应家的宾客们表演了节目。白教授向应家借房供我们居住,因为应家离学校较近,去学校录像可以方便些。应先生是台湾同胞,讲国语,沟通也比较方便。应把地下室统统让给我们,有卧室、淋浴房、客厅、厨房,还有一间很大的供运动的体育房,内有桌球等运动器械。应家夫妇上午上班,傍晚归来,公子上学,上午家中就剩我们两人,十分清静,可以安心做录像准备工作。白教授引我们到地下室,打开冰箱一

看,禽蛋鱼肉蔬菜水果牛奶等一应俱全,油盐酱醋糖茶米面条一样不缺,电饭煲炒菜锅碗筷盆子都安排妥当。此后隔几天,白教授就为我们采购牛奶菜肴,一位资深的大学教授当了我们的采购员、驾驶员(我们出入都由白开车接送)、护理员(云仙一次感到心律不齐,白和医生联系,挂号早已满额,但8时开诊以前有一个小时可以提早就诊。白教授凌晨5点多就起床,开车到福诺威,接云仙去医院看病,我们6点多到医院时,晓星还在天空闪烁,白教授的此举令人十分感动)。白教授上午有课,还要批改作业,每天下午接我们俩去录像,她亲自操作摄像机,星期六、星期日都没有休息,连圣诞、元旦的假期都照常录像。到2003年1月4日,云仙的《啼笑因缘》(从《逛天桥》到《刺刘》)、我的评话《三国》(从《赠马》至《华容道》)全部录毕,抢救传统评弹的工作顺利完成。我何其有幸,遇到一位慈祥、亲切、认真、负责,热爱中国评弹的资深教授,可谓海外遇知音,我从心底感激这位"海外曲艺团"的白团长!

　　录音期间还有不少值得一记的逸事。应先生是台湾同胞,非常好客而且健谈,晚饭过后,我们常品茗谈心。他是个佛教徒,爱好文艺,喜欢吹笛和拉二胡,不时为我们演奏江南丝竹。我和云仙也为他们说唱评弹助兴。应先生十分风趣,有一次他告诉我,他的父亲是湖南人,和毛主席是同乡,他的母亲是宁波人,和蒋介石是同乡。有时老两口为一些琐事争吵起来,一个是湖南方言,一个是宁波官话。他劝架时就说:"你们又在国共斗争了。"说得老两口一笑息争。

　　一天晚上,我们晚饭后正要品茗聊天。只见应先生脸色凝重,话语也少了。我问他为什么?应先生说,他在一家电脑公司任职,担任部门的领导职务,今天上午开会,部下对他提意见,话语尖锐,他忍受不了,局面很僵,后来吃饭时见面,彼此很尴尬,应先生心里有气,没

六十六、美国录像：评弹就是我的生命

法再跟他同事,甚至考虑辞职不干了。云仙就说:"你别生气,让老唐跟你讲一段《三国》的故事。"应先生点头同意。我就讲了一段曹操的故事:曹操北伐大胜,袁绍的两个儿子袁尚、袁熙逃往乌桓。曹操征求部下文武的意见,要不要追击?很多人都劝曹操不要追,因为现在已是8月,北方冷得早,天寒地冻,不利作战,而且路程遥远,山路崎岖,运粮不便。加上刘备在荆州,我们深入北方,刘备攻袭许昌,我们的老巢有危险。还是以不打为好。众人这么一说,曹操寻思,打的胜算不大,但是不打会留下无穷后患,二袁勾结乌桓,将来骚扰边境,北疆永无宁日,怎么办?他去郭嘉处咨询,郭正患病卧床,他劝曹操要追击,乌桓以为我们不敢去打,必无准备,我们出其不意定可取胜,山路崎岖可以轻骑进攻,运粮不便,可带足干粮。至于刘备攻打许昌,没有这个可能,刘备自己没有兵力,只有向刘表借兵,刘表深恐刘备夺其兵权,要取他江山,顾忌甚多,不会借兵给刘备,刘备攻打许昌的可能可以排除。曹操采纳了郭嘉的计策,大军留在易县,自己率轻骑奔袭。乌桓没有防备,被曹操斩其首领,夺得战马万匹。班师回营,曹操设宴犒赏文武,传令把曾经劝他不要打的文武官员统统请到,一个都不能遗漏。那些曾经劝曹操不要打的人心里都在想,曹操大获全胜归来,说明我们的意见是错误的,定会批评我们胆小如鼠,怕担风险。他们入席时都怀着准备挨整的心态,眼光都不敢对曹操看。只听见曹操说:"这次大胜,要犒赏文武官员。"叫手下人把礼物端出来。那些劝曹操不要打的人,心理已有准备,我们是提错误意见的人。奖金肯定被敲光!没想到这些提错误意见的人赏赐加倍,红包包两个。大家觉得很意外,莫非发错了奖?只听见曹操发话:"这次兵进辽西,风险太大了。沿途缺水,掘地三十丈才见水。粮草不够,斩马为粮。打胜仗是行险侥幸,靠老天帮忙,是偶然的运气,不足

为训。你们劝我不要打是正确的万全之计。我之所以要加倍奖赏你们,就是希望你们在今后我决策之前要敞开思想,知无不言。千万不能有多说多错、少说少错、不说不错的想法。"曹操这种广开言路的做法,这种善于团结一切人,包括团结那些反对过自己被实践证明反对错了的人的方法,是他能取得三分天下的重要保证。

我把故事讲完,应先生连连点头。第二天晚上我们再次喝茶聊天的时候,应先生笑着说:"昨夜你讲的故事对我启发很大,一千多年的古人,对不同意见尚且有这样的肚量。难道21世纪的人却不能包容不同的意见吗?今天上午我到办公室找昨天提意见的人谈话,那人脸色紧绷,神情紧张,我对他说:'你昨天的意见对我很有用。希望你今后更要多提意见。'那人面露笑容跟我握手致意,中午食堂吃饭彼此有说有笑,昨天尴尬的气氛一扫而空。我要谢谢你对我的启发。"说完应先生拿起笛子奏起了《彩云追月》的乐曲。我听后也很愉快,评话《三国》化解了现实生活中的矛盾,起到了古为今用的作用。我把这事告诉了白教授,她也很高兴。

不久,白教授邀请我和云仙为达特茅斯学院的师生说一场书,她说要将学校大礼堂营造成一个"茶馆",挂上中国的红灯笼,放很多圆台,台上盘子里放上香瓜子、芝麻糖片、糖果、开心果等零食,还有茶和咖啡。这样,听众就能更好地领略苏州评弹的魅力。演出那天晚上,宾客坐满了"茶馆",开书前,白素贞用英语向听众介绍了苏州评弹以及我们两人。节目从蒋云仙琵琶独奏《王昭君》开始,接着我说了一段《张飞闯辕门》,先由白用英语介绍故事,使听众们能理解情节,最后蒋云仙说唱一段《刘将军笞打沈凤喜》。演出反应强烈,白教授告诉我这次茶馆听众之多是超纪录的。

白教授还陪同一位《当代》杂志记者安德里亚·奥林格到应家

六十六、美国录像：评弹就是我的生命

来采访我们，由她亲自翻译。我和云仙各自谈了说书的经历，介绍了评弹艺术的基本情况。《当代》杂志刊登了记者长篇的报道。我们在达特茅斯学院"茶馆"说书的情况也在一家报纸作了报道。

2002年冬，美国达特茅斯学院的白素贞教授冒雪接送我们

白教授工作很忙，每天上午要给学生上课，批改作业的工作量也很大，下午要为我们录像，双休日也照录不误。即便是圣诞节，我们的录像依然进行。圣诞那天录完像，白教授把我俩接到她家里共进晚餐欢度佳节。白家在郊区，离学校数十里，我们踏雪到了白家。她让我俩欣赏《卧虎藏龙》的碟片，自己亲自下厨房去做菜。白教授还邀请了我的房东应先生夫妇来吃晚饭，这样饭后可以带我们返回应家休息。晚上8点已过，室外朔风呼啸，暴雪飞舞，仍不见应先生的汽车光临。过一会儿电话铃响了，应先生说汽车开到半路，风雪太大，能见度很差，路标也看不清，迷路了，只能退回家，晚饭不能来参加了。我们晚饭过后，白教授夫妇驾车送我们回应家。那时暴风雪

越来越猛,雪团雪块向汽车袭来,雨刮器不停地来回清扫汽车玻璃上的积雪,公路上的积雪越来越厚,几乎和路边的积雪相差不多,界线模糊,很容易离开公路滑向田野而出车祸,汽车开了大灯,艰难地前行。白教授说这样的风雪她几十年来没有见过。路上不见有汽车交会,只有我们一辆车在行驶。幸得白教授的丈夫驾车技术熟练,始得安全到达应家门口。门前有一个斜坡,坡上雪深三尺,汽车开不上去,只能在路边停下,当我走下车一脚踏在雪地时,我穿的高帮雪靴溢进了冰凉的白雪,脚底冻得够呛。白教授把我们送到应家,他们还要开车回家。我们担心他们这数十里车程行驶的平安与否,心里老是忐忑不安。一直等到午夜,白教授打电话来说,他们已经平安到家,我们这才松了一口气,放心安睡。圣诞夜的暴风雪令人心有余悸,但也让我们更深地体会到白教授的暖暖情意。

　　大雪过后是融雪天气,更为寒冷了,我的录像如果按预定安排,到 1 月 4 日肯定录不完,所以,在最后几天只能每天多录半小时,按时完成了 56 个小时的《三国》录像,比原先在上海录下的还要完整。如果没有白素贞教授的全力支持,我是不可能实现期盼已久的心愿的。因为她工作忙,直到 2006 年,《三国》才全部制作成 VCD 光碟。我将这三份资料分送给了中国曲艺家协会主席刘兰芳、江浙沪评弹领导小组组长周良和我的儿子力行,以期为祖国评弹事业留下一份我倾毕生精力所完成的资料,留下我这个垂垂老者的一片爱国心。

　　评弹就是我的生命。在完成这部回忆录后,我正在思考今后怎样再做一些对评弹发展有益的事情。

后　　记

　　今年我已是86岁的高龄了,我一生经历了民国、抗战与内战、中华人民共和国的成立、"文革"、改革开放等诸多历史变故,我是一个评弹艺人,在历史的洪流中沉浮起伏,悲欢离合伴随着我的说书生涯。1989年春我从评弹团退休,冬天移居加拿大,屈指算来已有18个年头了。客居异国,故土、故乡、故人、故事时时在我脑海中,萦回在我的梦中。我强烈地感受到,不能让这些亲历的往事烟消云散,我有责任把它们记下来,于是我开始伏案写作。别梦依稀,时而我是梦中的我,时而梦中的我又回到今天的我,断断续续写了十几年,在我的大儿力行的帮助整理润色下,今天终于可以画上句号了。我的评弹生涯不仅是我个人的一段历史,而且是给出了一个观察历史的视角。读者可以从中读出时代变迁对说书人及所说书的制约和影响,反之,也可以从我个人命运的起落中读出历史的变迁。

　　回首往事,缅怀故人,我还想再说说我最感恩的两个人。

　　我之所以能够成为一个说书人,离不开恩师唐再良对我的栽培。我12岁拜师时,恩师已是54岁的长者了。老师了解我家庭贫穷,尽力帮助我早些学会说书,上台挣钱,改善家庭生活。他关照我:"第一遍你听一条书路,第二遍你就要给我排书回课。"我在跟师的第二只码头——常熟湖园书场,每天晚上要听老师90分钟的书,第二天上午还要排书回课。第一次,我说了30分钟就完了,漏掉了三分之二的内容。老师没有批评我,而是耐心地把这回书再重说一遍。老师日夜两场演出本已十分辛苦,但为了让我能记住漏掉的部分,不嫌劳累为我一个人像台上说书那样再说一遍,我感动得眼泪都掉下来了。当时同码头的说书人不理解老师为什么要这样卖力地教授学徒?老师说:"他是投生路而来,家境困难,我让他早点学会可以早点上台,摆脱困境。"老师的厚道、慈祥、善良、关怀溢于言表。我庆幸拜着了这样一位好老师。从此我听书更用心了,一天到晚连走路都在背书,跟师四只码头听了五遍书,我就学会了六十回书,在码头上日夜两场可以演一个月。13岁我就上台说书,经过十年磨炼得到了听众认可,之后为"七煞档"、"四响档"之一,成了一个小有名气的说书人。我常想,没有老师对我的辛勤教育,我哪会有今天的地位?老师不但授艺,而且他做人的品德也使我获益匪浅。饮水思源,老师的大恩大德我终生不忘。

"文革"中《三国》饱受批判,否定了传统书又批判了说书人,以致书中关羽"身在曹营心在汉",也被批判为我身在新中国心却在台湾蒋家。"文革"结束,拨乱反正,我可以重操旧业再说《三国》了,可是二十年不说此书,大部分都记不得了。我收过两次学徒,在"大跃进"和"文革"后都转行了。我年过花甲,又患有哮喘病,眼看这部书将落得个人亡艺绝的下场了。我不能让老师传授的《三国》在我手里湮没。怎么办?上海人民广播电台邀我去录音,我想如能由电台录下《三国》,他们的设备条件好,可以保存下一份音响资料,传之后人。但要把荒废已久的书目重新拾起来谈何容易,我用录音机在家里一点一点地回忆、一遍一遍地排练、一段一段地加工、一回一回地录音,像打捞沉船一样把它从水底捞起来,花了三年时间,录下了一百回《三国》。虽然有不少瑕疵,但基本上留下了一份完整的音响资

后　记

料。评弹光听录音还是不完整的。演员的表情和动作只有录像才能立体地展现。1996、1997两年我在上海住院治病期间，上午在医院吊针输液，下午去上海电视台录像，录制了四十六回录像。四十六回是精简本，后来在2002年至2003年间我在美国达特茅斯学院白素贞教授的帮助下，花了两个月时间，录下了56个小时的完整录像，补充了上海录像所遗漏的回目，这样，我终于可以告慰九泉之下的恩师，以及教我前段书的师伯。

我缅怀的第二个人是我的妻子李志芳，我和她1943年订婚，1944年结婚，她为我生育了五个子女。我当时工作很忙，在家的时候很少，照顾孩子、教育子女的重任都落在她一人的肩上，全靠她忙里忙外地张罗着。我能没有后顾之忧地深入生活，编演一些书目，做出一些成绩，都和她的支持分不开。辛苦劳累，使她落得个高血压病。"文革"中我被审查靠边挨斗，抄家受罪，她深受牵累，心情压抑，时时处于胆战心惊的极度紧张之中。我工资被造反派扣去，只给她每月15元的生活费，所有的存款也被冻结，因此她生病无钱去医治。1967年5月18日，她病情加重，送她去广慈医院急诊时血压已升高至220，蛛网膜出血。因为是黑帮家属，医院拒不治疗，失去了抢救的时机。我在病床前心如刀割，又无可奈何。我们结婚23年，我总是忙于工作，从未和她一起去旅游休息过，我亏欠她太多了。次日垂危之际，医院才算开恩吊针输氧，然已是无药可治，回天无力了。我问她可有什么话语要嘱咐，她已经不能讲话，两眼望着我，眼角不停地流淌着眼泪，分明是放心不下五个都在读书的孩子，要我照顾好这些孩子。就这样她含恨而去，终年才46岁！

之后运动升级，我被隔离审查，不久，又被打成潜伏19年的特务分子。我不但不能照顾好五个孩子，反而株连大儿力行在南京大学也被隔离审查,之后又被发配到安徽农村去教小学。小儿子被迫去农村插队落户吃足了苦头。我在牛棚里被禁闭,每每念及妻子临终无言流泪之情景,不由痛彻心扉。数年之后撤销隔离,重获自由,我亲手把妻子遗骨送回苏州的祖坟地——越溪糯米山,让她入土为安。

又过了几年,大儿调入安徽师大教书,大女儿考入上海师大,二女儿考入华东师大,四儿考入上海二工大,幼儿考入合肥工大建筑系。五个孩子凭着他们各自的努力都考入了高校,他们记得母亲生前的谆谆教诲,用功读书,学业有成,我想妻子泉下有知,也可以瞑目了。

之后孩子一个个成家,大儿调入上海师范大学历史系成为学科带头人、博导、教授,大女儿清华中学高级教师退休,二女儿赴加拿大定居担任幼教工作,四儿任北京科技大学成教学院上海分部主任及北京科技大学远程教育学院上海学习中心主任,幼儿在苏州监理公司任副总经理。儿女们在各自岗位上作贡献。更令人欣慰的是长孙女唐海燕在美国耶鲁大学医学院取得博士学位,又在乔治·华盛顿

长孙女海燕、女婿杨亮与重外孙女斯宜

后　记

大学法学院取得博士学位。孙女婿杨亮是哈佛大学物理学博士。大外孙许开辰先是在哈佛大学读硕士、后在耶鲁大学法学院取得博士学位。外孙媳妇黄蕾是哥伦比亚大学博士。小外孙女王妍白在美国普林斯顿大学毕业后获英国牛津大学博士学位,即将进入斯坦福大学攻读法学博士。他们出人头地,强爷胜祖,一代超过一代,2007年8月重外孙女杨斯宜出生,我已是四世同堂。我想妻子在天之灵一定会九泉含笑,喜悦满怀的。

　　谨以此书献给他们,献给与我共同经历这一段如梦往事的亲人和朋友。

附 录

故 旧 八 忆

　　1981年春节前夕,陈灵犀写了一首七律《赠友人》给我,诗中有"历尽劫数余瘦骨"、"故人相见头皆白"之哀叹,当时他81岁,我61岁。如今我已是八十有六,更添了"访旧半为鬼,惊呼热中肠"的悲凉! 2001年8月,好友蒋月泉不幸逝世,我在加拿大听闻噩耗后,夜不能寐,中宵披衣书写了《雁儿鸣——闻月泉仙去有感》,诗曰:

　　子安三月去①,月泉八月行。本是同飞雁,先后落埃尘。忆昔共振翼,列队成一群。或飞一字样,或作人字形。雁翎色绚丽,雁鸣闻天庭。

　　岁月流逝去,雁群渐凋零。相继落平沙,不复成队形。孤雁哀鸣泣,凄凄声哽咽。何时将折翼,顾影亦自怜。人生谁无死,虽死愿留声。

　　前辈俱往矣,自有后来人。后浪催前浪,晚生胜先生。何喜逢盛世,何患无知音。祝福新飞雁,蔚然自成群。鸣声更嘹亮,翱翔上青云。

　　客居异国,时时忆及旧朋故友,遂写以下"八忆",分别追忆潘伯

---
① 指评话家吴子安。

英、蒋月泉、杨仁麟、朱慧珍、杨振雄、吴子安、徐丽仙、王伯伯等。此外，在前文我已分别叙说了夏荷生、张鸿声、张鉴庭、张鉴国、姚荫梅、严雪亭、周云瑞、沈小梅、陈灵犀等，此不再赘。

一忆潘伯英：忘年之交，亦师亦友

潘伯英是常熟人，长我18岁，1933年冬我跟师到常熟湖园听书，他在常熟仪凤书场说书，我老师到仪凤书场去拜客，我跟随同去，在那时就认识了潘。1934年我破口说书，在农村集镇说书，是个刚出道的道童儿，潘已是码头响档，层次不同也没有什么往来。10年之后我初露头角，和潘档次接近，业务上有了联系，彼此成了朋友。

我很欢喜听潘的书，他很有创造性。有一年年底光裕社在苏州吴苑书场会书，送客书是潘和曹汉昌的双档评话《连环套·天霸拜山》，他们搭配紧凑，对白精彩，得到全场听众的热烈掌声。这一回评话是潘编写的。1943年夏天潘到朱家角接我下脚，我特地多留一天，在潘日场说书之后，加送一回《天霸拜山》，我和他双档演出，让我着实过了一次瘾！

潘在学说书之前曾经教过书，古文底子很厚实，说书时的穿插很有文化底蕴。例如关于"赤松"的由来，他在书中穿插说："越王勾践，只能同患难，不能同富贵，范蠡在灭吴之后，写信劝文种归隐，文种不听，后被越王所杀，范蠡则弃官从商泛五湖做陶朱公去了。再有刘邦开汉朝之后灭功臣，韩信被杀于未央宫，张良辞官隐居，史书上记载：'张良辟谷，从赤松子游。'说张良跟赤松子去做仙人了，其实赤松子并没有这个人，张良借了赤松子的名义逃走了。所以现在人们口头谚语，把逃走叫'赤松'，啥人溜脱哉，就叫啥人'赤松'哉。"穿插里有个"包袱底"，是说书里的"小卖"。我就学过来，放在徐庶离开曹营时用这个"赤松"的古典，书场里很有效果。

说书里人物出场要有"挂口"或"咕白"。但是大路货的挂口，如"一粒明珠土中藏，未知何日放毫光"、"将相本无种，男儿当自强"等等，并没有多少艺术性。潘曾经多次帮助我书写"挂口"，我记忆最深的有三次：

我在说《古城相会》时，张飞的出场没有个性化的挂口，只能用散文表叙，我和潘商量，请他帮我写一个挂口，他答应了，后来就写给我："龙无云，虎无风，英雄困顿草莽中，昨夜梦里兄弟会，醒来依旧影无踪。唉！大哥二哥，你们在睡梦之中来哄弄小弟则甚哪！"这样一来张飞这个人物的性格就显现出来了。

再有，我说到《单骑救主》中赵子龙碰到北地枪王张绣时，张绣发一路枪法，名为"百鸟朝凰枪"，缺少一只枪赋，我请潘帮我写一枪赋，他答应了，很快寄给我："此枪出手凤来仪，片片翎毛百鸟飞。上一枪寒雁排阵，下一枪独立山鸡。左一枪黄莺穿柳，右一枪紫燕衔泥，前一枪孤鹜升空，后一枪大鹏展翅。鹞鹰逐兔空中转，白鹤追蛇着地飞。鹧鸪叫，杜鹃啼，枪枪发出有玄机。若问此枪何出典，朝凤百鸟世间稀。"这首赋每一句都有鸟名，听起来极为传神，为这回书增色不少。

《火烧连环船》缺少一只火赋，我把情节告诉了潘，他又为我写了一首韵白："大江随浪阔，小月傍山斜。风自东边起，船连西面涯。舳舻漫水际，旗帜遍天遮。顺风船，六十只，只只装满引火柴，随风急泻不须驾。船撞船，火就着，风吹火，火更大，铁索连环锁火龙，左船呆看右船着，一只挨一只，只只全挨着。波浪震荡火力加，片片旌旗化红霞。曹将慌手脚，曹兵乱如麻，可恨敌军如狼虎，杀人斩首如砍瓜。往前敌，心胆怕，往下跳，逐浪花。叫天地呼爹妈，敌势平添火势加，杀声四起震滩沙。最可怜百万雄兵一夜风，千乘战船化红霞，直烧得赤壁不红江水赤，一轮惨月山间挂。"

这一首韵白，既通俗易懂，念来又有效果，比原来的叙述交代更具可听性。潘又为我写了关羽、周瑜的挂口，以及赵子龙七探蛇盘枪的枪赋，就不一一列举了。在同行相妒的圈内，我得到一个同行如此热情的具体帮助，实在是让人感动，因此我把潘视为半个老师的忘年之交。

我们在演出上更是相互协作、密切交往。1946年初冬，我们和徐云志合作一道到无锡越做，在迎兴、和平春两副书场，我和潘都说日夜两场，徐云志唱四场。徐云志名气响，这四场都日夜客满，我和潘"抖手巾包"——收入平均分配。那时评话的号召力不如弹词，和弹词演员越做能够日夜客满。五十天后徐云志到常州去了，我们评话独做连下去上座仍旧很好，这是因为评话的关子已经吃牢，独做仍然客满。1948年冬，潘和我约了蒋月泉、钟月樵一道到常熟，我在城内仪凤书场说日夜场，潘在南门外花园饭店书场唱日夜两场，蒋月泉双档城里城外唱四场，都是场场爆满。如果评话独档演出就不会有如此盛况。

评弹本是单档演出，是名副其实的单干户，后来上海、苏州的书场以多档合演为主，产生团队组合的要求。"七煞档"就是一例，潘和我都属于"七煞档"成员之一。后来散伙了，仍以个体自接书场为主。1949年上海解放，我们开始都受谣言影响，对共产党心存疑虑，后来解放军进入市区，睡在人行道上，不进民房，文艺处的干部接触评弹艺人，尊重艺人，使我们心悦诚服。为了迎接解放，潘伯英编写新书，在大华书场推出新书专场。潘编了个《飞夺泸定桥》，由张鸿声、顾宏伯、潘伯英和我演出。张鉴庭、张鉴国说《阿Q正传·调戏吴妈》一节，也是由潘所编写。7月1日慰劳解放军义演书戏《小二黑结婚》也是潘改编，蒋月泉饰小二黑，范雪君饰小芹，刘天韵反串三仙姑，张鉴庭饰二孔明，张鸿声饰金旺，在南京大戏院上演，全场爆满。

潘还和我拼双档说一回《李闯王》，由文艺处干部陪同到杨树浦申新纱厂演出。我们原来演出的夜场请别人代书，收入归代书演员所得，我们则免费为工人说书。次日《新闻日报》刊登了简讯：潘伯英、唐耿良下厂演出。我们放弃了收入，义务下厂演出，就是冲着为工农兵服务的光荣。后来，潘伯英被选为上海人民代表会议的代表，成为评弹界的光荣代表。

1951年潘伯英放弃单干高额收入，参加苏州市文联，任戏改工作干部，赚固定工资。这一消息使我受到很大震撼。潘为我树立了一个榜样。我在上海和蒋月泉等朋友商量争取参加国营评弹团，就在1951年11月，评弹界十八艺人组建了上海评弹团，赚低于单干收入两三倍的固定工资。我担任副团长，由此也参加了革命。

1952年苏州评弹团建立，潘伯英担任领导工作。上海和苏州两团交流合作，互相呼应。

"文革"中，潘伯英首当其冲，受到了冲击，1968年心脏病病发，含冤逝世。1978年他得到了平反，恢复了名誉。2003年他的百年诞辰，有关方面举行了隆重的纪念活动。

潘伯英为苏州评弹编写了大量作品，他的《孟丽君》曾受到陈云赞赏！但他留给我更深印象的还是他热心助人、忘我写作的精神。如今遥念故友，回首往事，真令我无比感慨。

附录 故旧八忆

二忆蒋月泉：月泉吾兄，弹词之冠

弹词艺术家蒋月泉，因病医治无效，于2001年8月29日在上海华东医院逝世，终年84岁。虽可说是克享高龄，但我还是感到他走得太早了。15年前，他曾邀我协助总结艺术经验，方法是我们二人对话，用录音机录下，再请名导演桑弧先生整理成书。桑先生艺术修养深厚，和蒋兄又是谈得来的老朋友，而且还是个爱听蒋调的老书迷，由桑老执笔一定能写成受读者欢迎的好书。可惜蒋临时有事返港，总结之事搁浅。后来我定居加拿大，蒋定居香港，天涯暌隔，总结之事终付阙如。1999年蒋返沪治病，我亦因病住院，他住15楼，我住10楼，我登楼去看望他，他因中风口角微歪，舌音不清，讲话非常困难，在这种情况下谈艺术总结已是不可能了。有时我去看他，两人相对而视，默默无言，一个谈笑风生、诙谐幽默的蒋月泉已经成为过去式了。只有在我谈及两人当年的趣事时，他展颜一笑，才流露出欢愉的神色。我手术住监护病房时，他由护工推了轮椅来探视我，曾经是光裕足球队踢中卫满场飞跑的蒋月泉，变成不会走路常坐轮椅的病号，我黯然神伤地注视着55年的同事老友。我两次住院和蒋前后相聚了十个月，这是我们最后的交往。往事如梦，如今月泉走了，留下记述我们友情的雪泥鸿爪，以寄托我的哀思。

我与月泉相识于上个世纪的40年代，由相识而相知，成为知交，屈指算来已有近60年的交往。我所经历的大时代的变迁以及在变迁中的个人经历，诸如1950年、1962年两次赴港演出，发起组建评弹团，两次"斩尾巴"，捐献飞机大炮，治淮工地、编新书、改旧书，"文革"受冤，苏州评校授艺，合作星期书会等，往事历历，大多是与他共同经历的。很多经历前文已述，这里再补充一些前面所未记叙的往事，着重对他的艺术成就做一些介绍：

　　评弹艺人本是单干的，为了适应上海花式场子的演出，艺术相当的人纷纷组合起来，最早有40个档和30个档的松散组合，后来又有拜十兄弟或九兄弟的形式，但往往利尽而散，各奔前程。"七煞档"又是怎么一回事呢？1948年的正月二十四日是评弹祖师三皇老爷诞辰，全上海书场停演一天，中午在三和楼聚餐，书场老板也来赴宴。张鸿声多喝了几碗黄汤，和沧州书场老板张亚庸争吵起来。张鸿声酒后失言，张亚庸恼羞成怒，就和书场同业公会的老板们到小房间开会，要把张鸿声的牌子揩掉，逐出上海书场。东方书场经纪人高尚德过来通风报信，张鸿声当时傻了眼。当场蒋月泉挺身而出，叫高传言，如果要揩张鸿声牌，我们集体剪书。我和潘伯英、张鉴庭等都响应蒋月泉的主张。书场方面怕事态扩大，撤销了驱逐张鸿声的决议。至于张鸿声的失言，由蒋月泉出面请客向张亚庸道歉，一场风波因而化解。张鸿声对蒋月泉的仗义执言，深表感谢。于是相约八月中秋同赴苏州演出，书场由张鸿声负责安排，参加的人员有张鸿声、韩士良、张鉴庭张鉴国、蒋月泉钟月樵、周云瑞陈希安、潘伯英和我七档书，上海的书坛小报发表消息称"七煞档"赴苏州说书。1949年春节上海年档演出，"七煞档"仍由张鸿声安排场子。后来因为档子安排和利益矛盾，"七煞档"宣告散伙，端午节场子自己接洽，这就是"七煞档"的来龙去脉。我和月泉的合作和友谊应该是从1948年开始的。

　　1949年上海解放，我和月泉仍一起演出。是年冬，月泉请我到他家密谈，告诉我上海米高梅书场老板孙洪元在香港六国饭店开书场，委谭和尚到上海，要蒋组合四档书到香港去做年档，还有三档是

附录　故旧八忆

张鉴庭张鉴国、周云瑞陈希安、蒋月泉王柏荫。后来军管会文艺处得到消息来动员我们,别去香港,留在上海参加说新书春节竞赛。我们舍不得香港的优厚包银,利用了当时去香港来去自由的政策,坚持赴港淘金。赴港后,我和张双档还到杜月笙家里唱了两个月长堂会,三月期满后返回上海,发现小报上又出现"四响档"的称谓。后我们参加上海评弹团1953年民主改革交代历史问题,对1950年的香港演出作了详细的交代。当时我为追求进步交了入党申请报告,党支部答复我,说香港问题还没有审查结论,不能考虑我的要求。这对我震动很大,星期天下雨我撑着伞坐在公园里发呆。这个思想我连太太也没有倾诉,只是独自苦闷。我的情绪被月泉察觉了,他找我单独谈心,说:你的苦闷心情我能理解,这都是我害了你,不是我介绍你到香港去,你就不会受到如此的挫折。听了他推心置腹的这席话,我很感动,我说这不能怪你,是我贪图优厚包银,与你无关。挫折、谈心、相知,更加深了彼此的友情。

　　一般人并不了解蒋月泉的为人,其实他是个极重情义之人。后来我了解到,月泉的老师周玉泉在苏州评弹团被批斗之后,因年过七旬,被造反派放还上海家中,他的老伴被判劳改。周玉泉每月只领60元生活费,经济窘迫。月泉解放后,恢复原工资,他去探望周老师,送去100元去孝敬老师。当时的100元不是一个小数目,周老师1个月工资才拿60元,真是雪中送炭。周玉泉握住了蒋月泉的手,激动得一句话也没有说,四目对视只有眼神交流来表达彼此的心灵。

　　蒋月泉不仅待周老师如此,他的第一位老师张云亭有吸鸦片嗜好,年老多病,病逝家中,家境清寒,蒋月泉得讯后,安慰师母,承担了全部丧葬费用,让"翡翠玉蜻蜓"的一代名师得以入土为安。蒋月泉尊重老师的那份感情,在同行中传为美谈。

蒋不仅在为人上赢得大家的尊敬,在艺术上也深孚众望。

月泉是20世纪30年代末40年代初在上海民营电台播唱开篇成名的,电台听众深入千家万户,蒋调流派赢得广大听众喜爱,知名度响遍江浙上海。说书主要靠说表;但是他在书场说书机会较少,说表功力相应见弱。月泉在同道中威信不高,有人贬他:"跟蒋月泉敌档(同码头两副场子一道演出,行话称为敌档),只要顶住他十只开篇,十天之后可以敌漂他。"同道姚荫梅听了他的书中肯地评论:"你开篇唱得很好,说书软螃软脚。名大于艺。"蒋月泉思考:开篇唱得好是得电台之利,唱的实践多了唱功就提高。说书机会少,说表显得软弱。我只要多出码头,增加书场实践,同样可以提高说表功力。他在上海生活条件较高,家有大小卫生设备,出码头住书场宿舍用马桶,条件远不如上海。为了艺术,蒋下决心出码头锻炼,说表技艺大大提高,人们开始夸他:"说噱得张云亭之妙,弹唱获周玉泉之神。"他把他两位老师的特长融合一身,再加上他本身的天赋,嗓音醇厚,思维敏捷,勤于学习,善于吸收各种艺术的养料,终于成为青出于蓝胜于蓝的一代宗师!

月泉创造的蒋调虽有《刀会》、《战长沙》等比较威武硬朗的曲调,但大多是缠绵悱恻感伤哀怨的,如《杜十娘》、《莺莺操琴》、《离恨天》、《男哭沉香》、《女哭沉香》等。他在解放初唱的《白毛女》、《王贵与李香香》、《小二黑结婚》等开篇选曲,由于对人物不熟悉,不免有旧瓶装新酒之嫌。入团后治淮,他演唱中篇《一定要把淮河修好》中先进人物赵盖山的唱段,一扫过去的慢节奏,创造了快蒋调,比较符合人物的思想感情。这是突破的开始。后来在《海上英雄》中他演唱战斗英雄王永刚《游回基地》时,突破了传统的林冲、关羽的唱腔,唱第一句"风急浪高不由人"时,一开口就用高音来表达,比较能体现现代英雄人物在海风呼啸浪涛汹涌中的精神状态。这段唱唱得神完气足,成功地揭示了新人物的精神风貌。1955年我参与编写的中篇《王孝和》中,月泉起王孝和角色。在《写遗书》的一段唱词中,蒋调又有了新发展。在语言音乐化、音乐语言化的结合中,把英雄人物的情感发挥得感人肺腑,淋漓尽致。新中国成立初期旧瓶装新酒的弊病已完全改观,这是他深入生活,体验新人物的感情,并将此运用到唱腔中去的成功表现。

《庵堂认母》是蒋调的高峰。1955年夏天,评弹团全体演员休整学习,将"斩尾巴"以来停唱四年的《玉蜻蜓》选回《庵堂认母》拿出来讨论。先由蒋月泉、王柏荫在团内按传统的本子原封不动地说一遍,让全团一起评论。《认母》本是关子书,但存在着明显的缺点。16岁的徐元宰,和16年前的金贵升一样,语言轻佻,戏谑生母志贞,看见了金贵升的遗容竟说:"看到真凭实据,捏牢骱门不用刀",要挟志贞认他为儿,歪曲了元宰至诚认母的一片孝心。团领导作辅导报告,分析了三师太的性格。作家陈灵犀执笔写出了一回感人至深的《庵堂认母》本子。在演出中,月泉演唱的篇子《世间哪个没娘亲》,唱出了元宰纯孝之心,唱腔委婉动人。接着朱慧珍的志贞出场,母子二人的对唱,珠联璧合而又感情投入,听众被深深感动,纷纷掏出手帕揩泪。这一回书后来灌成密纹唱片畅销全国,80年代被唱片厂评为"金唱片奖"。这是对蒋调艺术的高度评价!

《厅堂夺子》是在1959年上演的,系老作家陈灵犀呕心沥血之作。月泉唱的"徐公不觉泪汪汪"大段唱词受到听众的热烈欢迎。上海唱片厂艺委主任徐以礼誉之为"珍品"。1962年我和月泉等一道赴港演出,最后第二场在九龙普庆大戏院演出,节目就有《厅堂夺子》。月泉的"徐公不觉泪汪汪"第一句的高腔轻过,低音重刹的甩腔已经赢得全场彩声,以后几乎是一句一彩,书场中出现了前所未有的掌声。那天月泉特别卯上,嗓音也出奇的圆润,之前没有这样得心应手过,之后再没有唱得这样的声情并茂,可以说是他声腔艺术中一次最高峰的演出。我有幸听到这样美妙的演唱,是一次极好的艺术享受。那天的谢幕也一谢再谢欲罢不能,听众们久久不肯离场,演出获得了超常的成功。现场热烈的反应,在发行的录音带中可以感同身受。

1984年夏天,中国曲协和上海曲协联合举办了蒋月泉书坛生涯五十周年的纪念演出,在大华书场连演三场。月泉和苏似荫演《骗上辕门》,跟刘韵若演《白蛇·喷符》,与王柏荫演《沈方哭更》。参加演出的蒋门弟子和徒孙,有北京的马增惠,江苏的尤惠秋,浙江的王柏荫、朱良欣,上海的苏似荫、秦建国、江文兰、蒋新月等。那时月泉的嗓音已不如从前,他说的三回书都不是唱功书,但却展现了蒋的说表功力、噱头情趣,弹奏三弦的技艺。我参与了纪念演出的筹划并主持了研讨会,再一次加深了对他说书艺术的理解。

第一场演出中印象较深的是尤惠秋的《拷文》。尤是无锡评弹团主要演员,他创造了"尤调"的流派。他在40年代就在电台上跟蒋月泉学习,他的嗓子中低音很好,根据嗓音条件,创作出了《送兄》等著名唱段,在评弹界颇负盛名。《拷文》由陈灵犀作词,尤惠秋唱得很投入,全场鼓掌,他又加唱了尤调代表作《诸葛亮》。

第二个突出的节目,是南曲北移用北京话唱苏州评弹《战长沙》的马增惠。马本是中央广播说唱团的著名单弦演员。她是专程到上海师从蒋月泉学唱的开篇。她的中气充沛,嗓音宽亮,功底深厚,把蒋调的醇厚韵味全学到了手,在北京演唱时就轰动一时。这次来沪参加演出果然技惊四座,一曲唱罢,观众掌声如雷,高呼再来一个。

马用上海话说:"吭没哉哟。"下面掌声又起,欲罢不能,她又临时编词,用蒋调唱道"今天我不唱单弦,南北交流我唱评弹。南调北唱收获大,(白)我感谢中国曲艺家协会,苏州评弹研究会,上海文化局,曲艺家协会上海分会,(唱)给我机会来唱评弹,我感谢上海评弹团,更感谢我南方的师父他叫蒋月泉。"临场发挥又取得了很热烈的掌声。

蒋月泉上台了,他已经67岁高龄,思维敏捷,谈笑风生,他首先感谢领导的关怀和学生们的支持。他说王柏荫是"青出于蓝",又指指下手王柏荫的学生苏似荫,这里还有个"胜于蓝"呢。一句成语分开来形容两个人,言简意赅又风趣得体。他又说:"我呢是蒋调,马增惠在北京是马调,尤蕙秋是尤调,伲三个人一道演出,是蒋(酱)马(麻)尤(油)。拌海蜇片丝倒是一等。"这种即兴发挥,显出了蒋月泉的幽默风格。他和苏似荫说的是《骗上辕门》,苏似荫起阿寿角色,这个角色鬼话想勿出,分赏赐却要一人一半。蒋月泉起阿福,对阿寿说:"我倒勿懂,哪哼说鬼话也要吃大锅饭。"当时正是批判大锅饭的不劳而获制度。蒋月泉这句话切中时弊,又引起了哄堂大笑。这一回书以搭配紧凑、语言幽默、情节生动为特色,显示了蒋月泉不但唱功好,他的说功造诣也是超级的。

接着在文联召开了一次蒋月泉艺术研讨会。我担任了会议主持人,我首先介绍了蒋对艺术的执著研究精神,有一次我到他家去探望他,见他斜倚在床上,手中在拨弄三弦,弹拨京韵大鼓过门的指法,借鉴北方曲艺的艺术来丰富自己的弹拨艺术。上海音乐院的连波教授,从作曲的角度来分析蒋调并非是一曲百唱,而是各具个性。

马增惠介绍她学蒋调的心路历程,本以为学一只开篇不过二三十句唱词,可以轻易拿下,等到一学唱法便感到原来的想法错了,蒋调深奥,易学难精,花了半个月时间才啃下这块硬骨头。她感谢蒋老师不厌其烦,一字一句,从咬字润腔呼吸换气等方面耐心教导,才使她完成了南曲北移的艰巨任务。

杨振言和蒋月泉在电台播唱开篇时就一起合作,解放初在人民电台每日播唱《白毛女》长篇连续开篇。陈灵犀写词每日在《新闻日报》发表一首,他们就唱了几十天,影响很大。后来在书戏《三雄惩美记》中,两人同演美国水兵;《林冲》、《野猪林》中分演前后林冲。在《厅堂夺子》中篇里,杨起徐元宰,一档"若问孩儿本姓金"的唱词唱得非常成功。蒋唱的是"徐公不觉泪汪汪"。两人对唱,可谓各有千秋,珠联璧合。这一唱段被唱片公司誉为珍品唱段。

很多人发言称颂蒋调在评弹界的影响,张鉴庭的"张调",徐丽的"丽调"都是吸收了蒋调的成分发展而成为各自的流派唱腔。蒋月泉自己的唱腔发展也是博采众长,广泛吸收。他的蒋调是在老师周玉泉的"周调"基础上发展起来的。他在《战长沙》中"一个儿好似蛟龙刚出水"的润腔则是从京剧《打渔杀家》中"父把网撒"的声腔中吸收过来。蒋月泉《厅堂夺子》中"既然是……为什么……"这一段是从京剧高拨子唱腔借鉴过来的。弹拨的过门是从越剧过门中学来的。《庵堂认母》的"世间哪个没娘亲"吸收了"徐调"的成分,《夜访陈友才》的落调第六个字借鉴了"夏调"的声腔,《陈喜读信》借鉴了"丽调"的女声唱法。"徐公不觉泪汪汪"的"陈调"是从夏荷生及杨振雄的陈调参照融化而成。他学地方戏,学北方曲艺,更学评弹中各个流派的特色,但又是融化在蒋调之中,这是多么深厚的功力呀!

蒋月泉听了大家的发言,他诚恳地说:"蒋调"在解放前是以音色优美为第一考量,其次是考虑人物的感情。解放后,在党的领导和集体帮助下,特别是下手的支持下,蒋调进一步发展,它在某种程度

附录 故旧八忆

上是共同的创造。其中，朱慧珍在《庵堂认母》以及《白蛇》中的合作也为此作出了贡献。蒋又谈到自己在倒嗓之后，从盖叫天武戏文唱中得到启发，谱曲时首先要做案头工作，研究思考自己将在作品中扮演的人物的年龄、性格、情绪和自己的现状有什么矛盾，比如演徐元宰庵堂认母，徐只有16岁，自己已是壮年的嗓音，怎样和他靠拢？演徐上珍时徐已是73的老翁，怎么表演他的衰老，这些都要考虑。总之，首先要考虑人物的感情，其次是音乐的优美。所以蒋调能谱出表现各种不同人物感情色彩新的唱段。蒋月泉还说他的创造也离不开合作的伙伴。他还谦虚地说："我虽然做了一些贡献，但我只能算是一个'呒青头当中格有青头'。"

　　纪念演出的效果非常好，也展现了蒋月泉说功的长处，但是对喜欢听蒋调唱功的书迷来说，却多少有点不满足的遗憾。为了弥补这个缺憾，我和月泉商量，在上海人民广播电台空中书场《星期书会》栏目里组织五场专辑，以满足广大爱听蒋调听众的要求。电台里的录音资料都是蒋月泉嗓音好的时候留下的录音。第一辑中的《杜十娘》、《战长沙》、《林冲·酒店》还有《王孝和·写遗书》四段都是慢蒋调的代表作。我请他自己分析唱段特色时，他不好意思自吹自擂，叫我代他介绍。我说："我说起来有隔靴搔痒的感觉，还是你自己讲吧，你只要实事求是地介绍，听众会欢迎的。"蒋月泉说："你逼我往戤盘里跳，让我'自称自赞哉'。"蒋月泉说他对杜十娘这个人物有个认识过程，开头只是同情她遇人不淑，遭到悲惨的结果，后来听了北京荣剑尘单弦《杜十娘》，对杜十娘有个比较深的认识。后来观摩川剧陈书舫演的《杜十娘》，杜十娘听到李甲讲将自己卖给孙富之后，讲了一句"我瞎了眼啦！"撕心裂肺。这悲惨愤恨的声音给蒋月泉心灵上的震撼。后来蒋又读了《杜十娘怒沉百宝箱》的小说原著，对杜十娘又有进一步的认识。对一只开篇,蒋月泉如此认真钻研,从曲艺到戏剧,再到小说,可见他对艺术的执著研究。他说,自己每唱《杜十娘》开篇时,先在肚皮里叹一口气,哀叹杜十娘的不幸遭遇。然后在这个情绪上再演唱开篇。经过他介绍后,人们听《杜十娘》时印象就更深刻了。

电台第二场专辑是以现代题材的选曲为主,包括《海上英雄·游回基地》、《人强马壮·芒种回忆》、《夺印·夜访》、《南京路上·陈喜读信》、《农讲所里教诲深》。

第三场专辑内容是《白蛇·赏中秋》、《上金山》、《断桥·合钵》、《许仙哭容》,他在《白蛇》中的音乐创造在专辑中得到体现。

第四场专辑是周玉泉的《志贞描容》,可以看出蒋对周调的继承,再就是马增惠的《战长沙》和秦建国的《操琴》表示了北方和南方学生的功力,可谓后继有人。

第五场专辑是蒋月泉的陈调特辑。第一段是《拷文》;第二段是王永昌责许仙那一段;第三段是《王佐断臂说书》中的陈调;第四段是"冠生"沈君卿唱的入声韵陈调;第五段是徐上珍在《厅堂夺子》的"徐公不觉泪汪汪",这是蒋月泉艺术上的高峰唱段。这五场专辑基本上展现了蒋月泉在声腔艺术上的突出成就,可以说是蒋月泉艺术生涯的总结。

就在我为蒋月泉取得的一个个艺术成就感到高兴的时候,我没想到病魔正在悄悄向他袭来。

1984年12月15日早晨7点,我刚起床不久,忽听楼下有人高呼:"唐先生电话。"那时我家里电话还没恢复,是居委会的传呼电话。我想是谁这么早打来电话?忙到传呼站打回电,原来是蒋月泉家里来的电话,告诉我清晨6点钟,月泉起床时突然胸中发闷,心跳加速,呼吸困难,请我马上去一下。我立即赶往蒋家,见他平卧床上,面色苍白。我叫他安心静卧,拿了他的华东医院门诊卡,赶到医院挂号,到内科处告诉医生蒋的发病状况。这医生真好,马上叫我领路去蒋家,她带了护士,提着药箱,护士带着检测心电图的仪器,一起上救护车,直奔岳阳路蒋家。医生听了他的心脏,再用心电图测量。我看医生面色凝重,一言不发,料想病情严重。护士抬了担架进来,扶月泉躺上担架,抬上救护车,我和蒋夫人等一起上车,救护车走小路,连喇叭也不揿直到医院,立即送进电梯上四楼,用24小时监护仪监护,并通知说病人已"病危"。原来蒋突患突发大面积心肌梗塞,需要紧急抢救,随即内科主任也来会诊。医生这时向我解释方才为什么走小路,原来小路上车稀人少,救护车可以不揿喇叭,因为救护车喇叭鸣叫会惊动病人,对病情不利。我对蒋的病情之严重十分吃惊,默默祈祷他能逢凶化吉,转危为安。

幸亏华东医院医生医术高明,医德高超,把月泉从危险边缘挽救过来。医生对我说,这种病如果复发,救活率只有40%,二次复发就很难抢救了。67岁的蒋月泉住了几个月院,总算平安无事地出院了。此后,他延长了17年生命。

蒋的家人感谢我,说我是蒋的救命恩人。其实我也只是做了一点朋友该做的事而已。

1999年我返沪探亲,因病住院,蒋在港连跌几跤,中风返沪。我打电话请他住院,他住15楼,我在11楼,我每天上楼去探望他,相聚了四个月我出院返加,半年后我再回上海又住院手术,蒋仍在15楼,我住10楼,我们又相聚了六个月。那时蒋已不能走路,只好坐轮椅。嘴角微歪,说话困难。我有时提起1951年在沙头公路上他把我一把胸脯揪下黄包车的旧事,他哈哈大笑。医生对我说:"蒋平时神情忧郁,沉默寡言,只有你来了他才会有笑容。以后你要来多和他逗笑,对他的病情有好处。"我写了首四言给他:"月泉吾兄,弹词之冠。创作蒋调,功勋卓然。名篇名曲,广泛流传。辉煌艺术,影响深远。一代宗师,名不虚传。年过八旬,为病所缠。摒除忧郁,胸襟宜宽。潇潇洒洒,随遇而安。颐养天年,顺其自然。"鼓励他安心养病。

7月我出院返加,8月蒋病逝于华东医院。

回忆月泉兄一生,他对评弹艺术孜孜不倦,一丝不苟,刻苦钻研,不断创新,所创"蒋调"流派之影响可谓空前。他的学习精神、严谨作风是我的学习榜样。遗憾的是,由于种种原因,我未能协助他完成艺术总结,把他的艺术经验写出来供后辈学习。伤怀之余,仅书此文,记下我们交往中的点滴小事,以作我的纪念。

三忆杨仁麟:绝艺传杨调,成名著蛇王

1983年3月中旬,我正在团里上班,杨仁麟的女儿来评弹团报丧,称其父于3月12日逝世,享年78岁。团领导与她商妥,3月18日在龙华殡仪馆开追悼会,并嘱我拟写悼词。

杨仁麟是30年代弹词单档的响档,当年夏荷生、徐云志、周玉泉是单档中的三鼎甲,杨仁麟是第四名。他继承发展了嗣父杨筱亭的《白蛇传》,被誉为"蛇王"。当年评弹界流传一句话:"蜻蜓尾巴白蛇头",意思是《玉蜻蜓》这部书要说到《庵堂认母》才上关子,而《白蛇》只有前半段好听,后段就不好听了,而杨仁麟却把后段书说活了,后段的《水漫》、《断桥》、《合钵》、《哭塔》都说得好听了,接活了整条白蛇,他的唱腔也超过了嗣父,被称为"小杨调"。

1954年蒋月泉"斩尾巴"之后要另补一部长篇,选中了《白蛇》,

附录 故旧八忆

便向杨仁麟讨教,杨仁麟慨然允诺,在新华书场日场演出《白蛇》。当时杨仁麟说第三档,我说第四档。蒋月泉和陈灵犀每天到书场听书,观摩学习。后来由陈灵犀执笔编写唱词,在蛇王传统脚本的基础上编写出新版的《白蛇》,到常熟去实践演出,受到听众的热烈欢迎。

1958年以上海评弹团为主体的上海曲协代表团赴北京公演,杨仁麟随团同去。曾写过京剧《白蛇传》的田汉同志,听了杨仁麟的演出十分赞赏。1960年,杨仁麟放弃了单干高额收入,参加上海评弹团。他和蒋月泉合作演出的《许仙投书》,成为经典折子书,书中一些细节描写已是脍炙人口。比如,许仙从杭州发配到苏州,去投奔"大生堂"药材店老板王永昌。王知道许仙是杭州药材店善于接客营生的好伙计,有意聘他为店员。初次接待许仙时,王永昌请他吃馄饨,令店小二买了五十只馄饨回来,又怕馄饨店老板揩油不给足数,于是边吃边点数目。许仙一汤匙舀了三只,他就舀了两只凑五只。许仙第二匙舀四只,他只能舀一只,许仙第三匙舀了五只,他只好吃一匙汤,凑满十五。许仙边吃边问:"婶母大人今年几岁了?"王永昌冲口而说:"十五。"许仙惊奇问:"怎么婶母只有十五岁?"王永昌尴尬地搪塞道:"勿勿勿,是五十岁,我说错哉。"杨仁麟把精于盘算而又极度吝啬的药店老板,刻画得活灵活现。后来陈灵犀编了中篇《大生堂》,王永昌是中心人物,杨仁麟把王永昌演活了。我在静园书场听杨说过一回《盗仙草》,白娘娘和白鹤童子交战的手面好看极了,他吸收了京剧的手面,又加以评弹化。他的语言幽默,老寿星考虑到白娘娘救夫心切,但道行不够,驾的云头太低,速度又慢,怕来不及把仙草带到苏州,要耽误许仙生机,老寿星便助她一扇,云头又高又快,飞过了苏州,飞到了莫斯科。台下哄堂大笑,他的语言简洁,有很高水平。

1962年他在西园书场演出，散场后夜车回苏州，不幸中风，团领导开了文化局的轿车到苏州，把他接回上海治疗。从此杨偏瘫卧床，不能走路。他在病中不忘艺术，邻居来探病时，他还说书给他们听。"文革"时书场停业，邻居书迷们拥到杨家探病，听他说书。这件事被里弄造反派知道，竟丧心病狂地批斗病人，杨老吃了不少苦头。幸得女儿孝顺，照顾周到，卧床20多年，未生褥疮，这是很不容易的。

杨仁麟有回见女儿在吃棒冰，他也要吃，女儿买了给他吃。他躺在床上嘴巴朝天，一不小心棒冰的木片落进了喉咙，被喉咙卡住，拔又不敢用力，怕擦伤了喉咙，送医院急诊才拔了出来。

80年代每逢春节，团里分工由我去闸北杨家拜年。有一次我提一筐橘子到他房里，他安详地躺在被窝里，我向他祝福时，他的眼光盯住了橘子，女儿知道他的心思，剥开橘子撕去橘络，把一瓣橘子塞到他嘴里，他嚼橘子时嘴唇上一小撮胡子一动一动，我联想起他说的《白蛇》中有一回，钱塘知县审问白娘娘，不料下跪的却是捉白娘娘的地保王日千，白娘娘用一张白纸覆盖在地保面孔上，地保变成了白娘娘的形象，县官问话，他嘴唇在动，嘴唇上的小胡子擦在白纸上，发出"沙沙沙"的响声。我看杨的小胡子在动，不免就想到书里的情节而忍俊不禁。我又想到"描王"夏荷生在旧社会卧病几个月，家里典质殆尽，死后丧葬费用，全靠同行们捐助料理，而"蛇王"卧病20余年有社会保障，还能安度晚年。真是新旧社会两重天哪！

我的朋友、金石家陈巨来先生爱好评弹，是个老听客，陈家就住在评弹团的对面，我去陈家，告诉他杨仁麟逝世的消息，他当即挥毫写了一副挽联："绝艺传杨调，成名著蛇王。"把挽联交我带往追悼会悬挂。

3月20日是《星期书会》，我和蒋月泉主持节目，向广大听众宣布了杨仁麟逝世的消息,并播放了杨仁麟生前的录音唱段,一段是《白蛇·捉白》,讲述白娘娘被捉往衙门,经过闹市大街,两对面店家被白娘娘的美貌惊呆了,做生意时错误百出,这段唱叫《令令调》,"在南货店门来经过,令啊伊令啊,南货店老板要看佳人,看得俚倷浑沌沌(白:买三文钱白糖,送脱仔二斤糖莲心)。在肉店门前来经过,肉店老板看佳人(白:买四文钱板油),斩仔二斤前夹心。剃头店门前来经过,老板看得浑沌沌(白:勒浪替客人修面),两条眉毛剃干净(白:那是接也接勿上个哉)。在裁缝门前来经过,老板也要看佳人(白:勒浪裁裤子哟),裤裆里开仔个琵琶领……。"这个手法比用说表叙述白娘娘鹅蛋脸、秋波眼、琼瑶鼻、樱桃口的漂亮要逼真、生动得多。

节目中还播放了杨仁麟唱的《合钵》,他把白娘娘的母爱表达得扣人心弦。节目中间,蒋月泉对半师半友的杨仁麟也深表哀悼,我们二人共同祝福"蛇王"走好。

四忆朱慧珍:德艺双馨,可敬可亲

朱慧珍是上海评弹团1951年建团时的十八艺人之一。建团后第三天即去淮北参加治淮工作,在冰天雪地的艰苦生活中经受锻炼,返回上海后参加集体编演中篇评弹《一定要把淮河修好》。在第四回《工地探亲》中,慧珍演女民工王秀英,她上台演出时不烫头发,不施脂粉,穿一身灰布人民装,足登白帆布跑鞋,朴素清新。越剧表演艺术家袁雪芬听书后,盛赞慧珍气质好,形象好。朱的一段唱词《新年锣鼓响连天》悦耳动听,被灌成唱片,并被苏州评弹学校编入教材,成为基本功必修课的内容之一。

慧珍生于1921年,父亲朱福庆是苏州人,唱苏滩维生,家境清寒。慧珍自幼聪颖,耳音好,乐感强,在父亲和姐姐熏陶下,学会了苏滩的几个曲牌,跟着父亲到堂会人家加唱曲牌,她的嗓音清丽,唱得悠扬悦耳,深得堂会人家主人和宾客的赞扬。一曲大九连环,是她经常演唱的曲目。

说起大九连环,还有一个故事:1953年夏天,慧珍随评弹团赴广州慰问海军,主要节目是中篇评弹《海上英雄》。听书的战士大多是广东人,听不懂苏州话。天气热,又没有空调,礼堂里挤满了人,战士们坐不住了,站起来溜号,脚上穿的木拖鞋"辟列啪啦",秩序大乱书说不下去了。首长吹哨子下命令大门上锁,不准溜!战士们实在坐不住,很多人从窗口跳出去。评弹团领导当即开会研究,决定将节目改换为民乐合奏《彩云追月》、《春江花月夜》,短篇评弹,杂技转伞,独唱大九连环等,以适应实际情况。慧珍采用大九连环独唱《姑苏好风光》:"上有呀天堂,下呀有苏杭,杭州有西湖,苏州有山塘,哎呀两处好风光……"战士们听不懂苏白的词意,但江南民间的音乐旋律、朱的优美嗓音还是打动了他们,一曲唱罢,总是掌声热烈,效果极好。

1958年慧珍到北京参加中国曲艺会演,在中南海怀仁堂演出评弹专场,招待中央首长。慧珍一个节目演过,周总理鼓掌,她就加唱一个《姑苏好风光》,又一次赢得了总理的掌声。

上海音乐学院青年教师鞠秀芳专程赶到北京,向慧珍学习《姑苏好风光》。鞠精通乐理,学会后回去又作了技巧上的加工,把曲子唱得更动听了,还灌制了唱片加以推广。

后来,江苏曲艺团的杨乃珍去国外巡演,把《姑苏好风光》推广到了国际。苏州评弹团新秀盛小云也将《姑苏好风光》带到了台湾,受到台湾同胞的欢迎。如今评弹界的女演员,大多把《姑苏好风光》作为独唱节目,但很少人知道慧珍是把苏滩大九连环移植到评弹界来的第一人!

在评弹协会组织的书戏《野猪林》中慧珍出演林冲的妻子张贞娘,她唱的俞调新腔是老艺人朱介生一字一句为之谱曲。书戏中林冲被高俅陷害发配沧州时,张贞娘长亭送别,慧珍九转三环把贞娘的悲惨痛楚心情,情真意切地表达出来,赢得大众剧场1000多观众的满堂彩声。

1952年秋,我和朱慧珍、陈希安三人被选拔为中国人民第二届赴朝慰问团华东分团文工团的演员。团长是金熠,副团长是赵丹,节目有评弹、歌舞、杂技、曲艺等。我们的节目是中篇《一定要把淮河修好》第四回《工地探亲》,时间压缩为20分钟,为让战士能听得懂,苏州话的说表一律改成普通话。赴朝前夕我们集中在丹东,那时空袭警报频频,气氛十分紧张。领导通知我们:要留一个小分队在丹东,专门为志愿军伤病员慰问演出,不用过鸭绿江入朝,比较安全。大家可以报名要求留下来参加小分队。我问及慧珍的意见,她非常勇敢和坚强,要求过江去慰问。明知有危险,偏向险地行,我很感动。我们评弹小组坚决要求过江。入朝后,在坑道里为战士演出时,慧珍总是热情奔放地放开她的金嗓子演唱。一曲"新年锣鼓响连天,淮河两岸庆丰年。家家房上盖新草,人人都把新衣添。一年更比一年好,喜上加喜喜连连"唱罢,战士们报以热烈掌声,举着冲锋枪高呼:"感谢祖国人民的关怀!誓以鲜血保卫祖国的安全!"说书和保卫祖国联结起来,我们三人都感到热血沸腾,激动不已。在冰天雪地、战火纷飞的朝鲜,我们并肩战斗了40天。慰问演出结束,我们回到团里,又参加了《海上英雄》和《罗汉钱》的演出。团内评级调薪,慧珍评上了高级职称,拿到补发工资300多元。以1953年的物价水平,这是一笔相当可观的款子,慧珍全部捐给了朝鲜孤儿院。这件事震撼了全团人的心灵。老作家陈灵犀感慨地说:"团内蒋月泉是可亲而不可敬,唐耿良是可敬而不可亲,朱慧珍是可亲又可敬的人!"不久,慧珍光荣地加入了中国共产党,她是评弹团乃至评弹界第一个入党的演员。

不久,慧珍排演了陈灵犀写作的短篇《刘胡兰就义》,她被英雄的事迹感动了,排书时泪流满面。排练结束,蒋月泉指出:"刘胡兰和徐大胡子斗争是坚强而勇敢的,她不会流泪,流泪是你的感情,不是人物的感情。"慧珍接受了这个意见,控制了感情,比较准确地表演了刘胡兰。我在参加这个短篇初演时,有一段韵白,我摒弃了说书的腔调,参考了话剧的朗诵,被称为"苏州朗诵",为合唱"天日无光北风寒,人人哀悼刘胡兰……"作了铺垫。此后张鉴庭、徐丽仙、朱慧珍和我四个人合演这个短篇,下工厂巡回演出,受到工人们的欢迎。

1954年,评弹团艺术委员会讨论组织重点双档,朱慧珍和吴剑秋拆档,与蒋月泉拼双档。蒋朱档首度合作的是长篇书目《白蛇传》,由陈灵犀执笔,在蛇王杨仁麟演出本的基础上加以改编。他们在常熟花园饭店书场实验演出,由陈灵犀深夜执笔,两个抄写员誊写,写好后一张一张交给蒋、朱对词、排练、谱曲、演出,整整一个月,其中的艰苦辛劳是很难想象的。当时我在无锡演出,听到他们排书演出的艰辛,很感动,写了一封信慰问慧珍,鼓励她再接再厉,坚持完成整旧任务。慧珍在一个月的演出中,成功塑造了白娘娘善良、温柔、体贴、勇敢、坚强的性格,受到了听众的欢迎。

《庵堂认母》的演唱突显了慧珍艺术上的高峰。她演的三师太志贞,在云房中面对金贵升遗容,思念着16年前失散的孩儿不知身在何处,今生能否再见到他?接着徐元宰进庵堂与她相见,模样与16年前的金贵升像一个印版中刻出来的;继而在交谈中逐步了解徐元宰就是失散16年的亲骨血。她要想认他,看到自己胸前挂着的一串念佛珠,想到自己的身份是个比丘尼,自己若认了他,他成了尼姑的私生子,他的锦绣前程就此毁于一旦。宁可苦了自己一个,也不能连累到儿子。这种伟大的母爱,慧珍刻画得淋漓尽致入木三分,使听众闻之心酸落泪。

蒋月泉以《庵堂认母》获得金唱片奖,在上海曲协座谈会上感言,要感谢慧珍对他的帮助,若非慧珍感情投入的激情唱腔,也不能激发他跳进徐元宰角色,唱出这样动人的唱腔来。蒋称赞朱唱的俞调没有脂粉气,不是声音尖得戳耳朵,而是唱得情真意切。这个"真"字很重要,是很不容易的造诣,也是难度很高的境界。《庵堂认母》是蒋月泉的经典精品,也是慧珍的传世之作。

慧珍和张鉴庭、张鉴国三个档合作演出的《秦香莲·寿堂唱曲》中,慧珍的唱段是听众很欣赏的佳作,她把秦香莲的善良、温柔、孝顺公婆、期盼丈夫回心转意的感情表达得很到位,"燕子双双集画梁,池中交颈两鸳鸯。深闺只见新人笑,不见旧人啼哭在道旁。……"她在"蒋调"框架内落调,尾声融入了"张调",唱出的新腔很受听众赞扬。结尾唱出了秦香莲的哀怨:"……得了功名就变心肠,状元郎变作了蔡中郎。"陈灵犀的词作得好,慧珍唱得声情并茂,可谓相得益彰。《寿堂唱曲》成为流传很广的保留唱段。

同行们称慧珍唱得宫正,是正宗的俞调,经过朱介生的辅导,品位是很高的。慧珍留下的名段有《宫怨》、《思凡》、《莺莺烧夜香》、《新年锣鼓响连天》、《端阳》、《断桥》、《合钵》、《雷峰塔母子相会》、《庵堂认母》、《寿堂唱曲》等等,这是她留给后辈的宝贵艺术财富。

慧珍的人品更是令人钦佩,她不但为朝鲜、越南捐款,对团内有经济困难的行政人员,她也予以帮助。有位学员患病,她不但自己资助,还动员蒋月泉和我帮助学员渡过难关。诸如此类的善事是说不尽的,助人为乐是她一贯的作风。

"文革"时受极"左"思潮的压力,她经受不住残酷的刺激,在淮海路妇女商店五楼跳楼自杀,而灭绝人性的造反派竟说:"共产党员自杀,就是叛徒行为!"连追悼会也不许开。一直到"四人帮"垮台后,评弹团才补开追悼会,追思她的优秀品质和艺术造诣。"文革"中我听到慧珍自杀的信息,内心无比震惊,由于自己是隔离对象,不能有所议论。只能在心里对这位正直善良、心灵美好、端庄朴素、热爱艺术、德艺双馨的好同事默默地致以哀悼!

五忆杨振雄:一身书卷气的弹词艺术家

我和杨振雄是同龄人,他长我 11 个月。我父亲唐月奎、他父亲杨斌奎都是赵筱卿的徒弟。我们称得上是世谊兄弟。我因家贫读书只读到小学五年级就失学了,12 岁学说书,13 岁就"破口"上台,挣钱养家。振雄小学只读三年,因家庭经济困难,为了让两个兄弟能读上书,他 9 岁就抱琵琶上台"插边花"唱开篇,读书比我还少两年,出道却比我早四年。我们可以说都是童工出身,从小就在江湖上漂泊。

振雄先是和父亲拼双档,后来他的弟弟杨振言跟父亲学说书,为了照顾年少的弟弟,让弟弟跟父亲拼双档,振雄就放单档闯荡江湖说书,说的是家传的《玉蜻蜓》和《描金凤》。这两部书内行称为"五毒"书，不仅角色多接近评话，而且大喉咙角色众多，喊足了容易嗓子失音。振雄演说这两部书虽已有一定造诣，但由于道众说这两部书者众多，要走红还有相当难度，他决定另辟蹊径，改换书目。换书选材很重要，当时日军已占领江南，评弹流行区都已沦陷，中国人受尽屈辱，振雄想到唐朝开国以后，国势兴盛，日本曾多次派出"遣唐使"来中国学习文化知识，这是中国人扬眉吐气的朝代，于是决定改编长篇书目《长生殿》，这里蕴含着他爱国主义的情操。

编演长篇是一个浩大工程，振雄清晨去健身房锻炼身体，然后泡在图书馆里，如饥似渴地阅读唐朝正史、野史和唐诗等等。穷年累月地读书，提高了他的文史修养。在编书期间，振雄停止演出，没有收入，生活十分艰辛，他咬牙熬过了这个关口，这是很不容易的事。初稿完成后，他出码头开始演出《长生殿》，边说边改，不断完善。充满书卷气的书吸引众多知识分子来听书，振雄勤于向他们求教，不断丰富本子。在表演艺术上，原来《龙》、《凤》两部书中的周彬和徐惠兰的小生角色，不能现成地套用在唐明皇身上；在唱腔上，他原来所师法的夏荷生的"夏调"和魏钰卿的"魏调"也不适合表演帝皇和贵妃的情感，他便从俞振飞的昆曲中借鉴吸收养料，这是一个在艺术上脱胎换骨的改造。他的表演艺术逐渐形成独有的风格，并创出了自己的唱腔——"杨调"（因振雄小名阿龙，故又称"龙调"），获得了听众的认可。他又拜申石伽为师学习绘画。他在书台上洋溢着书卷气，达到书中有画的境界，靠的就是知识和艺术的长期积累。可以说杨振雄创造了《长生殿》，《长生殿》也造就了杨振雄。

1945年8月15日，我在太仓直塘说书，振雄在常熟老徐市说书，两地相距10里。振雄带一只收音机在码头上，听到日本无条件投降，兴奋得彻夜难眠，16日一清早步行10里来直塘，向我传达这个喜讯,大有"剑外忽传收蓟北,初闻涕泪满衣裳。却看妻子愁何在,漫卷诗书喜欲狂"的情怀。此前两年振雄在浙江演出时,差一点被清乡的日本军杀死。我在沦陷区说书,八年来受到数不尽的凌辱。我们苦熬了八年漫长的黑暗岁月,今天总算盼到了天亮。我感谢振雄送来了特大喜讯,他又匆匆赶回老徐市说日场书,来回步行了20里。

此后振雄在上海新仙林书场演出《长生殿》,受到昆曲名票徐凌云的赏识,先后介绍俞振飞、梅兰芳、盖叫天等来听书,振雄得以与大师们进行艺术交流,书艺又提高了一步。1948年中秋在沧州书场演出,亚美麟记电台实况转播,《长生殿》红遍了上海及江南,振雄成为书台上新冒出来的响档。

1949年初夏,上海临近解放,部分评弹艺人不能出码头说书,生活发生困难,评弹协会组织一场会书义演,筹款购买粮食,发放给这些艺人。会书假座沧州书场,票价银元一元。我和杨振雄、顾宏伯三人拼档说《长生殿·絮阁》。杨振雄演唐明皇,顾宏伯演高力士,我反串演杨贵妃,我抱了琵琶弹唱,唱篇中有一句:"昨日曲江曾赴宴",末一个字我拉了长腔,用了"杨调"的旋律,引来听众会心的笑声。

解放后,振雄编演《武松》,武松醉酒上景阳冈,唱一段海曲:"月儿皎,星儿俏,良夜迢迢……"唱得慷慨激昂,酣畅淋漓,成为"杨调"的保留曲目之一,至今广为流传。他又向黄异庵学习《西厢记》,并与黄拼双档演出,红极一时。之后他和胞弟振言合作演唱《西厢》,振雄抱琵琶做下手,他演的张生和莺莺,刻画人物性格细致入微,把传统西厢的表演艺术提高了一个档次,深受听众欢迎。杨双档成为评弹界品位高雅、最有影响力的双档之一。

附录 故旧八忆

1954年振雄放弃单干的高额收入，参加上海评弹团，和我成为同事，我们合作演出的机会也多了。1957年初夏，我和杨双档、朱慧珍、吴君玉五个人组成一个巡回演出组，到汉口、郑州、洛阳、西安、兰州等城市演出。在郑州市区演出时，因为上海人不多，剧场听众较少，便去上海支内的郑州国棉三厂演出。我们临时编写了慰问乡亲的开篇，受到了上海工人的热烈欢迎。演出完毕，工人们邀我们到宿舍去作客，他们把上海带来的糖果零食从饼干箱里一样一样地拿出来招待我们，振雄被他们的热情感动了，这个"书呆子"不会讲客气话，对他们说："你们这样招待我们，赛过象斋祖宗！"我们都笑他讲这句不得体的客气话。

1957年他和费一苇合作编写了中篇评弹《王佐断臂》，振雄演前王佐，后陆文龙，蒋月泉演说书的王佐，杨振言演岳飞，张鉴国演诈降的王佐，我演金兀术，刘天韵演哈米蚩，徐丽仙演乳母，这个宣扬爱国主义的中篇后被灌成音带出版。

1957年，白求恩逝世二十周年，我根据小说改编了中篇评弹《白求恩大夫》，振雄参加了演出，他演白求恩，演得很投入，把这位加拿大医生的热情、直率、认真、执著的性格表演得淋漓尽致。他先是大发雷霆斥责八路军的方医生，因为方医生把木匠用的锯子给他，让他锯伤员的腿。后来他了解到八路军在敌人封锁下没有医疗器械的实际情况，便深刻检讨自己错怪方医生，恳切地向方医生作自我批评，振雄演得非常成功。

1961年5月，上海评弹团组队去北京演出，杨双档是队内主要演出档次，也是振雄艺术生涯中最辉煌的一次演出，他的《西厢记》中的《闹柬》、《回柬》、《佳期》等回目受到听众热烈的欢迎。《人民日报》发表了整版文章，对评弹艺术赞扬有加。《曲艺》杂志刊载了

《回柬》的全文,以及介绍他的表演艺术的文章,认为《回柬》可称为评弹折子中的精品,指出振雄唱的"俞调"基本功过硬,婉转悠扬,感情十分投入。中央文化部一位副部长特意关照振雄要把《西厢记》的本子记录整理出版发行,为此振雄去黄山数月,在山上把本子记下,写得手腕都患了腱鞘炎。"文革"中本子被封冻,直到80年代才由上海文艺出版社出版发行。振雄后来在上海人民广播电台录制了全本《西厢记》,成为听众最爱听的长篇书目之一。

1961年夏天,北京人艺到上海演出《蔡文姬》等话剧。上海市文联组织了一场南北文艺交流演出,北京人艺演出《名优之死》话剧,上海方面则推出两个评弹节目,振雄演唱俞调开篇《宫怨》为其中之一。振雄唱出了杨贵妃听闻唐明皇驾幸昭阳,自己受到冷落,心中的愁闷和自怨自艾,发挥得恰到好处,赢得了全场千余文艺界听众雷鸣般的掌声。《宫怨》后来灌制了唱片,获得中国唱片公司颁予的"金唱片奖"殊荣①。另一个是我说的评话折子《草船借箭》,这回书刻画了孔明的智慧,鲁肃的憨厚,徐庶的机智,结构完整,情节生动,受到了南北文艺界的欢迎,上海少儿出版社领导听了这回书,就到团里来和我联系出版事宜。那一晚的南北交流演出,我和振雄都有不辱使命的感觉。

1961年冬天,我又和杨双档、朱雪琴、郭彬卿、徐丽仙等同去长沙、南宁、桂林、阳朔、广州演出,受到上海内迁厂职工的欢迎。

1962年,杨双档和我又被选参加了赴香港的演出,这次赴港演出的演员都是评弹界的精英,演出二十场,场场爆满,所有书目都是传统精华。香港大公报社社长费彝民乃苏州洞庭东山人氏,是一个

---

① 评弹界只有杨振雄的《宫怨》和蒋月泉的《庵堂认母》获得金唱片奖。

评弹书迷，所有评弹节目他每场必听，极为赞赏，其中对蒋月泉、杨振雄二人最为欣赏。这是振雄说书生涯中又一次辉煌成就。我有机会参与香港演出，也是我的一大幸事。

之后"文革"开始，振雄和我都在劫难逃，历尽艰辛。我们被关在牛棚里，门上贴着"鬼穴"二字，窗外邻居生煤球炉子，煤烟灌入"鬼穴"，他对我说："我们都成了烟鬼。"我对他的幽默只能报以苦笑。"文革"结束，1979年我和杨双档再度去香港演出，振雄风采不减当年，依然受到香港老听众们的欢迎。

1983年上海曲协组织赴陕、川、鄂三省交流学习，滑稽界有姚慕双、周柏春、袁一灵、杨华生、笑嘻嘻参加，评弹界就是我和杨振雄。在西安华清池游览时，我们在一般的温泉洗浴，振雄一定要去价格昂贵的贵妃池洗浴，他大发思古之幽情，要体验当年杨玉环"温泉水滑洗凝脂"的感觉。之后我们又去马嵬坡凭吊杨贵妃被缢死的旧址。我们经过了"车辚辚，马萧萧，行人弓箭各在腰。爷娘妻子走相送，尘埃不见咸阳桥"的咸阳桥，直奔马嵬驿。路上振雄向我们介绍，杨贵妃受宠幸时，她的三个姐妹被封为凉国夫人、虢国夫人、秦国夫人，三位哥哥都被封为大官，尤其是杨国忠权倾一时，"姐妹兄弟皆列士，可怜光彩生门户，遂令天下父母心，不重生男重生女"。正因为杨国忠专权误国激起了安史之乱，唐明皇仓皇出逃，在马嵬坡激起兵变，官兵杀了杨国忠及其兄弟姐妹，又包围了唐明皇，要求将杨贵妃处死，否则怕日后杨贵妃会报复他们。唐明皇在压力之下，"君王掩面救不得"。"宛转娥眉马前死"。杨贵妃被一幅白绫绞死在马嵬坡。振雄的介绍头头是道。到达马嵬坡，我们下车入内凭吊，里面很简单，就是一座坟墓，墓前有一块石碑，上书"杨贵妃之墓"。坟旁还有碑刻，其中有唐代诗人于濆写的一首诗："常经马嵬驿，见说坡前客。一从屠贵妃,生女愁倾国。是日芙蓉花,一如秋草色。当时嫁匹夫,不妨得头白。"诗中感叹着自从杨贵妃被赐死后,养女儿的人就怕女儿太漂亮了,会不得善终。杨玉环如果嫁了一个普通的老百姓,说不定会白头到老,免遭不幸的。凭吊了杨贵妃墓之后,杨振雄对《埋玉》这一段书有更深刻的体会,他对我说:"行万里路,读万卷书"是我们评弹艺人说好书的必修课。对此我深有同感。

游三峡时,杨振雄即兴朗诵了李白的绝句:"朝辞白帝彩云间,千里江陵一日还。两岸猿声啼不住,轻舟已过万重山。"我也有感而发,吟咏了杜甫的名作:"功盖三分国,名成八阵图。江流石不转,遗恨失吞吴。"我们迎着扑面而来的清风,站在江轮甲板上,饱览着三峡的胜景,遥想着汉、唐的往事。

我在电台主持《星期书会》时,曾组织一个专辑,特邀振雄到播音室谈谈他的艺术经历。当时我们都是古稀之人了,相对而坐,娓娓道来,倍感亲切。我请振雄谈谈他在《长生殿》、《武松》、《西厢记》中塑造人物的心得,他谦虚地说:"我岂不变了王婆卖瓜,自卖自夸了。"我说:"你实事求是地介绍,别人不会说你'癞团跳在戥盘里自秤自卖的。'"振雄十分强调塑造人物时要把握人物的个性,如唐明皇、张生、贾宝玉、杨贵妃、崔莺莺、潘金莲这些生旦角色身份不同,年纪有差异,性格也不一样,绝不能相互借用。即使演的是丑角,也是人各有貌,不能相混。譬如高力士这个丑角,在唐明皇、杨贵妃面前他是个奴才,可是在其他公侯人物面前他就是九千岁,一副一人之下万人之上的嘴脸,把王公大臣都视作为他的奴才了。《西厢》中的丑角小和尚法聪读过一些书,口才了得,说话伶俐,耍嘴皮子功夫一等,又是另一种类型的丑角,在《游殿》、《借厢》中显示出了他的口才功力。丑角武大郎则是一个老实巴交的卖烧饼的小贩,处于社会的最底层,又身材矮小面貌丑陋,常遭他人欺侮,但是他忠厚老实,兄弟情深。在《别兄》这一回书里,他成了主角,振雄把武大郎憨厚可爱的形象刻画得入木三分,感人至深。振雄塑造人物的功力是一流的,他对三个丑角的分析,令我折服。振雄不但在古典作品上有独到的见解,在现代题材方面也是成绩斐然,《新安江英雄》、《铁道游击队》打票车的唱段用狮子滚绣球的曲牌唱得十分火爆、雄壮。

振雄年过七旬还编写了中篇《赵氏孤儿》和长篇《长生殿》,后者达百万字左右。他对艺术的挚爱、执著达到了废寝忘食的程度,终因长年累月的写作引发高血压而中风,偏瘫后仍沉浸在艺术构思中。1994年我去田林新村他家里探望时,他还告诉我他正在构思伍子胥的故事。振雄热爱评弹、一心为评弹作贡献的精神一直激励着我。

至今令我引以为憾的是,在《星期书会》中我仅做了一个杨振雄的专辑,由于时间限制,没有能把杨派的艺术特色和贡献都涵盖进去,现在再要补录一辑已经是不可能了。

六忆吴子安:《隋唐》泰斗,活程咬金

《隋唐》是吴家家传的书目,吴家两代人——吴均安与吴子安,都是擅说《隋唐》的评话表演艺术家。吴子安更是青出于蓝而胜于蓝。

吴均安是20世纪30年代的大响档,他创造的程咬金角色无论从语言、语音、语调、语气都有鲜明色彩,深受听众欢迎。张鸿声就是听了吴均安的书,学习书中表现程咬金的手法来起《英烈》胡大海的角色的,以致有"活胡大海"的口碑。30年代评弹界"描王"夏荷生红极一时,日夜客满,风靡听众,夏所到之处,别的响档都避而不去,

以免相形见绌而影响声誉,唯独吴均安没有这个顾虑。夏荷生到无锡、常熟说书,吴均安也跟踪而去。夏荷生日夜爆满,吴均安也天天满座。同行们钦佩吴均安,说他有真本事。

子安继承了父亲的衣钵,同时又博采众长,刻苦钻研,吸收了当时评话响档黄兆麟、蒋一飞、石秀峰、蒋声翔、许继祥、杨莲青等的书艺。40年代初,子安就蹿红于上海书场,并与沈俭安、刘天韵、张鉴庭、顾宏伯、蒋月泉等结拜为九兄弟,成为新兴的响档群体成员之一。

1951年冬上海评弹团成立,1952年子安放弃单干高额收入,参加了评弹团。1953年他参加中篇评弹《海上英雄》的演出,起一个海军战士的角色,十分传神,为听众所喜爱。

1954年初夏的一个晚上,文化局局长陈虞荪陪同上海市副市长潘汉年和夫人董慧一起来我们团视察,会议室里搭好一只书台,由我先说了一回现代评话《走在时间前面的人——王崇伦》。子安接着说了一回传统评话《隋唐·贾楼店》,书情是秦琼为母亲祝寿,各路英雄聚会,程咬金也来了,程咬金性格鲜明,演出很有效果。陈虞荪请潘汉年对两回评话提提意见。潘汉年说:"王崇伦结合技术革新运动宣传,立意很好,从艺术上讲就不如《隋唐》好听。现代题材要学习传统评话的技巧,就更能让听众接受……"子安在《隋唐》中确实把程咬金演活了,他的演技可谓炉火纯青。

后来我根据话剧《万水千山》改编了一个中篇评话,第一回《桃花寨》由张鸿声演出,讲红军经过少数民族地区的故事;第二回《大渡河》、第三回《过草地》分别由子安和我演出。《大渡河》写一位老船工因为不了解红军,推说船破了不能渡河。赵营长智审俘虏,耐心细致地做老船工的思想转化工作,老船工深受感动,于是主动修好船,帮助红军过河,赵营长率十八勇士乘风破浪冲过了大渡河。子安接到脚本后,认真阅读了有关材料,一遍又一遍观摩话剧,做了细致的准备工作,说得非常动人。我们三个评话演员在大沪书场演了一个月,受到了广大听众的欢迎。当时有一个小插曲:一位评话票友,决心要下海说书,还为自己取了一个艺名,在我们三个评话演员的名字中各取一字,叫张(鸿声)子(吴子安)良(唐耿良)。他独闯西北送书上门,到西安、兰州、新疆等地,为上海内迁的工厂单位演出,一时传为佳话。

1961年评弹团曾经组织演员"挖折子",即在传统长篇中挖出一回能独立成篇的书目。当时挖出的弹词《求雨》、《庵堂认母》、《花厅评理》等都成为经典的保留书目,评话也挖出了一些优秀的传统折子,如《战樊城》、《捉鹦鹉》等。《捉鹦鹉》由子安整理,这回书用拟人化的手法,以一只鹦鹉为书中之胆,它浑身羽毛雪白,称为雪衣儿,能开口说话,通悟人意,深得王老太宠爱,老太念佛,它会跟着念"阿弥陀佛",老太口渴,它会飞去叫丫头送茶,老太午睡,它飞出去找活虫啄食。一天雪衣儿飞出去,忽然遇到一只鹞鹰,它躲避到一户人家去,被抓住关在鸡笼里。它口吐人言叫人家放走它,人家害怕了把它放走。它飞上一棵树,颈上链条被树枝绕住,不能飞了。王老太不见雪衣儿归来,急得生病。侄儿王世充安慰伯母说自己去找它,在路上听见雪衣儿叫唤。王世充上树把它救下,回家时被一恶霸看见要强买雪衣儿。王世充不允,恶霸竟将雪衣儿撕死。王世充为报此仇,血溅水家庄。这一回书子安用胳腮音的嗓音作为鸟的发音,把一只鹦鹉演得活像一个顽皮儿童。这回书充满童话色彩,受到听众的热烈欢迎,上海少年儿童出版社还出版了《捉鹦鹉》的单行本。

子安在创作现代题材评话上也成绩卓越。60年代初中国乒乓球队崛起,庄则栋、李富荣、张燮林、徐寅生等横扫欧洲,让中国人扬眉吐气。子安深入生活,和李富荣等人相处了一段时间,编说了一个短篇评话《威震海外》,在上海文化广场演出,受到万人欢迎。他上台不用折扇,用乒乓板代替扇子,更加形象地吸引听众。

"文革"中子安受尽折磨。"文革"结束,他已年过花甲并且患有肺气肿疾病,哮喘发作时非常痛苦,上台说书已经很困难了。我向上海人民广播电台戏曲编辑余雪莉提议,抢救吴子安的《隋唐》,把他的录音作为一份珍贵的资料保存下来。小余接受我的建议,亲自到浦东吴家相邀。根据吴的健康状况,在春秋两季一星期录一回书,汽车接送。三伏酷暑、三九寒冬停录。经过几年努力,把一部《隋唐》基本录全了。

后来我赴加拿大定居,90年代多次回沪探亲,我总要到浦东去拜望他,畅叙友情。子安跟我谈了不少童年趣事,十多岁时吴家与杨斌奎邻居,他比杨振雄长一岁,他们吊嗓子就从三层楼阳台爬到屋顶,振雄弹琵琶唱开篇《宫怨》,子安吊嗓子练角色。他们的功夫是在屋顶上练出来的。子安小名阿青,振雄小名阿龙。后来阿青、阿龙都成为评弹界第一流的响档,都超过了他们的父辈,对评弹艺术作出了卓越的贡献。六十几年后,他们同住第六人民医院高干病房,子安哮喘不能平卧,多翻身要惊动同房的病友,就穿了拖鞋在走廊里散步。一天,他看到振雄坐在走廊里的藤椅上,问他为啥不睡在床上,回答牙痛不能成眠,呻吟则要惊吵同室病友,所以坐到走廊里来。子安知道振雄患的是牙根癌,痛起来牙齿不能咬,不能吃东西,就说要去叫值班护士来给振雄打止痛针。振雄摇手说不必去惊吵了,子安说明天叫振雄太太买些豆沙馒头来,这样振雄单吃豆沙不用咬嚼。谈了一会儿,子安回房去睡。天亮后杨夫人带了豆沙包子来探望振雄时,振雄已经停止呼吸。子安说我倒送了振雄上路,可怜他来不及吃豆沙包子就走了。我听得好生难过,振雄长我一岁却先我而去了。

2000年冬我患结肠癌,在华东医院开刀治疗,子安派他的儿子吴大明送营养食品来医院探望我。2001年春节我打电话向子安拜年,子安嗓音洪亮,托我代他到15楼去向蒋月泉拜年。我答应了。他又说你听听我喉咙可好?我说你中气蛮足。他说:等你出院,我和你再加上蒋云仙,到书场去开一个专场,好吗?我说好呀,你82岁,我80岁,我们开一个姜太公专场(姜太公八十遇文王)。

3月初子安感冒住瑞金医院高烧不退,并发肺炎后仙逝了。他儿子怕我受到刺激没有告诉我,后来我从报上看到消息,心里难过不已。我们的姜太公专场还未演出,他却驾返西天了。后来我写了一篇悼念文章,委托《空中书场》编辑,在追思吴子安的节目中为我播出,以寄托我对这位《隋唐》泰斗的哀思!

七忆徐丽仙:用生命歌唱的弹词音乐家

徐丽仙是评弹女声流派唱腔"丽调"的创始人。她谱曲演唱的唱段绚丽多彩,广泛流传,深受听众欢迎,并被选为中国音乐家协会的理事,这在评弹界是空前的。

丽仙自小失学,文化较低,根本没有进过音乐院校念过作曲系,她不识简谱,五线谱更是一窍不通,可以说是个音盲。为什么她能够创作出那么多悦耳动听的乐曲呢?这与她的天赋和勤奋相关。丽仙出生在苏州郊区农村一个贫农家里,父母把她卖给一个评弹艺人钱景章作养女,钱书艺平常,专靠收授女艺徒为他挣钱。丽仙很小就学琵琶,在书场"插边花"唱开篇,她的耳音很好,听过的曲调就能记住并哼唱。小时候她走过蚂蚁科曲园门口,听见一位琴师在墙门间里教一学徒唱京戏《苏三起解》,这个学徒接受能力不好,老师教了一遍又一遍,她就是走腔走调。丽仙走到琴师身边,怯生生地毛遂自荐:"师父,阿好让我来唱一遍?"琴师奇怪地看了一眼这个旁听的小女生,就拉起京胡,"苏三离了洪洞县……"丽仙居然上板上眼地唱完一段。琴师觉得不可思议,自己收的学徒学不会,一个旁听生连听几遍就会唱了。这充分说明了丽仙音乐细胞发达,有悟性。钱景章知道此事后就出钱请老师来教她,什么京韵大鼓、蹦蹦戏、流行歌曲等等,都是一学就会,学会了就让她在书场里演唱。钱在一个"锦折"上面写着曲目名字,让听众或堂会人家点唱,收取费用。徐丽仙在唱南腔北调的各种节目中吸收了大量营养,为以后创造"丽调"打下了基础。丽仙为什么那样热衷学习各种曲调?不仅因为听众听过后报以热烈的掌声,使她心理上感到满足,而且丽仙知道自己的形象不漂亮,高颧骨、翘嘴唇、爬牙齿,所以不能以美貌来获胜,只有靠真本事来吸引听众。有了真本事,她很早就做上手,钱景章漂亮的姨太太反而做下手。由于钱对她苛刻虐待,所以她匆匆地找了一个对象,跳出钱家班,自立门户带着徒弟去演出。解放后钱景章在镇反时被政府制裁,钱丽仙就恢复本姓叫徐丽仙了。

抗美援朝捐献飞机大炮时,评弹协会妇女组编排了一出书戏叫《众星拱月》,丽仙当时正好因病住院,从报上看到这则消息后,马上打电话到协会要求参加演出,但角色已经排好,为满足她的要求,就增添了一个只有一句唱词的角色——居委会办公室主任,丽仙就是在"光荣妈妈真可敬"这一句唱词的润腔上使全场为之鼓掌,这就是"丽调"的萌芽。此后"丽调"就在这一句唱腔的基础上逐步发展起来。两年后她在中篇《罗汉钱》里担任小飞娥的角色,一段"为来为去为了罗汉钱"和一段"可恨卖婆话太凶"的唱篇,被听众承认为是"丽调"的唱腔。这两段唱词都灌制唱片广为流传。但丽仙自己认为这两段还是比较简单了一点。次年她和刘天韵拼双档演唱长篇《杜十娘》,其中"梳妆"、"沉箱"两段唱腔又比罗汉钱有了新的发展。一年后她又在长篇《王魁负桂英》"情探"一折里,以一曲"梨花落"的唱词把"丽调"推向了高峰,把敫桂英哀怨悲凄的心情深刻表达出来,做到了声情并茂,扣人心弦。有一位听众来信说,他第一次听评弹,徐丽仙出场时,觉得她形象并不好看,听了唱后,觉得这就是敫桂英在唱,他把徐丽仙看成是美丽的敫桂英的化身。艺术的魅力,能使一切都在观众眼里变得美好起来。1956年北京召开音乐座谈会,徐丽仙就以《情探·梨花落》参加演出,获得好评,并因此而当选为中国音乐家协会理事。

丽仙所唱的小飞娥、杜十娘、敫桂英都是受丈夫欺侮的人物,唱腔都是以柔软哀婉为主。但是她并不为受人欢迎的柔软唱腔所限制,敢于突破自我,开创崭新的唱腔。1959年她为《新木兰辞》开篇谱曲,为塑造充满阳刚之气的巾帼英雄,她学习豫剧常香玉的唱段,在委婉之中融入了阳刚的元素,突出了花木兰的英勇气概。这支开篇在静园书场第一次演唱,便赢得了全场听众雷鸣般的掌声,这是"丽调"的重大突破。丽仙在唱现代题材的开篇时,也是很有创造性的,她的《六十年代第一春》等作品也广为传唱。

"文革"中,丽仙也在劫难逃,被工宣队折腾得苦不堪言。感情生活上,她第二个丈夫就像王魁一样背叛了她,另结新欢。此前第一个丈夫则像李甲一样欺侮了她。她的命运与杜十娘、敫桂英相似。"四人帮"倒台,她欢欣鼓舞,要勤奋谱曲演唱,把浪费掉的光阴追回来,不料又患上了舌根癌。医生建议手术切除,以保生命。丽仙问道：切除了舌根还能唱评弹吗？医生说不能再唱了。丽仙认为不能再唱，自己活着还有什么意义呢？她爱艺术胜于生命，决定用中医中药保守疗法，但求再唱五年就足够了。从此，她积极地排练节目，上电台录音，上电视台录像，整理旧节目，创作新节目。丽仙将所谱的《望金门》开篇悉心教授给学生王惠凤，让她去苏州参加全国曲艺会演南方片的演出，结果荣获了作曲一等奖！人们因此对抱病作曲的丽仙更加尊敬了。

我到她家里去探望时，她躺在床上，床头放着一只团里借给她的录音机，准备把自己的艺术经验录下来。她对我说："我的唱，就像临帖写字一样，首先要认认真真一笔一笔地照描，勤练，吃透帖上的每一个字，这叫'入帖'。学会了就要想法跳出去，这叫'出帖'。"就像她学会了"蒋调"，跳出去，根据自己的嗓音，化成了"丽调"。"丽调"形成后，再根据唱词内容，人物性格、情绪，不断突破自己，不断发展。学传统，继承传统，再发展传统。交谈中，丽仙慨叹自己的婚姻失败，家庭的不尽如人意，说："我死后在我的灵台前只要搁一只琵琶，让琵琶来伴随我。"我劝慰她，放开这些不如意的事，多做些自己有兴趣的事。她提出了要再演出一次的愿望。我理解她的心意，回去向领导汇报，领导同意，不过提出要得到医生批准。这时丽仙住院治疗了。我到医院去探望她，说演出要医生同意。她叫我去和医生商量，我找到了胸科医院的奚医生，说明徐丽仙的要求。奚医生是个老听客，爱听评弹，她也理解演员的心情，一场演出虽然很累，但对病人精神上的安慰比服药还要有效果。奚医生书面批准了徐丽仙可以演唱15分钟的要求。我告诉了丽仙，她很高兴。她要求我回团报告，说有一个听客，有一针胎盘球蛋白，愿意让给她，针很贵，要求团里同意报销。这针是可以增强免疫力的。我回去汇报后，团里同意

附录　故旧八忆

她报销。团里一面联系工人文化宫的剧场，一面组织演员，分别演唱"丽调"代表作《罗汉钱》、《杜十娘》、《小妈自叹》、《新木兰辞》、《颠倒古人》、《红叶题诗》、《黛玉葬花》等等，《情探·梨花落》则由徐丽仙自己唱。节目已经安排好了，突然传来丽仙病情加重的消息，我立即赶到医院去探望。原来那支胎盘球蛋白已经过期，注射下去带来了不良反应。丽仙对我说："请领导放心，这是我自己不好，要想增强体力却走到了反面，演出日期只能推迟了……"我还没有慰藉她，她却反过来安慰我，让我放心。经过医院的精心治疗，到1983年的3月，她终于可以演出了。那是一个下雨天，文化宫剧场爆满，门外等退票的队伍排得长长的，真是一票难求。等到丽仙最后一个节目出场时，场内掌声热烈，丽仙那时讲话已舌音含糊，可是在唱的时候却是字正腔圆，把敫桂英如泣如诉、哀怨凄婉的情绪，表达得扣人心弦。一曲唱罢，听众掌声如雷，她又再唱一支新编的曲调《朋友朋友休烦恼》。唱完后听众虽不忍离去，但也不忍心让她再唱了。演毕，她略事休息就赶到无锡去为《二泉映月》谱曲，并和锡剧的梅兰珍、越剧的戚雅仙、沪剧的杨飞飞同台演出四个流派的精萃节目，这一戏曲和评弹界的空前盛举，轰动了无锡！上海音乐学院院长贺绿汀非常赞赏徐丽仙创作、演唱民间音乐的成就，特地邀请徐丽仙到音乐学院去录像，保存她的资料。徐丽仙唱得喉咙发热了，越剧表演艺术家范瑞娟夹了冰块送到徐丽仙口中让她降温，录像片记录了这些珍贵的场面。徐丽仙在她生命最后的时刻加入了中国共产党。我是她的入党介绍人之一。我钦佩她身罹绝症，还争分夺秒地作曲、演唱、录音、录像，忍受了常人难以想象的痛苦，为评弹艺术留下了宝贵的资料。丽仙是用生命歌唱，一直唱到她生命的最后一刻。

　　后来，我与蒋月泉还在《星期书会》上播过"丽调"的部分唱段。

丽仙逝世已21年了,至今我还时时追念这位为艺术献身的好演员。

八忆王伯伯:评弹团的一位编外老艺人

上海评弹团全团演职人员对一位老艺人很尊敬,都叫他"王伯伯"。

王伯伯的老师叫陈士林,弹唱《果报录》。老师的儿子陈瑞麟、陈云麟、陈惠麟、陈德麟,都是以麟字辈排名,王伯伯的艺名就叫王延麟。

王延麟为人忠厚老实,待人和气,人缘极好。但是他说书的技艺不高,经常接不到书场去说书,长期处于失业状态,每天孵在茶会上吃茶待业,如有"响档"因病、因事不能上书场去说书,就委托王延麟去代书,"响档"拿的"签子"①就归王所得。上海的书场多,说书人多,请代书的人也多,王延麟成了代书的专业户。代书的收入也足够他的生活开销。

解放初期评弹界刮起了"斩尾巴"风,书台上不说传统老书,都说改编的新书,王延麟碰到的困难就多了,大家都说新书,代书的也要说新书,请人编新书吧,他付不起稿费,去学别人的新书吧,他年纪大了,脑子迟钝,又学不进去,不说新书怎么去代书?不代书,生活来源断绝,真是为难了王伯伯。后来有人来请他代书,他硬着头皮到书场去,上了书台调好弦音,一脸尴尬地向听众们拱拱手,语带哀音地说"各位老听客,我新书末勿会说,请大家原谅,阿好让我仍旧说仔回老书吧"。听众们原为消遣而来,都同情这位老艺人,点头表示同

---

① 即场方拆账给说书人的酬劳,行话叫"签子"。

附录 故旧八忆

意。王才定心地说:"玉兰领仔王文一路上堂楼过来……"他说完了这回书,拿了代书的签子,不安地像做了一件违禁的事,虚哟哟地转回了家。

不久"斩尾巴"一阵风过去,评弹界全面说唱老书,王伯伯不用再为说新书而发愁了,他可以名正言顺地说老书去代书了。

可是好景不长,"文革"前张春桥下令二次"斩尾巴",彻底地把老书禁演了。从此王伯伯砸了锅,摔破了饭碗,再也做不成代书专业户了。怎么办?

评弹协会照顾他,让他在协会里当个公务员,拿一点生活津贴度日。之后协会搬到南京路和评弹团合并办公,王伯伯也就搬到了评弹团,睡在进大门口左边的一个小间里,房间小得仅仅放得下一张单人床,床边只容得下放一只方凳子。好在王伯伯生活简单、要求不高,能够将就过去,他也不作计较。他所担任的工作就是门口值班。

早班和深夜班都由他担任,很辛苦,他从无怨言。他还要负责供应全团人员吃的开水,评弹艺人都有喝茶习惯,不能断水,他要烧不少开水,一只煤气灶专供他烧水,有时,住在团里的演员要烧菜,把王伯伯还没有烧开的吊子拎开,被王伯伯看见了,他大发脾气说:"我人末穷,水倒要吃开格。"他把锅子掇开,把吊子炖上去。等水烧开了他再把吊子拎走,别人自知理亏,也只能让让他。

他在评弹团没有编制,不好开工资,人事部门只能用早班费、夜班费、误餐费、冬令补助费等等名目支付,再加上协会支付给他的生活津贴费,加起来一个月也有五六十元,足够他的生活开销了。

王伯伯工作认真负责,不但清扫卫生,还每日深夜到楼上楼下巡行一遍,把开着的电灯一一关掉,如果没有关紧的自来水笼头在漏水,他会上去旋旋紧,处处为国家节约水电费用。日复一日,年复一年,他的认真负责精神,是有目共睹、令人肃然起敬的。

"文革"开始,我被靠边打入牛棚,人人都和我划清界限,不理不睬,打倒在地还要踏上一只脚,不把我当人看待,只有王伯伯清早还送一只热水瓶到我牛棚里来,就像从前一样地对待我,当时把我感动得不得了,我叫他以后不要这样,以免遭别人批判。

一天,我下班回家,看到王伯伯坐在门口,他刚从浴室里洗好浴、扦好脚归来,心情舒畅,喝着二两白干,剥着一包花生米,怡然自得、无忧无虑的模样,令人羡慕。我曾经是一个说书"响档",那时却成了牛鬼蛇神,每月的生活费仅20元,王伯伯一个月倒有60元收入,比我高出二倍,而且没有人贴他的大字报,更没被批判斗争的压力,过着平淡的生活,与世无争,自得其乐;而我却靠边、关牛棚,背着沉重的包袱,写不完的认罪书,挨不尽的批斗,与王伯伯的逍遥自在相比,真是感慨无穷。

80年代,王伯伯年近八旬,寿终正寝,评弹团在龙华殡仪馆大厅为这位评弹团的编外人员举行了追悼会。我特地为他写了悼词,并在追悼会上为他致了悼词,追思他的后半生为评弹团勤勤恳恳、认认真真、勤俭节约、工作负责的精神,他为人正直、善良,值得我们学习和怀念。

王伯伯虽然走了已经将近20年,他的形象依然活在我的记忆中。

演出作品之一：三国用人之道

今天我讲《三国》里四个人的故事。一是刘备，二是孙权，三是曹操，四是诸葛亮。

为什么先讲刘备呢？因为刘备最穷。兵不满千，地盘只有新野、樊城两个小县城。曹操拥兵百万，北方大半个中国全归于他，实力超过刘备一千倍。在敌我对比实力悬殊的情况下，刘备为什么能打出三分天下来呢？他靠的是什么呢？得人才！对于人才这个问题，刘备也有个认识过程。

建安十二年刘备马跃檀溪到水镜庄，碰头司马徽老先生。司马徽问刘备："我听见你刘备的名气已经有二十年了，为啥到现在你还这样落魄呢？"刘备听了感觉戳心经，同我一道出场的曹操现在势大滔天，还有孙坚已经传了三世，孙权有江东六郡八十一州。唯有我刘备到今朝还是寄人篱下只有两个小县城，闷闷地叹了一口气回答："命运不济！"司马徽反驳他："不是你命不好，是你左右不得其人！"刘备不能接受，说："我文有孙乾、简雍、糜竺，武有关、张、赵云。何尝左右无人。"司马徽笑着说："关、张、赵云有万人之敌，惜于无指挥之人。孙乾、简雍、糜竺，乃白面书生耳，非经纶济世之才也。"你手下武将是好的，但没有指挥他们的人。孙乾等文人，水平不高，用现在的话说：他们是区、县、局一级的干部，你缺少的是总理、副总理、政治局常委一级的人才。人才结构不配套，是你的致命伤。然后司马徽推荐了诸葛亮给他。刘备听了司马徽的指点,恍然大悟。要去请诸葛亮出山。但是要请人才,阻力非常大,文武官员包括关张两个兄弟全反对。第一,诸葛亮年纪忒轻,只有27岁。27岁第三梯队排队还挨不上,太嫩了。嫩竹扁担能挑重担子吗?第二,诸葛亮是山东人,逃难到湖北襄阳来,虽然读过几年书,不过是个插队落户知识青年,没有做过官,没有基层锻炼实际经验,一出山叫他做第一把手,来事吗?刘备力排众议,认为司马徽和徐庶推荐的诸葛亮是可以信赖的对象,坚决要亲自去请。勿晓得去两趟连连扑空,刘备勿灰心,坚持第三次再去,为了表示诚心,吩咐厨房里吃三天素,三夜天勿困到夫人房间里去,汰一个浴,换一身干净衣裳,斋戒薰沐比到杭州去烧香还要诚心。勿晓得张飞跳起来哉,跑到书房里对刘备说:"你要叫诸葛亮来用不到吃素汰浴,我带两个小兵备一根麻绳去把诸葛亮绑到衙门里来就可以啦。"刘备说我请诸葛亮是请大贤出山帮忙,怎么可以去绑架呢?关羽也来劝阻:"兄长两番相请,诸葛亮避而不见,恐怕他外有虚名内无实际,兄长何必再去。"刘备说齐桓公欲见东郭野人,五次而方得一见。我请孔明,才第三次一点也不多。二位兄弟你们可知周文王请姜子牙的故事么?当年姜子牙已经80岁,在渭水河边钓鱼。80岁照理早已离退休了。周文王用人不以年龄划线,知道姜子牙身体硬朗,思维敏捷,没有老年痴呆症。派他的儿子去请姜子牙出山,姜子牙态度傲慢,对文王的儿子说:"大鱼不来小鱼来。"文王的儿子回去告诉父亲,文王觉得应该自己去,第二天他坐了车亲自到渭滨相请。姜子牙看文王诚心,答应出山,交通问题怎么解决?文王把自己的车子让给姜子牙坐,自己在前头拉绳子,走了一程,觉得累了,立停稍息,姜子牙对文王说:"将来你的子孙可以传周朝八百年。""你怎么知道?""因为你拉车走了八百步路。"那么我再来多

附录 演出作品之一：三国用人之道

作者在演出中

拉些路……""不行，说穿了就没有用了。"这是民间传说。刘备说："周文王请姜子牙要亲自拉车，我的身份远不及文王，而诸葛亮的本事要超过姜子牙，我怎么能不三次去请呢。"关张两人被刘备说服，三人上马到卧龙岗，到庄前叩门，童儿开门告诉刘备："今日先生在庄上，但在草堂昼寝，待我去叫醒先生。"刘备阻止童儿不要叫醒先生，待他自然醒时再报。刘备叫关羽领着张飞上卧龙岗游览一番，我在这里等诸葛亮醒来再相见。关羽领着张飞在山岭上兜了一圈约摸两个钟头，回到卧龙庄门前一看，只见诸葛亮在草堂高卧未起，刘备呢在草堂前屋檐下毕恭毕敬地立着。张飞火冒三丈吼了起来："二哥，诸葛亮好大的架子，我大哥是当今皇叔，等了他半天他还不起来。待小弟到后门口去放把火，看他还起不起床?!"刘备听见连忙回身向关羽挥手示意，赶快阻止张飞闯祸，现在正是要解决知识分子住房困难的时候，张飞却要去烧知识分子的房子，这是犯法的事。关羽劝着张飞离开卧龙庄。诸葛亮被张飞的吼声惊醒,他在翻身的时候,童儿要上去禀报,刘备挥手示意阻止童儿不要惊吵先生,诸葛亮翻了一个身面孔朝里又睡着了。童儿想翻身时蛮好报告,都怪刘备阻止他,如今先生又睡着了。刘备耐心真好,只要先生在家今天就能见面,他总不会"连底冻"困到明天吧。又过了半个钟头,孔明起床,童儿禀报说:"皇叔求见等候多时了。"诸葛亮被刘备的诚心诚意所感动,答应刘备出山。诸葛亮的聪明智慧,协助刘备摆脱困境,走出低谷,打出了三分天下。刘备尊重人才、尊重知识,转危为安,开创了蜀汉基业。刘备用人第一个字就是"诚"。诚心求贤,诚心待人。刘备用人第二个字:"仁。"仁者爱人也。刘备请诸葛亮出山前,手下原有一位军师徐庶,徐庶好学问,帮刘备打败曹仁三万曹兵,还夺下一座樊城。刘备一直吃败仗,得着徐庶打了一个大胜仗。正以为可以步步高升,不料曹操把徐庶母亲骗到许昌,逼徐母写信叫徐庶来投降,徐母深明大义,痛骂曹操,曹操把徐母留下,骗到徐母笔迹,模仿徐母笔迹写信到新野县令徐庶来投降,否则徐母性命难保。徐庶接到书信方寸大乱,徐庶是个孝子,泣求刘备放他去搭救老母。刘备见徐母之信,急得两泪交流,徐庶如刘备的左右手,徐庶一走,曹兵杀到,新野县有灭顶之灾,不放徐庶走吧,徐母老命难保,怎么办?有人密劝刘备,千万不能让徐庶走,要软禁徐庶,让曹操把徐母杀死,那时徐庶要为母报仇,打曹操的积极性更高了。刘备连连摇头说:"使人杀其母,而我用其子,不仁也,为刘备一人而断绝人家母子之情,不义也,我宁死不作此不仁不义之事。"刘备宁可自己接受最大的自我牺牲,让徐庶去曹营母子团聚共享天伦之乐。刘备感动了徐庶,徐庶走马荐诸葛,使刘备失掉一个徐庶,得到一个诸葛亮。徐庶见到徐母,徐母怒责徐庶不辨真假笔迹,弃明投暗,遂悬梁自杀。徐庶恨煞曹操,终身不为曹

附录 演出作品之一:三国用人之道

操设一谋,还要用计叫曹操上当,弄得曹操兵败赤壁,百万大军赤脚地皮光。这是刘备仁义待人深得徐庶之心的结果。

刘备用人第三个字是:"信"。刘备兵败当阳,赵子龙保护甘、糜二夫人与刘阿斗,乱军中车仗失散,赵子龙往西北去寻主母公子。糜芳回归长坂桥见到张飞,说赵云失散主母公子,向西北投奔曹操去了。张飞闻言大怒,向刘备讨令要赶奔西北结果赵云性命。刘备不许,说赵云从我于患难之中,心如铁石非富贵所能动摇,绝不会弃我而去,你休要错怪了赵云。张飞只准守在长坂桥上。后来赵云救得甘夫人回来。张飞把刘备信任赵云的话语转告,赵云激动得热泪直流。赵云从前投过袁绍和公孙瓒,二人都不能理解赵云,赵云再投刘备,而刘备对赵云高度理解和信任,士为知己者死。赵云舍生忘死再赴当阳百万军中救出刘阿斗归来。这是刘备高度信任,高度理解赵云,得到赵云的忠心回报。

刘备用人的第四个字是:"改"。知过必改。刘备用人也有犯错误的地方。刘备在得到荆襄九郡之后有十万兵马,达到了小康水平。思想不像穷困时那样谨慎了。襄阳名士凤雏先生庞统来投奔他,庞统相貌丑陋,蠢额角,翘下巴,浓眉毛,大眼睛,塌鼻梁,招耳朵,翘嘴唇,爬牙齿,阿胡子。头上戴一顶道巾,开花的,身上穿的道袍,胸口一个八卦,因为吃汤水时流到八卦上,他就用手心撸撸,八卦起了毛头,就撕掉,把八卦撕剩了三卦。拿把鹅毛扇,尖捻头都没有了,因为头颈痒,不用指甲去搔,拿扇子去擦,尖捻头倒下就被他掐掉。总之是落拓不羁,不修边幅。刘备把庞统接到书房坐下,庞统身边有两封介绍信,一封是诸葛亮写的,一封是鲁肃写的。如果交上这两封信,刘备一定会重用他。但知识分子有自尊心和清高思想,庞统要凭自己的真本事求职,不愿把介绍信拿出来。刘备感觉庞统一是形象难看,二是语言直率,不讨人欢喜。就说:"荆襄初定,各项工作都已派定,请你去驿馆休息,有了出缺再来烦劳先生。"气得庞统差一点厥倒。想我和诸葛亮齐名,你请诸葛亮出山,三顾茅庐。我一次不用你请,"挨上门,自掇凳。"你非但不重用,还要叫我"住招待所,待分配"。庞统去了馆驿,文官孙乾来劝刘备,庞统是诸葛亮的师兄弟,这样对待,怕不合适?刘备说莱阳县知县病故,你叫庞统到莱阳县做县官去吧。孙乾去跟庞统一说,庞统更生气了,我是一品官的资格,叫我去做一个七品知县,太瞧不起我了,但他没有拒绝,到莱阳县上任。上任之后终日饮酒,不理民情,三个月不办公,民怨沸腾,纷纷写信给荆州刘备控告庞统渎职误事。刘备大怒,派张飞巡视莱阳就地处理。张飞到了莱阳,责问庞统因何不理民情?庞统说区区小事何用每天升堂,你看我马上升堂来清理,张飞坐在堂上监督,只见案上公文堆成一叠,庞统眼睛在看公文,口中在问另一道案件,耳朵还在听别的案情,手中在批其他一个案牍,办公速度之快,令人称奇。张飞坐在公堂看庞统办理公事,一百多天的积案,在半日之内办完,庞统将笔掷于张飞面前,问飞:"公事何在?"张飞拱手致歉:"冒犯先生,幸勿见责。"立即写信告知刘备:"庞统乃天下奇才!"刘备请庞统回荆州,登台拜将拜为副军师中郎将,地位仅次于诸葛亮。刘备知过必改,不容易呀。不似有些人知过不改,还要打击报复迫害对方。

刘备用人第五个字:"明"。刘备在白帝城托孤时,问诸葛亮:"马谡其人如何?"孔明与马谡友谊很深,也欣赏马的才学,回答:"马谡乃奇才也。"刘备摇摇头:"我观此人,言过其实,不可大用。"诸葛亮口虽不言,心里认为刘备的看法不对。几年之后,初出祁山,司马懿大军攻来,诸葛亮问谁人去守要塞街亭。马谡讨令前去,结果马谡犯错误,街亭失守,司马懿大军杀奔西城,诸葛亮连撤退都来不及,用

附录 演出作品之一:三国用人之道

空城计吓退了司马懿,在汉中收令时,按军法要斩马谡。马谡押出去时,诸葛亮放声大哭,文武官不解,既然要哭,何不宽恕马谡?孔明说我非哭马谡,我是哭先帝,先帝临终前说马谡言过其实,不可大用,我不以为然。今日方知先帝有知人之明。论诸葛亮的聪明智慧,总体上比刘备高明。但在认识马谡的本质时,刘备却超过了诸葛亮。

刘备就是用诚、仁、信、改、明这五种用人的方法,取得了三分天下。

既然刘备有这些用人的方法,为什么最后在夷陵一战中被火烧连营七百里,败在孙权手里呢?这是因为吴国的孙权也有知人善任的本事。下面我就讲讲孙权用人的故事。

孙权用人,其善用周瑜、鲁肃的故事,大家都比较熟悉我就不再多讲。我只讲他重用三个人的经历。第一个是甘宁。甘宁从小父母双亡,依靠母舅抚养,舅母虐待他,他流浪街头,被一个长江里的强盗头收留,他练得一身好本事,强盗头死了,他接班做头领。甘宁打劫客商时先放一条箭,箭上缚一个铜铃,箭到,客商停船,他并不是全部抢光,只抢三成货物,七成留给客商,出一张收条,在几百里航程内如果碰见别的强盗打劫,可以回来报告甘宁,如数赔偿,赛过开一家长江短途运输保险公司。甘宁收下来的货物是四川的蜀锦,他们穿的衣服都是绸缎的,连船上的风帆都是用原匹蜀锦缝制而成的,太阳光照在风帆上,锦光闪闪,人称"锦帆贼"。甘宁的船只靠码头时不用麻绳缚在码头上,用原匹大红缎子代替绳索船缆,开船时不把红缎解下,用一把剪刀把缎子剪断开船。剩下的半匹缎子被居民捡去。当时丝绸之路开通,外国商人见甘宁这种阔绰的行为,印象深刻,回到欧洲告诉欧洲人,后来外国人逢到轮船下水,公路通车,新店开业,要弄一匹大红缎子扎了彩球,拿把剪刀剪彩,这个仪式是三国甘宁创

423

造的。

后来有人劝甘宁："做强盗终非了局，还是投奔官府做官去吧。"甘宁弃邪归正到江夏郡投奔江夏太守黄祖，不料黄祖老迈昏庸，看不起甘宁，不肯重用。江东孙权来攻打江夏，手下人劝黄祖出马，黄祖连连吃败仗，实在没法，派甘宁出战，甘宁奋勇当先，一箭射死了吴将凌操，孙权只得收兵回江东。黄祖犒赏三军，别人都有奖赏，唯有甘宁没有赏赐。有人对黄祖说，这次杀败吴军，甘宁是头功，为何不给他赏赐？黄祖说此人出身不好，是强盗，有前科，怎么能赏赐他？甘宁觉得在黄祖手下，一辈子没有出头之日。有人劝他去投奔孙权。甘宁说我射死吴将，杀败吴兵，孙权岂肯收容？有人劝他试试看。甘宁写了封信给吴将吕蒙，吕蒙立即禀报孙权，孙权大表欢迎，请甘宁快快前来相见。甘宁驾舟来见，孙权与甘宁谈话，觉得甘宁非但豪爽，而且对天下大势极有见解，大为赞赏，立即封甘宁为先锋大将军，领兵进攻江夏郡。黄祖大败，弃城而走，被甘宁追上前去结果性命。黄祖不识人才，弄得身败名裂。孙权慧眼识英雄，使江东得一个万夫不当之勇的将军。后来甘宁百骑劫魏营，立下赫赫功勋。孙权用人不计较出身，因为甘宁做强盗是年纪轻，失足青年，浪子回头金不换，完全可以委以重任。

孙权善用人的第二个例子，就是培养吕蒙。吕蒙家庭贫困，从小没有条件读书，气力大，喜欢练武功。16岁参军之后，骁勇善战，屡屡立功。孙权召见他，劝吕蒙读一点书。吕蒙说我军营事体忙，没有时间读书。孙权说你只管一个军营，我要管一个国家比你更忙，但是我还是坚持要每天读书。不读书你就不能提高呀！吕蒙说我不识字怎么读书呢？孙权派两个读书人去辅导吕蒙读书，一个讲兵书战策，一个专门讲书里的故事。吕蒙有实战经验，经过两位老师一点拨，豁然开朗,能够接受了。读书三个月后,鲁肃去探望吕蒙。本来吕蒙没有文化,说话比较粗鲁,经过读书之后,谈吐文雅,水平提高,鲁肃大为惊讶,拊其背曰:"非复吴下阿蒙。"吕蒙自豪地说:"士别三日,当刮目相看。"鲁肃死后,吕蒙继任都督。周瑜、鲁肃两任都督,没有解决荆州问题,吕蒙用计,白衣渡江,一举夺取荆州。吕蒙进荆州之后即令吴军不许入民房取一草一木,违令者斩!东吴军队进城之后在空地扎营,天下雨,吴军在大街上堆放军需,怕雨淋湿盔甲,一小兵见民房门口有一顶箬帽,就取来盖在盔甲上。吕蒙巡逻经过,马上下令把小兵拿下,责问:"为何取民间箬帽盖上?"小兵回答:"天下雨,衣甲淋湿了,我借用箬帽遮盖。""命令不许取民间一草一木,违令者斩,你知道么?""都督饶命,我和都督是同乡人,望念乡情宽恕一命。""不行,还是要按军法处理。"吕蒙流着泪杀了这个同乡士兵,号令全城。荆州百姓都感激吴军秋毫无犯。吕蒙还派人到关羽部下的军属家中,赠银子赠粮食抚慰他们,他们写信到军中告知亲人,说吴军如何关怀他们,军人接信后,无心抵抗吴军,纷纷开小差逃走。关羽军心瓦解,无法抵御吕蒙的攻势,走麦城关羽父子被俘。关羽是威震华夏的一代名将,败在吕蒙手里。吕蒙为什么有这样的本事?就是孙权派人去辅导吕蒙读书,进行教育投资,培养吕蒙,提高干部素质,夺取重大胜利。

孙权善用人的第三个例子,就是破格提拔青年,重用陆逊。

关羽死后,刘备报仇心切,亲自带兵伐东吴,吴军因吕蒙病死,无人指挥,连连败北。孙权听阚泽推荐,重用青年人陆逊为都督。文武官员都认为陆逊年纪太轻,不堪当此重任。孙权力排众议筑将台,让陆逊登台拜将,并将自己的宝剑授给陆逊,谁人不服将令,即以此剑斩首,先斩后奏。陆逊到达彝陵大营,下令紧闭营门不许出战,刘备率兵讨战,恶言辱骂吴军将士,吴将气愤难忍,讨令出战。陆逊不许。众将写信给孙权说陆逊懦弱怯战,要求罢免陆逊。孙权传旨必须服从陆逊的指挥,不得违令。陆逊命令众将不理敌军辱骂,坚守不战。陆逊忍辱负重使刘备部下将士骄傲轻敌。当时天气炎热,刘备将营寨安到森林里去取凉。东南风起,陆逊顺风纵火,火烧连营七百里,刘备全军覆没,一败涂地,逃回白帝城。众将官这才钦佩陆逊用兵如神,使江东反败为胜,称赞孙权重用陆逊是为用人得当,奠定江东三分天下的基础。

作者在演出中

讲了刘备和孙权善于用人,那么曹操用人又怎么样呢?曹操用人有他的独特的魅力。曹操手下的大将只有自己的亲戚曹仁、曹洪、夏侯渊等弟兄,曹操善于把敌人手下的将军化为自己的心腹,张辽本是吕布旧部,降曹后成为曹操的心腹,徐晃本是杨奉的部下,贾诩本是张绣的谋士,都成为曹操手下的心腹。庞德本是马超的部将,降曹

附录 演出作品之一：三国用人之道

后忠于曹操。水淹七军，庞德被关羽生擒，关羽劝他：你的旧主马超已归降了刘备，你如投降，可以让你回到马超帐下。庞德宁为曹操而死坚决不降，可见曹操善于化敌为我而深得其心。

曹操用人着重对方的才学。曹操和袁绍对垒时，袁绍派文人陈琳写一道檄文攻击曹操，陈琳不但痛骂曹操，连曹操的父亲和祖父都骂得狗血喷头。那时曹操的头痛病发作痛得很厉害，看了檄文，曹操浑身出汗，头痛病受了刺激反而不痛了。曹操对陈琳恨之入骨。后来曹操打败了袁绍，活捉了陈琳。人们以为曹操一定要杀陈琳。曹操非但不杀陈琳，反而重用他，说他以前骂我是奉了袁绍之命骂我，今后他会帮我去骂别人的。陈琳骂过曹操，曹操还重用他，没有骂过曹操的人更要来投奔曹操，曹操得到更多的人才。

曹操曾经在官渡与袁绍展开一场大战。袁军有70万曹操只有7万军队，实力相差悬殊。双方各有胜败。曹操对战局前途有点犹豫不决，写信到许昌请教荀彧是继续打下去，还是退兵。荀彧劝曹操顶住，寻找机会打败袁绍，如果退兵，士气消退，就撑不住了。曹操听荀彧的劝告，坚持顶下去。曹操在犹豫期间，手下文武官员也受了影响，暗中写信给袁绍，如果曹操失败，他们可以投奔袁绍，给自己留条后路。当时曹操营中粮草不多，他写信给荀彧，叫他赶快调运粮草送到前方来。不料这封信被袁绍的巡逻兵搜到，送回营中交给袁绍手下的文官许攸，许攸连夜求见袁绍，叫袁绍发兵去截断曹操的粮道，可以让曹操断粮。不料袁绍不听，他反而认为许攸和曹操从前是同学，勾结曹操来叫他上当。而且袁绍手下文官派系很多，早有人在袁绍面前揭发：许攸的子侄在后方仗势欺人，敲诈勒索，袁绍对许攸早有不满的心情，把许攸逐出营帐，不听他的意见。许攸见袁绍忠言逆耳，怨气一口，出营到曹营投奔曹操。曹操已经睡了，听说许攸求见，

427

跣足出迎。许攸献计叫曹操进攻乌巢粮营。曹操采纳许攸计策,进攻乌巢,火烧粮营,袁军断粮,仓皇溃退,曹操大获全胜,袁绍全军覆没,局势完全改观。曹操在袁绍丢弃的中军大帐升帐,准备把袁绍撤退时遗下的金银财宝赏与部下。中军官在袁绍内帐搜索时发现有一捆曹操手下的文武官员写给袁绍的效忠信,袁绍仓皇逃走,档案材料都来不及销毁而遗留下来。中军官捧出书信放在曹操案上,请丞相查对姓名依法治罪。这时写过信的人都急得心惊胆战,脸色苍白,冷汗直冒,两腿发抖。这种信,上纲上线,杀头。不杀也要下监狱吃几年官司。即使不判刑,行政处分总得有一个。即使行政处分也免了,只要把这封信放进你的档案袋,以后评薪评行政职称,你有了这个污点,加工资就休想了。当时帐内空气紧张,都在对曹操的脸色看。曹操对信件看都没有看,就说:"当时袁绍声势浩大,别说文武官员要担心自己的前途,连我也心存犹豫,欲思退兵。因为我是头头,不然我也会写信给袁绍的。文武官给袁绍写信的心情是可以理解的。今袁绍全军覆没,大势已定,何必去追究那些信件呢?"曹操叫手下取来一个炭火盆,把信丢入火盆尽行烧毁,不予追究,不留痕迹。这些写过信的文武官员,感激曹丞相的宽大为怀,从此以后忠心为曹操办事,再不动摇了!曹操烧掉这些信件,化消极因素为积极因素。曹操的用人之量,古今少有。

与曹操对立的袁绍就与曹操相反,不会用人而遭失败。袁绍手下并非没有人才,有一位大夫叫田丰,很有见识,他谏劝袁绍不要发兵官渡与曹操交战,战则必败。袁绍非但不听,还把田丰革去官职关进牢狱。袁绍兵败回来,监狱官向田丰贺喜,你的预言说准了,主公兵败回来一定会让你官复原职了。田丰摇头说,不见得,主公打胜仗回来,他的心情好,可能会宽恕我,他兵败回来,羞于见我,我其危矣!

附录 演出作品之一：三国用人之道

狱官不信。袁绍回到城里,果然羞见田丰,令人下狱,赐宝剑给田丰,令其自尽,田丰接剑长叹,我不识袁绍,宜其死矣！自刎而死。袁绍不听田丰意见,而且这意见完全正确。袁绍非但不作认真的自我批评,检讨改正,痛加反省,还要坚持错误打击报复,将他迫害至死。失尽人心。与曹操相比,天壤之别,得人者昌,失人者亡,结果袁绍丧师失地,家破人亡,落得一个悲惨的下场。

曹操乘胜追击,夺取了青州(山东)、并州(山西)、冀州(河北)、幽州(北京)等袁绍所有的地盘。袁绍两个小儿子袁尚、袁熙逃到辽西投奔少数民族乌桓,曹操和手下文武商量,是发兵追赶,还是不追？文武官员觉得追过去消灭袁尚、袁熙,永绝后患,很重要。但是追过去风险太大。一是千里迢迢,还要经过沙漠,道路崎岖,运粮勿便,有断粮可能。二是现在是秋天,北方冷得早冰天雪地,打仗困难。三是千里奔袭,离开根据地许昌更远,刘备在荆州,倘然偷袭许昌,我们还师莫及,损失太大了。大多数劝曹操不要追击。曹操觉得袁尚、袁熙不消灭,将来边疆不会太平,袁家的影响深远,北方的隐患堪忧。去打吧,风险实在太大,自己拿不定注意,去问心腹谋士郭嘉,到底追还是不追？郭嘉正在病中,极力劝曹操要追。二袁不灭,后患无穷。乌桓自以为路程遥远,道路难走,天寒地冻,我军不敢前去,他没有防备。这叫出其不意,攻其不备,必可获胜。路程遥远可用骑兵轻骑奔袭,运粮不便带足干粮就可以了。至于刘备偷袭许昌,不可能,因为刘表虽然收留刘备,对刘备存有戒心,不敢把兵权交给刘备,刘备有心无力,这个顾虑可以排除。曹操听郭嘉之言,大军粮草辎重留在易县,轻骑奔袭,果然不出郭嘉所料,乌桓毫无准备,一仗成功杀了乌桓的首领,夺得战马万匹,二袁逃往辽东。曹操一举扫平辽西,凯旋回归易县大本营。曹操下令大摆庆功宴,犒赏文武官员,吩咐要把那些劝他不要进兵辽西的官员请来赴宴,一个不能少。文武官员聚集,那些劝曹操不要进兵的人,都战战兢兢,心惊肉跳,入席后眼光都不敢和曹操接触。曹操入席后叫手下送礼发赏。提过意见劝曹操不要进兵的人心中盘算,我们是提错意见的人,奖金总归敲光,赏赐不会有份了。不料发赏时,提过错误意见的人,赏赐双倍,红包包两只!大家想是不是发错了奖?曹操说各位劝我不要进兵的人的意见是准确的,这次兵进辽西,危险万分,吃水困难,掘地三十丈见水,杀了马,喝马血解渴。虽然打胜仗,是行险侥幸,是天帮忙,不足为训的。所以重赏各位,希望下次打仗时,你们要多提意见,不要错误地接受教训,以为"多说多错,少说少错,不说不错,从此闭口不说"。你们要大胆地说出自己的见解,所以这次要重赏你们。这叫高价征求意见,广开言路。曹操善于团结一切人,包括团结那些反对过自己并被实践证明是反对错了的人。所以曹操能成为三国中实力最强大的一国就是因为他善于用人。

讲过了三个开国之君的用人故事,最后要讲讲诸葛亮的故事。诸葛亮不是董事长老板的角色,他是总经理。日本有个大企业家松下幸之助,在日本称企业之王,连美国企业家也要派人来学习他经营管理的本事。松下非常钦佩诸葛亮"审时度势"的本事,经常研究市场需要,然后决定什么产品要发展,什么产品要停产,因此他在全世界开了几十家松下分公司,成为一个跨国大公司。研究诸葛亮发了大财!有人说:"唐耿良,松下研究诸葛亮发了大财,你比松下更懂得诸葛亮,何不去承包一家企业,发财肯定比松下还要结棍。"勿来事格。懂得企业管理的人研究诸葛亮的策略会发大财,像我只晓得诸葛亮,勿懂企业经营管理一套经验,非但发不了财,还要蚀本破产仔完结,所以我只帮别人发财,自家勿发财格。

附录　演出作品之一：三国用人之道

诸葛亮定三分隆中决策，劝刘备要东和孙权，北拒曹操，先取荆州，后得巴蜀，先定三分，后图一统。诸葛亮的战略决策，从他建安十三年出山以后，到建安二十四年刘备进位汉中王为止，基本就是按照诸葛亮隆中决策的框架进行，这是一大奇迹。为啥诸葛亮的决策如此准确，诸葛亮勿是仙人，怎么会未卜先知呢？因为诸葛亮住的地方是襄阳，是中国交通枢纽中心，全国信息都汇集过来，诸葛亮读书用功，历代兴衰存亡的故事都了然于胸；诸葛亮又有一帮好朋友，崔州平、石广元、孟公威、徐元直、庞统、庞德公、司马徽、黄承彦，都是才高学广的高级知识分子，他们经常聚会，议论古今历史，天下形势。诸葛亮的隆中决策，是高级知识分子的集体智慧再加上诸葛亮个人聪明智慧的结合，对国情了解透彻，所以决策的科学性很强。要了解国情不是一件容易的事，我们探索了几十年，才了解是社会主义初级阶段的国情。可见诸葛亮决策的水平可称为千古一人！

诸葛亮劝刘备北让曹操占天时，南让孙权得地利，你呢可以得人和。诸葛亮治国的理念，就是以民为本。首先考虑的是老百姓的利益。诸葛亮平定四川之后，发现原来四川的天府之国已经名实不符，诸葛亮首先发令派一千两百个士兵赶奔到离成都一百多里的灌县，抢修都江堰水利工程。秦朝李冰父子修建的都江堰水利工程，使得成都平原旱涝保丰收。刘璋治理西蜀，年久失修，水利工程不起作用，粮食歉收，物价高涨，民怨沸腾。诸葛亮修好都江堰，成都平原粮食丰收，粮多了饲料也多了，饲料一多养猪也多了，集市贸易肉价跌了，老百姓的菜篮子丰富了。诸葛亮非但关心农业，他对工业也很关心。四川本来盛产蜀锦，因为刘璋苛捐杂税，老百姓无利可图就把桑树砍了。蚕桑减产，工人失业，市场凋敝。诸葛亮出告示，号召老百姓种桑树，发展蜀锦生产。老百姓对政府没有信心，不去栽桑。诸葛亮见空头口号不起作用,便和夫人商量,在自己住宅周围的空地上种了八百棵桑树。文武官员也都身体力行广栽桑树。老百姓见政府官员都在种桑树,想来政策不会变了,纷纷栽种桑树,桑叶多了,养蚕也多了,结下茧子缫成丝卖给店家,蜀锦生产发展了,就业面扩大,生活有了改善,市场供应充裕,不但满足蜀国市场,而且还出口到吴国与魏国,成为外向型产业,税收增加,国库宽裕,南征北伐的军费也有了来源。诸葛亮还下令修道路建桥梁,盖仓库造馆驿,做了很多便民措施,深得人心。诸葛亮不但对汉族地区百姓关心,对西南的少数民族也是爱护关心。孟获叛乱,诸葛亮亲自带兵去征伐,出发前定下十六字方针:攻心为上,攻城为下,心战为上,兵战为下。不是杀伐少数民族,而是要他们心服。生擒孟获,每次捉牢孟说这次不算,下一次捉牢投降,到第七次捉牢,诸葛亮不跟他见面,派中军官摆一桌酒席请孟获吃酒,孟获要求见诸葛亮,中军官说丞相看见你有点难为情,你总归不投降的,你吃了酒回去吧,等下一次捉牢再见面吧。孟获说丞相放得我也难为情了,不好意思再说下一次捉牢投降了。诸葛亮同孟获见面时,孟获伏地说公天威,南人不复反矣!诸葛亮接受孟获投降,要收兵回去时,有人劝诸葛亮,孟获反复无常不可相信,宜留一长官监督他。诸葛亮不同意,说留必须留一路兵,军粮从成都运来有困难。吃当地的,当地产量不高,吃掉他们的粮,他们不够吃,必生怨心,反而不太平。诸葛亮还给少数民族教授中原耕作水稻的先进技术,提高粮食产量。孟获又说此地瘴气很重,生病后死亡率很高,请丞相帮助他们。孔明参观了他们的居屋,茅草房很低矮,又没有窗户,通风透光条件较差,就提出拆低屋住高房,想命长水冲凉。当地盛产毛竹,他们用毛竹搭建高脚楼,底层养猪、牛,中层放农具,高层住人,通风透光好。至今西双版纳一带竹头搭的高脚楼就是按诸葛亮倡议搭建的,本来他们没有洗浴的习惯,后来就到山涧或溪河里去洗浴,冷水一淋头,头脑就清爽了。他们一高兴就把水泼到对方身上去,后来就行出来"泼水节"。诸葛亮收兵之后,几十年边疆上太平无事。成都武侯祠门口有一副对联,上联是:能攻心则反侧自消,从古知兵非好战;下联是:不审势即宽严皆误,后来治蜀要深思。这副对联说的就是诸葛亮折服孟获的伟大的战绩。

诸葛亮治理西蜀,以法治国,法律极为严厉。马谡和诸葛亮的私人感情极好,马谡失守街亭,诸葛亮依法将马谡斩首,马谡跪下流泪,我罪当斩,我家中还有老母幼子我放心不下。诸葛亮说你的老母及儿子,我从工资中拿出一部分来供养他们。挥泪斩马谡,有法必依。诸葛亮对自己也绝不含糊,对失守街亭马谡的罪过,杀。那么派马谡去守街亭是谁呢? 诸葛亮自己。应追究领导责任,诸葛亮并不像某些领导人嘴上说说:"具体责任由某人负责,我作为领导要负领导责任。"负什么责任呢? 不了了之。诸葛亮对自己动真格,他上表给刘阿斗,请求撤销丞相职务,降三级,再降三级工资。要到二出祁山立了功,才恢复丞相职务,恢复原来的工资级别。朝中文武官员无不口服心服。

诸葛亮自己的生活非常俭朴,官居极品依然是纶巾鹤氅,布衣素车,这和司马懿相反,司马懿在军中大袍阔服,极其奢侈。诸葛亮官居大汉丞相武乡侯益州牧平北大都督知内外事,执掌政治、军事、外交以及中央到地方的权力,权柄极大,他从来没有假借权力让家属搞什么开发公司从中牟利。临死遗嘱,申报家庭财产,透明度极高:"臣家成都有桑八百株,薄田十五顷,子孙衣食,自有余饶,至于臣在外任,随身衣食悉仰于官,不别治生产,臣死之日,不使内有余帛,外有余财,以负陛下也。"诸葛亮死后家里没有多余衣服,外国没有存款。死后只要殓以时服,不要另外做寿衣,冢足容棺,安葬在定军山,坟墓规格平常,周围只有种五十四棵柏树而已。

诸葛亮为刘备父子做到了鞠躬尽瘁,死而后已。刘备用什么办法得到诸葛亮的心呢？并不是高工资、高奖金和高福利。诸葛亮在《出师表》上说明:"臣本布衣,躬耕于南阳,苟全性命于乱世,不求闻达于诸侯,先帝不以臣卑鄙,三顾臣于草庐之中,由是感激,遂许先帝于驱驰。"刘备三顾茅庐得到诸葛亮的忠心效劳。诸葛亮答应刘备出山之后打出三分天下,仍旧要回卧龙岗隐居。后来为什么不退隐呢？因为刘备在白帝城永安宫临终托孤,把诸葛亮挽留住了。刘备先是检讨自家,我得到了你,成就了帝王之业,只恨我知识浅陋,不听你的忠谏,以致今日之败,悔恨致病,现在我要死了,有心腹之言告知。刘备先是叫两个小儿子叫诸葛亮为爷,刘阿斗也要父事丞相。刘备挽了孔明的手,两泪交流说:"君才十倍曹丕,必能安邦定国,终定大事。若嗣子可辅则辅之。如其不才,君可自为成都之主。"诸葛亮伏地大哭叩头流血:"臣敢不竭股肱之力,效犬马之劳,以至于死乎。"就是因为刘备的托孤,诸葛亮鞠躬尽瘁,死而后已,54岁死在祁山前线大营之中。诸葛亮非但自己尽忠,连儿子诸葛瞻、孙子诸葛尚都战死绵竹,一门三代烈士,千古少有。刘备从三顾茅庐到白帝城托孤,一直是尊重诸葛亮,理解诸葛亮,依靠诸葛亮,所以赢得了诸葛亮的心。所以得人心者得天下,是千古不灭的真理。

三国用人的故事,就讲到这里,欢迎听众们批评指正。

作者年谱

1921年　1月30日生于苏州。

1926年　在桃花坞初级小学读书。

1931年　在善耕高级小学读到五年级下学期,因家贫而辍学。5月母亲逝世。父借债料理丧事。

1933年　9月拜唐再良为师,随师赴昆山、常熟听书学艺。

1934年　春节随师去无锡、常熟学艺。端午节回苏州待业。秋9月赴外垮塘破口说书。冬去莘塔说书糊口养家。

1935~1937年　在江浙中小码头说书。八·一三上海抗战,11月逃难至香山姚社说书。

1938年　春回苏州说书,夏到浒关说书,请师伯周镛江传授《千里走单骑》。

1939年　在苏州向杨莲青学习起角色技艺,提高书艺。

1940~1942年　在中小码头说书,渐能立足书坛。

1943年　春节在黎里说书,与李志芳订婚。业务向大码头发展。

1944年　在苏州结婚。中秋初进上海说书,与夏荷生合作于沧州书场。

1945年　在太仓、常熟乡镇说书一年,抗战胜利。

1946年　生大儿力行。春节苏州说书,秋冬苏、锡演出。

1947年　春节上海演出,端午去嘉兴、湖州演出。生女儿力敏。中秋在苏州演出。

1948年　春节又进上海演出,秋天去苏州,被称为"七煞档"。

1949年　春节再进上海。5月解放,说新书短篇,并演书戏。

1950年　春节去香港演出三个月,被称为"四响档"。返上海,中秋在大陆书场专场说新书。冬演书戏宣传抗美援朝,去北京宣传演出受到重视。生次女力平。

1951年　参加春节竞赛,《太平天国》获荣誉奖。端午去苏州,带头"斩尾巴"不说传统书。巡回演出捐献飞机大炮。中秋返沪说新书。11月组建上海市人民评弹团,被任命副团长。十八艺人参加治淮工作,在淮堤与民工同吃同住,在艰苦生活中受锻炼。生次子力先。

1952年　春节由漈潼河赴佛子岭水库生活,在工地为民工读报,用评话技巧讲报,受到欢迎,并编演故事,开始创作尝试。治淮三月余返沪,集体编演中篇评弹《一定要把淮河修好》,客满三个多月,奠定了中篇评弹形式。编说短篇《空中英雄张积慧》。夏天下上海电机厂生活。9月与朱慧珍、陈希安参加中国人民第二届赴朝慰问团,10月过鸭绿江,在战火纷飞中演出四十天。回国后又去华东六省市汇报演出。

1953年　春节参加中篇《海上英雄》、《罗汉钱》演出。3月份剧团搞"民主改革"运动。6月全团赴广州去海岛慰问海军。团领导参加第三届赴朝慰问团,唐耿良留守评弹团。10月赴北京参加第二届全国文代会,并任曲协理事。登上天安门观礼台。回沪改编《长空怒风》中篇。恢复《三国》评话演出。编说短篇评话《黄继光》,团市委推广演出。生小儿力工。

1954年　春节演出《长空怒风》中篇,唐耿良说两回评话,周(云瑞)陈(希安)档说一回弹词。配合技术革新运动,编说短篇评话《走在时间前面的人——王崇伦》,下厂演出产生轰动性效应。在工人文化宫辅导工人故事员说王崇伦。秋与马中婴合作改编中篇《后方的前线》,配合肃反运动,质量粗糙而失败。与柯蓝、左弦合作,改编中篇《王孝和》。

1955年　春节演出《王孝和》,客满三个月。编说短篇故事《朱顺余》。5月去北京小剧场公演十场。去总政话剧团观摩《万水千山》。返沪下国棉十三厂生活,团内夏天休整搞传统菁华。

1956年　春节演出中篇评话《万水千山》,《把青春献给社会主义》短篇专场,编演《半夜鸡叫》、《廖贻训》。又与姚荫梅合写短篇《许瑞春》。秋冬与张双档去乌镇、杭州、无锡、苏州演出传统书目。团内盈余,演员分红。

1957年　去汉口、郑州、洛阳、西安巡回演出。回上海参加反"右"斗争。团内改制,自由结合,收入归己。冬去苏州演出。

1958年　春节归队,恢复工资制度。参加北京曲艺会演。编演中篇《聚宝盆》、《钢水奔腾》。大跃进运动中,在街头、餐馆宣传三面红旗。当选上海市第三届人代会代表。冬去光福参加劳动,进行创作、演出。编写中篇评弹《冲山之围》,与左弦、苏似荫、江文兰集体创作。

1959年　春节演出《冲山之围》。成为中共党员。编写长篇评话《太湖游击队》,在无锡实践演出。参加集体编演中篇评弹《白求恩大夫》。冬放弃演出,下农村生活,去枫围公社编写中篇《破天荒》。

1960年　在春节文化广场上演出大合唱《上海英雄颂》，唐耿良任朗诵。中篇评弹《破天荒》因不符合劳逸结合政策而停演。去北京参加第三届文代会。冬去北京与余树人合作采访登山队，编演《踏雪穿云》。

1961年　春去苏州郊区木渎东山演出，挖掘折子书《草船借箭》。北京人艺来沪，南北交流时，唐耿良演《借箭》，少儿出版社洽谈出版，由包蕾执笔，录音后速记，后因"大写十三年"而取消。冬去湘、桂、粤巡回演出。

1962年　去香港演出。编写短篇《血泪斑斑的罪证》，并在青年宫辅导农村故事员演出。

1963年　听"大写十三年"报告，春节参加农村社教，后赴崇明采访，与程志达合作编写中篇《如此亲家》。

1964年　去北京参加曲协创作座谈会。参加中国作协赴大庆油田慰问团，先演出三周，后采访，与邱肖鹏合作编《英雄儿女》中篇（未通过而报废）。革命样板戏上演，张春桥下令取消保留工资。上交63元。作为《解放日报》特约记者，赴山西大寨采访（与张诚濂合作）。在大寨住了十天，与陈永贵访谈半天。编演出版《穷棒子办社》。

1965年　返沪向报社领导汇报，受到肯定，先去市郊农村试讲两个多月，《解放日报》四版增刊《大寨人故事》，报纸由80万份增发到130万份，上海文艺出版社、安徽人民出版社发行单行本，《曲艺》全文刊载，上海唱片厂出版密纹唱片。同时，在群众艺术馆辅导郊县200多农村故事员。参加《万吨水压机》专场，编一个片断。患急性心肌炎住院三月、疗养三月。去合纤研究所编《红雷凯歌》。

1966年 去兰考采访,与饶一尘合作编演《焦裕禄》。编演活学活用毛著的故事,编了蔡祖泉、祁志超两个故事演出。"文革"开始,团领导靠边,唐耿良被推上领导岗位。编演《32111钻井队》故事演出,次日即被靠边。打入牛棚,参加劳动,示众,挨斗。抄家被逼搬家。

1967年 妻脑溢血病逝,草草料理后事。去沙头劳动。陪斗。回沪留团住宿。

1968年 清队。隔离审查。押往交大隔离。

1969年 "一·六大会"上被打成"潜伏特务",逼供信后被迫"认罪"。

1970年 儿女探访后,获翻案,下乡劳动。在奉贤干校劳动。

1971年 从干校拉练回沪,在徐家汇被宣布撤销隔离,回家与子女团聚,处于被监督状态。参加挖防空洞劳动。林彪折戟。

1972年 幼子去安徽插队。

1973年 5月宣布"解放"。7月去乍浦下生活采访,改编评话《暗礁》。

1974年 去青浦城东大队生活,批林批孔,编写《杀孔融》。

1975年 采访编写《风庆轮》。

1976年 加工短篇评话《星星之火》,去北京参加调演。唐山地震后返沪。毛主席逝世。粉碎"四人帮"。编演《大寨人斗江青》并在《文汇报》发表。

1977年 编演《铁人的故事》,在人民文学出版社出版。再去大寨采访,欲编长篇但未果。

1978年 去山西运城采访农民植棉科学家吴吉昌,又未果。

1979 年	去北京参加第四届全国文代会,当选曲协理事。被任命为上海评弹团副团长。参加第二次赴港演出。
1980 年	赴电台录制评话《三国》30 回。
1981 年	赴扬州参加长篇评书座谈会。
1982 年	去苏州评校参加中青年演员辅导班,又参加评话培训班。
1983 年	参加陕西、四川、湖北曲协学习组,参观襄樊、当阳、荆州三国古迹。参加上海人民广播电台《星期书会》主持工作。
1984 年	参加"蒋月泉五十周年研讨会"。
1985 年	电台录音评话《三国》70 回(共 100 回《三国》)。
1986 年	开始记录整理《三国·群英会》。
1987 年	编演《三国用人之道》。
1988 年	《三国·群英会》由中国曲艺出版社出版。
1989 年	春自评弹团退休。5 月去重庆参加评话会演。秋赴加拿大探亲。
1991 年	去多伦多大学讲课。
1994 年	回沪探亲,去沈阳录像。游杭州、苏州、黄山。
1996 年	温哥华说书,多伦多说书,返上海录像。
1997 年	温哥华复档。上海录像。
1998 年	再婚。多伦多演出。
1999 年	纽约演出。返沪,住院手术。
2000 年	返沪,住院肠癌手术。
2002 年	赴华盛顿演出。赴达特茅斯学院录像。
2003~2006 年	在多伦多继续撰写回忆录。

整理者的话：逝者如斯

在古城苏州有一条幽静的小巷，我就出生在小巷深处一座古老的木屋里。夜阑人静，可以听到屋后小河汩汩的水声，以及随着水声而来的悠扬的评弹声。成年后，当我远离古城跋涉在人生的旅途时，我的脑海中常常萦回着这流水声、琵琶声所合成的乡音、乡情和乡思……

曩我幼时，母亲带我随父亲跑码头，漂泊于江南水乡。记忆中的家，常常是江南市镇、沪杭大都会的书场。我懂事起就迷上了听书。《三国》波谲云诡的政治风云和纵横捭阖的战争烽火，《玉蜻蜓》曲折迷离的市井故事和性格鲜活的各式人物，或许就是我学"历史"最早的启蒙老师，也是我钟情于社会史研究的缘由吧。

父亲退休后移居加拿大，但是他心系评弹，痴心不改，抱病录音、录像，在评弹艺术的历史层累添上自己的华章，希望传诸后世，不致成为绝响。90年代起，在我这个以历史为业的儿子的建议下，他开始撰写回忆录，将一个评弹艺人的人生历程记录下来。在我看来，这是弥足珍贵的。因为父亲经历了近九十年的时代变迁，他个人的命运其实折射了整个时代的变迁。迄今为止还没有一个评弹艺人写下自己的历史，而父亲个人的信史其实也是20世纪30年代至今评弹史的缩影，某种意义上也可以让我们从中解读文化艺术的时代命运。父亲以顽强的毅力，"焚膏油以继晷，恒兀兀以穷年"（韩愈《进学解》),历时十余载,笔耕不辍,终于完成了这部著作。

  一年多来,我利用业余时间整理父亲的回忆录,我深深地沉浸于父亲的生命历程中,我感到从来没有像现在那样地了解自己的父亲、热爱自己的父亲。古人说"知子莫如父",现在我同样可以说"知父莫如子"了。父亲视评弹为自己的生命,他的生命已融入评弹之中了。他的回忆录是一部说书人的生命史,时代、人生、社会交织其间。用社会史的眼光来看,这部说书人的生命史,既有属长时段的结构,也有短时段的事件。佐之以其他文献资料,可以帮助我们更好地解读这一部江南文化社会史。

  长时段的结构,也就是评弹日常的形态:书场、演员、听众。父亲初涉书坛的两年多时间里是在小码头的茶馆说书,第一家是苏州外跨塘的茶馆,接着是洇泾的一家茶馆。后来随着书艺日进,他走进了大码头昆山的专业书场畅乐园、苏州的九如书场等,再后来终于跨进了大都市上海的沧州书场,成为响档。成为响档后,他仍不时穿梭于中小城市和江南市镇的书场。民国年间,江南市镇遍布茶馆书场和新式书场,听书已是江南民众日常生活的一部分,这在地方志中有大量的记载。常熟《福山镇志》(东南大学1992年版)载:"解放前,福山的书场较多,港上有鸿园、徐楼、阳春轩、褚厅等书场,街上有南苑、鹤春园、长兴、严小林等书场,邓市、肖桥、郑桥等茶馆亦兼营过书场。大多苏州评弹名家魏含英、唐耿良、沈俭安、薛筱卿、徐云志、汪雄飞、杨振雄、杨振言等都来演出过。"吴江《震泽镇志》(中国矿业大学出版社1999年版)载:"民国初年,镇上有的茶馆延请评弹艺人说书,上午卖茶,下午、晚上开书。到了30年代,镇上先后开办的书场有:'万旸厅'(彭康弄西)、'山泉'(花山头)、'颐塘'(仁德堂)、'承罗阁'(大桥东塊)、'新山泉'(彭康弄西)、'商余社'(浜桥东)、'和平楼'(秀水浜)等。'山泉'和'頔塘'书场以环境幽静,座位宽敞而闻名,每场书均能容纳近400位听众,为此,上海、苏州一些评弹名家陆续来震献艺,有严雪亭、金声伯、吴君玉、唐耿良、周玉泉、邢瑞亭等,沈俭安、薛筱卿的《珍珠塔》、徐云志、王鹰的《三笑》,张鉴国的《林子文》更为新老听客交口赞赏。"苏州《唯亭镇志》(北京方志出版社2001年版)的记载更为详尽:"30年代,镇上有祥园、渭园、洪园、福安、龙园、易安、集乐社、三义园、兴园、鑫意园、泰兴园、吴苑等茶馆。这些茶馆实际都是民众工余休息娱乐场所,人们在茶馆里可以读报,也可以听书。一些较大的茶馆兼作书场,成了评弹艺术的舞台。""30年代后期,玉泉楼(后改为德馨楼)、玉露春、祥园等茶馆季节性兼营书场业务。至民国三十二年(1943年)后,镇上逐渐形成两家专业的固定书场,即仝春园和龙园(1953年改为明园)。两家书场的全盛时期是在四五十年代,座位多达数百。明园一家有时听众就可达500多人。每天演出分日(下午)、夜两场。逢年过节,或有过埠名角演出,便场场爆满,座无虚席。一场书说一个半小时,也有说一小时或三刻钟的,中间打停(休息)十分钟,让艺人与听众稍作休息。每有演出,场方事先几天写出书牌,并贴海报预告听众。有的还在开场前几小时派专人拿着书牌,摇着响铃,在街上边走边喊,宣讲书名、艺人名等。""唯亭明园书场业主葛斌,俗称'小和尚',是个经营有方者。他诚聘知名评弹艺人,几十年中在苏嘉沪地区的艺人中颇有盛名,口碑极好。唯亭有非常良好的评弹艺术气氛,听众也很会欣赏评弹艺术。很多知名的评弹艺术家都先后到过唯亭,其中有:徐云志、钟月樵、姚荫梅、唐耿良、魏含英、黄异庵、潘伯英、杨仁麟、张玉书、严雪亭、郭彬卿、沈俭安、苏似荫、朱介生、薛筱卿、陈文卿、庞学卿、陈瑞麟、杨振新、张国良、吴均安、朱耀祥、赵稼秋、祝逸亭、杨振雄、刘韵若、张如君、曹汉昌、陆耀良、金声伯、陈卫伯、吴君玉、赵开生、饶一尘、华士亭、邢瑞庭、周剑萍、王伯荫、曹啸君、王宏声、朱慧珍、杨乃珍、俞筱云、俞筱霞、余红仙、王鹰、薛小飞、邵小华、沈世华、张振华等等。"

据统计,在评弹最兴盛时期(1926—1966年),江浙沪评弹书场有1000多家,仅苏州城区表演评弹的书场就有120多家,常熟地区有103家;评弹从业人员有2000余人;上演的各类长篇评弹书目150多部;评弹的观众数量仅次于电影观众,位居第二。《书坛周讯》曾披露1948年苏州书场繁兴的局面:"醋坊桥'金谷'夜场自中秋开书以来,卖座鼎盛,每场均告满座,以致'客满牌'每场必用,前天因该牌后环已坏,临时以扫帚撑牌。"

评弹演员通过书场与江南民众广泛交往。说书人走小码头,就与农民联系起来。他们的演出,对农民枯燥的生活来讲,是娱乐性很强的,同时评弹的社会教化功能也很强。如讲《玉蜻蜓》,就是在宣传孝道。江南地方秩序较好,与评弹的社会教化功能不无关系。苏州评弹书目中的许多内容,是市民阶层喜闻乐见的,如《描金凤》中描写的徽商汪宣等故事,正反映了市民的情趣,揭示了市民的社会生活。

书场之外,还有堂会,1948年11月3日《书坛周讯》载:"目前吴趋坊某海上闻人做寿,邀聘临时堂会,其内名弹词家潘伯英、张鉴庭昆仲、唐耿良、蒋月泉等六档亦参加会串,一时书迷云集,片刻即将容一百多人之露天厂,宣告客满,宾客中银联社名票杨家伟、朱悦耕、金章□,及本社总编辑黄进之君,亦为兴趣,和主人的督促,上台献奏一番,居然亦有相当噱头云。"堂会将演员与士绅阶层、官宦人家、富商巨贾联结起来。从中可以看出士绅阶层的精神生活,他们的精神需

整理者的话:逝者如斯

求和对美的追求,而对演员来说,被士绅召去演出,也是身份的提升,可以带来高收入,当然对他们书艺的要求也会提高,这也有助于评弹的雅化。

书场和演员是不可分的。书场是分层次的,演员也是分层次的,有普通的说书人,有码头响档,苏州响档,还有上海的大响档。父亲的从艺道路,其实正是从普通说书人走到上海大响档的过程。这条路并不是每个说书人都可以走到底的。这里充满了竞争、才能、机遇等因素。说书人沉浮在江南,也成了社会舆论关注的对象。《苏州明报》(1947年10月16日)曾载有署名横云阁主撰写的《吴门秋档之评话家》(下),介绍家父:"唐耿良为唐再良之徒,说《三国》与乃师大异。再良昔亦书坛响档,登台献艺,循规蹈矩,惟不善起角,又无噱头,纯为一本正经之老实书。今犹健在,久不见莅沪献艺矣。耿良出道未久,数年前初抵海上,隶沧州等显面书场,以年轻貌俊,说表轻松,备受听客激赏。今春再度到申,更具号召魔力。缘其说派,效已故擅说英烈之许继祥,将古比今,运用新名词,作为噱头。口齿清晰流利,嗓又甜润。不问骨子,粗听弥觉悦耳。苟细辨真味究浅。不能与痛下苦功,按照老路开讲之评话家作比功力、闻其书中布局,及所加穿插,颇多由擅说刺马之潘伯英代为改编,故能如此轻松。寄语耿良,宜乘此盛年,少做场子,勤于研究书艺,庶不致登台开讲,浮而不实,方能立于不败之地,有厚望焉。"

书场之间的竞争,关键在于名演员的争夺。《书坛周讯》(1948年10月13日第四版)载黄沈的《全苏书迷的乐府:中央书场》,详细介绍了苏州静园书场与中央书场的竞争:"自静园书场揭幕以来,察院场'中央'营业上自受极大影响,但由于该场场东人缘颇好,更兼已往之坚固根基,几档响档肯帮忙,所以尚不致为几个老书迷所遗忘的。按前四年中央书场新辟成的当口,声势赫赫,无论光线、座位就是当时海上几只第一流场子,亦望尘莫及,当然这样一只新型书场的辟成,遭同业的嫉妒在所必然,于是传说纷纭,莫衷一是,最引人动听的是说当时苏州第一流白相人丁廉宝为捧皇后所辟,当时类此传闻很多,即道中人亦不明黑白,其实完全'空气',日久亦不攻自破了,然而在'中央'却无形中做了许多义务广告,加之该场所聘者皆为弹词界一时之选,故更使书迷纷至沓来,日夜满场,卖座始终不衰,声势之盛,实比之目下'静园'大多矣。""数年来经场东李君悉心辟划,和听众的爱戴,公认是三吴书迷唯一乐府,加之场子扩大后,更能容纳别处不可容纳的听客,所以几个弹词家亦皆乐于接受'中央'聘请,原因是听客多聘金自大的关系。""虽去年小公园静园开书后,营业上似乎颇受其影响,但聪明的听众,大半还是'中央'的座上客,尤其在炎热暑夏,场子移于花园中开书时,凉风袭袭,书声诵浪,香茗在握,此时之情景,实使大量听客依恋不愿他往的。""今岁该场秋档日场暂停,夜场阵容坚韧,排有唐耿良三国,韩士良之七侠五义,周云瑞、陈希安之珠塔,送客书为蒋调宗匠蒋月泉、钟月樵之玉蜻蜓,如此会书型之堂皇阵容,盛况自可想见,所以能容四百人的座位,日必挤得满坑满客,徒劳往返者仍日有数起。"书场之兴衰,听客之聚散,均系于说书人之声望,因此小报对说书人的行踪也多关注,《书坛周讯》曾刊(1948年10月13日第一版)楼外楼主所撰《弹词名家走马换将》,"此间各书场,自中秋节后调整阵容以来,果然声势浩大,惊动书坛,如张鉴庭昆仲之十美图,韩士良之七侠五义,张鸿声之英烈,潘伯英之刺马,唐耿良之三国,蒋钟档之玉蜻蜓,即后辈英雄周云瑞、陈希安之珠塔(按以上七位名弹词家或评话家,无形中已成为书坛中一小集团)皆为书坛中不可多得之人才,故到处受人欢迎,号召力

整理者的话：逝者如斯

极为强大。光阴迅速，彼等来苏已届一月，即将于下月初旬剪书，故下档先生，已由各书场场东分头接洽就绪，据可靠消息，一张名单如次：弹词有刘天韵、姚荫梅、杨炳奎、振言、祝逸亭、曹啸君、周惠芳、郭家麟等，评话有顾宏伯、顾又良、杨振新等，阵容亦甚坚强，届时三吴书迷又当可一饱耳福矣。另讯，现留苏各名家，下期将暂时分赴各小码头献艺，明年新岁，再行在苏集合，开往上海淘金，确实聘定之情形如次：张鉴庭昆仲与韩士良赴梅李龙园开书，蒋月泉、钟月樵应聘常熟仪凤书社，张鸿声赴无锡蓬莱帮忙一时，周、陈档将去沙溪第一楼登台，潘伯英到老吴市雅乐献艺，唐耿良则去枫泾渭园淘金，如此三吴书坛情形之调动，未知各书迷将何以送旧迎新呢？"其中提到的七位弹词名家无形中已成为书坛一小集团，也就是"七煞档"。当时花式书场兴起，七档书组合在一起，"到处受人欢迎，号召力极度为强大"。这是评弹史上的新气象。但七煞档也是分合有度，并不完全绑在一起。

听众对书场和说书人的关注，就像今天的追星，他们关心说书先生的一切。例如说书人赶场子的交通工具，"说书先生赶场子，除少数包车阶级外，大都均感伤'脑筋'，尤其是这几天，一到晚上黄包车更难找，有先生为免'讨气'起见，干脆实行步行，陈希安则骑自行车四处奔走。"听众各自有拥戴的响档，见仁见智，各不相让，粉丝之间泾渭分明，如有"以捧杜剑华而得'书场孝子'雅号之石泉"，又如，"钱氏三仙自打进常熟，弹唱《秋海棠》、《啼笑因缘》以来，书迷个个吃得'死脱'尤其是对大套琵琶更觉百听不厌，有倾巷来归之势。"他们的喜好与争议见诸于当时的小报，《书坛周讯》说："上海《每周书坛》与《书坛周刊》，因细故而实行'笔战'互相攻击，各不相让，笔墨官司打足输赢，笔者站在旁观者立场，希望能大事化小事，小事化无事,俗语说'勿打勿相识',盖已开过笔战,即不难成别友矣。"

短时段的事件。1949年前后,正是社会大变动时期,父亲的回忆录十分细致地描述了他作为一个艺人在大变动时期的经历,他的经历应该是这个时代艺人生涯的一个缩影。我们同样可以从当时的报刊得到印证。社会大变动酝酿期的1947年2月16日,《新民晚报》载父亲在说书时直抒胸臆,抨击当局:"唐耿良在新仙林开讲三国,有时他所加的穿插倒很有点意思。在讲群英会宴请蒋干一段,周瑜与蒋干二人共餐一席酒,他说在从前因物价便宜,两人坐一桌吭没关系,现在可不同了,十人一桌似乎还嫌太宽一点。同时从前也没有筵席捐,即使有,军队中请客也可不必付捐。后来在说到周瑜命太史慈传令:这里只谈风月,不谈国事,违者立斩。他说,此地只好谈谈风花雪月,不准谈国家大事,是没言论自由的。命令下了,必须服从,否则便要生命不保。说书而能穿插笑料,已很不易,再能加上点时代的讽刺,确是难能可贵的。"也许这种评论时政的穿插,当时并未引起当局的注意,评弹艺人的日常生活仍在传统的轨道上进行,如1947年10月30日的《力行日报》载:"这天,却又是说书业祖师三皇诞辰,于是'道中'乘此预备大闹闹了!同时筹募捐款,修理'光裕公所'的房屋。"又如《上海书坛》1949年2月26日载风前人语云:"评话三国之唐耿良,生得丰神清朗,起书中孔明周瑜两角,描摹儒将风流,尤其潇洒出尘之概,去秋载誉返苏,瞬有数月,今岁年档,又赓聘重临沪滨,嗓音似见逊昔,艺事则已较前精湛,尤以口劲之佳,气度之美,为之神往!不佞识其人于故乡,远在七年前,其时耿良虽露锋芒,而名犹不若今日之响,近年来书艺猛晋,竟列名响档,书场争聘,要非幸致也。上周邂之于东方日场,耿良记忆力颇强,犹识故人,相见观然道故。"这是上海小报关于我父亲的一则报道,也是较为接近上海解放的一则报道,读来令人"观然道故"。数月后的5月27日,解放军进入上海,这一重大事件使评弹艺人从此进入一个全新的时代,艺人们有新的期盼,但起初也不知所措,惶惶不安。该报1949年6月8日载《唐耿良发起布衣会》一文,描摹了他"满面心事"的矛盾心态:"唐耿良的书艺,我们姑且不谈论,他的品行的确是好的,他不吸香烟,不吃老酒,不赌博,起身很早,他十三岁便说书,他小学只读到五年级,他现在能读得懂《史记》,看得懂《鲁迅文集》,这是说书界中难得的,他自未解放前,就说一定人民军打赢的,待等解放了,他却又终日满面心事,说我们说书先生不对的地方太多了,以后下去的俭改是很严重的,又说最好大家不要着毛货长衫,马上组织布衣会,因为我们着毛货长衫是不正常的,有的道中说他是投机,长衫不穿,反而另做布衣,这是因俭而费了,有的道中说你现在也着毛货长衫,为何不马上穿布长衫呢,他被道中们说得面孔红起来,嗫嚅地说,你们叫我一个人穿布长衫,我不要被听客笑我肉麻吗,我不高兴。"

说书人很快明白,要跟上时代,而跟上时代则自革新书目始。1949年6月25日《上海书坛》的大标题就是:"革新实验大会书在积极推进中!"内容是新书目《赤石暴动》、《骆驼祥子》和唐耿良的《大渡河》正在排练中。在上海解放两个月不到的7月23日《上海书坛》的一则消息,透露了这一切都是在上级指示下有计划地进行的,"星期二早与唐耿良,周云瑞,及老师等访问左弦君①于文艺处,谈改革事,应采如何之步骤,左弦指示颇详,然因题材缺乏,所有之新书,如《小二黑结婚》、《李家庄变迁》、《死魂灵》等,或以书性散漫,或书太短,颇难即可献唱。"

---

① 左弦系吴宗锡笔名,后任上海人民评弹工作团团长。

由此,评弹界出现了一系列为人民政权服务的新气象。据《上海书坛》报道,7月30日"唐耿良周四日'评弹会'为流动诊疗车筹募经费,假座亚美电台,举行义播,成绩良佳,午十二点到一点,由唐耿良、高缓亭,及敝业师三人合作,成绩最好者,当推唐耿良兄之杨调宫怨,独起唐明皇,杨玉环,高力士三角,一声妃子,一声万岁。使汗毛全体肃立,唱两声杨调,即杨振雄自愧不如,退避九舍,耿良兄面容清美,瘦肥合宜,长短适中,有孩儿面之称,起李隆基薄酒风流,扮杨玉环,则婀娜娉婷,扮高力士亦可称职。"义演仍是用传统旧书服务新时代,吸引听众处,乃是评话家反串唱弹词。8月3日《慰劳人民解放军,发扬改革新评弹》一文,则告诉我们现成地用旧书目已不行了,"本打算安排一段《啼笑因缘》中的刘将军威逼沈凤喜的书戏,后都认为此剧封建思想与黄色成分太多,加上场面布景道具化妆复杂,取消。完全说新书,取消书戏。推潘伯英、张鸿声、唐耿良、杨斌奎、蒋月泉、杨德麟、谢毓菁、刘天韵、黄兆熊、周云瑞为筹备劳军义演编辑委员会。以《王贵与李香香》、《子弟兵》、《雷雨》、《水浒》、《忠王李秀成》五部书为参考。"9月3日《解放日报》刊登左弦的《漫谈"评弹"形式》,提到唐耿良自告奋勇进工厂说书。9月10日《上海书坛》的标题《新时代的推进者·旧评弹的垮台时》直接点出了新时代与旧评弹是格格不入、相对立的,文中介绍9日上午在汇泉楼头,见到潘伯英、唐耿良二人在台上试说李闯王饥民借粮一段,每逢周五下午七时起,入工厂给工友说书。

到21日,则从组织上"成立检讨委员会,审查不良旧脚本",《上海书坛》披露,评弹会脚本自我检讨"在会所内举行,分数小组,杨乃武由李伯康负责,玉蜻蜓由俞筱云负责,三国志由唐耿良负责,描金凤由杨斌奎负责,岳传由张汉文负责,三笑由徐云志与刘天韵负责,落金扇由黄兆熊负责,彭公案由陈继良负责,水浒传韩士良,刺马潘伯英,英烈张鸿声,珍珠塔薛筱卿,果报录唐逢春,各组脚本互相交换删改,由检讨会查核,再送文艺处审核"。10月26日评弹界举行改选,检讨脚本、修改会章、择期选举三件事放在一起做。《上海书坛》介绍,"25日上午,沧州书场近百人参加第二次筹备会,十五日成立的,委员有韩士良,顾宏伯,张鸿声,潘伯英,蒋月泉,刘天韵,杨斌奎。当场推了潘伯英,唐耿良,曹仁安,张鸿声,黄兆熊,王振飞,顾月和为改革脚本委员,推姚荫梅,薛筱卿,杨德麟,严雪亭,钱雪鸿,徐雪月,范雪君,朱雪琴八人连第一次推出之七人共十五人为筹备改选委员会,廿六上午再举行会议,将设正副主任委员,正主任委员一名,副主任委员二名"。四天后,该报以《评弹妇女觉悟团结就是力量》的标题,介绍道:"廿七日假座沧州书场成立评弹会的妇女组,妇女组范雪君任组长,徐雪月,顾竹君为副,程红叶为秘书,筹备委员有朱雪琴,徐雪兰,朱慧珍,范雪萍四人。诉说以前受外界的种种侮辱,要团结抗争,到场男艺人有杨斌奎,姚荫梅,张鸿声,唐耿良,潘伯英,刘天韵,严雪亭。"

说新书已是大势所趋,11月2日《上海书坛》报道《韩士良正式收录蒋月泉为徒》,"介绍人为张鸿声,唐耿良,十万元拜师金,介绍人也有;蒋拜师是因为要改说新书,当时艺员均纷纷改编新书,想改水浒传。"12日有"唐耿良和陈灵犀联络谈太平天国新书"。11月30日便有蒋月泉、唐耿良参加第三期实习新书的报道,内容有蒋的新《水浒》,唐的《太平天国》。1950年1月25日该报在报道《唐耿良努力新书》中称:"评话家唐耿良之新书《太平天国》,自与名作家陈灵犀作共同讨论后,固然得益匪浅,近来在'人民'电台空中实习节目内说来已颇为流利,诚非易事也,他在人民电台节目的时间是中午十二时三刻至一时半,可是他总在每日十二时左右到达电台,并且还带了很多的参考书,在电台上作第二次研究。"

尽管一些评弹艺人为演说新书作出很大努力,但是正如父亲在回忆录里所说:"可是听众并不买获奖新书的账,上座情况不理想。道理其实很简单,听客是来欣赏艺术的,新书的结构情节人物故事都不成熟,艺术的吸引力就大打折扣,当然吸引不住听众天天自掏腰包来听书了。"当时《新民晚报》有关《营业不佳,另换阵容》的报道可为印证:"中小书场生意不佳,纷纷谋改阵容,但艺员有陋规,不得半途剪书,俗谓'铲高椅',场东就想出暂停营业的方法另起炉灶。"

为了生存,也为了对艺术的依恋,父亲与四响档于1950年春节前去香港演出三个月。在香港时,他们拒绝了台湾的邀请,因为他们知道,评弹的根在江南,他们爱自己的家园,爱自己的事业。父亲在香港"曾有意取材《大公报》连载的以太平天国为材的《金龙殿》,唐在香港每天剪下,颇有收获"。四响档用赚到的钱在香港买公债,表示进步。怀着负疚的心态回到上海后,他们专说新书,一时似乎无事,但是他们哪里知道已经犯下了大忌,埋下了"文革""特务案"的祸根,以致隔离三年、家破人亡,此是后话。

1951年4月20日《新民晚报》详载了父亲从香港回来编说新书《太平天国》的情形:"当他和蒋王、周陈、双张诸档,从香港回来以后,先借往苏州。在此期内,经人介绍范烟桥先生,替他代编《太平天国》,日常联系,商量书路。惜乎是短期,又转往无锡说书,满期后仍留居锡邑,自费组织学习班,一面学习政治,一面研究新书。可是他和编者分居两地,每次收到从邮局寄来的稿本,先自整理分回,却不能和编者当面商量,'排书'很感困难。往往为了预定的书路,编得稍有偏向,势非另搜材料,大兜圈子,方能走到原路。此中甘苦,非

整理者的话:逝者如斯

听众所能悬想。他去岁在沪,参加大陆书场新评弹阵容,开讲此书。编者将续稿陆续寄来,他逐回整理编说,运用他评话基本艺术,说得非常轻松动听。逢去重要人物,却不能借用《三国志》中角色。再有开打方式,用兵武器,古今不同,都值得研究。亏他搜集史料,逐步改进,渐成定型。再加他每天看报,过目不忘,在穿插中,配合时事,语颇恰当,能起教育作用。今春他初次参加曲艺竞赛,开讲《太平天国》,将帝国主义的恶毒阴谋阻挡太平天国推翻满清的革命高潮,暴露无遗,联系到抗美援朝,政治与艺术,并皆提供,荣膺'评弹冠军'。他并不以此自满,还想充实内容,拟采用'华尔洋枪队'史料添入太平军攻打上海的几回书中,尚有许多其他有关资料,增加进去。一遍连一遍的往下说,自必更致完善了。"这段报道介绍了父亲勤于书艺,他开始懂得"政治与艺术,并皆提供",要用评话的"评"来与时俱进,才能"换得东家种树书"。

  1950年10月中国人民志愿军赴朝参战,12月6日收复平壤,并把美军赶回到三八线附近,初步扭转了朝鲜的战局。人心大振。这是一个激情燃烧的岁月。1951年1月25日和26日的《文汇报》和《新民晚报》连续两天刊登了父亲和谢毓菁、杨德麟撰写的参加评弹界抗美援朝旅行宣传队的通讯。字里行间透露着全新生活给他们带来的兴奋和自豪,"同志们:我们一行二十人是怀着这样兴奋的心情登上火车的;我们希望能完成这个重大的使命——在各地,通过我们的艺术向广大的群众宣传抗美援朝。除此以外,我们的另一个任务是向北方的评弹(当为曲艺)工作者交流经验。这在过去是绝不可能的,民间艺术被压抑着,被摧残着,谈不上发展,艺人们也谈不上团结。唯有今天在共产党领导下,我们二十个评弹工作者,才能团结在一起,组织抗美援朝旅行宣传队,一方面在各地演出,为抗美援朝运动,尽自己的一分力量。一方面与我们久仰的北方的评弹工作者见面,交流经验,互相学习,提高我们的评弹艺术。"

接着,父亲又谈了到苏州的感受。"十八日晨九时半,我们到达了苏州。我们大多是苏州人,也经常在苏州演出,但是这次来到苏州,却有着不同的意义。我们受着过去所未有的热烈的欢迎。苏州的评弹工作者们在车站上列队欢迎我们,还在欢迎会上献给我们锦旗。当然我们也献给他们一面。"

观众也变了,在苏州,"观众也热烈地欢迎我们,我们在苏州新艺剧场共日夜演出两场,票子早在几天前卖售一空,在演出中,我们觉察到观众是以何等热情的眼光注视着我们呵!"在无锡,"锡地评弹会员乐队迎接赴泰山饭店休息,并相互献旗。下午,在迎园、明园二书场会书,节目为蒋月泉、唐耿良、王柏荫、杨振言的《林冲》,张鸿声、杨震新、姚声江的《李闯王》,薛筱卿、周云瑞、陈希安、杨德麟的《陈圆圆》,张鉴庭、张鉴国、姚荫梅的《红娘子》,送客为刘谢、黄静芬、冯小庆的《小二黑结婚》。二场均卖满场,听客在上午十一点即已入座(二点开书),饿了肚皮听书,可见热诚,给我们以极大鼓舞。"

甚至,连借宿的旅店也变了,"我们也非常地感谢苏州乐乡饭店的劳资双方,他们免费给我们开了七间房间,坚决的不肯收房金。他们说:'宣传抗美援朝是每一个人的责任,你们为宣传抗美援朝而旅行表演,为表示我们的敬意,我们绝对不收房金。'这充分说明了他们响应抗美援朝运动的决心。同志们,像这样的友爱,过去怎么可能发生呢!"

一种翻身当主人的感情油然而生,"虽然由于连日演出,队员们都非常疲乏,但是大家的情绪高涨极了。""真正觉得了翻身的快乐。真如张队长在锡地文联招待会上所说,'反动派对于我们是从来看

整理者的话：逝者如斯

不起的，他们的长官只会带了姨太太来看戏，谈不到帮忙，更谈不上照顾；我们出码头时更是处处碰壁。现在不同了，我们得到了多大的鼓励和重视啊。所以，我们更要努力宣传，完成任务，才对得起这一番好意。'"

1951年11月20日对于评弹界是一个划时代的日子，由十八艺人组建的第一个国家剧团——上海人民评弹工作团成立，父亲被任命为副团长。评弹向来是个体单干的，现在变为集体的了。短时段的事件所造成的结果开始显现。有别于传统时代的新时代开始了，且至少延续了整整30年。

父亲一直以来深深担忧的老了说不动书怎么办、得了病怎么办，一些大响档如夏荷生晚境凄凉的噩运现在可以避免了。虽说收入只及原先的三分之一乃至更低，但是换得长久生活的保障还是值得的。同时，当时评弹界的精英集中在一起研讨书艺，对艺术的进步也是大有裨益的，中篇评弹形式的创造，传统折子的整理，一些优秀现代作品的问世，都是明证。但是，一系列的问题也随之突出。以前说书人在单干时，有着激烈的艺术竞争，有听众与书场的淘汰机制，当初的十八艺人正是在数以千计的说书人的竞争中脱颖而出的。评弹团设立学馆，老艺人精心培养接班人，比起父亲这辈人拜师学艺的条件不知好了多少倍。但是缺乏竞争的体制出不了大家，他们可以模仿得惟妙惟肖，但却创造不了流派。新的户口政策也使评弹团学馆不能招到苏州籍的学员。父亲曾告诉我，招来的学员大多是市郊的，不会说苏州话，还得从学说苏州话开始。送到苏州钢厂，结果厂里大多是苏北人。连绵不断的政治运动，使父亲的两个学生被迫改行，造成唐《三国》无人接班的局面。后来又遇到"十年浩劫"，江青大发淫威压制评弹。父亲在回忆录中说："江青对评弹的仇恨，源于一曲歌颂杨开慧的弹词开篇毛主席诗词《蝶恋花》。这一开篇由赵开生谱曲,余红仙演唱,唱腔优美,很快风靡全国。激起江青醋性大发,她妒忌杨开慧,连带痛恨评弹,胡说什么'评弹是靡靡之音,听了要死人的。'从此评弹受到歧视和压制,搞得你动辄得咎,啼笑皆非。"文革"使评弹听众断层,年青一代对评弹已是十分陌生。

　　落实到说书人,这一矛盾可以说是贯穿到"文革"收场。你要生存,就要与时俱进,其结果是否定自己。1952年3月5日《文汇报》载《治淮工作教育了评弹艺人唐耿良》,其中写道:"看看别人,比比自己,这次参加治淮工作,等于叫唐耿良照了照镜子,洗了洗脸。他检查自己的急躁,帮助同志们不够,个人英雄主义很强,自高自大的利害。他检查出造成这样缺点的历史原因,由于他十四岁拜师学艺起便一直一帆风顺,压倒了其他的与他同时的艺人。解放后政治地位的提高,处处都比别人得到更多的表扬,造成了他渐渐的自满和骄傲。但这些通过批评与自我批评,同志们的帮助,使他自己觉察这样的发展的可怕。他更进一步地想到了自己是没有什么可以值得骄傲的,过去说旧书非但不能帮助人民革命事业,反而作了反动统治阶级的帮凶,今天更没有能进一步地对革命事业有更多的贡献,自己只懂得了一些革命理论的皮毛便自高自大看不起别人,比起工地上的劳动人民,真该彻首彻尾地否定自己的过去。唐耿良下了决心,他给自己指出一个努力的方向:'痛改前非,下定决心,学习劳动人民的老老实实的作风,警惕自己,改正缺点,更好地为人民服务。'"这里说书人变成了"反动统治阶级的帮凶",出路是"彻首彻尾地否定自己的过去"。

　　彻首彻尾地否定自己的过去,包括生活方式、思想方式乃至所说的书。父亲和他们这一代艺术家是痛下决心要重新做人的。从50

整理者的话：逝者如斯

年代到70年代，整整三十年的时间，用历史学家的眼光来看也是一代人的时间，他们是在否定自己的过程中度过的。父亲参加治淮，参与写作中篇评弹《一定要把淮河修好》，奠定了中篇评弹形式。冒着生命危险赴朝鲜战场慰问志愿军，编写《黄继光》、《空军英雄张积慧》。到农村、工厂，编写《大寨人的故事》、《铁人的故事》等优秀的现代评话。还参与编写了多部中篇评弹《王孝和》、《冲山之围》、《白求恩大夫》等。其中不少唱段至今还是评弹的经典。评弹作为一种艺术，应该有其娱乐性、教育性，提倡文艺为现实服务本是不错的，但是把文艺作为无产阶级全面专政的工具，则是大谬。父亲以擅说《三国》知名，他的三国表达的是传统的美德，刘备的仁、诸葛亮的智、关云长的义，也为听众所乐闻。《上海书坛》1950年9月26日载范烟桥语："我的同事许嘉祥先生说，唐耿良的'古城相会'，描写关羽恰到好处，见得他是擅长忠义一路的，所谓正派作用。"而为了完成领导布置的任务，要宣传阶级斗争为纲，父亲曾在农村开讲《血泪斑斑的罪证》，《新民晚报》1966年6月16日《讲故事人的故事——评弹演员唐耿良在农村》载："公社来找他去讲《血泪斑斑的罪证》时，他的感情就特别强烈，他激动地诉说着地主的滔天罪行，当他讲故事讲到冷月英被地主活阎王刘文彩关进阴森森、黑洞洞的水牢时，有不少农民妇女都掉下了眼泪，但更多的农民睁大了愤怒的眼睛，射出了阶级仇恨的烈火！"可能在新时代生存久了，久而久之，否定自己已成为心理定势。正如巴金在"文革"初时所说，一开始他从心里真的以为自己都错了。而郭沫若则在"文革"初认为自己写的书都应该烧掉。

彻头彻尾地否定自己，否定自己的艺术，是痛苦的。于是，有不甘心者，评弹艺人中黄异庵便是其中之一，《新民晚报》1957年7月

17日载《戏曲界大张旗鼓声讨右派分子》,说黄"一贯在书场散布反动言论,在说'李闯王'一书中说什么'来的不如去的好',暗示来的共产党还不如去了的国民党好"。结果被戴上右派帽子。该报 1958 年 3 月 5 日载《人民评弹团严雪亭、唐耿良、蒋月泉的奋斗目标》,父亲和其他评弹艺人重申彻头彻尾地否定自己:"我们在轰轰烈烈的双反运动及全国各方面大跃进的形势鼓舞、推动下,坚决响应党的号召,要尽快地把自己改造成为工人阶级的评弹演员。兹结合工作特点,拟订自己努力、奋斗的规划如下:(以下省略为标题)(一)拥护党的领导。(二)坚定地、积极地走社会主义道路。(三)和工农兵打成一片。(四)正确处理个人利益和集体利益国家利益的矛盾。(五)努力学习政治和文艺理论。"以下我们摘录几句其中的内容:"对党的方针、政策,一切指示,从政治上到业务中,坚决拥护贯彻。""对党讲知心话。做到'知无不言,言无不尽',并及时暴露思想,争取党的帮助。""在政治上坚决拥护社会主义制度和无产阶级专政,在一切阶级斗争,先进与落后,新与旧的斗争中,在一切政治运动中,坚决站在运动的最前线,全心全意地不断革命,不断促进。""在业务上使评弹艺术(从形式到内容)坚决服从社会主义需要并积极为社会主义服务。"

诸葛一生唯谨慎,父亲彻头彻尾地否定自己,诚心诚意努力适应新时代,但是他还是没有躲过"文革"这场灾难。"文革"期间,父亲被隔离在上海管乐团三年,不见天日,受尽折磨。全家被扫地出门,我从南京回家,竟不知家园何在?我祖父在苏州逝世也被工、军宣队封锁消息,不让父亲知道,遑论奔丧?我善良至爱的母亲被夺去生命时,年仅47岁。父亲被戴上特务帽子,上海文艺界造反报上以通栏大标题推出"上海文艺界挖出一个潜伏二十年的国民党潜伏特务集团"的特大新闻,不久株连于我,在我南京大学的宿舍门上也贴上了这一份报纸。从此饱受迫害,三十余年飘零异乡,再也听不到我心爱的评弹。

2007年传主和长子力行在加拿大相聚

仁者寿。父亲顽强地熬过了严冬,为了失去母亲的五个孩子,为了他挚爱的评弹。想一想不幸逝世的朱慧珍、郭彬卿,他们面对的困境,远不及我父亲,说他顽强一点也不为过。改革开放,评弹迎来第二个春天。父亲以《大寨人斗江青》的评话重新走上书坛。现在他已86岁高龄,如果用中国农历的纪年法,他则是88岁米寿了。记得他曾用曹操"老骥伏枥,志在千里。烈士暮年,壮心不已"的诗句来勉励自己。更为可喜的是,他又获得了自我,当然这个自我已不是原先的自我,而是在更高层面上的自我。他要把失去的时间追回来。他抱病整理评话《三国》,出版了《三国群英会》,录制并出版《三国》

一百回的录音,录制《三国》电视录像五十八回(其中,上海电视台四十六回,苏州电视台十二回),又在美国达特茅斯学院录下56小时的全本《三国》录像。他还努力用《三国》为现实服务,编说了《三国用人之道》,用三国的故事说明得人者得天下,广受企业家的欢迎。因此,我们在书后附录了这一现代评话的讲稿。如今,他的回忆录即将由商务印书馆出版。他为中国评弹史留下宝贵的资料,将使他在中国评弹史上占有一页。

长子力行与妻子翔凤、女儿海燕在美国

在整理家父回忆录时,我常常会想起自小与父母一起生活的珍贵岁月。因为父亲常年在外演出,即使在上海,他也工作繁忙,所以我们这些孩子的日常生活和读书,父亲管得不多。但是父亲却以他的品行为我们作出了榜样。他言语不多,律己甚严,节俭、勤奋,有时我们半夜醒来,他还在挑灯读书、写作。他待人诚恳,谨慎处世,洁身自好,虽为艺人,却厌于交游。他恪守人伦,尊敬老师,一日为师,终身为父,最后为老师送终;他孝于父亲,祖父一生无业,他有兄弟三人,却独自挑起孝养父亲的担子;他友于兄弟,兄弟家有困难,他倾囊

整理者的话：逝者如斯

相助，他上世纪40年代在苏州购的新居，供哥哥一家居住，直到80年代房屋拆迁；他忠于爱情，母亲去后，他鳏居三十二年，最后在儿辈的劝说下，才重新找了个伴。他从不要我们去追求无妄的利禄，只要我们认认真真读书，做个诚实的人。家有慈母严父，是我们兄妹的福分。现在父亲定居加拿大，由我继母蒋云仙女士、小妹妹力平照料他的起居，安度晚年。我和内子翔凤以及在大陆的弟妹力敏、力先、力工衷心祝愿他老人家长寿健康，做个百岁老人，再为评弹事业添砖加瓦。

唐力行

2007年5月19日于海上

又及：在本书即将付梓之际，再写上几句。在整理家父书稿的过程中，我对评弹的认识日益加深，深感从历史学的角度对评弹加以研究是一个开展区域文化社会史研究的极好切入点，于是在家父的顾问下，组织多名博士生从事评弹资料的搜集和研究。至今已搜集评弹与江南社会生活相关的资料二百余万言。在这些早已散轶的评弹资料中，我读到了《上海书坛》报1949年4月2日谢毓菁所书《弦余琐记·单车游龙》，其中有"星期一唐耿良兄于沧州，彼云：小犬病矣（这一句多客气，子为小犬，则耿良兄实授之老犬矣），病乃痧子，病况经过良佳，唐子（唐耿良子），聪明伶俐，活泼逾恒，其父爱若掌珠，因此心绪不宁，刻刻挂念，怕不要将刘备误说曹操，乃向各隶书场乞假疱代，已则床上睏睏看看杂志，外表悠然自得，其实内心不宁已极。彼寄居沧州隔室，即为敝老师（按：指刘天韵）寄寓，敝师弟痧子尚未出过，恐遭传染，乃亟由敝师母抱返苏州避锋头，敝老师乃成出门一把锁,回家一盏火,唐耿良乃谑谓已成妻离子散之局……"这段话本是谢毓菁的戏谑之言,但我却从中读到了深深的父爱,父亲其实是外严而内慈矣。怀着一份与生俱来的对评弹的情感,我申报了关于评弹与江南社会研究的教育部人文社会科学重点研究基地重大项目、上海市普通高校人文社会科学重点研究基地项目和上海市哲学社会科学项目,家父的回忆录便是关于评弹系列研究的第一本。在这里我要向本书的责任编辑朱绛先生表示谢意,他是完美主义者,也是江南文化的知音。